12-17

REVISIÓN DEL EXAMEN DE RAZONAMIENTO A TRAVÉS DE LAS ARTES DEL LENGUAJE (RLA) DE GED®

Otros títulos de interés de LearningExpress

GED® Test Preparation
GED® Test Mathematical Reasoning Review
GED® Test Flash Review: Mathematical Reasoning
GED® Test Flash Review: Reasoning through Language Arts
GED® Test Flash Review: Science
GED® Test Flash Review: Social Studies

REVISIÓN DEL EXAMEN DE RAZONAMIENTO A TRAVÉS DE LAS ARTES DEL LENGUAJE (RLA) DE GED®

LEARNINGEXPRESS®

NEW YORK

ISBN 978-1-61103-086-0

Impreso en Estados Unidos de América

9 8 7 6 5 4 3 2 1

Para obtener más información sobre LearningExpress, otros productos de LearningExpress o ventas al por mayor, escríbanos a:
  224 W. 29th Street
  3rd Floor
  New York, NY 10001

ÍNDICE

REVISIÓN DEL EXAMEN DE RAZONAMIENTO A TRAVÉS DE LAS ARTES DEL LENGUAJE (RLA) DE GED®

1 ▶ INTRODUCCIÓN AL EXAMEN RLA DE GED®

Este libro está diseñado para ayudar a las personas a dominar las habilidades básicas de lectura y los conceptos necesarios para aprobar el examen de Razonamiento a través de las artes del lenguaje (RLA) de GED®. Muchas de las personas que se están preparando para este examen GED® en particular no han estado en un entorno escolar desde hace mucho tiempo. Esto significa que han perdido práctica en sus habilidades de lectura, o bien, las han olvidado por completo. Otras personas tal vez estuvieron en un entorno escolar, pero no dominaron las diferentes habilidades esenciales de lectura. Al enfocarse en las habilidades básicas de lectura, este libro le dará a sus lectores un mejor entendimiento de los conceptos clave de lectura.

Este libro no está diseñado para preparar a las personas para que rindan el examen GED® inmediatamente después. En cambio, tiene como objetivo proporcionar las bases fundamentales de habilidades de lectura requeridas para el examen de Razonamiento a través de las artes del lenguaje de GED®. Sin estas habilidades esenciales, sería difícil que alguien se preparara para el examen de manera eficaz y, sin duda, no podría obtener una puntuación aprobatoria. No obstante, una vez que se comprenden estas habilidades básicas de lectura, la persona se encuentra en el camino correcto para aprender los conceptos necesarios para tener éxito en este examen GED® en particular.

Sobre el Examen RLA de GED®

En las versiones anteriores del examen GED®, la sección de Artes del lenguaje estaba dividida en dos exámenes individuales: Lectura y Escritura. El nuevo examen GED® los combina en un único examen. En las preguntas de esta sección se le pedirá que haga cosas como identificar la idea o tema principal en un pasaje de lectura o determinar los significados de algunas palabras dentro de un pasaje. La sección RLA también pone a prueba su conocimiento de gramática, estructura de las oraciones y mecanismos del lenguaje. Perfeccionar sus habilidades de lectura y escritura es importante para el examen GED® y no solamente para la sección de Razonamiento a través de las artes del lenguaje. El examen de Estudios sociales de GED® y el examen de Ciencias de GED® también miden su capacidad de entender y comunicar ideas a través de la escritura.

En el examen de Razonamiento a través de las artes del lenguaje habrá una cantidad de pasajes de lectura, cada uno con una extensión de entre 400 a 900 palabras. Aproximadamente el 75% de estos pasajes serán de hechos reales y el restante 25% serán de ficción.

Debido a que el nuevo examen GED® se realiza enteramente en una computadora, usted verá diversos tipos de preguntas que son más interactivas que las preguntas usuales de opción múltiple.

¿Cómo se realiza el examen?

Usted realizará el examen GED® en una computadora. A pesar de que no es necesario ser experto en computadoras para rendir el examen GED®, usted debería sentirse cómodo al usar un mouse y escribir en un teclado.

¿Cuánto dura el examen?

Usted puede elegir tomar los cuatro exámenes GED® de una vez o puede tomar cada examen de manera individual. Completar el examen entero le tomará alrededor de siete horas. El tiempo para cada área temática individual es el siguiente:

- Razonamiento matemático: 115 minutos
- Razonamiento a través de las artes del lenguaje: 150 minutos (incluido un descanso de 10 minutos)
- Ciencia: 90 minutos
- Estudios sociales: 90 minutos

Tipos de preguntas

Las preguntas de **opción múltiple** tradicionales seguirán siendo el tipo principal de pregunta que verá en el examen RLA y cada punto tendrá cuatro respuestas posibles que puede seleccionar. Esto es un cambio con respecto a exámenes GED® anteriores, que tenían cinco opciones para cada elemento con opción múltiple. Aún sigue habiendo una sola opción de respuesta correcta para cada elemento. Esto elimina la posibilidad de que haya opciones de respuesta como "Todas las anteriores" o "A y B", y le permite concentrarse en seleccionar la única respuesta correcta.

En el examen RLA todos los elementos de opción múltiple se referirán a un pasaje de lectura. A continuación de cada pasaje habrá entre seis y ocho elementos. Las preguntas de opción múltiple relacionadas con un pasaje se presentarán en una pantalla dividida. El pasaje aparecerá a la izquierda y las preguntas de opción múltiple aparecerán a la derecha.

Arrastrar y soltar

Para estas preguntas, usted deberá hacer clic en el objeto correcto, mantener apretado el mouse y arrastrar el objeto hasta el lugar adecuado en el problema, diagrama, tabla o gráfico que le proporcionen.

Práctica

❯ Arrastre y suelte las estaciones en el orden en que suceden desde diciembre hasta noviembre.

Por supuesto, dentro de este libro no puede arrastrar y soltar elementos. A los efectos del examen de Revisión de razonamiento a través de las artes del lenguaje (RLA) de *GED®*, usted elegirá de una lista de elementos, como lo haría en una pregunta de arrastrar y soltar habitual, y escribirá la(s) respuesta(s) correcta(s) en el lugar correspondiente.

Desplegable

En las preguntas desplegables usted deberá seleccionar la respuesta o frase para completar una oración o problema a partir de un menú que se despliega al hacer clic en un botón.

Práctica

❯ Seleccione la palabra adecuada de cada menú desplegable para completar correctamente la oración.

[▼] estoy tratando de adquirir más habilidades con el tejido antes del invierno [▼]

Ella
Yo
Ellos
Él

Las preguntas desplegables son muy similares a las de opción múltiple, así que no las verá en los dos exámenes que hay dentro de este libro.

▶ Henry tiene $5 más que Oliver y la misma cantidad de dinero que Murray. Juntos tienen $85. ¿Cuánto dinero tiene Oliver?

_____dólares.

Las preguntas para completar espacios en blanco que aparecen en este libro son prácticamente iguales a las que encontrará en el examen en línea. Pero, por supuesto, aquí tendrá que escribir su respuesta a mano en vez de con el teclado.

Completar los espacios en blanco

En estas preguntas se le pide que escriba a mano la respuesta a un problema en vez de elegir de entre varias opciones.

Puntos críticos

Para las preguntas de puntos críticos, se le pedirá que haga clic en un área de la pantalla para indicar dónde se ubica la respuesta correcta. Por ejemplo, se le puede pedir que trace un punto al hacer clic sobre el gráfico en línea correspondiente o que haga clic en una cierta área de un mapa.

Práctica

▶ **Trace el número 2,5 en la recta numérica que aparece a continuación.**

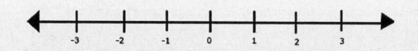

En este libro se le pedirá que dibuje un punto en un espacio específico o que haga un círculo en alguna parte de un diagrama.

Respuesta corta

Las preguntas de respuesta corta son similares a las preguntas en las que tiene que completar espacios en blanco: debe escribir su respuesta en las líneas proporcionadas. No obstante, en estas preguntas se le pide que escriba un párrafo en vez de una o dos palabras, por lo general en respuesta a un pasaje o imagen. Debería tomarle 10 minutos responder cada una de ellas.

Respuesta corta y respuesta ampliada

Estos tipos de preguntas te piden que respondas a una pregunta escribiendo la respuesta en un cuadro. En las preguntas de respuesta corta y de respuesta ampliada tu respuesta puede variar desde unas pocas oraciones hasta un ensayo. Al igual que en las preguntas donde debes llenar el espacio en blanco, no se te brindan opciones de respuesta.

Para responder a estas preguntas debes sentirte cómodo escribiendo en el teclado, ya que hay un límite de tiempo para cada prueba.

- Las preguntas de respuesta corta se pueden responder con unas pocas palabras u oraciones, que probablemente completarás en unos 10 minutos.

- La pregunta de respuesta ampliada es un ensayo, y es mucho más largo, que te tomará unos 45 minutos.

Para responder a estos tipos de preguntas, escribe tu respuesta en el cuadro de texto. A continuación, verás un ejemplo de un cuadro de respuesta:

Al igual que las preguntas de completar espacios, las preguntas de respuesta corta que aparecen en este libro son similares a las que tendrá en línea, simplemente escribirá su respuesta a mano en vez de con el teclado.

Respuesta extendida

Para las preguntas con respuesta extendida del examen RLA se le darán 45 minutos para leer uno o dos artículos informativos (con un total de 550 a 650 palabras) y escribir una respuesta en una computadora usando un programa simple de procesamiento de texto. Esta pregunta requiere que lea la entrada (el pasaje proporcionado), cree un argumento que se base en la misma y escriba un ensayo convincente con pruebas y ejemplos.

Al usar este libro, usted puede elegir escribir el ensayo a mano o escribirlo en una computadora.

¿Dónde y cuándo puedo tomar el examen?

Hay tres oportunidades de examen por año en cada área temática. Para encontrar un centro de examen GED®, visite el enlace que se muestra a continuación, elija su ubicación e ingrese su código postal: www .gedtestingservice.com/testers/locate-a-testing-center.

Puede inscribirse para cualquiera de los exámenes GED® en línea en este enlace, según la disponibilidad de lugares que haya en su área.

¿Cuánto cuesta el examen?

Cada uno de los cuatro exámenes GED® cuesta $30 y en total, los cuatro exámenes cuestan $120. Usted puede pagar una o todas las partes del examen que esté listo para tomar. Puede haber costos adicionales, según el estado en el que rinda el examen. Consulte el sitio web oficial del examen GED® para obtener información completa sobre el mismo.

¿Cómo se califican los exámenes?

Se requiere una calificación mínima de 145 para aprobar cada examen. A cada pregunta del examen GED® se le asigna una puntuación diferente según su dificultad. Usted conocerá su(s) calificación(es) el mismo día que tome el examen.

Razonamiento a través de las artes del lenguaje

En el examen RLA hay 48 preguntas y una pregunta de respuesta extendida. Usted dispondrá de 150 minutos para completar todo el examen, con un descanso programado de 10 minutos.

Para la mayoría de las preguntas del examen RLA, se le proporcionará un pasaje de lectura, seguido por entre 6 y 8 preguntas que ponen a prueba su capacidad de comprensión y análisis de lo que leyó.

En el examen RLA de GED® los elementos desplegables se utilizan principalmente para poner a prueba la gramática y mecánica del lenguaje. Las preguntas desplegables se insertan dentro de los párrafos. Se le pedirá que despliegue un menú con varias opciones de oraciones y elija la que gramaticalmente se ajuste mejor a la oración.

Práctica

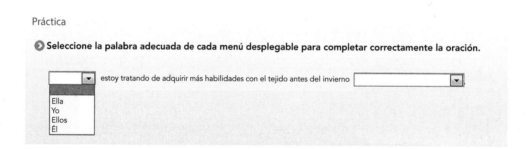

> Seleccione la palabra adecuada de cada menú desplegable para completar correctamente la oración.

| | estoy tratando de adquirir más habilidades con el tejido antes del invierno | |

Ella
Yo
Ellos
Él

Tipos de pasajes para las preguntas de lectura

El 25% de los pasajes de lectura del examen RLA serán literarios. Esto incluye ficción histórica y moderna, así como también pasajes sobre hechos reales, como por ejemplo, biografías y ensayos. Tal vez suela pensar en la literatura como ficción (historias inventadas), pero los textos literarios también pueden no ser ficción (historias verdaderas).

El 75% de los pasajes de lectura serán textos informativos, que incluyen documentos de trabajo (como notas o cartas). Estos pasajes a menudo tratan sobre temas de estudios sociales y ciencias. El examen RLA mostrará pasajes históricos que se consideran parte de la "Gran conversación estadounidense". Entre ellos, se encuentran documentos, ensayos y discursos que han ayudado a formar la historia de los Estados Unidos.

En el examen RLA no hay pasajes de drama o poesía.

Pregunta de respuesta extendida

Como se mencionó anteriormente en el capítulo, el punto de respuesta extendida le pide que encuentre y utilice información del pasaje (o los pasajes) de lectura para responder la pregunta en un ensayo bien pensado. Se le pedirá que analice un tema y, probablemente, se le pedirá que brinde una opinión sobre lo que leyó. Usted tendrá 45 minutos del tiempo total del examen RLA para completar este ensayo (que incluye una lluvia de ideas, la escritura de un borrador, la escritura de una versión final y la revisión de su trabajo).

Cómo usar este libro

Además de esta introducción, *el examen de Revisión de razonamiento a través de las artes del lenguaje (RLA) de GED®* también contiene lo siguiente:

- **El Sistema de preparación para el examen de LearningExpress.** Ser bueno para rendir exámenes puede aumentar la puntuación del examen GED® de cualquier persona. Muchas de las habilidades y estrategias que se tratan en este libro le resultarán familiares a cualquier persona que haya tomado muchos exámenes de opción múltiple, pero hay una gran diferencia entre estar "familiarizado con la estrategia" y ser "excelente al usar la estrategia". Nuestra meta es introducirlo en esa segunda categoría y este capítulo le ofrece los medios para lograrlo.

- **Un examen de diagnóstico.** Siempre es útil conocer su nivel de habilidades de lectura. Por lo tanto, le recomendamos realizar el examen de diagnóstico antes de comenzar con los capítulos de contenido. Al realizar el examen de diagnóstico, usted podrá determinar las áreas de contenido en las que tiene mejor desempeño y las áreas en las que quizá necesite más ayuda. Por ejemplo, si le va mal en la mayoría de las preguntas de los pasajes de hechos reales, entonces sabrá que debe prestar especial atención cuando el libro trata las mejores formas de abordar los pasajes de hechos reales.

  El examen de diagnóstico no cuenta en ninguna puntuación, así que no se preocupe por cuántas tuvo correctas y cuántas incorrectas. En cambio, utilice los resultados del examen de diagnóstico como ayuda para orientar el estudio de los capítulos de contenido.

- **Capítulos de contenido.** Estos capítulos conforman la parte central del libro. Aquí tratamos los conceptos de lectura básicos que se mencionaron anteriormente. Para ayudarlo a comprender todas estas ideas, cada capítulo tiene preguntas de muestra, consejos útiles y resúmenes, así como explicaciones de los conceptos que se tratan. Le recomendamos leer estos capítulos en orden y no de forma aleatoria, dado que muchos de los conceptos que aparecen en los primeros capítulos se toman como base para los capítulos posteriores.

- **Dos exámenes de práctica.** Una vez que comprende mejor las habilidades de lectura básica, lo mejor que puede hacer es practicarlas. Ambos exámenes de práctica están diseñados para que sean similares al examen real de Razonamiento a través de las artes del lenguaje de GED® en cuanto a tipos de preguntas y contenido del pasaje.

Realizar estos exámenes controlando el tiempo lo ayudará familiarizarse con rendir un examen de lectura cronometrado y, por lo tanto, a prepararse para el examen GED®. Sin embargo, si prefiere trabajar en las preguntas sin controlar el tiempo para enfocarse en dominar los conceptos básicos de los capítulos de contenido, eso tampoco es mala idea. Ambos modos son útiles para la preparación.

Consejos para rendir el examen

Seleccionar la mejor respuesta

Usted conoce todas las razones por las cuales las personas que rinden un examen deberían leer cuidadosamente los pasajes y las preguntas. Ahora llega la parte que marca la gran diferencia: seleccionar la mejor respuesta. Al final de cuentas, esta es la parte más importante. Para que le vaya bien en el examen GED®, es fundamental que seleccione la mejor respuesta posible para cada pregunta.

Intente responder la pregunta antes de leer las opciones

Tan pronto como haya terminado de leer la pregunta, piense cuál sería la mejor respuesta. Luego, vea si su respuesta está entre las opciones. Si es así, es posible muy que sea correcta, pero no marque la respuesta de inmediato. Primero lea todas las opciones para asegu-

rarse de que su respuesta sea realmente la más completa.

Lea todas las opciones

A medida que lee las opciones de respuesta, puede determinar que la primera opción parece excelente. ¡Pero no se quede con esto! Lea cada una de las opciones, sin importar cuán buenas puedan parecer. Puede descubrir que una de las respuestas parece buena pero la última es aún mejor.

Lea detenidamente todas las opciones

¿Recuerda lo importante que es estar seguro de haber leído cada una de las palabras de una pregunta? Lo mismo sucede al leer cada una de las opciones de respuesta. Lea cada opción detenida y cuidadosamente, prestando atención a cada palabra. Tómese el tiempo de leer cada opción de respuesta dos veces antes de hacer una elección. Pequeñas diferencias de redacción pueden hacer que una opción de respuesta sea mejor que las demás.

Use la información que aparece en el pasaje

Asegúrese de elegir una respuesta únicamente en base a la información que está en el pasaje. Es posible que ya sepa mucho sobre el tema, lo cual es fantástico, pero las respuestas correctas están en el pasaje. En este examen no se pregunta sobre lo que sabía antes de leer el material. Solo se quiere saber si usted es capaz de identificar la información correcta en este texto.

Evite errores por descuido

Probablemente haya respuestas que sabe inmediatamente. No se apresure a responderlas. Aunque una pregunta parezca fácil, lea cuidadosamente la pregunta y las opciones de respuesta antes de hacer una elección. Los errores por descuido pueden reducir su puntuación.

Tenga cuidado con los absolutos

Si en las opciones de respuesta encuentra ciertas palabras, deberá prestarles atención. Busque palabras como las siguientes:

- siempre
- nunca
- por siempre
- todos

Es poco probable que la opción de respuesta correcta incluya estas palabras inflexibles. Hay muy pocas cosas son *siempre* ciertas o no suceden *nunca*. Sea cauteloso si una opción de respuesta sugiere lo contrario.

Preste atención a "excepto" y "no"

Asegúrese de leer cada una de las palabras que aparece en una pregunta y preste atención a las palabras *excepto* y *no*. Es fácil pasar por alto estas palabras si se lee demasiado rápido y las mismas cambian la pregunta por completo.

Un truco para responder correctamente estas preguntas es cubrir *excepto* o *no*, leer la pregunta, y luego buscar la opción de respuesta que *no* corresponda.

Lea cada pregunta por lo que es

¿Alguna vez leyó una pregunta de examen y se preguntó: *"¿Qué es lo que pregunta en realidad?"*. Es fácil interpretar demasiado una pregunta. Intente que no le suceda en este examen. La buena noticia es que en el examen GED® no hay preguntas engañosas. Simplemente preste atención a lo que se le pregunta y seleccione la mejor respuesta.

Elija la mejor respuesta

A medida que mire todas las opciones de respuesta, puede descubrir que más de una puede ser correcta. Asegúrese de que la respuesta que elije responda la pregunta del modo *más completo*. El simple hecho de que una afirmación sea verdadera o parezca una opción aceptable, no significa que sea la *mejor* respuesta. Evalúe cuidadosamente cada opción antes de realizar una elección. Además, asegúrese de que su elección sea la mejor respuesta *en base al pasaje*, no en base a sus propias suposiciones o creencias.

CONSEJO

Las opciones de respuesta tentadoras a menudo se encuentran antes de la mejor opción de respuesta. Lea todas las respuestas detenidamente y asegúrese de comprender completamente cada opción antes de seleccionar la mejor respuesta.

Lea la pregunta de nuevo

Después de haber elegido la respuesta, lea la pregunta una vez más. Asegúrese de que su elección realmente responde la pregunta que se hizo. Lea la pregunta, la sección adecuada del pasaje y cualquier ayuda visual, luego lea su opción de respuesta. ¿Su respuesta tiene sentido? Si es así, ¡genial! Si no, esta es su oportunidad de volver a intentarlo.

Confíe en sus instintos

¿Sabía que su primera respuesta por lo general es la correcta? Si sabe que leyó detenidamente el pasaje y cada una de las opciones de respuesta, es probable que haya seleccionado la mejor respuesta.

Tal vez tenga tiempo al final del examen para revisar algunas de sus respuestas. A menos que encuentre un error obvio del que esté seguro, no cambie sus respuestas. Las investigaciones han demostrado que por lo general su primera respuesta es correcta.

Responda todas las preguntas

Asegúrese de no dejar ninguna pregunta en blanco. Cualquier pregunta que no se responda se considera incorrecta, así que adivine lo mejor que pueda. No se quitan puntos por adivinar, así que es mejor hacerlo que dejar una pregunta sin responder.

ESTÍMULO

Si a usted se le diagnosticó una discapacidad de aprendizaje o física, es posible que tenga derecho a que se hagan ajustes especiales para que pueda rendir el examen GED®. Asegúrese de consultar con anticipación al centro de exámenes al que asistirá para informarse sobre qué documentación es necesario proporcionar, si corresponde.

Eliminar opciones de respuesta

Puede suceder que no tenga idea de cuál es la opción de respuesta correcta y su única opción sea adivinar. En esta situación, es importante eliminar tantas opciones incorrectas como sea posible y luego seleccionar entre las que quedan.

Piénselo de este modo: si usted elige al azar una de las cuatro opciones de respuesta, la posibilidad de que sea correcta es de 1 en 4. Es una probabilidad del 25%. No está nada mal, pero sin duda no es lo mejor.

Suponga que puede eliminar una de las opciones de respuesta. Entonces tendrá una posibilidad de 1 en 3 de adivinar de forma correcta. Las probabilidades aumentaron a 33%. Elimine dos opciones y tendrá 1 de 2 posibilidades de responder correctamente. Esta probabilidad del 50% de responder correctamente es mucho mejor de la que tenía al principio. Así, hay una posibilidad mucho mayor de que la opción que adivinó sea correcta.

A continuación le damos algunos consejos sobre cómo adivinar mejor. Estos son solo consejos y no funcionarán en todos los casos. Siempre es mejor usar lo que sabe y seleccionar la mejor respuesta en base al pasaje. Utilice estos consejos si la única opción que tiene es adivinar.

Busque respuestas similares

Si ve que dos de las opciones de respuesta son casi exactamente iguales excepto por unas pocas palabras, elimine las otras respuestas y elija entre estas dos.

También busque respuestas opuestas

Quizá observe que dos de las opciones de respuesta son opuestas.

¿Cuál de las siguientes opciones es verdadera con respecto al ornitorrinco?
a. Pone huevos.
b. Es un ave.
c. No pone huevos.
d. Es vegetariano.

Observe que las opciones **a** y **c** son opuestas y, obviamente, no es posible que ambas sean correctas. Así que elimine automáticamente al menos una de estas respuestas. En este caso, la opción **a** es correcta. Sin embargo, tenga en cuenta que en otra pregunta es posible que ambas respuestas opuestas sean incorrectas.

Deshágase de los extremos

A veces una respuesta puede parecer muy diferente del resto. En este caso, elimine la respuesta extrema.

¿Dónde transcurrió la historia?
a. Alabama
b. Florida
c. Georgia
d. Paraguay

Las opciones de respuesta que aparecen aquí incluyen tres estados del sur de Estados Unidos y un país extranjero. Paraguay parece un poco extremo entre las otras opciones de la lista. Si va a intentar eliminar una respuesta para poder adivinar, eliminar Paraguay puede ser la opción más lógica.

Busque pistas gramaticales

En algunas preguntas se le puede pedir que elija la opción de respuesta que complete correctamente una oración. Busque las opciones que no se ajusten gramaticalmente y elimínelas. Por ejemplo, si el principio de una oración está escrito en pasado y una opción de respuesta está en presente, hay grandes posibilidades de que la respuesta sea incorrecta.

Si se le pide que elija una palabra faltante o que identifique una palabra con el mismo significado, elimine cualquier opción que sea una parte diferente del discurso.

La abogada llegó tarde a la reunión y nos pidió que la instruyéramos rápidamente sobre lo que había sucedido hasta el momento.

¿Cuál opción representa mejor el significado de *instruyéramos* en la oración?
- **a.** conciso sin detalles
- **b.** resumir por escrito
- **c.** una sinopsis de un documento
- **d.** dar información necesaria

En la oración, *instruyéramos* es un verbo, así que la respuesta correcta también será un verbo. La opción **a** es un adjetivo y la opción **c** es un sustantivo. Estas se pueden eliminar, dejando solo las respuestas **b** y **d**, que son verbos. En este caso, **d** es la mejor opción.

Controlar el tiempo

Recuerde que este es un examen con tiempo. Tener conciencia de cuánto tiempo ha transcurrido y cuánto tiempo queda puede marcar una diferencia enorme en su desempeño general.

Use un reloj

Asegúrese de usar un reloj el día del examen. Controle el tiempo cuando comience el examen y piense a qué hora va a terminar. Es probable que durante el examen el administrador de la prueba le informe cuánto tiempo queda. Sin embargo, es buena idea que lo pueda controlar usted mismo.

No se apresure

¿Recuerda el dicho "Lento pero seguro"? Sí, hay un límite de tiempo. Sí, debe medir su ritmo. Sin embargo, si se apresura, habrá más probabilidades de que cometa errores. Trabaje rápido, pero lo más importante es que trabaje con cuidado.

Es mejor responder algunas de las preguntas y responderlas bien, que responder la mayoría de las preguntas y responderlas mal.

Preste atención al reloj, pero manténgase enfocado en su desempeño.

CONSEJO

La mayoría de las personas que no aprobaron el examen GED® en realidad tenían el conocimiento para aprobar. Entonces, ¿cuál fue el problema? Se quedaron sin tiempo. ¡No permita que esto le suceda a usted! Controle su ritmo, el tiempo y siga adelante.

Utilice el tiempo de manera inteligente

No pierda demasiado tiempo en intentar seleccionar una respuesta única. Si está confundido con una pregunta, adivine y siga adelante. Siempre puede regresar más tarde si tiene tiempo extra al final. Malgastar el tiempo en una pregunta capciosa puede hacer que se quede sin tiempo para responder otra que quizás considere muy fácil.

CONSEJO

A veces, si se saltea una pregunta difícil y vuelve a revisarla después, descubrirá que es más fácil responderla la segunda vez. La información y las pistas de otras preguntas pueden ayudarlo a darse cuenta de cuál es la mejor respuesta.

Acelere al final

Ya sabe de la importancia de controlar el tiempo. Si descubre que solo le quedan un par de minutos y aún no terminó el examen, comience a adivinar. Cualquier respuesta que quede en blanco se marcará automáticamente como incorrecta. Haga el intento con las preguntas restantes, marque una respuesta para cada una de ellas. A esta altura, ¿qué tiene que perder? Puede que acierte o no, pero al menos lo intentó, y como se indicó anteriormente, no se quitan puntos por adivinar.

Preparación para el examen

Al igual que sucede con muchas cosas, la clave para que le vaya bien en el examen GED® es la preparación. Ya se encuentra en el camino correcto al leer estos capítulos. En esta sección se tratan algunos otros consejos que lo ayudarán a prepararse.

Práctica, práctica, práctica

Realizar un examen de práctica, como los que se encuentran en este libro, es una forma genial de asegurarse de estar listo. Estos exámenes de práctica lo ayudan de varias formas:

- Sabrá qué tipos de pregunta puede esperar.
- Se sentirá cómodo con el formato del examen.

- Aprenderá sobre sus propias fortalezas y debilidades.
- Será consciente de lo que necesita estudiar.

A medida que realice los exámenes de práctica, preste atención a los tipos de preguntas que responde correctamente y a los que presentan un desafío mayor. Por ejemplo, puede descubrir que las preguntas sobre ideas principales son realmente fáciles. ¡Eso es genial! También puede descubrir que responde mal muchas de las preguntas que tratan sobre ciertos temas. No hay problema. Ahora sabe qué habilidades debe estudiar.

Cree oportunidades para practicar aún más

Probablemente usted lee diferentes tipos de pasajes todo el tiempo, ya sea en revistas o diarios, en novelas o en Internet. Cuando lea, piense en los tipos de preguntas que encontrará en el examen GED®. Luego, hágase preguntas sobre el material de lectura. Por ejemplo, puede preguntarse:

- ¿Cuál es la idea principal del pasaje que acabo de leer?
- ¿Qué detalles apoyan la idea principal?
- ¿Cuáles fueron el conflicto y la resolución en esta historia?
- ¿Qué pistas del contexto me ayudaron a determinar el significado de las palabras desconocidas?
- ¿Cuál es el tema (o el tono) del pasaje?

Otra idea es trabajar con un amigo y escribirse preguntas entre sí en base a los pasajes que seleccionaron. También puede resumir pasajes, subrayar palabras clave, encerrar la idea principal de cada párrafo y resaltar los detalles que la respaldan.

Conózcase a sí mismo

Descubra qué le resulta mejor. Por ejemplo, no a todo el mundo le resulta útil leer las preguntas antes de leer el pasaje. A algunas personas puede servirles echar un vistazo al pasaje y buscar la idea principal antes de leer. A otras tal vez no. Pruebe diferentes estrategias a medida que trabaje en las preguntas de práctica y preste atención a qué estrategias lo hacen sentir más cómodo y lo benefician más.

Esté listo el día antes del examen

Estar listo mental y físicamente puede ayudarlo a tener un mejor desempeño en el examen. Estas son algunas sugerencias:

- Comience a estudiar y a prepararse con tiempo. No planifique estudiar todo junto los últimos días antes de la fecha en la que va a tomar el examen.
- El día antes del examen, tómese un descanso y relájese. Vaya de paseo, llame a un amigo, mire una película. No se quede estudiando hasta tarde.
- Reúna con anticipación todo lo que quiera llevar con usted. Busque sus lápices, abrigo, reloj o cualquier otra cosa que necesite llevar al examen.
- Asegúrese de dormir lo suficiente la noche previa al examen. Si le preocupa no poderse dormir, levántese muy temprano la mañana antes del examen. De ese modo, estará listo para dormir temprano esa noche.

El gran día

Usted estudió, está descansado y ahora está listo para tomar el examen de Razonamiento a través de las artes del lenguaje de GED®. Ahora que llegó el día, aprovéchelo.

Comience con el pie derecho

Primero, ponga el despertador temprano para no tener que apurarse. No solo se sentirá más relajado y tendrá tiempo de acomodarse antes de que comience el examen, sino que además es posible que no se le permita ingresar al centro de exámenes si llega tarde.

Asegúrese de no tener que preocuparse por llegar a tiempo.

Luego, asegúrese de servirse un desayuno equilibrado. Es necesario mantener elevados sus niveles de energía y no sería bueno que se distraiga por los ruidos de su estómago. Si ese va a ser un largo día de exámenes, llévese una botella de agua, una fruta fresca o algunos frutos secos para comer entre sesiones.

Además, use vestimenta cómoda, con capas de ropa y traiga abrigo. Sentir que le aprietan los zapatos o que tiene mucho calor o mucho frío puede ser una distracción. Haga todo lo posible para asegurarse de sentirse bien y estar al máximo.

Mantenga la calma

Usted estudió, practicó y ahora está listo. No permita que los nervios le quiten lo mejor de usted. Estresarse no lo ayudará a obtener la mayor puntuación posible. Después de todo, el examen GED® es tan solo un examen. Si las cosas no van tan bien como esperaba, considérelo un ensayo. En un año de calendario usted tiene tres oportunidades para aprobar el examen. Intente mantenerse calmado y enfocado en dar lo mejor de sí.

Lea las instrucciones con cuidado

Si no está seguro sobre las instrucciones o sobre qué es exactamente lo que debe hacer, asegúrese de preguntar al administrador del examen antes de comenzar. El adiministrador no puede ayudarlo con las preguntas específicas del examen ni el vocabulario, pero usted podrá obtener la información que necesite para comprender las instrucciones del examen.

¡Buena suerte!

Ahora que está familiarizado con el examen GED®, puede comenzar a practicar intensamente. Los exámenes que se encuentran en este libro están diseñados para ser lo más similares posibles a los que verá el día del examen. Todas las preguntas de los exámenes de este libro están acompañadas por una explicación detallada de la respuesta. Usted no solamente podrá ver por qué la respuesta correcta está bien, sino que además sabrá por qué las otras opciones son incorrectas. También verá ensayos de muestra en todos los niveles para los puntos de Respuesta extendida.

¡Mucha suerte en el estudio para el examen GED® y con su experiencia al rendir el examen!

2 ▶ EXAMEN DE DIAGNÓSTICO

RESUMEN DEL CAPÍTULO

Este es el primero de los tres exámenes de práctica que se encuentran en este libro en base al examen de Razonamiento a través de las artes del lenguaje de GED®. Use este examen para ver qué resultado obtendría si fuera a rendir el examen hoy.

Este examen de práctica de diagnóstico es del mismo tipo que el examen real de Razonamiento a través de las artes del lenguaje de GED®. Consiste en 50 preguntas de opción múltiple y una pregunta de redacción. Estas preguntas ponen a prueba sus habilidades de comprensión (extracción de significado) aplicación (uso de información) análisis (desglose de información) y síntesis (unión de elementos).

La hoja de respuesta que debería utilizar para las preguntas de opción múltiple se encuentra en la página siguiente. Luego está el examen en sí mismo y, después de eso, la hoja de respuestas. En la hoja de respuestas se explica cada una de las respuestas del examen para ayudarlo a entender por qué las respuestas correctas están bien y por qué las respuestas incorrectas están mal.

Examen de diagnóstico

1.	ⓐ	ⓑ	ⓒ	ⓓ
2.	ⓐ	ⓑ	ⓒ	ⓓ
3.	ⓐ	ⓑ	ⓒ	ⓓ
4.	ⓐ	ⓑ	ⓒ	ⓓ
5.	ⓐ	ⓑ	ⓒ	ⓓ
6.	ⓐ	ⓑ	ⓒ	ⓓ
7.	ⓐ	ⓑ	ⓒ	ⓓ
8.	ⓐ	ⓑ	ⓒ	ⓓ
9.	ⓐ	ⓑ	ⓒ	ⓓ
10.	ⓐ	ⓑ	ⓒ	ⓓ
11.	ⓐ	ⓑ	ⓒ	ⓓ
12.	ⓐ	ⓑ	ⓒ	ⓓ
13.	ⓐ	ⓑ	ⓒ	ⓓ
14.	ⓐ	ⓑ	ⓒ	ⓓ
15.	ⓐ	ⓑ	ⓒ	ⓓ
16.	ⓐ	ⓑ	ⓒ	ⓓ
17.	ⓐ	ⓑ	ⓒ	ⓓ

18.	ⓐ	ⓑ	ⓒ	ⓓ
19.	ⓐ	ⓑ	ⓒ	ⓓ
20.	ⓐ	ⓑ	ⓒ	ⓓ
21.	ⓐ	ⓑ	ⓒ	ⓓ
22.	ⓐ	ⓑ	ⓒ	ⓓ
23.	ⓐ	ⓑ	ⓒ	ⓓ
24.	ⓐ	ⓑ	ⓒ	ⓓ
25.	ⓐ	ⓑ	ⓒ	ⓓ
26.	ⓐ	ⓑ	ⓒ	ⓓ
27.	ⓐ	ⓑ	ⓒ	ⓓ
28.	ⓐ	ⓑ	ⓒ	ⓓ
29.	ⓐ	ⓑ	ⓒ	ⓓ
30.	ⓐ	ⓑ	ⓒ	ⓓ
31.	ⓐ	ⓑ	ⓒ	ⓓ
32.	ⓐ	ⓑ	ⓒ	ⓓ
33.	ⓐ	ⓑ	ⓒ	ⓓ
34.	ⓐ	ⓑ	ⓒ	ⓓ

35.	ⓐ	ⓑ	ⓒ	ⓓ
36.	ⓐ	ⓑ	ⓒ	ⓓ
37.	ⓐ	ⓑ	ⓒ	ⓓ
38.	ⓐ	ⓑ	ⓒ	ⓓ
39.	ⓐ	ⓑ	ⓒ	ⓓ
40.	ⓐ	ⓑ	ⓒ	ⓓ
41.	ⓐ	ⓑ	ⓒ	ⓓ
42.	ⓐ	ⓑ	ⓒ	ⓓ
43.	ⓐ	ⓑ	ⓒ	ⓓ
44.	ⓐ	ⓑ	ⓒ	ⓓ
45.	ⓐ	ⓑ	ⓒ	ⓓ
46.	ⓐ	ⓑ	ⓒ	ⓓ
47.	ⓐ	ⓑ	ⓒ	ⓓ
48.	ⓐ	ⓑ	ⓒ	ⓓ
49.	ⓐ	ⓑ	ⓒ	ⓓ
50.	ⓐ	ⓑ	ⓒ	ⓓ

Parte 1

Instrucciones: Elija la *mejor respuesta* para cada pregunta.

Las preguntas 1 a 7 hacen referencia al siguiente fragmento de una novela.

¿Extrañará Ana a Tejas Verdes?

Fue una novia feliz y muy hermosa la que descendió las antiguas escaleras cubiertas de alfombras aquel mediodía de septiembre: la primera novia de Tejas Verdes, esbelta

(5) y de ojos brillantes, con los brazos repletos de rosas. Gilbert, que la esperaba debajo en la sala, la observó con adoración. Por fin era suya, su tan deseada Ana, a quien conquistó tras años de paciente espera. Hacia él se dirigía.

(10) ¿La merecía? ¿Podría hacerla tan feliz como deseaba? Si le fallaba... si no podía llegar a ser todo lo que ella esperaba . . .

Pero entonces, sus miradas se encontraron y todas las dudas se disiparon en la certeza de que

(15) todo sería maravilloso. Eran el uno para el otro. Y sin importar qué les deparara el destino, eso nunca cambiaría. Su felicidad estaba en sus manos y ninguno sentía temor.

Se casaron a la luz del sol en el viejo jardín,

(20) rodeados por los cariñosos y amables rostros de amigos entrañables. Los casó el señor Allan y el reverendo Jo pronunció "la más hermosa plegaria de bodas" según la Sra. Rachel Lynde. Las aves no suelen cantar en septiembre, pero una de ellas

(25) cantó dulcemente desde algún árbol oculto mientras Gilbert y Ana pronunciaban sus votos. Ana la oyó y se estremeció de emoción. Gilbert la oyó y se asombró de que todas las aves de la Tierra no hubieran estallado en jubiloso canto.

(30) El ave cantó hasta el final de la ceremonia. Luego finalizó con un suave y alegre trino.

La vieja casa verde grisácea, envuelta entre sus huertos, jamás había disfrutado de una tarde tan dichosa. Hubo risas y alegría y, cuando Ana y

(35) Gilbert partieron a tomar el tren, Marilla permaneció en el portón y los vio conducir el carruaje hasta que desaparecieron por el largo camino bordeado de varas de San José. Al final del camino, Ana miró hacia atrás para saludar

(40) por última vez. Observó su casa una vez más y sintió un dejo de tristeza. Se había ido, Tejas Verdes ya no era su hogar. Nunca volvería a serlo. El rostro de Marilla se veía muy viejo y gris cuando se volvió hacia la casa que Ana

(45) había llenado de luz y vida durante años.

Adaptación de L.M. Montgomery,
Ana y la casa de sus sueños

1. ¿Cuál de las siguientes palabras describe mejor lo que Gilbert siente por Ana?
   a. Amor
   b. Respeto
   c. Gratitud
   d. Nerviosismo

2. ¿Qué sucedió cuando las miradas de Gilbert y Ana se encontraron?
   a. Él se preguntó si la merecía.
   b. Él se preguntó cómo sería su vida juntos.
   c. Él se dio cuenta de que eran el uno para el otro.
   d. Él pensó que Ana extrañaría mucho Tejas Verdes.

3. En base al fragmento, ¿cuál fue probablemente el cambio más difícil para Ana?
   a. Convertirse en esposa
   b. Decir adiós a Marilla
   c. No tener la libertad de hacer lo que quería
   d. Que Tejas Verdes dejara de ser su hogar

4. En base al fragmento, ¿qué descripción caracteriza mejor la relación entre Marilla y Ana?

   a. Marilla se sentía cansada de cuidar a Ana.

   b. Marilla crió a Ana desde la niñez y le tenía cariño.

   c. Marilla estaba triste de que Ana se hubiera ido porque ella también se tendría que ir.

   d. Marilla y Ana no estaban de acuerdo en que Gilbert fuera un buen esposo.

5. ¿Cuál de las siguientes opciones describe mejor lo que la autora quiere decir al decir: "su tan deseada Ana" (línea 8)?

   a. Ana ya no era una mujer joven.

   b. Ana no se enamoró de Gilbert inmediatamente.

   c. Ana era paciente con Gilbert.

   d. Ana estuvo a punto de casarse con otra persona.

6. De los personajes que aparecen en este fragmento, ¿los pensamientos internos de quién se ocultan al lector?

   a. Ana

   b. Gilbert

   c. Marilla

   d. El señor Allan

7. ¿De qué forma se relaciona el canto de las aves con la boda de Gilbert y Ana?

   a. El canto de las aves distraía a aquellos que observaban la ceremonia.

   b. El canto de las aves reflejaba la alegría de la ceremonia.

   c. El canto de las aves parecía anunciar acontecimientos tristes en el futuro.

   d. El canto de las aves preocupaba a la pareja de novios.

Instrucciones: Elija la *mejor respuesta* para cada pregunta.

Las preguntas 8 a 14 se basan en el siguiente pasaje.

Raymond Dean
Granja Green Valley
3421 Rte 32
Stone Ridge, NY 12430

Estimado Sr. Dean:

(A)

(1) Actualmente, estudio en el instituto terciario del condado de ulster en el área de agricultura. (2) Estudio todo tipo de técnicas de agricultura y solamente prefiere los métodos orgánicos para el cultivo de vegetales. (3) He aprendido mucho sobre las técnicas más recientes para cultivar alimentos de forma orgánica y sé que dado que usted es uno de los cultivadores orgánicos más grandes del área, aprenderé muchísimo más de usted y sus empleados.

(B)

(4) Por este motivo, me gustaría postularme para un puesto de verano en su granja. (5) Me gustaría conseguir un trabajo permanente con usted después de graduarme. (6) Creo que la experiencia de trabajar con los profesionales de la Granja Green Valley mejoraría, mucho mi educación. (7) Quiero informarle que estaría dispuesto a aceptar una pasantía no remunerada en su granja. (8) Así de entusiasmado estoy por trabajar con usted. (9) Tal vez pueda pedir algo de dinero prestado a mis padres u obtener un segundo trabajo para mantenerme. (10) Adjunto mi currículum vitae, así como también mis referencias de profesores y un empleador previo.

(C)

(11) Me enteré de su granja por un profesor. (12) Él siente gran respeto por su trabajo. (13) Me estaba sugiriendo que le escriba y le haga este pedido. (14) Espero tener noticias suyas. (15) Pronto.

Atentamente,

Mark Tanzania

8. Oración (1): Actualmente, estudio en el <u>instituto terciario del condado de ulster</u> en el área de agricultura.

　　¿Cuál es la mejor forma de escribir la parte subrayada de esta oración?
   a. instituto Terciario del Condado de Ulster
   b. Instituto Terciario del condado de ulster
   c. Instituto terciario del condado de ulster
   d. Instituto Terciario del Condado de Ulster

9. Oración (2): Estudio todo tipo de <u>técnicas de agricultura y solamente prefiere</u> los métodos orgánicos para el cultivo de vegetales.

　　¿Cuál es la mejor forma de escribir la parte subrayada de esta oración?
   a. técnicas de agricultura, así que prefiero
   b. técnicas de agricultura, que son
   c. técnicas de agricultura, pero prefiero
   d. técnicas de agricultura que no prefieran

10. Oraciones (4) y (5): Por este motivo, me gustaría postularme para un puesto de verano en su granja. Me gustaría conseguir un trabajo permanente con usted después de graduarme.

　　¿Cuál es la combinación más eficaz de las oraciones (4) y (5)?
   a. Me postulo para un trabajo de verano, pero espero conseguir un puesto permanente.
   b. Postulando para un trabajo ahora con la esperanza de que me contrate después de graduarme.
   c. Me gustaría postularme para un puesto en su granja hoy, y luego, más adelante, cuando me gradúe.
   d. Me gustaría postularme para un puesto de verano en su granja con la esperanza de conseguir un trabajo permanente con usted después de graduarme.

11. ¿Qué revisión mejoraría la eficacia del párrafo (B)?
   a. Mover la oración (5) a continuación de la oración (10)
   b. Mover la oración (9) al final del párrafo
   c. Eliminar la oración (6)
   d. Eliminar la oración (9)

12. Oración (6): Creo que la experiencia de trabajar con los profesionales de la Granja Green Valley mejoraría, mucho mi educación.

　　¿Qué corrección se debería realizar a la oración (6)?
   a. Insertar una coma después de <u>profesionales</u>
   b. Reemplazar <u>trabajar</u> por <u>trabajando</u>
   c. Cambiar <u>Creo</u> por <u>Creía</u>
   d. Eliminar la coma después de <u>mejoraría</u>

13. Oraciones (11) y (12): Me enteré de su granja por un profesor. Él siente gran respeto por su trabajo.

¿Cuál es la combinación más eficaz de las oraciones (11) y (12)?

a. Me enteré de su granja por un profesor él siente gran respeto por su trabajo.

b. Me enteré de su granja por un profesor que siente gran respeto por su trabajo.

c. Mi profesor siente gran respeto por su trabajo, me enteré de su granja.

d. Un profesor que siente gran respeto por su trabajo, y yo me enteré de su granja.

14. Oración (13): Él me estaba sugiriendo que le escriba y le haga este pedido.

¿Qué corrección se debería realizar en la oración (13)?

a. Cambiar <u>haga</u> por <u>hiciera</u>

b. Cambiar <u>le escriba</u> y <u>le haga</u> por <u>haga</u>

c. Cambiar <u>estaba sugiriendo</u> por <u>sugirió</u>

d. Cambiar <u>estaba sugiriendo</u> por <u>había sugerido</u>

Las preguntas 15 a 18 hacen referencia al siguiente fragmento de un cuento corto.

¿Se presentará en la televisión nacional?

"Creo que medio mundo ha venido a esta audición". Gene hablaba con su novia por celular. "Estoy deseando actuar. Sé que tengo mi voz a pleno y les encantará la canción que escogí".

(5)   "Buena suerte. Pensaré en ti".

A pesar de que sonaba animado al hablar con su novia, en realidad Gene no se sentía para nada seguro. Había apostado tanto a la audición, y no tenía idea de qué pensarían los jueces de él.

(10) Por primera vez se dio cuenta de que estaba asustado. Aún así, tenía tantos deseos de tener éxito que prácticamente podía sentirlo. Imagínate poder competir en la televisión a nivel nacional. Inhaló profundamente. Le costaba creer que

(15) realmente iba a actuar frente a los jueces.

Había llegado exactamente a las nueve y había esperado en la cola durante más de tres horas. Podía oír los latidos de su corazón. En ese momento, Gene oyó que lo llamaban. Ingresó al

(20) edificio y lo acompañaron hasta la sala de audiciones.

"Sí, aquí estoy" respondió.

Gene observó a los jueces sentados a la mesa. Se veían aburridos y poco impresionados.

(25) "Bien, ¿qué nos cantarás hoy?" le preguntó uno de los jueces. "Time After Time" respondió Gene, con la voz un poco temblorosa.

"Está bien, veamos qué nos traes" dijo otro juez que estaba golpeteando un lápiz

(30) sobre la mesa.

Gene sintió un nudo en la garganta y no sabía si podría continuar. Recordó lo que le había aconsejado su profesor de canto: "Tómate un momento antes de comenzar. Cierra los ojos.

(35) Inhala profundamente y exhala". Cerró los ojos, tomó una bocanada de aire y luego una voz dulce comenzó a emanar de sus labios. Fue como si los jueces desaparecieran. Podría haber estado en cualquier lugar. Estaba en su propio mundo.

(40) De pronto, todo había terminado y se encontró de pie frente a los jueces, con una sensación de soledad y vulnerabilidad. Podía sentir su sudor en la frente.

"Bueno, esto es una sorpresa" afirmó el
(45) primer juez. "No podría haberlo anticipado".

¿Qué opinan? ¿Pasa? Los cuatro jueces levantaron sus pulgares. "Sigues en camino, muchacho" dijo el primer juez. "No hagas que nos arrepintamos de la decisión".
(50) "No, Señor. No se arrepentirán" aseguró Gene mientras salía de la sala.

15. En base al fragmento, ¿probablemente qué piensa Gene sobre la audición?
 a. Le dará la oportunidad de ganar un buen salario.
 b. Era algo que quería evitar.
 c. Es una oportunidad para que lo descubran.
 d. Le permitirá dar un salto a la fama rápidamente.

16. ¿Cuándo ocurre la escena que se relata en este fragmento?
 a. Temprano por la mañana
 b. A media tarde
 c. Temprano por la tarde
 d. A última hora de la tarde

17. ¿Cuál es la mejor descripción de la presentación de Gene?
 a. Fue un buen intento pero no lo suficientemente bueno
 b. Tiene una buena voz pero no tiene convicción
 c. Un poco lenta al comienzo pero finalmente fue maravillosa
 d. Tiene una voz llamativa pero no mucho ritmo

18. ¿Cuál es el efecto principal que busca el autor al usar frases como "casi podía sentirlo", "Inhaló profundamente" y "Podía oír los latidos de su corazón"?
 a. Demostrar cuánto tiempo había estado esperando Gene.
 b. Demostrar que Gene tenía talento.
 c. Demostrar que Gene había estado ejercitando.
 d. Demostrar que lo importante que era la audición para Gene.

Las preguntas 19 a 25 se basan en el siguiente pasaje.

Isla de Gorea

(A)

(1) Algunos europeos tuvieron un rol importante al traer esclavos a Estados Unidos desde áfrica occidental. (2) Los países europeos enviaron exploradores que navegaron a lo largo de la costa occidental de África. (3) Entraron en contacto con la gente de allí. (4) Ejercieron el comercio con ellos, pero también capturan mucha gente. (5) Estas personas fueron enviadas al Nuevo Mundo donde se convirtieron en esclavos. (6) La mayoría de ellos terminaron trabajando en granjas y plantaciones.

(B)

(7) Algunos africanos eran enviados desde Gorea, una isla pequeña en la costa de lo que ahora es Senegal. (8) En la actualidad hay alrededor de nueve millones y medio de habitantes en Senegal. (9) Permanecían en calabozos hasta que llegaban los barcos del Nuevo Mundo para llevarlos a Estados Unidos y el Caribe. (10) Algunos africanos también sacaban ganancia del comercio de esclavos. (11) Un grupo de mujeres africanas libres, llamadas *signares*, vendían a los comerciantes europeos comida para los esclavos y también poseían varios esclavos ella misma.

(C)

(12) Hoy en día, los calabozos donde se quedaban son un museo. (13) Cientos de personas visitan este museo cada año para ver el lugar donde se mantenía cautivos a los esclavos. (14) Ven los calabozos y la Casa de los Esclavos, que es donde vivían los amos. (15) Ay una estatua conmemorativa en el exterior de la casa que muestra esclavos africanos encadenados. (16) Una visita a este lugar sería muy educativa. (17) Aprenderás mucho de los guías sobre lo que pasó allí.

19. Oración (1): Algunos europeos tuvieron un rol importante al traer esclavos a Estados Unidos desde áfrica occidental.

   ¿Qué corrección se debería realizar en la oración 1?

   a. Reemplazar <u>tuvieron</u> por <u>estaban teniendo</u>

   b. Insertar una coma después de <u>Estados Unidos</u>

   c. Insertar un punto después de <u>rol importante</u>

   d. Cambiar <u>áfrica occidental</u> por <u>África Occidental</u>

20. Oraciones (2) y (3): Los países europeos enviaron exploradores que navegaron a lo largo de la costa occidental de África. Entraron en contacto con la gente de allí.

   La combinación más eficaz de las oraciones (2) y (3) incluiría ¿qué grupo de palabras?

   a. costa occidental de África mientras

   b. costa occidental de África donde

   c. costa occidental de África en cambio

   d. costa occidental de África pero

21. Oración (4): Ejercieron el comercio con ellos, pero también <u>capturas</u> mucha gente.

   ¿Cuál es la mejor forma de escribir la parte subrayada de esta oración?

   a. habían sido capturados

   b. estaban capturando

   c. capturarán

   d. capturaron

22. ¿Qué revisión mejoraría la eficacia del párrafo (B)?

   a. Mover la oración (7) al final del párrafo

   b. Eliminar la oración (8)

   c. Eliminar la oración (9)

   d. Mover la oración (11) al comienzo del párrafo

23. Oración (11): Un grupo de mujeres africanas libres, llamadas *signares*, vendían a los comerciantes europeos comida para los esclavos y también poseían varios esclavos ella misma.

   ¿Qué corrección se debería realizar en la oración (11)?

   a. Cambiar <u>poseían</u> por <u>poseen</u>

   b. Cambiar <u>Un grupo</u> por <u>Un grupos</u>

   c. Insertar una coma después de <u>esclavos</u>

   d. Reemplazar <u>ella misma</u> por <u>ellas mismas</u>

24. Oración (15): Ay una estatua conmemorativa en el exterior de la casa que muestra esclavos africanos encadenados.

   ¿Qué corrección se debería realizar en la oración (15)?

   a. Mover <u>en el exterior</u> al final de la oración

   b. Reemplazar <u>Ay</u> por <u>Hay</u>

   c. Cambiar <u>una</u> por <u>unas</u>

   d. Cambiar <u>esclavos</u> por <u>Esclavos</u>

25. Oración (17): Aprenderás mucho de los guías sobre lo que pasó allí.

   ¿Con qué grupo de palabras comenzaría la revisión más eficaz de la oración (17)?

   a. Si vas, aprenderás

   b. Aunque vayas, aprenderás

   c. Sin embargo, aprenderás

   d. Aprendiendo

Las preguntas 26 a 31 hacen referencia al siguiente memorandum de un empleado.

¿Qué harán los procedimientos nuevos?

Memorandum

Para: Empleados de IMPEL

De: Gerencia

Re: Nuevos procedimientos de seguridad

(5) Fecha: 15 de junio

Debido a algunos incidentes que se produjeron con personas no autorizadas en partes seguras del Edificio A, a partir del 30 de junio entrarán en vigencia nuevos procedimientos de seguridad en

(10) ese edificio. A partir de ahora, todos los empleados que se presenten a trabajar deben ingresar a través de la entrada para empleados ubicada sobre la parte lateral del edificio que da a Murray Street. Ningún empleado puede ingresar por la entrada principal. Para que se les permita

(15) el ingreso, todos los empleados deben tener una identificación válida con foto. Para abrir la puerta, se deben pasar la identificación. Asegúrese de no permitir que otra persona ingrese con usted aunque la conozca. Cada

(20) empleado debe pasar su propia identificación para dejar registrado que está en el trabajo.

La entrada principal será solo para visitantes. La recepcionista llamará a la persona para avisar sobre la llegada del visitante para que

(25) se acerque al escritorio principal y acompañe al invitado a su oficina. Los visitantes recibirán pases temporales pero no pueden tener vía libre en la oficina.

Además, se solicita a todos los empleados

(30) que inicien sesión en su computadora cuando comiencen a trabajar y que cierren la sesión cuando tomen un descanso. Asegúrese de cerrar sesión y volver a iniciarla al tomar su descanso para almorzar.

(35) Si un empleado ve a alguien que cree que no está autorizado para estar en el Edificio A, debe actuar inmediatamente e informar sobre el acontecimiento al Sr. Shields, nuestro jefe de seguridad. No se acerque a la persona,

(40) simplemente llame a la oficina del Sr. Shields. Su número de extensión es 890. Si nadie responde, escriba un informe y envíelo por correo electrónico a cshields@impel.com.

Si los empleados tienen preguntas con

(45) respecto a estas reglas, deberá comunicarse con el departamento de Recursos Humanos a la extensión número 550. La Sra. Hardy podrá responder a sus consultas. Gracias por su cooperación en este tema. Creemos que con estos

(50) procedimientos adicionales, nuestro lugar de trabajo será más seguro para todos los involucrados. Idealmente, esto redundará en un mejor resultado de trabajo, puesto que se evitará la posibilidad de que haya una violación de

(55) seguridad.

26. ¿Cuál de las siguientes opciones parafrasea mejor la frase "violación de seguridad" (líneas 54 y 55)?

a. una puesta en peligro de la seguridad de la oficina

b. un golpe a la confianza de los empleados

c. una distracción debida a los problemas personales de un empleado

d. una defensa para evitar que los empleados no cumplan con su trabajo

27. En base al fragmento, ¿qué se puede inferir sobre la gerencia?

a. Que les preocupa la seguridad de los empleados.

b. Que creen que la oficina es completamente segura.

c. Que quieren que los empleados completen fichas de horarios.

d. Que quieren llevar un registro de los hábitos laborales de los empleados.

28. ¿Cuál de las siguientes situaciones podían evitarse con los nuevos procedimientos de seguridad?
   a. Que los visitantes ingresen por la entrada principal
   b. Que los empleados pasen sus identificaciones para abrir las puertas
   c. Que los empleados ingresen por la entrada lateral
   d. Que personas no autorizadas deambulen por el Edificio A

29. Imagine que un empleado ve a una persona sin identificación en el Edificio A. De acuerdo con el memorandum, ¿cómo debería actuar el empleado?
   a. Llamar a la oficina del Sr. Shields para informarlo
   b. Decirle a la persona que se vaya del edificio
   c. Llamar a la recepcionista de la entrada principal
   d. Informar a la Sra. Hardy sobre el evento

30. ¿Cuál de las siguientes opciones describe mejor el estilo en que está escrito este memorandum?
   a. Complicado y poco claro
   b. Académico y aburrido
   c. Directo y al grano
   d. Detallado y técnico

31. ¿Cuál de las siguientes opciones describe mejor la forma en que se organiza el memorandum?
   a. Incluye la información en orden de importancia
   b. Ordena por secuencia de eventos
   c. Presenta un problema y luego una solución
   d. Realiza una comparación de los problemas

Las preguntas 32 a 37 hacen referencia al siguiente fragmento de una novela.

¿Su madre lo dejará ir?

"Beatrice", dijo de improviso, "me gustaría ir al colegio. Todo el mundo en Minneápolis va de interno al colegio".

Beatrice mostró. una cierta alarma.

(5)   "Pero solo tienes quince años".

"Sí, pero todo el mundo va al colegio a los quince años. Y yo *quiero* ir, Beatrice".

A sugerencia de Beatrice, el asunto fue demorado el resto del paseo, pero una semana (10) más tarde ella lo sorprendió gratamente al decirle: "Amory, he decidido dejarte hacer lo que quieres. Si todavía lo deseas, puedes ir al colegio como interno".

"¿De verdad?".

(15)   "Al St. Regis, en Connecticut".

Amory no dijo nada, pero sintió que una repentina emoción recorría su cuerpo.

"Ya está todo arreglado" continuó Beatrice. "Es mejor que vayas. Hubiera preferido que (20) fueras a Eton y después a Christ Church, en Oxford, pero es casi imposible en estos tiempos. Y por ahora, dejaremos el tema de la universidad para más adelante".

"¿Qué vas a hacer tú Beatrice?"

(25)   "Solo Dios sabe. Parece que mi destino es pasar mi vida en este país. No es que lamente ser estadounidense, de hecho, creo que eso es propio de la gente vulgar. Estoy segura de que nos estamos convirtiendo en una gran nación, (30) pero" suspiró "siento que mi vida debería haber transcurrido cerca de una civilización más antigua y apacible, en una tierra de praderas y tonos otoñales. . .".

Amory no contestó, así que su madre (35) continuó. "Lamento que no conozcas el extranjero. Pero como eres hombre lo mejor es que crezcas aquí, al amparo del águila calva... ¿es así como se dice?".

Amory lo confirmó.

(40) "¿Cuando iré al colegio?".

"El mes próximo. Primero irás hacia el Este, con un poco de anticipación para dar tus exámenes. Y después tendrás una semana libre, así que quiero que subas al Hudson y hagas una (45) visita".

"¿A quién?".

"A monseñor Darcy, Amory. Quiere verte. Estuvo en Harrow y luego en Yate. Se hizo católico. Quiero que hable contigo porque (50) siento que te puede ayudar mucho". Acarició suavemente su cabello castaño. "Amory querido, Amory querido. . .".

Adaptación de F. Scott Fitzgerald,
A este lado del paraiso

32. ¿Cuál de las siguientes opciones expresa mejor la idea principal del fragmento?
   a. La madre de un muchacho acepta permitir que su hijo vaya a un colegio de internado.
   b. A la madre de un muchacho le gustaría que su hijo visite colegios en otros países.
   c. Un muchacho quiere que su madre esté contenta.
   d. Un muchacho quiere irse de su ciudad natal.

33. En base a la información que aparece en este fragmento, ¿cuál de las siguientes opciones preferiría Beatrice?
   a. Aprender sobre la historia de los Estados Unidos
   b. Hacer una fiesta donde cada uno de sus amigos traiga un platillo diferente
   c. Pasar un tiempo en Inglaterra
   d. Enseñar inglés a niños en edad escolar

34. ¿Por qué posiblemente Beatrice piensa que es mejor para Amory crecer en Estados Unidos?
   a. No le gustaría Europa.
   b. Es bueno para los deportes.
   c. Los colegios son más fáciles en Estados Unidos.
   d. Nació en Estados Unidos.

35. En base a lo que dice Beatrice: "siento que mi vida debería haber transcurrido cerca de una civilización más antigua y apacible, en una tierra de praderas y tonos otoñales". (líneas 30 a 34), ¿qué sugiere sobre Estados Unidos?
   a. Piensa que es similar a Inglaterra.
   b. Cree que es una tierra de gran energía.
   c. Supone que es un país débil con poco futuro.
   d. En ese momento decide adoptarlo como su hogar.

36. ¿Qué influencia tiene en el fragmento el hecho de que Amory llame a su madre por su nombre de pila?
   a. Muestra que Amory y su madre no tienen una relación cercana.
   b. Muestra que Beatrice quiere aparentar ser la hermana de Amory.
   c. Muestra que a Beatrice le molesta ser madre.
   d. Muestra que Amory no tiene una relación típica con su madre.

37. ¿Por qué Beatrice quiere que Amory visite a monseñor Darcy?
   a. Cree que monseñor Darcy puede convencer a Amory de que vaya a un colegio más cerca de su hogar.
   b. Monseñor Darcy es el tío de Amory.
   c. Quiere que Amory se convierta en católico.
   d. Siente que monseñor Darcy puede ayudar a Amory porque fue a Harrow y a Yale.

Las preguntas 38 a 42 hacen referencia al siguiente fragmento de una reseña.

Qué piensa el crítico de *La última lucha*?

Puede que *La última lucha* sea uno de los principales éxitos de taquilla del verano, pero no está a la altura del entusiasmo que crea. En esta historia de ciencia ficción de proporciones épicas,

(5) se catapulta a los espectadoresa un futuro en el cual la Tierra está poblada por androides y humanos. Estos sobrevivientes de una civilización antigua viven en un mundo estéril cubierto por una cúpula de plástico. La cúpula los

(10) protege de los alienígenas que atacan la Tierra frecuentemente. También disminuye los problemas ambientales, como la contaminación del aire y el calentamiento global.

La trama se centra en torno a un joven

(15) llamado Raal y su misión de forjar la paz entre humanos y alienígenas. Esta es una tarea difícil, considerando que los alienígenas no tienen ningún deseo de dejar de intentar tomar el control de la Tierra y sus habitantes. Si bien Raal

(20) (George Armstrong) es un personaje agradable, no posee ninguna capacidad de cambiar de expresión. Como resultado de eso, el alcance de su actuación es bastante limitado. Él es un soñador y quizá el mensaje sea que no hay lugar para

(25) los soñadores en el futuro, pero no voy a entrar en detalles sobre la trama ni el final. No quiero arruinarlo para aquellos que realmente quieran ver la película. De todos modos, podemos decir que las cosas no van muy bien para el joven Raal.

(30) El punto más destacado de la película, en mi opinión, fue la actuación del actor veterano Bruce Cameron como el sabio Kel. Cameron ha demostrado una y otra vez su capacidad para transformar hasta al personaje más mundano

(35) en alguien fascinante. Quizá valga la pena ver la película solo por su actuación.

Además de ser inverosímil, la película se concentra demasiado en los efectos especiales, incluso en 3D pero, por supuesto, eso tal vez sea

(40) atractivo para muchos espectadores. Su costo también fue enorme. No hay mucho que sea novedoso en esta película.

38. ¿Cuál de las siguientes opciones es la idea principal del fragmento?
   a. El autor presenta los motivos por los cuales no se debería usar efectos especiales en las películas.
   b. El autor detalla el tipo de actuación que prefiere.
   c. El autor habla de la impresión que tiene sobre una película de ciencia ficción.
   d. El autor explica por qué le gustan las películas de ciencia ficción.

39. ¿Cuál de las siguientes opciones expresa mejor la opinión del crítico sobre *La última lucha*?
   a. Tuvo una producción muy costosa y es demasiado larga.
   b. La disfrutó porque contaba con una estupenda actuación.
   c. El crítico espera que la mayoría de la gente vaya a ver la película.
   d. Es poco profunda y tiene demasiados efectos especiales.

40. Si se supiera que el autor de esta reseña escribió muchos guiones de ciencia ficción pero ninguno de ellos fue llevado al cine, ¿cómo afectaría esto la lectura de esta reseña?
   a. Las experiencias del autor le darían mayor valor a su opinión.
   b. El conocimiento del autor sobre el género podría ser cuestionado.
   c. Mucha de la negatividad se podría interpretar como frustración.
   d. Las experiencias personales del autor no tendrían ninguna influencia en la reseña.

41. ¿Cuál de los siguientes adjetivos describe mejor el estilo en que está escrita la reseña?

   a. Técnico

   b. Humorístico

   c. Académico

   d. Ornamentado

42. De acuerdo con el autor, ¿qué adjetivo describe mejor *La última lucha*?

   a. Provocativa

   b. Superficial

   c. Solemne

   d. Exagerada

Las preguntas 43 a 50 se basan en el siguiente pasaje.

Cómo escribir una carta de presentación

(A)

(1) Una carta de presentación que acompañe su currículum vitae es muy importante, le da al empleador una impresión general sobre usted. (2) De hecho, si la carta de presentación no despiertan el interés del posible empleador, este puede optar por ni siquiera leer el curriculum vitae. (3) Así que elabore una carta de presentación eficaz haciéndola breve y mencionar puntos que despierten el interés del lector.

(B)

(4) Antes de comenzar a escribir, asegúrese de que su curriculum vitae esté actualizado. (5) Luego, realice una investigación de la empresa para poder incluir información sobre esta que se pueda vincular al puesto que espera ocupar. (6) La investigación también lo ayudará a prepararse para la entrevista. (7) Cuando esté listo para escribir la carta, asegúrese de incluir el nombre de la persona el título, el nombre correcto de la empresa y la dirección. (8) Si no conoce el nombre de la persona a que le escribe, use "A quien corresponda".

(C)

(9) Cuando llegue al cuerpo de la carta, use el primer párrafo para decir por qué cree que sería bueno para el puesto. (10) También incluya por qué querría trabajar para la empresa. (11) Use el párrafo siguiente para contar su experiencia y vinculándola al trabajo. (12) Transmítale al empleador que le entusiasma la posibilidad de trabajar para la empresa. (13) El último párrafo debería ser breve. (14) Deber incluir una afirmación potente que haga que el empleador quiera entrevistarlo. (15) Al final de la carta, incluya su información, de contacto y concluya con "Atentamente" o "Saludos cordiales".

43. Oración (1): Una carta de presentación que acompañe su currículum vitae es muy importante, le da al empleador una impresión general de usted.

   ¿Qué corrección se debe hacer en la oración (1)?

   a. Insertar una coma después de <u>currículum vitae</u>

   b. Eliminar la coma

   c. Reemplazar <u>da</u> por <u>das</u>

   d. Reemplazar la coma por <u>porque</u>

44. Oración (2): De hecho, si la <u>carta de presentación no despiertan el interés</u> del posible empleador, este puede optar por ni siquiera leer el curriculum vitae.

   ¿Cuál es la forma correcta para la parte subrayada de la oración (2)?

   a. carta de presentación no despertó el interés

   b. cartas de presentación no despiertan el interés

   c. carta de presentación no han despertado el interés

   d. carta de presentación no despierta el interés

45. Oración (3): Así que elabore una carta de presentación eficaz haciéndola breve y mencionar puntos que despierten el interés del lector.

¿Qué corrección se debe hacer en la oración (3)?

a. Cambiar <u>haciéndola</u> por <u>ha</u>

b. Cambiar <u>elabore</u> por <u>elaborando</u>

c. Cambiar <u>interés</u> por <u>intereses</u>

d. Cambiar <u>mencionar</u> por <u>mencionando</u>

46. Oración (5): Luego, realice una investigación de la empresa para poder incluir información <u>sobre esta</u> que se pueda vincular al puesto que espera ocupar.

¿Cuál es la forma correcta para la parte subrayada de la oración (5)?

a. sobre ustedes

b. sobre ella

c. sobre él

d. sobre usted

47. Oración (7): Cuando esté listo para escribir la carta, asegúrese de incluir el nombre de la <u>persona el título</u>, el nombre correcto de la empresa y la dirección.

¿Cuál es la forma correcta de escribir la parte subrayada de la oración (7)?

a. persona; el título

b. persona, el título,

c. persona. El título

d. persona y el título

48. Oración (8): Si no conoce el nombre de la persona <u>a que</u> le escribe, use "A quien corresponda".

¿Cuál es la forma correcta de escribir la parte subrayada de la oración (8)?

a. a cual

b. que

c. cual

d. a quien

49. Oración (11): Use el próximo párrafo para contar su experiencia <u>y vinculándola</u> al trabajo.

¿Cuál es la forma correcta de escribir la parte subrayada de la oración (11)?

a. y poder haberla vinculado

b. y haberla vinculado

c. y vincularla

d. por vincular

50. Oración (14): Deber incluir una afirmación potente que haga que el empleador quiera entrevistarlo.

¿Qué corrección se debe hacer en la oración (14)?

a. Cambiar <u>Deber</u> por <u>Debería</u>

b. Cambiar <u>haga</u> por <u>hará</u>

c. Reemplazar <u>entrevistarlo</u>por <u>entrevistar</u>

d. Cambiar <u>quiera</u> por <u>quisiera</u>

Parte 2

1 pregunta

Lea los siguientes pasajes. Luego lea las instrucciones y escriba un ensayo en el que asuma una posición. Utilice la información que aparece en el pasaje para fundamentar su ensayo.

Mensaje del Presidente Franklin Roosevelt al Congreso sobre establecimiento del salario mínimo y el horario máximo, 24 de mayo de 1937.

"El día de hoy ustedes y yo nos comprometemos a tomar más medidas para reducir la disminución del poder adquisitivo de los trabajadores industriales y fortalecer y estabilizar los mercados para los productos agrícolas. Ambos van de la mano. La eficacia de cada uno de ellos depende de la del otro. Trabajando en conjunto, ambos abrirán nuevas salidas para el capital productivo. Nuestra Nación, tan ricamente dotada de recursos naturales y con una población capaz y trabajadora, debería poder concebir formas y medios para asegurar a todos nuestros trabajadores, hombres y mujeres físicamente capaces, un salario diario justo por un día de trabajo justo. Una democracia digna que se mantiene y respeta a sí misma no puede justificar la existencia del trabajo infantil, no puede aducir un motivo económico para timar a los trabajadores con sus salarios ni extender sus horas de trabajo.

El comercio ilustrado está aprendiendo que la competencia no debe generar malas consecuencias sociales que inevitablemente tienen un efecto sobre las ganancias del negocio en sí mismo. Todos, salvo las reaccionarios irremediables, estarán de acuerdo en que para conservar nuestros recursos primarios de fuerza de trabajo, el gobierno debe tener algún tipo de control sobre el horario máximo de trabajo, el salario mínimo, el nefasto trabajo infantil y la explotación de los trabajadores no organizados".

Carta al editor con respecto al aumento del salario mínimo, 3 de enero de 2014.

Estimado editor:

En las últimas semanas he visto que mucha gente se expresa en apoyo de aumentar el salario mínimo, pero aún no he visto que nadie ofrezca una opinión alternativa informada. La verdad es que si aumentamos el salario mínimo para todos los trabajadores estadounidenses, produciremos un daño irreparable a nuestra economía. Cuanto más evitemos que el gobierno se entrometa en el lugar de trabajo, mejor.

Aumentar el salario mínimo significa que los empleadores tendrán que reunir dinero extra para pagar más a sus trabajadores. ¿Cómo lo lograrán? Despidiendo trabajadores para reducir costos o cobrando más por sus bienes y servicios. Si despiden trabajadores, esos trabajadores tendrán menos de lo que tenían antes... lo cual no es precisamente una buena solución para mejorar el nivel de vida. Si aumentan el precio de los bienes y servicios, las personas tendrán que gastar más en cosas esenciales para la vida, como alimentos y transporte. Así que el beneficio de tener salarios más altos será consumido por los mayores gastos que enfrentará el trabajador promedio.

Cuando era joven, yo ganaba veinticinco centavos por hora lavando automóviles. Utilicé ese dinero para pagarme la universidad y obtener mi título de ingeniero. Utilicé ese dinero para conseguir un trabajo diseñando puentes para el estado de Texas. No me quedé sentado en el lavadero de automóviles quejándome por lo poco que ganaba. Aproveché esa oportunidad para crecer. Me gustaría que en la actualidad más personas tuvieran la voluntad de hacer lo mismo.

Atentamente,

Ralph Phillips

Instrucciones

Estos dos pasajes presentan diferentes argumentos con respecto al tema del salario mínimo. En su respuesta, analice ambas posturas para determinar cuál es la que está mejor fundamentada. Utilice pruebas relevantes y específicas de los pasajes para fundamentar su respuesta.

Respuestas y explicaciones

Parte 1

1. a. Si bien Gilbert puede sentir *respeto* y *gratitud*, la palabra que mejor describe sus sentimientos es *amor*. Sus acciones lo indican claramente. *Nerviosismo* no es una opción respaldada por el fragmento.

2. c. Esta opción se apoya claramente en lo que dice el fragmento que sucedió cuando sus miradas se encontraron "y todas sus dudas se disiparon en la certeza de que todo sería maravilloso". Las otras opciones pueden entrar en la escena que ocurre entre ellos, pero no suceden cuando sus miradas se encuentran.

3. d. Al final del fragmento es claro que este era el cambio más grande y más difícil para Ana. Por eso sintió un "dejo de tristeza". Las otras opciones no tienen fundamento.

4. b. En el extracto hay pistas que respaldan esta respuesta, como que Marilla se veía "gris" cuando Ana se estaba yendo y cómo Ana había llenado la casa de "luz y vida". Las otras opciones no están respaldadas por el texto.

5. b. En base a la información que aparece en el fragmento, esta es la respuesta correcta. El texto dice que Gilbert la había conquistado "tras años de paciente espera". Esto fundamenta la opción **b**, no las otras opciones.

6. d. El autor da pistas a los lectores sobre qué están pensando todos los otros personajes, pero el lector no sabe nada sobre el señor Allan.

7. b. El texto dice que no muchas aves cantan en septiembre pero que una cantó dulcemente mientras Gilbert y Ana pronunciaban sus votos. Hasta "finalizó con un suave y alegre trino" después que la ceremonia hubo terminado, lo que reflejaba la alegría de la ceremonia.

8. d. La opción **d** es correcta porque usa mayúsculas en todas las palabras de conforman el nombre propio del instituto. Las opciones **a**, **b** y **c** son incorrectas porque usan mayúsculas en algunas pero no en todas las palabras del nombre propio.

9. c. La mejor forma de escribir esta oración es: "Estudio todo tipo de técnicas de agricultura, pero prefiero los métodos orgánicos para el cultivo de vegetales". Por lo tanto, la opción **c** es la mejor respuesta. Las opciones **a**, **b**, y **d** cambian el significado de la oración.

10. d. La opción **d** es la mejor respuesta. Esta contiene toda la información necesaria relevante. La opción **a** es muy general y no está claro cuál es el puesto permanente que busca el escritor de la carta. La opción **b** es gramaticalmente incorrecta porque falta el sujeto para el verbo *postularse*. La opción **c** es complicada y poco clara.

11. d. La opción **d** es la mejor respuesta, dado que esta información no es central para el objetivo principal de la carta, que es solicitar una pasantía. La opción **a** no tiene sentido cuando se la mueve. La opción **b** no funciona puesto que la información no es esencial para el tema. La opción **c** significaría eliminar una oración importante del párrafo.

12. d. La opción **d** es correcta porque elimina una coma innecesaria de la oración. La opción **a** no es correcta porque insertaría una coma innecesaria. Las opciones **b** y **c** no son correctas porque contienen formas incorrectas de los verbos.

13. b. La opción **b** es la mejor respuesta. Esta oración reemplaza *él siente* (que es repetitivo) por el pronombre *que*. La opción **a** es una oración mal construida, por lo tanto, es incorrecta. La opción **c** no combina las oraciones, sino que simplemente cambia su orden y coloca una coma inadecuada entre ellas. La opción **d** une de manera incorrecta las oraciones con *y*.

14. c. La opción **c** es correcta porque esta acción ocurrió una vez en el pasado y no continuó. La opción **a** no es correcta porque el verbo *hiciera* está en pretérito imperfecto, no en presente del subjuntivo, como debería estar. La opción **b** es una respuesta incorrecta porque elimina verbos pero no aborda el problema del tiempo verbal. La opción **d** utiliza un tiempo compuesto incorrecto.

15. c. Esta es la mejor respuesta. La audición le dará una oportunidad para que lo descubran. La audición no hará que salte a la fama ni le dará la oportunidad de ganar un buen salario.

16. c. El extracto dice que Gene llegó al lugar de la audición a las 9:00 a.m. y que había estado esperando más de tres horas (líneas 16 a 18). Es decir, que la escena ocurre luego del mediodía.

17. c. Esta respuesta refleja lo que sucede en la historia. Estuvo un poco lento al principio, pero luego cantó muy bien y pasó la ronda de audiciones.

18. d. Esta respuesta refleja qué sentía Gene con respecto a la audición. Por ejemplo, el corazón de una persona por lo general late fuerte (o parece que late más fuerte de lo habitual) cuando una persona atraviesa un momento importante en su vida.

19. d. La opción **d** usa mayúsculas correctamente en un sustantivo propio. La opción **a** cambia el verbo a un tiempo verbal incorrecto. La opción **b** inserta una coma que no es necesaria y la opción **c** convierte la segunda oración en un fragmento.

20. b. La opción **b** es correcta porque combina las ideas de ambas oraciones con el pronombre relativo *donde*. La opción **a** utiliza una palabra de transición que cambia el significado de las oraciones. La opción **c** crea una oración confusa y la opción **d** cambia el significado de las oraciones.

21. d. La opción **d** es correcta porque la forma verbal coincide con el sujeto y el tiempo verbal también es correcto. La opción **a** no es correcta porque el tiempo verbal es incorrecto y además cambia el significado de la oración. Las opciones **b** y **c** son incorrectas porque tienen tiempos verbales incorrectos: uno es un tiempo compuesto y el otro futuro.

22. b. La opción **b** es correcta. Esta oración no tiene nada que ver con el tema principal del párrafo, que trata sobre los esclavos cautivos en la Isla de Gorea. La opción **a** no es correcta porque es una oración sobre el tema y es claramente la apertura del párrafo. La opción **c** tiene información importante sobre los esclavos. La opción **d** no tendría sentido lógico.

23. d. La opción **d** es correcta dado que el sujeto (*mujeres*) es plural, no singular. La opción **a** es incorrecta porque este tiempo verbal está mal para esta oración. La opción **b** es gramaticalmente incorrecta dado que *un* es singular y *grupos* es plural. No se necesita ninguna coma después de *esclavos*, por lo tanto, la opción **c** es incorrecta.

24. b. La opción **b** es correcta porque reemplaza el homónimo *ay*, una interjección, por *hay*, que indica *existencia*. La opción **a** no tiene sentido. La opción **c** daría como resultado una oración mal construida. La opción **d** es incorrecta porque no hay ningún motivo para usar mayúsculas en *esclavos*.

25. a. La opción **a** es correcta porque esta frase vincula una visita a la Isla de Gorea con aprender de los guías. La opción **b** es incorrecta porque cambia el significado de la oración. La opción **c** realiza una transición inadecuada. La opción **d** está mal porque usa un tiempo verbal incorrecto y daría como resultado una oración gramaticalmente incorrecta.

26. a. Esta frase significa que la seguridad se quebrantó de algún modo, por lo tanto, la opción **a** es correcta. Esto se puede ver en la primera sección del memorándum: "Debido a algunos incidentes que se produjeron con personas no autorizadas en partes seguras ...". Esas palabras no sugieren ninguna de las otras opciones. No tienen nada que ver con poner en peligro la seguridad.

27. a. El objetivo del memorándum es que hubo ciertos incidentes de seguridad que deben ser abordados. En base al memorándum, la opción **b** claramente es incorrecta y el memorándum tampoco sugiere ninguna de las otras.

28. d. Si lee el memorándum con detenimiento, verá que hay una sola opción que podrá evitarse con la nueva reglamentación. Se menciona en el primer párrafo.

29. a. Nuevamente, una lectura detenida del texto revela que esto es lo primero que deben hacer los empleados si se ven a un extraño en el Edificio A. Esto se indica en el cuarto párrafo.

30. c. El memorándum va directo al grano. No es técnico. Es bastante claro y nada académico.

31. c. El memorándum enuncia un problema al comienzo y luego describe las nuevas reglamentaciones que lo resolverán: una forma de evitar que personas no autorizadas ingresen en las partes seguras del Edificio A.

32. a. La opción es claramente correcta. Contiene la idea principal del fragmento. El diálogo se trata de un muchacho que quiere irse al colegio y su madre que finalmente está de acuerdo con que lo haga.

33. c. A partir del diálogo que aparece en el fragmento, parece claro que Beatrice preferiría estar en Inglaterra en lugar de hacer ninguna otra actividad. Parece que no le importa estar en Estados Unidos, pero sí anhela estar en Inglaterra.

34. d. Esta es la opción más lógica, a pesar de que nunca se menciona en el fragmento. No hay ninguna mención del padre, puede vivir en Estados Unidos o no. Las otras opciones tampoco están respaldadas por el pasaje.

35. b. Esta es la única opción sugerida por el texto pronunciado por Beatrice. Compara la naturaleza apacible de Inglaterra con el espíritu enérgico de Estados Unidos.

36. d. Esta es la mejor respuesta y la más abarcativa. Esta madre y su hijo no parecen ser como la mayoría de las madres e hijos. La forma en que se relacionan y hablan sugiere una relación atípica.

37. d. Esta es la razón más obvia por la que Beatrice quiere que Amory conozca a monseñor Darcy. Ella dice que fue a Harrow y Yale, y quiere que Amory hable con él.

38. c. La reseña se trata principalmente de esto. El crítico aborda las otras opciones de respuesta pero estas no representan la intención principal de la reseña.

39. d. En base a lo que el crítico dice sobre la película, esta es la mejor respuesta. Dice que la actuación del personaje principal es mala. Tampoco menciona la duración de la película.

40. c. Esta es la opción más lógica. Las personas que leen la reseña tendrían en cuenta que los guiones del crítico nunca llegaron a convertirse en películas. Esto afectaría la reseña, ya que su autor podría ser exageradamente crítico.

41. b. Esta reseña es en cierto modo *humorística* o, al menos, esa es su intención. A pesar de que se menciona el aspecto de 3D de la película, en realidad no es suficiente como para decir que la reseña sea *técnica*. Una reseña técnica probablemente hubiera abordado el aspecto del 3D en mayor profundidad. Ninguna de las otras opciones describe de manera apropiada el estilo de escritura de la reseña.

42. d. Esta palabra describe mejor lo que el crítico siente sobre la película. A grandes rasgos, el crítico no está muy impresionado con la película, así que una opción positiva como la **b** se podría eliminar. Ninguna de las otras opciones describen de manera precisa la opinión del autor.

43. d. La opción **d** es correcta porque agrega una conjunción apropiada para unir las dos oraciones. La opción **a** inserta una coma innecesaria y al eliminar la coma existente, se crea una oración mal construida, así que tanto la opción **a** como la **b** son incorrectas. La opción **c** reemplaza la forma correcta del verbo por una forma incorrecta.

44. d. La opción **d** es correcta porque el verbo *despierta* coincide con el sustantivo singular *carta*. La opción **a** es incorrecta porque el tiempo verbal para esta oración está mal.
La opción **b** es incorrecta por la forma plural del sustantivo *carta*. Esta oración hace referencia a una carta, no a varias cartas.
La opción **c** es incorrecta porque usa una forma plural del verbo.

45. d. La opción **d** es correcta porque usa un verbo paralelo a *haciéndola*. Las opciones **a** y **b** son incorrectas porque usan una forma incorrecta del verbo. La opción **c** no es correcta porque cambia el sustantivo a un plural innecesario.

46. d. La opción **d** es correcta porque el pronombre hace referencia al sujeto. La opción **a** es incorrecta porque se refiere a más de una persona. Las opciones **b** y **c** son incorrectas porque hacen referencia a *ella* o *él* como antecedentes.

47. b. La opción **b** es correcta porque se usan comas entre elementos de una lista. Las opciones **a** y **c** son incorrectas porque crean fragmentos de oraciones. La opción **d** no es correcta porque *título* no es el último elemento de la lista.

48. d. La opción **d** es correcta porque se debe usar el pronombre *quien* para hacer referencia a una persona. La opción **b** es incorrecta porque *que* cambia el sentido de la oración. Las opciones **a** y **c** tampoco son gramaticalmente correctas.

49. c. La opción **c** es correcta porque coincide con el verbo precedente *contar*. Las opciones **a** y **b** son incorrectas porque no coinciden con *contar*. La opción **d** es incorrecta porque crea una oración confusa.

50. a. La opción **a** es correcta porque conjuga el verbo de manera adecuada. La opción **b** cambia una forma verbal correcta a una incorrecta, al igual que la opción **c**. La opción **d** es incorrecta porque cambia un tiempo verbal correcto por uno incorrecto.

Parte 2
Ensayo de muestra con puntuación 6

El Presidente Roosevelt y el ciudadano que escribe la carta, Ralph Phillips, representan perspectivas sobre el salario mínimo desde períodos de tiempo muy diferentes. Durante el gobierno de Roosevelt el país enfrentaba la peor Depresión en la historia. En 2014 el país se había recuperado de una recesión grave pero estaba profundamente dividido tanto sobre quién era responsable de la crisis como sobre de qué modo debía ser resuelta.

Entre las iniciativas del "New Deal" de FDR se encontraba una propuesta para establecer un salario mínimo y un horario máximo para los trabajadores estadounidenses. En este mensaje al Congreso, él sugiere que proteger e invertir en la fuerza laboral estadounidense mejoraría las condiciones para los trabajadores industriales y para los agricultores que dependían de la demanda del mercado. Recurre a la capacidad y habilidad de los estadounidenses, a los ideales de la democracia y al orgullo nacional. Menciona el trabajo infantil y la explotación de los trabajadores no organizados como principal justificación para estas medidas.

Por el contrario, la carta de Ralph Phillips se enfoca en los aspectos negativos de una iniciativa como esta: los empleados que deben cumplir con un aumento de salario mínimo se verían obligados a "despedir trabajadores para reducir costos" o "cobrar más por sus productos", lo que aumentaría la carga sobre los trabajadores a los que pretendía ayudar. Él destaca, de manera justificada, que será necesario despedir trabajadores para que los empleadores puedan pagar más a los trabajadores restantes. Si bien estas preocupaciones logísticas al principio pueden parecer más convincentes que la apelación de FDR al espíritu emprendedor ilustrado de los estadounidenses, Phillips concluye con una anécdota petulante "Yo ganaba veinticinco centavos por hora lavando automóviles", que obstinadamente ignora la clase y las realidades económicas de la era moderna. Hasta parece hipócrita:

cree que el gobierno no debería entrometerse en el área del empleo privado, ¡pero aceptó un puesto en una oficina pública! Además, hoy en día nadie podría pagar sus estudios universitarios ganando veinticinco centavos por hora. Por lo tanto, Phillips prueba que es uno de los individuos "irremediablemente reaccionarios" a los que FDR había perdido la esperanza de llegar con su mensaje. El discurso de FDR está mejor fundamentado porque lo dirigió a un cuerpo legislativo que podría marcar la diferencia y buscó inspirar el liderazgo del Congreso para intervenir en nombre de los trabajadores estadounidenses.

Este ensayo presenta pruebas convincentes de cada una de las fuentes, organiza sus puntos de forma lógica al desplazarse de principio a fin por cada ensayo, luego compara los dos fragmentos y concluye argumentando sobre qué ensayo está mejor fundamentado y por qué. Demuestra fluidez en las convenciones del español estándar, incluida la gramática y la ortografía.

Ensayo de muestra con puntuación 3

En su mensaje al congreso, el Presidente Franklin Rosevelt dice que el gobierno debería ayudar a la gente para evitar la explotación y el trabajo infantil, incluso si esto daña la economía. Estados Unidos es lo suficientemente rico como para pagar a los trabajadores de manera justa por su trabajo. Ralph Phillips escribió una carta al editor que dice que sería difícil tener un salario mínimo porque esto haría costos incrementados para los empleados y en realidad básicamente reduciría el empleo.

Trabajó duro para pagarse los estudios y dice que todos deberían hacerlo, ¿pero qué pasa si ni siquiera puedes encontrar un trabajo en un lavadero de automóviles? ¿Qué pasa si tienes otros obstáculos? Puede que Roosevelt tenga menos planes pero al menos le está hablando a la gente correcta en vez de darse por vencido.

Este ensayo utiliza pruebas menos específicas y más simples de cada fuente y no presenta ninguna cita directa ni un contexto más amplio. Su organización es básicamente lógica pero no posee una estructura coherente de inicio-medio-fin ni un análisis específico de cada argumento. El conocimiento del español estándar es menos fuerte, presenta problemas de sintaxis.

Ensayo de muestra con puntuación 0

Ambos tienen puntos de vista diferentes sobre los trabajadores con salario mínimo en Estados Unidos. Phillips dice que el salario mín. solo le haría mal a la economía y apoya su argumento con historias personales sobre trabajar duro. Así que es más convincente. roosevelt dice que Estados Unidos es rico así que debería pagar más a sus trabajadores igualmente.

Este ensayo no presenta sus fuentes, qué tipo de documentos son ni cuándo se escribieron. No hay citas específicas, el ensayo es demasiado breve y su estructura está desorganizada (elabora una conclusión antes de analizar el argumento de FDR). La gramática, ortografía y sintaxis son reprobatorias.

Respuesta extendida

Para estas instrucciones, una respuesta extendida debería incluir algún debate sobre cómo los dos pasajes difieren en sus puntos de vista en lo que respecta al tema del salario mínimo. Específicamente, el mensaje de Roosevelt al Congreso hace énfasis en la necesidad de que el gobierno establezca requisitos tolerables para los salarios y las condiciones laborales, en tanto que la carta al editor afirma que, en la medida de lo posible, el gobierno no debería entrometerse en las empresas privadas. Una respuesta extendida exitosa también debería analizar los argumentos que se presentan en cada uno de los pasajes. En el pasaje de Roosevelt, los argumentos apelan a la emoción y la cooperación solidaria entre todos los estadounidenses. Por ejemplo, Roosevelt hace referencia a la forma en que se debería dirigir una "democracia digna". Por otro lado, la carta al editor se apoya en gran medida en la experiencia personal para apoyar su argumento. El Sr. Phillips también ofrece un argumento lógico en lo que respecta a los efectos de un aumento del salario mínimo que algunos podrían considerar unilateral. Siguiendo la lógica de este argumento, a los trabajadores se les debería pagar lo menos posible para mantener los empleos de todos y mantener bajo el precio de los bienes. Un lector sagaz hasta podría observar el conflicto potencial entre la afirmación de Phillips de que el gobierno no debería involucrarse en los negocios y el hecho de que aceptó un trabajo para el gobierno.

3 ▶ COMPRENSIÓN LECTORA: HERRAMIENTAS PARA UN PANORAMA GENERAL

RESUMEN DEL CAPÍTULO

Muchas de las preguntas del examen RLA de GED® están diseñadas para descubrir qué tan buena es su comprensión y qué
piensa sobre lo que lee. Usted deberá leer atentamente el pasaje
para responder la pregunta de forma correcta. En algunos casos
la respuesta le resultará obvia. En otros, tendrá que investigar un
poco para descubrir cuál es la opción correcta.

Las respuestas y explicaciones para todas las preguntas de
práctica están al final del capítulo.

Este capítulo contiene consejos y estrategias para responder preguntas sobre cuestiones generales como
el objetivo y punto de vista del autor o el tema del pasaje, así como también para leer de forma efectiva
y eficiente, seleccionar y eliminar respuestas y administrar su tiempo.

Leer los pasajes

Preste atención a la pregunta de objetivo

Como quizá ya sepa, antes de cada pasaje se encuentra una pregunta de objetivo. Esta pregunta está impresa en negrita y se incluye para darle un objetivo y un enfoque mientras lee. Use esta pregunta para su beneficio. Léala con atención y piense en lo que podría leer en el pasaje.

Suponga que la siguiente es una de las preguntas de objetivo que aparecen en el examen:

¿Quién golpea?

¿De qué modo puede ayudarlo la pregunta? Bueno, incluso antes de comenzar a leer, usted sabe que en el pasaje leerá sobre alguien que golpea. Dado que la pregunta de objetivo no le dice quién es, usted sabe que debe buscar esa información mientras lee. Por algún motivo, será importante que usted lo sepa.

> La pregunta de objetivo se presenta para darle un enfoque en su lectura. Usted no tendrá que responderla.

Lea las preguntas primero

Otra forma de ayudarlo a enfocarse en la información importante mientras lee un pasaje es echar un vistazo rápido a las preguntas *antes* de comenzar a leer. Esto lo ayudará a saber qué información debe buscar en el pasaje.

1. ¿Cómo se siente el autor sobre el tema?

Al leer las preguntas con anticipación, usted sabe que necesita buscar palabras y detalles que ofrezcan pistas sobre la actitud del autor acerca del tema. Esto puede ayudarlo a enfocar su atención a medida que lee y posiblemente le ahorre tiempo a la larga.

Primero eche un vistazo, luego lea

Quizá le resulte útil echar un vistazo al pasaje rápidamente para identificar la idea principal, luego volver y leerlo con atención. Conocer la idea principal puede ayudarlo a identificar los detalles de apoyo a medida que lee. Esto también le permite saber qué información debería buscar al leer el pasaje por segunda vez, de forma lenta y crítica.

Use las pistas del contexto

No se frustre si encuentra una palabra que desconoce en un pasaje. Utilice lo que aprendió sobre pistas del contexto para descubrir el significado. Intente lo siguiente:

- Observe cómo se usa la palabra en la oración.
- Lea las oraciones que la rodean.
- Busque indicios como sinónimos, antónimos, ejemplos y definiciones.
- Piense qué tendría sentido en el contexto del pasaje.

Para responder correctamente las preguntas, es imperativo que comprenda por completo cada pasaje.

Observe detalles importantes

Al leer, preste atención a las palabras, frases y detalles que parecen importantes para el significado del pasaje. Preste atención a la información que se incluye aquí:

- palabras clave
- nombres de gente real
- nombres de personajes
- nombres de lugares
- fechas
- encabezados
- detalles específicos
- claves sobre el tono
- pistas sobre el tema
- punto de vista

CONSEJO

Si una palabra está en *cursiva*, en MAYÚSCULAS, está subrayada o en **negrita**, probablemente sea importante. Preste mucha atención a esta información.

Lea todo

Al leer, puede encontrarse con información entre corchetes. Estas son notas explicativas que pueden proporcionarle información valiosa.

La información que aparece entre corchetes [como estos] puede ser útil para seleccionar la mejor respuesta.

Puede ser tentador saltearse la información que está entre corchetes, en especial si empieza a sentir que el tiempo se agota. No saltee nada. Asegúrese de leer toda la información que se le proporcionó. Quizás esté allí por un buen motivo.

Clasifique la información

Mientras lee, asegúrese de reconocer la diferencia entre la idea principal y los detalles de apoyo. Además, asegúrese de reconocer si una afirmación es un hecho o una opinión. Clasificar las afirmaciones de manera correcta puede ayudarlo a comprender plenamente el pasaje y a organizar mentalmente las ideas que leyó.

No olvide los elementos visuales

Siempre que un pasaje incluya detalles visuales, présteles atención. Probablemente estén allí por un motivo y a menudo contienen información extremadamente valiosa que profundizará su comprensión sobre el pasaje. Algunas ilustraciones que puede encontrar son:

- mapas
- tablas
- gráficos
- diagramas
- ilustraciones
- fotografías

Lea los títulos, las etiquetas y las leyendas, así como también la información contenida en las ayudas visuales en sí mismas.

Lea la totalidad del pasaje

A algunas personas les resulta útil leer las preguntas antes de leer el pasaje. Eso es genial. Sin embargo, usted debe leer la totalidad del pasaje antes de intentar *responder* las preguntas, aunque parezcan sencillas. En la mayoría de las preguntas será necesario que comprenda el pasaje completo para responder correctamente. Recuerde que este no es momento de suponer que sabe de qué se trata el pasaje. Lea atentamente el texto completo, luego responda las preguntas.

Lea atentamente las preguntas

Esto puede parecer obvio pero es vital que lea con atención cada una de las preguntas y se asegure de entender completamente qué es lo que se está preguntando. De hecho, lea dos veces cada pregunta. ¿Cómo puede seleccionar la respuesta correcta si leyó mal o no comprende la pregunta?

¿Cuál de las siguientes opciones es menos probable que ocurra a continuación?

Suponga que leyó esta pregunta demasiado rápido. Podría saltearse la palabra *menos*. Esta simple palabra cambia por completo la pregunta. Pasar por alto una palabra en una pregunta pude hacer que seleccione la opción de respuesta equivocada.

También puede ser tentador suponer que sabe a qué apunta la pregunta, en especial si hay varias preguntas similares agrupadas y usted siente que tiene que apurarse por falta de tiempo. Pero recuerde que el solo hecho de que sería lógico que una determinada pregunta apareciera a continuación no garantiza que esto vaya a ser así.

Preste atención a los números de las líneas

Algunas preguntas pueden hacer referencia a los números de las líneas que aparecen en el pasaje. Asegúrese de volver al pasaje y leer nuevamente la información que aparece en esa línea. Es importante comprender las palabras y la información en el contexto correcto.

¿Cuál es el significado de la palabra azotando *en la línea 17?*

Probablemente ya está familiarizado con la palabra *azotando* y podría dar una definición fácilmente. Pero esta palabra tiene muchos significados. Sin leer la línea 17, ¿cómo podría saber cuál es el significado correcto?

(17) Las lluvias fuertes y el granizo continuaron azotando la pequeña cabaña durante la noche.

Ahora que leyó la palabra en el contexto correcto, podrá seleccionar el significado adecuado.

CONSEJO

Toda la información que se presente dentro de una pregunta es importante. No se incluiría si no la necesitara.

Consejos para pasajes de ficción

Los pasajes de ficción escritos en prosa implican a personas y sucesos imaginarios. Si bien se puede encontrar pasajes de ficción en prosa que contengan argumentos y evidencia para apoyar un punto de vista o una conclusión, por lo general, la intención principal del autor de ficción en prosa es entretener. Es más probable que estos pasajes se enfoquen en el tono, el estilo, el escenario, el punto de vista y en hacer deducciones sobre los personajes y el mundo.

Hacer deducciones

A menudo, en los pasajes de ficción escritos en prosa el autor excluye intencionalmente cierta información. Esto hace que los lectores tengan que hacer deducciones sobre la trama, los personajes o el escenario. Use la información implícita para "completar los espacios en blanco" y crearse una imagen mental completa. Por ejemplo, puede deducir qué tipo de persona es un personaje si presta atención a lo que otros personajes dicen o piensan sobre él/ella. Puede reunir información sobre las vistas, los sonidos y los aromas descritos en una historia para extraer conclusiones sobre el escenario.

Cuando Maxwell salió, percibió los sonidos de las vacas que mugían a la distancia y pudo divisar la silueta de un establo al otro lado del campo. Esto no se parecía en nada a la ciudad a la que estaba acostumbrado.

¿Cuál es el escenario de la historia?
a. un establo
b. una gran ciudad
c. una granja
d. un zoológico

El escritor menciona una ciudad, pero esta no es el escenario. Puesto que sabemos que Maxwell escucha las vacas y puede ver un establo al otro lado del campo, podemos deducir que está en una granja (opción **c**). Si el establo fuera el escenario, Maxwell estaría en dicho establo o cerca del mismo. No estaría a la distancia.

Observe los nombres

Preste mucha atención a los nombres de personas y lugares, así como también a fechas y palabras clave. A menudo es importante recordarlas para poder comprender bien la historia.

Preste atención a los detalles

Los detalles pueden ayudarlo a determinar muchas cosas sobre una historia. Esta información es invaluable al responder preguntas sobre la trama, los conflictos, el tono, el punto de vista y el tema. Si llega a una pregunta sobre una de estas cuestiones y no está seguro de la respuesta, vuelva al pasaje y vea qué percepción pueden ofrecerle los detalles.

Consejos para pasajes de hechos reales

El examen RLA de GED® se enfoca en tres tipos de pasajes de lectura de hechos reales. Dichos pasajes se eligen para asegurarse de que usted puede comprender situaciones de lectura y escritura prácticas que podría encontrar en el mundo profesional.

Pasajes informativos de ciencia

Estos pasajes se enfocan en una de dos áreas dentro del campo científico. La primer área es la salud humana y otras cuestiones de biología. Esto puede incluir temas como la respiración y la interdependencia de las especies animales. La segunda área son los sistemas relacionados con la energía. Esto puede incluir temas como la fotosíntesis, el clima y la combustión del gas.

El hincapié que se hace en estos pasajes no es para comprobar su conocimiento sobre principios científicos. No se espera que usted aporte más conocimiento sobre los temas que se presentan. Es probable que estos pasajes se enfoquen en su habilidad para comprender correctamente los pasos de un proceso y su capacidad para explicar cómo los mismos se relacionan entre sí.

Pasajes informativos de estudios sociales

Estos pasajes se enfocan en el tema de la "gran conversación estadounidense", que incluye debatir sobre elementos del gobierno de los Estados Unidos y cómo este se relaciona con la sociedad. Es probable que los pasajes que se muestran aquí incluyan fragmentos de documentos históricos conocidos, como el Preámbulo de la Constitución de los Estados Unidos y otros escritos de importantes figuras de la historia estadounidense. Estos pasajes también pueden incluir textos de figuras políticas de hoy en día y pueden aparecer de varias formas, como discursos, cartas, leyes o diarios.

Pasajes informativos del lugar de trabajo

Estos pasajes tienen por objetivo asemejarse a los documentos que posiblemente encuentre en el ambiente laboral moderno. Entre estos documentos se pueden encontrar cartas, correos electrónicos, manuales de instrucción, circulares o listas de políticas, entre otros.

El objetivo de los pasajes de hechos reales que aparecen en el examen puede ser entretener, informar o persuadir a los lectores. Los estándares del examen de Razonamiento a través de las artes del lenguaje de GED® hacen especial hincapié en la comprensión y el análisis de argumentos y pruebas, por lo tanto, puede esperar que los pasajes se enfoquen en presentar un punto de vista o postura con respecto a un problema. Independientemente de su objetivo, estos pasajes se basan en personas, temas o sucesos reales y ofrecen información, hechos y detalles sobre el tema.

Observe los detalles

Preste atención a detalles como estadísticas, fechas, nombres, sucesos, encabezados de secciones y palabras clave que se incluyan en el pasaje. Es posible que los vuelva a ver cuando llegue a las preguntas. Sin embargo, no seleccione una opción de respuesta simplemente porque coincide con algo del pasaje. Muchas opciones de respuesta incorrectas también están tomadas del texto. Esto es para asegurarse de que usted comprende el pasaje y no solo está leyéndolo rápidamente para encontrar la respuesta correcta.

Preste atención al lenguaje descriptivo

El lenguaje descriptivo puede ofrecerle pistas sobre la opinión de un autor acerca de un tema. Por ejemplo, si un autor describe un automóvil como una "bestia", es probable que considere que el vehículo es muy grande o potente. Después de encontrar la idea principal, comience a buscar el lenguaje, los hechos y los detalles que revelan o respaldan el punto de vista del autor.

Busque pruebas

Tenga en cuenta que cada uno de los párrafos de un pasaje de hechos reales tendrá una idea principal. El resto del párrafo incluirá detalles que respalden la idea principal. Al leer, busque estas pruebas. Los hechos, ejemplos, descripciones y otro tipo de información que ayude a explicar la idea principal son esenciales para comprender el texto y probablemente serán el tema de al menos algunas preguntas.

Extraiga sus propias conclusiones

Algunos tipos de pasajes de hechos reales incluirán opiniones sobre un determinado tema. En algunos casos, se le darán dos pasajes que ofrezcan opiniones diferentes sobre el mismo tema. Preste especial atención a las pruebas y los motivos presentados para respaldar la opinión que se presenta en cada pasaje. Luego, extraiga sus propias conclusiones sobre la capacidad del autor de presentar y fundamentar esa opinión. Para el elemento de respuesta extendida del examen, si quiere obtener una buena puntuación, es esencial que extraiga sus propias conclusiones y elabore en base a las pruebas y opiniones que se presentan en el pasaje.

Objetivo del autor

Para comprender totalmente lo que leemos, necesitamos poder darnos cuenta de por qué se escribió el pasaje. El autor siempre tiene una razón o finalidad para escribir. El **objetivo del autor** para escribir un pasaje por lo general es uno de los siguientes:

- entretener
- informar
- persuadir

Comprender la razón por la que un autor escribe puede ayudarlo a comprender mejor lo que lee. Habitualmente, los diferentes tipos de textos tienen diferentes propósitos. Muchas historias, obras, artículos de revistas, poemas, novelas y tiras cómicas están escritas para **entretener**. Pueden ser ficción o hechos reales y pueden incluir hechos, opiniones o ambos, pero el propósito para escribirlos es contar una historia. Tienen por objetivo entretener al lector y se supone que se leen por placer.

> *El verano pasado, mientras estaba de vacaciones en Florida, fui a practicar paravelismo con mi mamá. ¡Fue la aventura más emocionante que haya tenido en mi vida! Flotamos con un paracaídas gigante, a cientos de metros por encima del agua y planeamos sobre las playas.*

Este pasaje se escribió para entretener. Tiene por objetivo contar una historia sobre la aventura del autor. No intenta enseñar ninguna información, ni tampoco intenta convencerlo de que comparta una opinión sobre el tema.

Los libros de texto, las enciclopedias y muchos artículos de periódicos se escriben para **informar**. Su objetivo es dar información al lector o enseñar sobre un tema. Por lo general, dichos pasajes contienen principalmente hechos y muchos incluyen gráficos, diagramas o dibujos para ayudar a explicar la información.

> *El paravelismo es un deporte en el cual la persona está sujeta a un paracaídas grande o parasail. El parasail se sujeta a un vehículo, normalmente un barco, mediante una cuerda de remolque larga. A medida que el barco se mueve, el parasail y la persona se elevan por el aire.*

Este párrafo les enseña a los lectores sobre el deporte de paravelismo. Contiene hechos e información sobre el tema. Los lectores pueden disfrutar de leer sobre el tema pero el motivo del autor para escribir el pasaje es informar.

Otros materiales, como comerciales, publicidades, cartas al editor y discursos políticos, se escriben para **persuadir** al lector para que comparta una creencia, esté de acuerdo con una opinión o apoye una idea. Dichos escritos pueden incluir algunos hechos o afirmaciones de expertos, pero lo más probable es que incluyan las opiniones del autor sobre el tema.

> *Uno de los deportes más peligrosos en la actualidad es el paravelismo. Cada año, muchas personas sufren lesiones graves o incluso mueren mientras practican esta actividad. Se deberían aprobar leyes que prohíban un entretenimiento tan insensato. Si la gente quiere volar, debería subirse a un avión.*

El autor de este párrafo quiere convencer a los lectores de que el paravelismo es un deporte peligroso. El texto incluye no solamente opiniones, sino también hechos que apoyan la postura del autor sobre el tema. Observe que las palabras y frases fuertes, tales como *sufre lesiones graves*, *deberían* e *insensato* se incluyen para generar emociones en los lectores. El objetivo del autor al escribir este pasaje fue persuadir a los lectores para que estén de acuerdo con sus creencias sobre el paravelismo.

ESTÍMULO

¿Sabía que el examen GED® se creó originalmente para personal militar y excombatientes que no habían terminado la escuela secundaria? Esto fue en 1942. Cinco años más tarde, Nueva York se convirtió en el primer estado en abrir la inscripción a civiles. Para 1974, el examen GED® estaba disponible en los 50 estados.

Practiquemos lo que aprendió sobre reconocer el objetivo del autor. Lea el párrafo y determine si fue escrito para entretener, informar o persuadir.

> *Era un tranquilo atardecer de verano. Había luna llena y el cielo parecía estar repleto de estrellas. Afuera, solamente se oía el cantar de los grillos.*

¿Cuál fue el objetivo del autor al escribir este pasaje?

¿Se dio cuenta de que el objetivo del autor era entretener? El texto no intentaba enseñarle nada ni convencerlo de que tuviera cierta opinión. Simplemente estaba escrito para que el lector lo disfrutara.

Lea el pasaje para obtener información clave y responder las siguientes cinco preguntas.

Instrucciones para la renovación de licencia

La licencia de conductor se debe renovar cada cuatro años. Aproximadamente entre cinco y siete semanas antes de la fecha de vencimiento que se indica en la licencia, se envía una solicitud de renovación. Las personas que no renueven su licencia dentro de los tres años posteriores a la fecha de vencimiento no podrán hacer la renovación y deberán repetir el proceso inicial para obtener la licencia. Para renovar una licencia, usted debe visitar una Agencia de Vehículos Motorizados. Debe presentar una solicitud de renovación completa; su licencia de conductor actual; pruebas aceptables de edad, identidad y dirección; y prueba de seguro social mediante una tarjeta de Seguridad Social, un formulario de declaración de impuestos estatales o federales, un recibo de sueldo actual o un formulario W-2. También debe abonar la tarifa correspondiente. Si todos los documentos y el pago están en orden, se le tomará una fotografía y se emitirá una nueva licencia.

1. ¿Qué documentación se necesita para renovar la licencia de conductor?

2. ¿Qué documentos representan una prueba de seguridad social?

3. ¿Con qué frecuencia se debe renovar una licencia de conductor?

4. ¿Cómo se obtiene el formulario de renovación?

5. Verdadero o Falso: Puede renovar su licencia de conductor por correo.

Lea el siguiente pasaje y, en base al contexto, determine el significado de la palabra escrita en cursiva.

6. Para cuando terminó la reunión de personal a las 8:00, yo estaba *famélica*. Me había salteado el almuerzo y no había probado bocado desde el desayuno.

Famélica significa
a. famosa, como una estrella de cine.
b. extremadamente hambrienta, con ganas de comer.
c. exhausta, lista para irse a la cama.
d. enojada, un poco molesta.

Lea el pasaje y responda las seis preguntas que aparecen a continuación.

Robert Johnson es el mejor guitarrista de blues de todos los tiempos. Tuvo una enorme influencia en el mundo del rock and roll. Algunos lo consideran al padre del rock moderno. Su influencia se extiende a artistas que van desde Muddy Waters hasta Led Zeppelin y los Rolling Stones. Eric Clapton dijo que Johnson era el músico de blues más importante de todos los tiempos. Es difícil creer que Johnson grabó solo 29 canciones antes de morir en 1938 y aun así dejó una marca indeleble en el mundo de la música. Una y otra vez, los artistas de rock contemporáneo regresan a Johnson, cuyas canciones captan la esencia misma del blues y transforman nuestro sufrimiento y dolor con la magia sanadora de su guitarra. Sin Robert Johnson, el rock no sería lo que es hoy en día.

7. De acuerdo con el pasaje, ¿de qué tradición musical surgió Robert Johnson?
a. rock and roll
b. jazz
c. blues
d. música clásica

8. Johnson murió en
   a. 1927.
   b. 1938.
   c. 1929.
   d. 1940.

9. Verdadero o Falso: Johnson tuvo influencia en muchos artistas de rock, incluso Led Zeppelin y los Rolling Stones.

10. Los artistas de rock contemporáneo recurren a Robert Johnson
   a. por su influencia musical.
   b. por sus lecciones de vida.
   c. para recuperarse de lesiones dolorosas.
   d. para recibir consejos.

11. El título más apropiado para este artículo sería
   a. "Una vida breve"
   b. "El músico más grande del mundo"
   c. "El legendario guitarrista de blues Robert Johnson"
   d. "Aprender a tocar la guitarra"

12. Indique si en las siguientes oraciones se menciona un *hecho* o una *opinión*:
   a. Robert Johnson es el mejor guitarrista de blues de todos los tiempos.
   b. Eric Clapton dijo que Johnson era el músico de blues más importante de todos los tiempos.
   c. Sin Robert Johnson, el rock no sería lo que es hoy en día.
   d. Robert Johnson murió en 1938.

Lea el pasaje y responda las ocho preguntas que aparecen a continuación.

Habrá consecuencias nefastas para los residentes si se construye un centro comercial en el lado este de la ciudad. Primero, el centro comercial interferirá con la atmósfera tranquila y calmada que disfrutamos en la actualidad. Segundo, atraerá a un gran número de compradores provenientes de diversas áreas de los alrededores, lo que provocará una gran congestión de tráfico para quienes vivimos aquí. Pero lo más importante es que para construirlo, muchos de nosotros tendremos que vender nuestras casas y mudarnos, y este tipo de traslado forzoso se debería evitar a toda costa.

13. La idea principal de este pasaje es que el centro comercial
   a. sería muy bueno para la comunidad.
   b. no cambiaría mucho las cosas.
   c. sería malo para la comunidad.
   d. sería un buen lugar para hacer compras.

14. El término *traslado forzoso* es una buena elección porque
   a. es compatible con el nivel de lectura general y el estilo de redacción formal del artículo.
   b. al escritor le gusta impresionar a los lectores usando palabras importantes.
   c. es la única palabra adecuada o apropiada.
   d. es fácil de entender.

15. Este pasaje está organizado
   a. en orden cronológico
   b. por causa y efecto
   c. por orden de importancia
   d. tanto **b** como **c**

16. ¿Desde qué punto de vista está escrito este pasaje?
   a. primera persona
   b. segunda persona
   c. tercera persona
   d. no tiene un punto de vista

17. ¿Desde qué perspectiva está escrito este pasaje?
- **a.** la de los residentes
- **b.** la de un consultor externo
- **c.** la del desarrollador de centro comercial
- **d.** la perspectiva del lector

18. La elección de la palabra *nefastas* sugiere que las consecuencias de la incorporación serían
- **a.** mínimas.
- **b.** esperadas.
- **c.** desastrosas.
- **d.** bienvenidas.

19. ¿Qué palabras describen mejor el estilo de este pasaje?
- **a.** informativo, coloquial
- **b.** descriptivo, narrativo
- **c.** formal, serio
- **d.** disperso, confuso

20. El tono de este pasaje es
- **a.** triste.
- **b.** premonitorio.
- **c.** intimidatorio.
- **d.** alegre.

Punto de vista

Es importante pensar en quién está contando la historia. El narrador puede ser alguien que es parte de la historia o puede ser alguien que se encuentra fuera de los sucesos. El **punto de vista** refiere a quién está contando la historia, lo cual marca la diferencia en lo que respecta a cuánta información se le da al lector.

En algunas historias se adopta un punto de vista en **primera persona**. En este caso, uno de los personajes cuenta la historia y los lectores ven los sucesos a través de su visión.

Después del juego, Henry y yo comimos una pizza con el resto del equipo. Pasamos un rato juntos y luego nos marchamos a casa. A esa altura, yo estaba totalmente exhausto.

Observe que cuando el autor utiliza un punto de vista en primera persona, el narrador usa los pronombres *yo* y *nosotros*, verbos conjugados en estas personas y parece que el personaje le estuviera hablando directamente al lector. El narrador solo conoce sus propios pensamientos y sentimientos, no los de otros personajes, y a menudo comparte sus actitudes y opiniones con los lectores.

En otras historias se emplea un punto de vista en **tercera persona**, en el cual el narrador no es un personaje en la historia y no participa en los sucesos.

Después del juego, Deon dijo que se reuniría con Henry y el resto del equipo para comer pizza. Pasaron unas horas juntos antes de marcharse a casa, exhaustos.

Cuando se cuenta la historia desde el punto de vista de la tercera persona, al hablar sobre los personajes, el narrador usa pronombres como *él, ella* y *ellos*, y verbos conjugados en estas personas. Además, el narrador a menudo conoce los pensamientos y sentimientos de todos los personajes.

Practiquemos lo que acaba de revisar. Lea los siguientes tres párrafos, piense en quién cuenta la historia y determine qué punto de vista se usa en el pasaje.

En cuanto sonó la campana, una mujer delgada, alta y de cabello oscuro se levantó desde atrás del escritorio. La clase hizo silencio cuando comenzó a hablar.

—Buenos días, niños —saludó—. Soy la señorita Wolfe y seré su maestra de inglés este semestre. Abran sus libros en el índice y comencemos.

La Sra. Wolfe tomó el libro de su escritorio y lo abrió en la primera página.

¿Cuál es el punto de vista que se usa en este pasaje?

_____

Este pasaje está escrito desde el punto de vista de la tercera persona. El narrador no es un personaje de la historia. Observe que en el pasaje aparece la primera persona con el verbo *soy*. Sin embargo, estas son palabras de uno de los personajes, no del narrador.

Lea el pasaje y responda la pregunta que sigue a continuación.

La señora Crawford ha sido una ciudadana modelo desde que se mudó a Springfield en 1985. Comenzó como propietaria de un pequeño negocio y rápidamente hizo crecer su negocio hasta convertirlo en uno de los mayores empleadores de la región. En 1991, el perfil de su empresa fue publicado en la revista *BusinessWeek*. Su innovador modelo de negocios incluye una gran cantidad de trabajo comunitario y de recaudación de fondos, cuyas recompensas han proporcionado grandes beneficios duraderos a Springfield y sus ciudadanos. Hoy se la galardona con el Premio Ciudadana del Siglo de Springfield para reconocer todos sus esfuerzos innovadores en nombre de la comunidad.

21. ¿Qué punto de vista se usa en este párrafo?
   a. primera persona
   b. segunda persona
   c. tercera persona
   d. no se puede determinar con la información proporcionada.

Lea el pasaje y responda la pregunta que sigue a continuación.

Habrá consecuencias nefastas para los residentes si se construye un centro comercial en el lado este de la ciudad. Primero, el centro comercial interferirá con la atmósfera tranquila y calmada que disfrutamos en la actualidad. Segundo, atraerá un gran número de compradores provenientes de diversas áreas de los alrededores, lo que provocará una gran congestión de tráfico para quienes vivimos aquí. Pero lo más importante es que para construirlo, muchos de nosotros tendremos que vender nuestras casas y mudarnos, y este tipo de traslado forzoso se debería evitar a toda costa.

22. ¿Desde qué punto de vista está escrito este pasaje?
   a. primera persona
   b. segunda persona
   c. tercera persona
   d. no tiene un punto de vista

Tema

Mientras leemos, intentamos comprender el mensaje y la información que el autor quiere compartir. En ocasiones, el mensaje del autor es obvio. Otras veces, tenemos que buscarlo un poco más. El **tema** de una historia es su mensaje subyacente. En una fábula, la moraleja de la historia es el tema. En la ficción este mensaje general habitualmente está implícito en vez de estar indicado directamente y puede implicar lo siguiente:

- actitudes
- creencias
- opiniones
- percepciones

Con frecuencia, el tema le deja ideas, una conclusión o una lección que el escritor quiere que usted extraiga de la historia. A menudo, esta lección se relaciona con la vida, la sociedad o la naturaleza humana. Mientras lee, piense en cuál puede ser el mensaje del autor. Tenga en cuenta las palabras y acciones del personaje, el tono, la trama y cualquier patrón repetido para ver qué opiniones del escritor representan.

Piense en la historia de los tres cerditos. Podría decirse que el tema de esta historia es que al hacer un trabajo, lo mejor es hacerlo de forma correcta la primera vez. El autor no manifiesta directamente este mensaje, pero es una lección u opinión que el lector puede extraer de la historia.

A modo de ejemplo, digamos que usted está leyendo una novela sobre el viaje que una mujer de bajos recursos realiza desde Corea hasta Estados Unidos en la década de 1940. Puede describir los detalles de la infancia del personaje en una granja de Corea, el viaje en barco que realizó hacia San Francisco durante su juventud, el anciano que la estafó y le quitó los ahorros de toda su vida porque ella no hablaba inglés, las dificultades que tuvo para encontrar un trabajo y la satisfacción que sintió finalmente al trabajar duro para ganarse la vida. Estos son los hechos de la trama, pero el tema de la novela es algo totalmente diferente. Estos son algunos temas posibles:

- El tema podría ser *un mensaje o lección*. Por ejemplo: *Podemos alcanzar nuestras metas con más facilidad si dejamos de lado nuestros problemas y nos enfocamos en los objetivos.*
- El tema podría ser *una pregunta*. Por ejemplo: *¿Uno pierde parte de sí mismo cuando deja su cultura? ¿Es mejor quedarnos donde estamos y enfrentar las dificultades desde allí o nos transformamos más en nosotros mismos cuando dejamos nuestra cultura y nos abrimos camino en el mundo?*
- El tema podría ser *una idea específica sobre la vida o las personas*. Por ejemplo: *la desesperación saca lo peor y lo mejor de las personas.*

- El tema también podría ser *un concepto más simple y general*. Por ejemplo, quizá la novela sea una exploración del tema de la juventud y el envejecimiento.

Observe que es posible que haya más de un tema válido para una obra de ficción y tal vez otros lectores lleguen a una conclusión diferente de la suya. Esto es parte de la recompensa de leer ficción: ver las ideas que están detrás de lo que uno lee y debatirlas con otras personas. (Con frecuencia se trata de ideas sobre la vida, que serán interesantes para usted a medida que se abre camino en el mundo).

NOTA

A pesar de que una obra de ficción puede tener más de un tema posible, no se preocupe de que esto pueda causar confusión en el examen RLA de GED®. En el examen RLA de GED® todas las preguntas sobre el tema tendrán una respuesta correcta única y clara. No hay preguntas con "trampa" en el examen.

Encontrar el tema

Al leer detenidamente una obra de ficción, preste atención a los siguientes elementos para encontrar el tema:

- **Repetición.** Observe si el autor repite ciertas palabras, frases, símbolos, acciones o ideas, o si ciertos personajes reaparecen durante el transcurso de la historia. A menudo, esto es una pista de que esas palabras, frases, personajes, etc. tienen una importancia especial en la historia y el tema.
- **Conexiones.** En muchas historias, quizá no se repita una cosa específica pero, si presta atención, descubrirá que el escritor usa la repetición de forma más complicada. Por ejemplo, digamos que el primer capítulo de un libro transcurre en una

casa ubicada al lado de un río, que se está inundando luego de una gran tormenta. El punto culminante del libro ocurre en un tren que viaja a través de los valles polvorientos de Tejas. El final del libro se sitúa en una calle de la ciudad de Nueva York, donde unos niños destaparon una boca de incendios y están jugando con el agua. Si bien un río, un valle y una boca de incendio son cosas muy diferentes, hay un patrón que se repite a lo largo del libro: el agua (ya sea por su abundancia o por su escasez). Pregúntese si este patrón ayuda a revelar el tema.

- **Tiempo.** Tenga en cuenta cuándo suceden los acontecimientos de una historia y si siguen un patrón. Por ejemplo, digamos que en un cuento cuando el personaje principal (un bombero) se coloca su uniforme por la mañana, un ratón (símbolo común de cobardía y debilidad) asoma la cabeza por un agujero en la pared. ¿Es este patrón un recordatorio de que todos tenemos que luchar contra nuestras debilidades? ¿O de que incluso cuando uno es valiente, sigue siendo vulnerable? Los patrones suelen estar conectados al tema y pueden ayudarnos a comprenderlo.

- **Omisión.** Muchas veces, lo más importante es lo que que el autor *no* menciona. ¿Hay algún detalle o suceso que notoriamente se deja fuera de la historia? Puede estar directamente vinculado al tema.

Práctica

Lea el pasaje y responda las preguntas que siguen a continuación.

Cuatro consejos simples para ayudarlo a conseguir un gran trabajo

Tanto si acaba de graduarse como si está ingresando al mercado laboral por primera vez o está cambiando de profesión, buscar un trabajo nunca es fácil. En la sociedad tecnológica de hoy en día, muchos empleadores potenciales están volcándose a las redes sociales para obtener más información sobre usted.

"Antes de que entre por la puerta para la primera entrevista, es muy probable que la persona que lo espera del otro lado haya visto más que solo su currículum vitae", afirma Lauren Berger, CEO de InternQueen.com. "La forma en que usted se presenta en línea le dice mucho a los gerentes de contratación sobre su conocimiento técnico y nivel de comodidad con las redes sociales (ambas son habilidades fundamentales requeridas prácticamente por cualquier empleador)".

Debido a la función establecida que desempeña la tecnología en nuestras vidas y al fácil acceso de los empleadores potenciales a las redes sociales, establecer una sólida huella digital y marca personal es crucial para el éxito. Entonces, ¿cómo puede usar la tecnología para conseguir ese primer trabajo y causar la mejor primera impresión?

Estos son cuatro consejos sobre las principales herramientas de tecnología y redes sociales para conseguir el trabajo de sus sueños:

1. Organícese. Si bien puede parecer un detalle menor, una de las principales cosas que debe hacer es tener una dirección de correo electrónico profesional. El correo electrónico de la universidad o una dirección cursi que haya creado en la escuela secundaria no impresionarán a un seleccionador de personal.

2. Aproveche sus redes y consiga entrevistas informativas. Cree una lista objetivo de empleadores para los que le gustaría trabajar e investíguelos, identifique a una persona de cada empresa a quien le gustaría conocer. Contacte a esa persona y explíquele que está realmente interesado en la empresa y en lo que hace su sector. Luego, pregúntele si tiene un momento para hablar con usted, que le cuente cómo comenzó y si tiene algún consejo.

3. Empiece con el "pie digital" derecho. Tiene una única oportunidad para causar una primera impresión, así que asegúrese de que sea buena. Esto significa que se debe vestir de manera profesional pero, además, debe usar su estilo (tanto en línea como fuera de línea) para demostrar sus intereses personales. Crear su marca personal y establecer relaciones dentro de la industria le ayudará a abrir puertas a oportunidades que no hubiera descubierto de otro modo. Asegúrese de que su presencia en línea esté actualizada y refleje sus atributos más destacados. Esto incluye mantener un currículum vitae coherente e información sobre su experiencia laboral en sus redes para desarrollar una familiaridad entre posibles seleccionadores de personal.

4. Comience con sus fortalezas. Pregúntele a sus amigos y a antiguos empleadores cuáles son sus fortalezas y durante su entrevista use ejemplos específicos para hacer hincapié sobre las mismas. También puede usar esta oportunidad para demostrar su experiencia con la tecnología. Si a menudo le repiten qué bueno que es para organizarse, comparta una experiencia previa de trabajo que demuestre cómo usó la tecnología y qué valor le aporta esta al empleador. Si tiene una computadora personal o tableta, considere traerla a la entrevista como muestra de su trabajo. Esto demuestra instantáneamente que conoce lo último en tecnología, un valor agregado para cualquier empleador.

Estos consejos aparentemente simples pueden ayudarlo a destacarse entre la multitud y aumentar sus probabilidades de encontrar un gran trabajo.

23. De las siguientes opciones, ¿en qué habilidades hace hincapié el autor porque son importantes para los posibles empleadores?

a. liderazgo y capacidad de resolver conflictos

b. conocimientos digitales y experiencia en comunicaciones por Internet

c. lealtad y fuerte ética laboral

d. creatividad y conocimiento de hardware informático

24. En base al pasaje, ¿cuál de los siguientes consejos es más probable que el autor le dé a alguien que fue despedido recientemente y está buscando trabajo?

a. Actualice su guardarropas profesional y contrate a un profesional para que revise su currículum vitae.

b. Considere volver a capacitarse en un campo cuyas oportunidades profesionales están en crecimiento.

c. Evalúe cómo se pueden demostrar sus cualificaciones laborales mediante el uso de tecnología.

d. Programe tantas entrevistas informativas como pueda en cada una de las empresas en las que esté interesado y asista a un grupo de apoyo laboral semanal.

Algunos temas comunes que puede haber encontrado en la lectura tal vez sean:

- El crimen no paga.
- Es importante ser honesto.
- Sea feliz con lo que tiene.
- El dinero no puede comprar la felicidad.
- Cuando esté en una situación difícil, siga adelante.
- No tenga miedo de probar algo nuevo.

Inténtelo. Busque el tema mientras lee los siguientes pasajes.

Camilla siempre deseaba que llegara el viernes a la noche, pero esta semana sin dudas era una excepción. En lugar de ir al cine con sus amigos, se tendría que quedar en casa ayudando a su madre a preparar todo para la venta de garaje del día siguiente. Al llegar a casa, pudo ver que su madre ya estaba preparada para la larga noche que tenían por delante.

—Oye, deja de fruncir el ceño y cámbiate la ropa —le dijo su madre alegremente—. No será tan malo.

Camilla se cambió de ropa y se dirigió hacia el garaje, arrastrando sus pies durante todo el camino. Su madre estaba encorvada sobre una vieja caja de cartón. Sacó un perro de peluche muy descuidado.

—¡Floppy! —gritó Camilla, entusiasmada de ver a su viejo amigo—. ¡Hace años que no lo veía!

—Tu primer amigo de peluche —recordó su madre—. ¿Supongo que querrás quedártelo? ¿O quieres que le coloquemos una etiqueta de 0,25 centavos en la oreja?

Camilla apartó al viejo perrito. Sin duda se lo quedaría. Ayudó a su madre a vaciar el resto de la caja y a colocar etiquetas de precios en otros juguetes y libros viejos. Continuaron revisando las cajas, deteniéndose para mirar juntas antiguos álbumes de fotos, contando historias divertidas sobre algunos de los obsequios inútiles que habían acumulado, riéndose de la ropa usada que había llegado a su casa con el transcurso de los años y desfilando con las prendas más ridículas.

Después de unas horas, la mamá miró el reloj. "¡Ah! Ya casi son las 8:00. ¿Pedimos una pizza?"

Camilla no podía creer que fuera tan tarde. Miró a su madre (que tenía puesta ropa de trabajo sucia, cinco collares viejos de la tía Edna y el sombrero de ala ancha que la abuela usaba los domingos) y no puedo evitar reírse con ganas. Era la mejor noche de viernes que pudiera recordar.

¿Cuál es el tema de la historia?

a. Los recuerdos son una parte especial de la vida.

b. Es importante deshacerse de las cosas viejas.

c. Las familias deberían pasar los fines de semana reunidas.

d. A veces, las cosas terminan siendo mejor de lo esperado.

Al comienzo de la historia Camilla no quería pasar la noche ayudando a su madre. Al final, se divirtió mucho. El tema de esta historia es la opción **d**. Algunas de las otras opciones de respuesta representan ideas que se presentaron en la historia, pero el mensaje de fondo que el autor quiere transmitir es que las cosas pueden terminar siendo más divertidas de lo que pensamos que serán.

Síntesis

Suponga que estuviera escribiendo un trabajo de investigación. Usted seleccionaría un tema y luego, para asegurarse de haber aprendido todo lo posible, buscaría varios textos para hallar información sobre ese tema. Después de leer cada una de sus fuentes, reuniría toda la información que hubiera aprendido. Esta combinación de información proporcionaría una compresión clara del tema.

Como lectores, en ocasiones tenemos que combinar información para entender el texto por completo. **Síntesis** significa reunir ideas de varias fuentes. En ocasiones los lectores sintetizan información pro-

veniente de distintas partes de un texto único. En otras oportunidades, deben reunir información de más de un texto.

Lea el pasaje que sigue a continuación.

Roger caminó en silencio hasta el estante. Se bajó la gorra mientras miraba los objetos alineados cuidadosamente frente a él. Luego, tomó un paquete de galletas y las metió en su mochila apresurándose hacia la puerta e intentando no hacer ruido.

Piense en lo que sabe hasta ahora. Roger está evitando hacer ruido, toma algo de un estante y trata de salir rápidamente por la puerta. ¿Qué cree que está sucediendo? Ahora, continúe leyendo.

La madre de Roger oyó que abría la puerta del frente. Colocó a la bebé dormida en la cuna y se apresuró para ver a su hijo. —Cariño, ¿encontraste algo en la despensa para llevar de merienda?

—Sí, mamá —respondió Roger—. Encontré las galletas de mantequilla de maní y tomé un paquete. Son mis favoritas. Gracias por comprarlas.

—¿Quieres que te lleve a la práctica de baloncesto para que no llegues tarde? —preguntó su madre.

—No, no quiero que despiertes a Amy. Sé que no ha dormido mucho últimamente.

—Eres un buen hermano mayor y un hijo maravilloso. Ten cuidado.

¿Esta información nueva cambió su parecer con respecto a lo que estaba sucediendo? Quizá pensó que Roger estaba robando o haciendo algo que no debía. Cuando sintetiza la información nueva, adquiere un conocimiento más profundo de la situación. Roger está evitando hacer ruido para no despertar a su hermana, está tomando de la despensa galletas que su madre le compró y está apurado para llegar a tiempo a la práctica.

Cuando sintetice información, pregúntese:

- ¿Por qué esta nueva información es relevante?
- ¿Por qué se proporcionó esta nueva información?
- ¿Cómo se relaciona con la primera parte del pasaje?
- ¿Cómo me ayuda esto a tener un conocimiento más profundo de lo que leí?
- ¿De qué formas esta nueva información cambia mis ideas sobre el pasaje?

Otro tipo común de pregunta que se encuentra en el examen de Razonamiento a través de las artes del lenguaje de GED® es la pregunta de **síntesis extendida**. Primero, usted leerá un pasaje. Luego, se le hará una pregunta. Dentro de la pregunta en sí, se le dará información adicional sobre el pasaje o el autor. Usted deberá combinar la información nueva con lo que leyó en el texto para tener un conocimiento más profundo de este pasaje.

Primero, descubra cómo se relaciona la nueva información con lo que leyó previamente. Luego, intente determinar cómo esta información lo ayuda a entender el pasaje de lectura de manera más profunda o diferente.

Probemos con un ejemplo. Asegúrese de leer el pasaje con atención para poder entender la pregunta que sigue a continuación.

El invierno había sido particularmente frío. Parecía que una manta gruesa de nieve cubría el paisaje desde hacía meses. Cada día, la pila de leña ubicada al costado de la casa disminuía visiblemente. Esto preocupaba mucho a Ella. Aún tenía la esperanza de que la nieve desapareciera antes que la leña.

Se alejó de la ventana y regresó a escribir. De algún modo, escribir sobre el verano hacía que la casa se sintiera más cálida. Sentir los cálidos rayos del sol en su rostro, caminar descalza por el césped verde, pescar con su familia, nadar en el agua refrescante... estas eran cosas con las que Ella soñaba y sobre ellas escribía durante los largos meses de invierno.

Esta es una pregunta de síntesis extendida:

La autora del pasaje vivió en el Medio Oeste de Estados Unidos durante el siglo XIX. En base a la información que aparece en la historia y conociendo la información sobre la autora, ¿cuál de los siguientes opciones explica mejor la preocupación de Ella por la leña?

a. En el siglo XIX la mayoría de los hogares tenían grandes chimeneas.

b. No había mucha leña disponible en el siglo XIX.

c. Los inviernos en el Medio Oeste de Estados Unidos eran extremadamente fríos.

d. Antes de la electricidad, las personas dependían de la leña para calefaccionarse y cocinar.

Tenga en cuenta que para responder correctamente esta pregunta, debe combinar la información del pasaje con la nueva información que se proporciona en la pregunta. Hay varias opciones de respuesta que tendrían sentido. Por ejemplo, es verdad que en el siglo XIX muchos hogares tenían chimeneas y que los inviernos en partes de los Estados Unidos pueden ser muy fríos. Sin embargo, estos hechos no tienen en cuenta la información que usted debe sintetizar.

A partir de la lectura del pasaje, usted sabe que Ella necesita leña. Después de saber la época en la que vivió, puede ver lo importante que era la leña para su supervivencia. Durante el siglo XIX, los hogares no tenían electricidad. Las personas debían tener leña para calefaccionar sus hogares y cocinar sus alimentos. La opción **d** sintetiza mejor la información de ambas fuentes.

Probemos con otro ejemplo. Lea atentamente los pasajes y luego lea la pregunta. Determine cómo la información de la pregunta se relaciona con el pasaje.

Mientras la agente inmobiliaria se acercaba a la casa, admiró su propia fotografía en el cartel de "En venta" ubicado en el jardín delantero. Estaba ansiosa por vender esta casa. Una vez que estuvo adentro con los propietarios, les explicó el próximo paso en la venta.

—Su hermosa casa ha estado en el mercado desde hace semanas y no ha recibido ninguna oferta. Debemos pensar qué opciones tenemos. La alfombra de una de las habitaciones está un poco gastada, el papel de las paredes del baño está algo pasado de moda y al jardín delantero le vendrían bien unas flores nuevas. Tal vez estos problemas estén desalentando a los posibles compradores. Creo que es momento de bajar el precio de la casa al menos un 15% si desean venderla.

La agente inmobiliaria tendrá derecho a una gran bonificación si vende una casa más dentro del próximo mes. ¿Cuál de las siguientes opciones describe mejor los motivos de la agente inmobiliaria en el pasaje?

a. Su preocupación principal es vender la casa rápidamente para poder obtener la bonificación.
b. Su ganancia depende de que la casa se venda al precio más alto posible.
c. Ella sabe que para los propietarios es mejor obtener el mejor precio posible por la casa.
d. La casa de los clientes actualmente está sobrevaluada para el vecindario.

En base a la información que aparece en el pasaje, no sabemos si la casa está sobrevaluada, así que la opción **d** es incorrecta. Las opciones **b** y **c** pueden ser verdaderas. No obstante, no tienen en cuenta la información adicional que se proporciona en la pregunta. Esta información nos permite saber que si la casa se vende rápidamente, la agente inmobiliaria recibirá una gran bonificación. Cuando se la agrega a la información del pasaje que establece que ella quiere bajar el precio de la casa, podemos darnos cuenta de que su motivación para bajar el precio es vender la casa rápidamente para poder obtener la bonificación. Por lo tanto, la respuesta correcta es la opción **a**.

CONSEJO

Recuerde leer con cuidado las preguntas de síntesis extendida. Busque la información adicional dentro de la pregunta y piense cómo esta información se relaciona con el pasaje. La información se presenta por una razón. Se esperará que la utilice al pensar en su respuesta.

Comparar y contrastar

Pasamos gran parte de nuestras vidas comparando y contrastando cosas. Por ejemplo, cuando queremos explicar algo, a menudo lo **comparamos** con otra cosa (y demostramos que dos o más cosas son similares). Podríamos decir, por ejemplo, que el helado de menta con chispas de chocolate sabe igual que los bombones rellenos de menta o que nuestro nuevo jefe es muy parecido a Will Smith. Cuando queremos mostrar que algo es diferente o no se parece, lo **contrastamos**. Podríamos decir que nuestro amigo Sam no se parece en nada a su hermano Pat o que aprender italiano es mucho más difícil que aprender español.

La comparación y el contraste también son técnicas comunes en la escritura. Se pueden usar con diferentes fines, por ejemplo, para describir un personaje de forma más colorida o para fundamentar un argumento presentado por el autor.

Transiciones que se utilizan para comparar y contrastar

Al leer el siguiente pasaje, que trata sobre jardineros y padres, observe las palabras y frases de transición que indican cuándo el escritor compara (muestra similitudes) y cuándo contrasta (muestra diferencias). Hay varias palabras y frases de transición que los escritores utilizan para mostrar la comparación y el contraste.

Estas son algunas palabras y frases que se pueden usar para mostrar *similitud*:

- de forma similar
- asimismo
- como
- al igual
- del mismo modo
- y
- también

Estas palabras se pueden usar para mostrar *diferencia*:

- por otro lado
- por el contrario
- sin embargo
- no obstante
- contrariamente
- pero
- aunque

Práctica

Lea el pasaje y responda las preguntas que siguen a continuación.

Jardineros y padres

Cultivar un jardín es bastante parecido a tener una familia. Ambos requieren una gran cantidad de trabajo, especialmente a medida que crecen y cambian las estaciones. Cuando los días de verano se hacen más largos, las plantas se vuelven más dependientes de usted para su sustento, al igual que sus hijos dependen de usted para que les proporcione alimento y bebida. Como un niño sediento que pide un trago de agua, sus plantas hacen lo mismo. Su lenguaje corporal marchito se traduce como un pedido, así como sus hijos le piden leche o jugo. Cuando su sed se sacia, usted puede ver cómo ambos florecen con su atención. El niño exigente se satisface y la planta se estira para alcanzar el sol con un despliegue llamativo. También descubrirá que tiene que limpiar el espacio que rodea a sus plantas, al igual que si tuviera que levantar los juguetes y la ropa tirada en suelo de la habitación de su hijo. De forma similar, las plantas dejan caer sus pétalos, las rosas se deben podar y las malezas se deben arrancar. Para mantener la salud de los niños, los padres protegen a sus hijos contra enfermedades con medicamentos y los jardineros hacen lo mismo con el repelente para insectos. Para nutrirlos, los padres le dan vitaminas a los niños y los jardineros utilizan fertilizante, ya que ambos permiten un desarrollo saludable. A medida que los niños crecen y se convierten en adultos, necesitan menos atención. Aquí es donde terminan las similitudes. Si bien las plantas mueren o hibernan durante el invierno, los niños mantienen un papel vital en la unidad familiar.

---

25. En este pasaje, el escritor compara ser padre con ser _____.

26. ¿Cuál de los siguientes pares muestra un **contraste**, no una comparación, entre ser padre y ser jardinero?

    a. Los padres les dan vitaminas a los niños para que estén saludables, los jardineros les dan fertilizantes a sus plantas para que estén saludables.

    b. Los padres levantan los juguetes y la ropa en la habitación de sus hijos, los jardineros arrancan malezas de alrededor de sus plantas.

    c. Los hijos continúan siendo una parte importante de la familia después de que crecen, las plantas mueren o hibernan cuando termina la temporada de desarrollo.

    d. Los niños les piden a los padres leche o jugo cuando tienen sed, las plantas se tuercen o marchitan cuando necesitan agua, lo que muestra a los jardineros que tienen sed.

Leer con más atención

A medida que practique más la lectura de pasajes, comenzará a observar cómo algunas oraciones o párrafos específicos se relacionan entre sí y con el pasaje en su totalidad. Darse cuenta de cómo un autor estructuró su redacción lo ayudará a comprender aún mejor lo que quiso decir. La estructura, la elección de palabras, la descripción y los detalles le dan forma a un texto y afectan su significado.

El siguiente fragmento pertenece al discurso que John F. Kennedy pronunció cuando asumió la presidencia en 1961.

FRAGMENTO

El mundo es muy diferente ahora. Porque el ser humano tiene en sus manos mortales el poder para abolir toda forma de pobreza y terminar con toda forma de vida humana. Aun así, se siguen debatiendo en el mundo las mismas convicciones revolucionarias por las que pelearon nuestros antepasados, la creencia de que los derechos humanos no derivan de la generosidad del Estado, sino de la mano de Dios.

Mientras lee detenidamente este pasaje, preste atención a ciertas palabras o frases y cómo van reforzándose unas a otras.

La frase *manos mortales* tiene un significado más potente que si la palabra *mortales* no se incluyera. Las palabras como *convicciones revolucionarias* y *antepasados* refuerzan la solicitud que Kennedy hace al público para que se conecte con el nacimiento de la nación.

La estructura y la elección de las palabras del pasaje afectan su tono y significado y apoyan el objetivo de Kennedy de inspirar a su público. Posteriormente, en el pasaje hay seis párrafos que comienzan con el mismo patrón:

> *A los viejos aliados con los que compartimos nuestro origen cultural y espiritual...*
>
> *A los nuevos estados que recibimos entre las filas de los libres...*
>
> *A los pueblos de chozas y aldeas de todo el mundo que luchan por liberarse de las cadenas de la miseria de masas...*
>
> *A nuestras repúblicas hermanas ubicadas al sur de nuestras fronteras...*
>
> *A esa asamblea mundial de estados soberanos...*
>
> *Por último, a esas naciones que se transformarán en nuestros adversarios...*

Este es un gran ejemplo del uso de la **repetición** y la **estructura paralela** para fortalecer el significado y enfocar la atención del público.

Práctica

Lea el pasaje y responda las preguntas que siguen a continuación.

"El árbol de magnolia" de las Memorias *Cross Creek* (1942), por Marjorie Kinnan Rawlings

Desconozco el mínimo irreducible de felicidad para cualquier otro espíritu que no sea el mío. Incluso es imposible tener la certeza del mío con exactitud. Aun así, creo que conozco mi aspiración tangible. Es la copa de un árbol en contraste con un trozo de cielo. Si tuviera que yacer por incapacidad o debido a una larga enfermedad, o si tuviera el infortunio concebible de que me encerraran en prisión, podría sobrevivir, creo, dado este símbolo del mundo físico. Sé que viví con uno así mis primeros días en el arrollo.

El árbol era de Magnolia, más alto que los naranjos más altos que lo rodeaban. No existe en el mundo un árbol que sea feo, pero la magnolia grandiflora tiene una perfección única. No importa qué tan apiñado esté, no importa qué tan abundantes crezcan las encinas, los robles y los liquidámbar a su alrededor. Él se desarrolla con completa simetría, tanto que uno se pregunta si la personalidad de todas las cosas, tanto humanas como vegetales, puede no estar implícita. Su desarrollo tampoco es implacable, no lo logra a cuestas de sus vecinos, ya que es uno de los pocos árboles a los que se les permite vivir en un naranjal, aparentemente sin quitarle nada a los insaciables cítricos. El árbol joven es cortés y espera que el progenitor acabe su vida antes de animarse a tomar su lugar. Nunca hay plantas de semillero de magnolias debajo o cerca de una vieja magnolia. Cuando el árbol finalmente muere, lustrosos brotes jóvenes aparecen de la nada, regocijándose con el sol y el aire por los que tal vez hayan esperado un largo siglo.

El árbol es bello durante todo el año. No necesita esperar estar en flor para justificarse, como el ciruelo silvestre y el majuelo. Es más bello que la mayoría tan solo con sus hojas anchas que brillan como jade oscuro pulido. Así que cuando estoy ansiosa por decorar, corto algunas ramitas para la casa y considero que son un ornamento que tendrían la aprobación de un artista japonés. El árbol se desprende de algunas de sus hojas justo antes de florecer, como si se sacudiera la vestimenta antigua para limpiarse y estar listo para la nueva. Las duras hojas golpean secamente la tierra y por un breve momento el árbol queda reseco y maciliento, el tronco con líquenes rosa, gris y ansioso. Luego, agujas verde pálido cubren las ramas, desplegándose en hojas frescamente laqueadas y en sus extremos aparecen las flores. A fines de abril o principios de mayo los pálidos capullos se despliegan en grandes flores blancas enceradas, a veces de ocho o diez pulgadas, y el perfume llena de alegría el aire primaveral. No cambiaría un árbol ni por un conservatorio repleto de orquídeas. Las flores, a pesar de su tamaño y espesor, son tan delicadas como las orquídeas ya que rechazan el toque de la mano humana. Se las debe cortar o quebrar con cuidado y colocar en un frasco con agua sin rozar los bordes, de lo contrario, en una hora los pétalos de color crema se convierten en terciopelo marrón. Manipulados correctamente, se abren en la casa al igual que en el árbol, los brotes ahuecados estallan en una explosión repentina, las flores plenamente abiertas se convierten en una ducha de estambres con puntas rojas, tanto que en una sala silenciosa, se los puede escuchar separarse sobre la mesa. Los conos de semillas rojas son tan finos como velas. Maduran lentamente de arriba hacia abajo del árbol, como se enciende un árbol de Navidad.

27. ¿Con qué compara el autor las flores de magnolia?

a. orquídeas

b. velas

c. árboles de navidad

d. jade

28. El pasaje describe el ciclo anual de un árbol de magnolia. Seleccione la respuesta que coloca las siguientes afirmaciones en orden cronológico:

1. El árbol está cubierto por capullos de flores.
2. Al árbol le salen hojas verdes nuevas.
3. El aire que rodea al árbol está perfumado.
4. Las hojas caen del árbol.

a. 3, 2, 4, 1

b. 2, 3, 4, 1

c. 1, 2, 4, 3

d. 4, 2, 1, 3

Interpretación de lo que leyó

Como mencionamos brevemente, su trabajo como lector no es solo comprender el significado literal de una palabra, párrafo, artículo o libro, sino leer entre líneas para descubrir el significado pleno del texto. Así como en la conversación oral, donde uno dispone de muchas formas de comunicar lo que está pensando (mediante una broma, una historia o incluso una expresión facial), los escritores tienen muchas técnicas para comunicarse con sus lectores.

A menudo, los textos con capas de significado son más coloridos, convincentes, emotivos o significativos que los textos que simplemente explicitan de forma clara y con hechos lo que el autor está intentando decir.

Es importante tratar de entender las pistas del autor, al igual que usted entendería, por ejemplo, una mirada de decepción cuando un amigo dice: "Está bien". Usted reconoce inmediatamente que su amigo en realidad no piensa que lo que sea que haya sucedido esté bien. Esta sección describe las técnicas usadas por los escritores (es probable que ya se haya percatado de muchas de ellas) y cómo identificarlas.

Interpretación de palabras específicas

En el examen RLA de GED® se le puede pedir que descubra la definición de palabras del vocabulario mediante la observación del **contexto** (las palabras y significados que rodean las palabras del vocabulario).

Para ver un ejemplo de cómo hacerlo, lea el siguiente párrafo sobre uno de los pasatiempos favoritos de la nación.

Reality TV

La mayoría de los programas de reality TV se centran en dos motivadores comunes: la fama y el dinero. Los programas transforman a meseras, peluqueros, agentes de inversiones, asesores y maestras, por mencionar algunos, de figuras ignotas a nombres familiares. Unos pocos afortunados aprovechan sus 15 minutos de fama y se transforman en celebridades. Aunque no esté interesado en la fama, es probable que pueda entender el deseo de tener mucho dinero. Ver a personas comer insectos gigantes, revelar sus pensamientos más íntimos a millones de personas y permitir que los filmen durante 24 horas al día a cambio de una enorme recompensa financiera parece tener un atractivo masivo para los espectadores. Sea cual sea la atracción, estos programas están entre los más populares de la televisión y en cada temporada que pasa, se multiplican como maleza en un jardín descuidado. Las cadenas de televisión están reemplazando rápidamente las telenovelas y comedias más tradicionales por programas de reality TV, que ganan millones de dólares en ingresos por publicidad. Ya sea que los ame o los odie, una cosa es cierta: ¡los programas de reality TV llegaron para quedarse!

Una de las palabras más difíciles del párrafo es *ignotas*. Con un poco de investigación, podemos determinar la definición de esa palabra al observar cómo se utiliza en el párrafo. Veamos el contexto en el que aparece.

Los programas transforman a meseras, peluqueros, agentes de inversiones, asesores y maestras, por mencionar algunos, de figuras ignotas a nombres familiares.

Dada la oración, ¿qué podemos decir de la palabra *ignotas*? Bueno, puesto que el programa transforma a meseras, peluqueros, agentes de inversiones, asesores y maestras de un estado (figuras *ignotas*) a otro estado (nombres familiares), esto nos dice inmediatamente que una figura ignota y un nombre familiar son dos cosas diferentes.

Además, sabemos por la oración que las personas en cuestión tienen trabajos comunes (meseras, peluqueros, agentes, etc.) y que a partir de este estado se transforman en nombres familiares, lo que significa que alcanzan un cierto nivel de fama y notoriedad. Ahora puede adivinar fácilmente el significado de *ignotas*.

Antes de convertirse en nombres familiares, meseras, peluqueros, agentes de inversiones, asesores y maestras son

A. famosos y notorios.

B. desconocidos y comunes.

C. únicos y peculiares.

Por supuesto, la respuesta correcta es **B**. Sin duda, no puede ser **A** porque sabemos que estas personas no son famosas aún. Los programas de reality TV los convertirán en famosos, pero hasta que eso suceda, continúan siendo *ignotos*. La respuesta **C** no tiene sentido porque sabemos por el pasaje que estas personas son meseras, peluqueros, agentes de inversiones, asesores y maestras. Todos estos son trabajos muy respetables, pero son bastante comunes, así que no se los podría describir como únicos o peculiares. Además, podemos decir que **B** es la respuesta correcta porque podemos sustituir la palabra *ignotas* por las palabras *desconocidos* o *comunes* en la oración y ambas tendrían sentido.

¿Cuánto contexto necesita?

En el ejemplo anterior, usted podría entender el mensaje principal del pasaje aunque desconociera (o no pudiera descubrir) el significado de *ignotas*. No obstante, en algunos casos comprender un pasaje depende de comprender una determinada palabra o frase. ¿Puede entender la siguiente oración, por ejemplo, sin saber lo que significa *adversamente*?

Los programas de reality TV afectan adversamente las telenovelas y comedias tradicionales.

¿Qué significa *adversamente* en esta oración? ¿Es algo bueno o malo? Sin importar cuán bueno sea en la investigación, en esta oración simplemente no hay pistas suficientes que le indiquen qué significa esta palabra. Pero un pasaje con más información le dará lo que necesita para determinar el significado del contexto.

Los programas de reality TV afectan adversamente las telenovelas y comedias tradicionales. A medida que aumente la popularidad de los programas de reality TV, los ejecutivos de las cadenas de televisión comenzarán a cancelar las telenovelas y comedias más tradicionales y a reemplazarlos con lo último en materia de reality TV.

En el pasaje, *adversamente* significa

A. moderadamente, levemente.

B. amablemente, cuidadosamente.

C. negativamente, desfavorablemente.

D. inmediatamente, rápidamente.

La respuesta correcta es **C**, negativamente, desfavorablemente. El pasaje proporciona pistas que le permiten determinar el significado de *adversamente*.

Prueba

Ya tuvo la oportunidad de revisar algunas de las habilidades necesarias para comprender pasajes de lectura.

Instrucciones: Lea los siguientes pasajes y elija la *mejor respuesta* para cada pregunta.

Las preguntas 29 a 33 se refieren al siguiente pasaje.

¿Qué sucederá con la pintura?

Después de horas de revolver entre los diversos elementos que habían sido donados a la organización benéfica durante el fin de semana, Natasha estaba lista para irse a casa. Había

(5) clasificado la vestimenta, los libros, los juguetes, los artículos para el hogar y los artículos de deportes en los cestos correspondientes y en la mañana les colocaría la etiqueta de precio. Con algo de suerte, los artículos llegarían a los

(10) estantes de la tienda antes de la tarde siguiente y se venderían rápidamente.

     Cuando iba a cerrar la puerta del depósito, Natasha vio un lienzo enmarcado apoyado contra la pared. Se preguntó de dónde había salido y por

(15) qué no lo había notado hasta ahora. Se inclinó para examinar la obra de arte y se sorprendió de los colores y pinceladas audaces de la pintura al oleo y de los detalles del marco de madera esculpido. En el ángulo inferior de la obra,

(20) observó la firma de un artista mundialmente famoso. Sorprendida, miró fijamente el cuadro pensando si era auténtico o falso. Con cuidado, recorrió el marco con su dedo en busca de imperfecciones.

(25)   No pudo evitar preguntarse por qué alguien se desharía de una obra de arte tan hermosa y posiblemente valiosa. Cubrió la pintura con esmero usando una sábana y la colocó en un clóset donde estaría a salvo.

(30)   Natasha no pudo dejar de pensar en
la pintura. Tenía muchas preguntas en su cabeza
y eso la mantuvo en vigilia toda la noche. ¿De
dónde había venido? ¿Realmente era la obra de
un artista famoso? ¿Por qué alguien regalaría una
(35) obra de arte que posiblemente valiera miles de
dólares? Finalmente, se levantó y encendió la
computadora. Encontró el nombre de un profesor de historia del arte en una universidad cercana. Quizá podría responder algunas de sus
(40) preguntas.

29. ¿Cuál es el objetivo más probable del autor para
escribir este pasaje?
a. contarle a los lectores una historia verdadera
b. informar a los lectores sobre historia del arte
c. entretener a los lectores con una historia de
ficción
d. enseñarle a los lectores sobre un artista
famoso

30. ¿Cuál es el significado de la palabra *auténtico* en
la línea 22?
a. antiguo
b. genuino
c. famoso
d. hermoso

31. Lea la siguiente oración del segundo párrafo:
Con cuidado, recorrió el marco con su dedo, en
busca de *imperfecciones*.

¿Qué significa *imperfección*?
a. perfecto
b. mejora
c. tipo de enfermedad
d. una falla o defecto

32. ¿Qué afirmación es un ejemplo de una
conexión de texto a mundo que los lectores
pueden crear con el pasaje?
a. Recuerdo cuando encontré un abrigo de alta
costura en una venta de garaje por solo $5.
b. La valoración del arte ha aumentado en las
principales ciudades.
c. Necesito limpiar mi ático y donar lo que
encuentre a una organización benéfica.
d. Un libro de historia del arte que leí
mencionaba que a veces las personas no se
dan cuenta de que poseen obras de arte
valiosas.

33. Natasha trabajó durante muchos años en un
museo de arte y tiene buen ojo para reconocer
óleos valiosos. La organización benéfica para la
que trabaja como voluntaria dona dinero al
hospital de niños local, que es reconocido por
su impactante programa de investigación. ¿Qué
oración describe a Natasha de manera más
precisa?
a. Posee una gran colección de arte que espera
poder ampliar.
b. Planea regresar a la universidad y enseñar
arte.
c. Es generosa y realmente le interesa ayudar a
los demás.
d. Espera poder trabajar en el campo de la
medicina o la investigación algún día.

Las preguntas 34 a 38 hacen referencia al siguiente pasaje.

¿Otras personas cambiarán su parecer?

Desde que era niño, me ha costado hacer amigos. Muchos suponían que todos los aristrócratas se creían mejores que los demás, pero no era el caso. Nunca creí que ser miembro de la clase

(5) social más alta me hiciera más importante que nadie más.

En las calles, la gente se alejaba de mi camino, como tratando de evitarme. Yo sonreía e intentaba hacer contacto visual, pero nadie

(10) me devolvía la mirada. Grupos de amigos se reunían en las esquinas y en cafés y reían juntos. La soledad se apoderó de mí y yo anhelaba ser parte de uno de sus grupos. Pero, por algún motivo, quedaba excluido por circunstancias que

(15) muchos llamarían afortunadas.

Un día, me detuve en el mercado de agricultores de la ciudad para comprar una fruta. Mientras le pagaba al caballero, una mujer hizo una mueca y dijo: "¿No tiene sirvientes que hagan

(20) sus compras por usted?" Varios otros clientes se rieron y me dieron la espalda. Sonriendo amablemente, le agradecí al hombre por la fruta y me alejé, escuchando los susurros detrás de mí.

(25) Mientras me alejaba, observé a un niño sentado solo al lado de la panadería. Estaba llorando y muchas personas pasaban a su lado sin detenerse. Me senté a su lado en el piso y le pregunté qué le sucedía.

(30) —No puedo encontrar a mi madre. Me detuve a mirar la vidriera de la panadería. Cuando me di vuelta, no estaba —explicó el niño.

Lo rodeé con mi brazo y le expliqué que era muy inteligente al quedarse en un solo lugar para

(35) que su madre pudiera encontrarlo. —Te debes sentir solo —continué—. Yo también me siento solo a veces. Nos quedaremos juntos hasta que tu madre regrese.

Poco tiempo después, una mujer joven

(40) vino corriendo por la calle, gritando: "¡William! ¡William! ¿Dónde estás?".

El niño saltó y su madre corrió hacia nosotros y abrazó a su hijo mientras le preguntaba si había tenido miedo.

(45) —No, mamá —explicó William—. Este señor me hizo compañía.

La mujer me miró y parecía sorprendida, luego me sonrió amablemente y me agradeció. William me dio un abrazo y luego se alejó

(50) tomado de la mano de su madre. Mientras se marchaban, me di cuenta de que se había reunido gran cantidad de gente para ver qué estaba sucediendo. Una persona de la multitud me sonrió, luego otra, y otra, y otra. Por primera vez,

(55) dejé de sentirme como un extraño solitario.

34. ¿Qué oración del pasaje revela su punto de vista?

a. Yo sonreía e intentaba hacer contacto visual, pero nadie me devolvía la mirada.

b. Grupos de amigos se reunían en las esquinas y en cafés y reían juntos.

c. "¿No tiene sirvientes que hagan sus compras por usted?".

d. Estaba llorando y muchos pasaban a su lado sin detenerse.

35. Considerando el punto de vista desde el que se cuenta la historia, ¿cuál de las siguientes afirmaciones es verdadera?

a. El narrador no es uno de los personajes en la historia.

b. El narrador conoce las motivaciones de todos los personajes de la historia.

c. Los lectores conocen los pensamientos y sentimientos de un solo personaje.

d. Los lectores conocen los pensamientos y sentimientos de todos los personajes.

36. Vuelva a leer el primer párrafo. ¿Qué palabra describe mejor a alguien que es un *aristócrata*?
   a. amigable
   b. melancólico
   c. servicial
   d. adinerado

37. ¿Qué afirmación es un ejemplo de una conexión de texto a persona que los lectores pueden crear con el pasaje?
   a. Me costó hacer amigos después de mudarme a una nueva ciudad y por un tiempo me sentí como un extraño.
   b. La popularidad de los mercados de agricultores está creciendo.
   c. Anoche en las noticias informaron sobre un niño extraviado, pero lo encontraron esta mañana, sano y salvo.
   d. Nuestro libro de estudios sociales habla sobre los conflictos entre clases a lo largo de la historia.

38. ¿Cuál es el tema de la historia?
   a. La amistad es una parte necesaria de la vida.
   b. Es difícil encontrar la felicidad sin tener una gran fortuna.
   c. Hasta los niños pequeños pueden marcar una gran diferencia en el mundo.
   d. Es importante no juzgar a las personas antes de llegar a conocerlas.

Respuestas y explicaciones

1. Solicitud de renovación completa; licencia de conductor actual; pruebas aceptables de edad, identidad y dirección; prueba de seguro social; dinero para abonar la tarifa correspondiente.

2. Tarjeta de Seguridad Social, formulario de declaración de impuestos estatales o federales, recibo de sueldo actual, formulario W-2.

3. Cada cuatro años.

4. Se envía entre cinco y siete semanas antes de que venza la licencia actual.

5. Falso: Puede renovarla únicamente yendo a la Agencia de Vehículos Motorizados.

6. b. Dado que que la escritora no había comido desde el desayuno, estaba *extremadamente hambrienta, ansiosa por comer.*

7. c. De acuerdo con el pasaje, Robert Johnson surgió del *blues.*

8. b. De acuerdo con el pasaje, Robert Johnson murió en 1938.

9. Verdadero. Johnson sí influyó a muchos artistas de rock, incluso a Led Zeppelin y los Rolling Stones.

10. a. El autor menciona que la música de Johnson influyó en las bandas contemporáneas de rock como Led Zeppelin y los Rolling Stones. Se comunica la influencia musical legendaria de Johnson cuando el autor escribe: "Una y otra vez, los artistas de rock contemporáneo regresan a Johnson". En base al texto, la conclusión lógica es que los artistas contemporáneos recurren a Johnson para obtener inspiración musical.

11. c. A pesar de que "Una vida breve" podría ser una descripción apropiada para la corta vida de Johnson, solamente describe un aspecto de su vida. Por otro lado, especificar que Robert Johnson es un legendario guitarrista de blues es más específico y descriptivo.

12. a. Es una **opinión**. Es debatible si Johnson es el mejor guitarrista de blues de todos los tiempos. La opción **b** es un **hecho**. Es información que se puede verificar. La opción **c** es una **opinión** porque es una proposición que se puede debatir. La opción **d** es un **hecho**. De acuerdo con el pasaje, Robert Johnson murió en 1938.

13. c. La primera oración es la oración temática, que establece que el centro comercial es malo para los residentes de la ciudad. El resto de las oraciones respaldan esa idea.

14. a. El estilo del artículo es serio y formal y apunta a un lector sofisticado que sería capaz de comprender una frase como *traslado forzoso*. Por lo tanto, *traslado forzoso* es compatible con el estilo del artículo.

15. d. El escritor advierte a los lectores sobre los efectos que tendrá un centro comercial sobre los residentes de la ciudad y los organiza en orden de importancia, dejando el efecto más importante para el final.

16. a. El punto de vista de la primera persona plural se refleja en el uso de los verbos conjugados *vivimos* y *tendremos*.

17. a. El escritor indica que el centro comercial tendrá "consecuencias nefastas" para los residentes y luego usa los verbos *disfrutamos* y *vivimos*, que identifican al autor con los residentes.

18. c. Los efectos que el escritor indica aquí son muy serios, en especial el tercero: el traslado forzoso. El escritor eligió la palabra *nefastas* para hacer énfasis en la gravedad.

19. c. El pasaje evita toda descripción o detalle innecesario y utiliza lenguaje formal en lugar de informal.

20. b. Cada oración explica un efecto negativo que el centro comercial tendrá sobre los residentes y la negatividad del pasaje aumenta con la palabra *nefastas* y la frase "a toda costa".

21. Respuesta: la opción **c** es correcta. Este párrafo adopta el punto de vista objetivo de la tercera persona. No hay instancias de primera persona singular (*yo*) o plural (*nosotros*) ni tampoco de segunda persona (*tú*). Se usa el pronombre en tercera persona singular femenina (*ella*) y todos los verbos están conjugados en esa persona.

22. Respuesta: la opción **a** es correcta. El punto de vista de la primera persona se refleja en los verbos conjugados *vivimos* y *tenemos*.

23. b. La idea principal del artículo es que los empleadores utilizan cada vez más las redes sociales, así que usar dichas redes sociales y otras herramientas tecnológicas puede mejorar sus probabilidades de encontrar empleo. En el tercer párrafo el autor indica: *Debido a la función establecida que desempeña la tecnología en nuestras vidas y al fácil acceso de los empleadores potenciales a las redes sociales, establecer una sólida huella digital y marca personal es crucial para el éxito.* El escritor luego continúa con consejos para mejorar la forma en que los lectores utilizan el correo electrónico y otras comunicaciones por Internet.

24. c. La premisa subyacente del artículo es que contar con habilidades informáticas sólidas es importante en la búsqueda de empleo. Más específicamente, el autor aconseja: *Asegúrese de que su presencia en línea esté actualizada y refleje sus atributos más destacados.*

25. En este pasaje, el escritor compara ser padre con ser **jardinero**. Durante todo el texto el escritor presenta las diversas formas en que cree que ser padre es similar a ser jardinero.

26. c. La última oración del pasaje señala una diferencia entre ser padre y ser jardinero: después de que los padres crían a sus hijos, los niños continúan teniendo un papel importante en la familia, pero una vez que los jardineros cultivan sus plantas, estas mueren o hibernan en el jardín.

27. a. La autora escribe: *Las flores, a pesar de su tamaño y espesor, son tan delicadas como las orquídeas ya que rechazan el toque de la mano humana.*

28. d. De acuerdo con la autora, en los árboles de magnolia *las duras hojas golpean secamente la tierra y por un breve momento el árbol queda reseco y macilento, el tronco con líquenes rosa, gris y ansioso. Luego, agujas verde pálido cubren las ramas, desplegándose en hojas frescamente laqueadas y en sus extremos aparecen las flores. A fines de abril o principios de mayo, los pálidos capullos se despliegan en grandes flores blancas enceradas,... el perfume llena de alegría el aire primaveral.*

29. c. Este pasaje se escribió para entretener. No es una historia verdadera y a pesar de que se mencionan la historia del arte y un artista famoso, el autor no tiene la intención de enseñar a los lectores sobre estos temas.

30. b. El pasaje nos dice que Natasha se preguntó si el cuadro era "auténtico o falso". *Falso* se presenta como antónimo de *auténtico*. Por lo tanto, *auténtico* significa *real* o *genuino*.

31. d. La raíz de *imperfección* es *perfecto*. El prefijo *im-* significa "no", así que las *imperfecciones* hacen que algo no sea perfecto. Una *imperfección* es una falla o defecto que hace que algo no sea perfecto. Si pensó que la respuesta era *perfecto*, seleccionó la raíz de la palabra. Si eligió "tipo de enfermedad", quizá se confundió con la palabra *infección*.

32. b. Las opciones **a** y **c** son ejemplos de conexiones de texto a persona porque relacionan ideas del pasaje con algo personal. La opción **d** crea conexiones entre el pasaje y otros textos que se han leído anteriormente, así que es un ejemplo de conexión de texto a texto. La opción **b**, crear una conexión entre el pasaje y algo que sucede en el mundo, es una conexión de texto a mundo.

33. c. Este es un ejemplo de una pregunta de síntesis extendida. Para responderla correctamente, usted debe combinar la información dada en la pregunta con lo que lee en el pasaje. Dado que Natasha solía trabajar en un museo y puede reconocer óleos valiosos, posiblemente tenía una buena idea de que la obra valía mucho dinero. La organización benéfica que ahora posee la pintura dona su dinero al hospital de niños que utiliza parte del mismo para realizar investigaciones. Natasha obviamente está entusiasmada porque se donó la pintura para beneficencia, probablemente porque el dinero recaudado con la misma será entregado al hospital. Si está tan entusiasmada, realmente le deben importar las personas que se beneficiarán con la donación.

34. a. Este pasaje está escrito desde el punto de vista de la primera persona. El narrador es uno de los personajes de la historia y usa verbos conjugados en primera persona y pronombres como *yo* y *me*. Observe que suena como si el narrador le estuviera hablando directamente al lector.

35. c. Puesto que la historia relata los eventos desde la primera persona, solo se revelan al lector los pensamientos y sentimientos del narrador. El narrador es un personaje de la historia y solo conoce sus propias ideas y motivaciones, a menos que los otros personajes le revelen sus pensamientos y sentimientos.

36. d. Las pistas del contexto que aparecen en el primer párrafo explican que un *aristócrata* es "un miembro de la clase social más alta". Por lo general, las personas que pertenecen a esta clase tienen mucho dinero. En esta historia, el aristócrata también era amigable, servicial y posiblemente melancólico. No obstante, por definición, los aristócratas habitualmente son adinerados. Mientras lee, recuerde buscar pistas en el contexto de las oraciones que rodean la palabra que ayudan a definir. En este caso la palabra *aristócratas* se usa en una oración y la definición o explicación está en la oración que sigue a continuación.

37. a. Las opciones **b** y **c** son ejemplos de conexiones de texto a mundo porque relacionan ideas del pasaje con eventos del mundo real. La opción **d** crea conexiones entre el pasaje y otros textos que se leyeron previamente, por lo tanto, son ejemplos de conexiones de texto a texto. La opción **a**, crear una conexión entre el pasaje y algo personal, es una conexión de texto a persona.

38. d. En este pasaje, las personas hicieron suposiciones sobre el narrador sin llegar a conocerlo. Resultó que estas suposiciones eran incorrectas. Después de que las otras personas vieron su amabilidad y cómo se preocupó por el niño, se dieron cuenta de su verdadera personalidad. El narrador anhelaba tener amigos y demostró que sentía que ayudar al niño era importante, pero estas ideas no eran el mensaje general que el autor quería reflejar. La opción **b** es lo opuesto a lo que el narrador creía, ya que tenía una gran fortuna pero no era feliz.

REVISIÓN

En este capítulo, usted aprendió varias estrategias que lo ayudan a comprender mejor los materiales de lectura:

1. El punto de vista se refiere a quién cuenta la historia. El punto de vista de la primera persona se da cuando uno de los personajes cuenta la historia y el lector ve los sucesos a través de sus ojos. El punto de vista de la tercera persona se da cuando la historia la cuenta un narrador que está fuera de la misma y no participa en los sucesos. No obstante, a menudo es consciente de los pensamientos y sentimientos de todos los personajes.

2. Habitualmente los autores escriben por alguno de los siguientes objetivos: entretener, informar o persuadir.

3. El tema de una historia es el mensaje de fondo del autor. Por lo general, estas creencias, actitudes o percepciones no se explicitan directamente. En cambio, el tema es una lección que los lectores extraen de la historia. Las palabras y acciones de los personajes, el tono, la trama y los patrones repetidos en la historia ayudan a revelar el tema.

4. Sintetizar información significa reunir información proveniente de diferentes fuentes o de más de un lugar dentro de una fuente. Combinar información puede ayudar a los lectores a entender mejor el texto.

5. Crear conexiones entre el texto y lo que ya saben ayuda a los lectores a comprender mejor el material. Los tipos de conexiones que los lectores crean son, entre otras, de texto a persona, de texto a texto y de texto a mundo.

6. Antes de comenzar a leer un pasaje, asegúrese de prestar atención a la pregunta de objetivo que precede al pasaje, así como también a las preguntas de comprensión que se encuentran a continuación.

7. Primero eche un vistazo rápido al pasaje, luego léalo atentamente, observe los detalles importantes y organice mentalmente la información. Recuerde leer también la información que aparece entre corchetes, las ilustraciones y las leyendas.

8. Después de leer todo el pasaje, lea con detenimiento cada pregunta, preste mucha atención a toda la información que se encuentra dentro de la pregunta en sí misma.

9. Intente responder cada una de las preguntas antes de leer las opciones de respuesta. Luego, lea cuidadosamente todas las opciones y preste atención a cada palabra antes de seleccionar la mejor respuesta en base al pasaje.

10. Al leer pasajes de ficción, asegúrese de prestar atención a los detalles, tales como los nombres de los personajes o lugares, y utilice las ideas que se incluyen en el texto para deducir información que el autor no especificó.

11. Al leer pasajes sobre hechos reales, busque pruebas que respalden la idea principal del texto. Asegúrese de prestar atención a los detalles, nombres, fechas, estadísticas y al lenguaje descriptivo que puede mejorar su comprensión del material y ayudarlo a sacar sus propias conclusiones sobre el tema.

4 ▶ COMPRENSIÓN LECTORA: HABILIDADES DE LECTURA DETALLADA

RESUMEN DEL CAPÍTULO

Este capítulo le enseña a identificar ideas principales y detalles de respaldo, resumir pasajes, distinguir hechos de opiniones, reconocer estructura organizativa y hacer deducciones. Todas ellas son habilidades de lectura detallada que necesitará para tener éxito en el examen de Razonamiento a través de las artes del lenguaje de GED®.

Si bien el capítulo anterior se enfocó en preocupaciones de orden superior como objetivo del autor y punto de vista, este capítulo proporciona más herramientas de elementos básicos que usted utilizará para responder preguntas sobre textos de ficción y de hechos reales. Ahora que domina los aspectos generales, es hora de hilar más fino y aprender a analizar fragmentos e identificar las partes que los componen. Cuando lea detenidamente o examine fragmentos en busca de elementos que lo ayuden a adquirir una perspectiva del significado del texto como un todo, deberá poder enfocarse en elementos individuales y comprender en qué contribuyen al plano general.

Realizar conexiones

Para comprender mejor un texto, es importante que el lector **realice conexiones** entre lo que está leyendo y lo que ya sabe. Esto no solo lo ayuda a obtener una perspectiva, sino que además sirve para hacer que el material sea más personal y relevante. Le da al lector una comprensión más profunda de lo que lee.

Los buenos lectores hacen principalmente tres tipos de conexiones:

1. de texto a persona
2. de texto a texto
3. de texto a mundo

Las conexiones que realizan los lectores no son correctas ni incorrectas. El mismo texto puede hacer que diferentes lectores recuerden cosas muy diferentes. Las conexiones con los textos son personales y significan diferentes cosas para diferentes lectores. Lo importante es que el lector se conecte con el texto de modo tal que le resulte significativo y comprensible.

Texto a persona

Las conexiones que el lector realiza entre el material de lectura y sus propias experiencias personales son conexiones de **texto a persona**. Estas hacen que la lectura sea más personal. Algunos ejemplos de afirmaciones que podrían ayudarlo a realizar dichas conexiones son:

- Esto me recuerda cuando yo . . .
- Si yo fuera este personaje, . . .
- Si esto me pasara a mí, . . .

Piense en la historia que leímos en la página 50 sobre Camilla y la venta de garaje. Quizá le recuerde a una venta de garaje que usted realizó, una vez que encontró objetos con valor sentimental o una situación en la que el tiempo que disfrutó con su familia pasó volando. Estas serían conexiones de texto a persona.

Texto a texto

Las conexiones de texto a texto se generan cuando el lector puede realizar conexiones entre el material de lectura y un texto que leyó anteriormente. Para realizar dichas conexiones, piense si el texto le recuerda a alguna de las siguientes opciones:

- un libro diferente del mismo autor
- un libro con personajes, escenarios o tramas similares,
- un libro que incluye situaciones o acontecimientos similares
- un libro sobre un tema similar
- información que haya leído en un libro de texto, periódico o revista

¿La historia de Camilla le recuerda a la de otro personaje que se haya reconectado con su madre? ¿Alguna vez leyó un artículo sobre una venta de garaje? ¿Puede pensar en algún libro sobre descubrir su historia familiar? Si es así, estos serían ejemplos de conexiones de texto a texto.

Texto a mundo

Las conexiones que el lector realiza entre el material de lectura y algo que sucede en el mundo real son conexiones de **texto a mundo**. Para realizar este tipo de conexión, piense en si el texto le recuerda a:

- información que haya leído en Internet
- algo que haya visto en televisión o escuchado en la radio
- acontecimientos que están sucediendo en el mundo real

Si conectó la historia de Camilla con un documental de televisión sobre relaciones entre padres y adolescentes o si le recordó que iba a haber una venta de garaje en su vecindario este fin de semana, realizó una conexión texto a mundo.

Idea principal y detalles de respaldo

Independientemente del tipo de material del que se trate, cada pasaje que usted lee tiene una idea principal. La **idea principal** es el mensaje central del texto. Para determinar dicha idea principal, primero identifique el tema del texto. Luego, piense cuál es el elemento principal que el escritor le está tratando de transmitir al lector sobre el tema. Por ejemplo, si el tema de un pasaje son las tortugas bobas, la idea principal podría ser la siguiente:

> *Las tortugas bobas regresan a la playa donde nacieron para poner huevos.*

Esta sería la idea más importante que el escritor quiere que usted extraiga del pasaje. El resto del pasaje puede contener información que ayude a explicar la idea principal. Los ejemplos, hechos, detalles e información que ayudan a explicar y describir la idea principal son **detalles de respaldo**. Estos ayudan a fortalecer la comprensión del lector sobre la idea principal.

En el pasaje sobre tortugas marinas, los detalles de respaldo podrían ser, entre otros, las siguientes oraciones:

> *Las tortugas caminan por la playa por la noche.*
>
> *Cavan un pozo en la arena y ponen sus huevos allí.*
>
> *Después de cubrir el nido con arena, las tortugas regresan al mar.*

Cada uno de estos detalles de respaldo aporta información sobre la idea principal.

Los escritores incluyen cuatro tipos básicos de detalles de respaldo para dar a los lectores una mayor comprensión del mensaje central del texto. Estos son los tipos de detalles de respaldo:

- ejemplos
- motivos
- hechos
- descripciones

Poder identificar la idea principal y los detalles de respaldo ayuda a organizar la información de un pasaje. El lector puede reconocer el mensaje central del texto e identificar ejemplos, motivos, hechos y descripciones para clarificar y explicar el mensaje.

CONSEJO

Si bien el tema del pasaje puede estar compuesto por una sola palabra, la idea principal del pasaje siempre es una oración completa.

Lea el siguiente párrafo. Mientras lee, busque la idea principal y los detalles de respaldo.

Antes de convertirse en el decimosexto presidente de Estados Unidos, Abraham Lincoln mostró un patrón de comportamiento que hizo que se ganara el apodo de "Abe el Honesto". En los inicios de su carrera, trabajó en tiendas de comestibles. Cuando su socio falleció dejando una montaña de deudas, Lincoln no solo saldó la parte de la deuda que le correspondía a él, sino también la de su socio porque era honesto hacerlo. Después trabajó como abogado. En ese tiempo, los miembros de dicha profesión a menudo eran considerados deshonestos. Sin embargo, Lincoln se ganó la reputación entre sus colegas de ser alguien que nunca decía mentiras. Incluso dio una conferencia en la que alentó al público a hacer que la honestidad fuera una prioridad en sus actividades.

¿Cuál es la idea principal del pasaje?

_____

_____

Probablemente haya reconocido que la primera oración cuenta la idea principal del pasaje. Quizá haya indicado que la idea principal es:

> Abraham Lincoln se ganó el apodo de "Abe el Honesto".

> Abraham Lincoln mostró un patrón de honestidad durante toda su vida.

> La gente llamaba a Lincoln "Abe el Honesto" por la prioridad que le daba a la honestidad.

Cualquiera de estas podría ser correcta. La idea principal es la información más importante sobre la cual se escribe en el resto del párrafo. Cada una de estas opciones capta esa información.

¿Cuál de los siguientes es un detalle de respaldo del pasaje?
a. Abraham Lincoln fue el decimosexto presidente de Estados Unidos.
b. El comportamiento de Lincoln hizo que se lo conociera como "Abe el Honesto".
c. En los inicios de su carrera, Lincoln trabajó en una tienda de comestibles.
d. Los colegas de Lincoln lo reconocían como alguien que nunca decía mentiras.

¿Reconoció que la opción de respuesta **d** apoya la idea principal del pasaje? Esta afirmación es un ejemplo de la honestidad que hacía que Lincoln fuera conocido como "Abe el Honesto". La opción **b** vuelve a exponer la idea principal. Las opciones **a** y **c** contienen información relevante o interesante pero no apoyan directamente la idea principal, así que se las considera detalles menores en vez de detalles de respaldo.

¿Qué otros detalles de respaldo contiene el pasaje?

_____

_____

Los detalles de respaldo del pasaje incluyen *Lincoln saldó su deuda y la de su socio* y *dio una conferencia para alentar a los miembros del público a ser honestos*. Estas afirmaciones respaldan la idea principal al dar algunos motivos de por qué fue reconocido por su honestidad.

Algunos pasajes de lectura incluyen más que un solo párrafo. Cada párrafo tendrá su propia idea. La idea principal se incluye en la oración temática. La **oración temática** básicamente resume lo que todo el párrafo intenta explicar.

Vuelva al párrafo sobre Lincoln. ¿Puede identificar la oración temática? Es la oración que indica el mensaje básico del párrafo.

> Antes de convertirse en el decimosexto presidente de Estados Unidos, Abraham Lincoln mostró un patrón de comportamiento que hizo que se ganara el apodo de "Abe el Honesto".

Esta es la primera oración del párrafo y es la oración temática. Observe que también contiene la idea principal. La oración temática puede estar en cualquier lugar del párrafo. No obstante, por lo general es la primera o la última oración. Saber ubicar la oración temática puede ser útil para determinar la idea principal.

Extraído de *Cross Creek*, Memorias sobre la vida en un naranjal de Florida (1942) escrito por Marjorie Kinnan Rawlings

No veo motivos para negar un anhelo tan fundamental, sea este una perdición o no. Es más importante vivir la vida que uno desea y derrumbarse con ella de ser necesario, con satisfacción, que vivir de manera más provechosa pero menos alegre. Pero para lograr la satisfacción en ciertas circunstancias a veces adversas, se requiere primero hacer un ajuste dentro de uno mismo — yo ya había hecho esto — y después de eso, reconocer que uno no es el único obligado a esforzarse, luchar y sufrir. Este es el hecho más simple de todos y el más difícil de aceptar para el orgullo individual.

Una lectura detallada de este pasaje requiere que primero preste atención al año en que se publicó: 1942. ¿Qué hechos importantes sucedieron en Estados Unidos en ese tiempo? La nación se estaba recuperando de la Gran Depresión y acababa de entrar en le Segunda Guerra Mundial. Rawlings escribe sobre años anteriores a esto, pero es importante saber que estos hechos estaban sucediendo porque pueden moldear el punto de vista del autor.

En este fragmento, Rawlings habla sobre vivir la vida que uno quiere (aunque esto signifique sufrir dificultades) en lugar de tener más dinero pero ser menos feliz. Ella reconoce que la lucha que enfrentó no era única, todos experimentamos dificultades. Rawlings insinúa que quejarse sobre lo que a uno le toca en la vida es una pérdida de tiempo. Esto resume su punto de vista, que puede haber estado formado no solo por sus experiencias personales, sino por lo que estaba sucediendo en la sociedad en ese momento.

¿Cuál puede haber sido el objetivo de Rawlings para escribir *Cross Creek*? En base a su estilo y punto de vista, el lector puede concluir que ella quería dejar entrever a los lectores la vida en una comunidad sureña, con sus desafíos e imperfecciones. Al leer estas memorias, las personas pueden conectarse en cierto nivel con las luchas que Rawlings enfrentaba.

Práctica

Lea el pasaje y responda las preguntas que siguen a continuación.

Extraído de las memorias *Cross Creek* (1942), por Marjorie Kinnan Rawlings

Siempre es desconcertante cambiar completamente nuestra forma de vida. Por temperamento y herencia, yo estaba calificada para la granja y la vida de campo; sin embargo, asumir esa vida después de casi treinta años de vivir en la ciudad no era fácil. Había conocido la granja de Michigan de mi abuelo materno, pero cuando estuve allí era una niña invitada y la única tarea que tenía era recolectar huevos del pajar donde había un dulce aroma. Había conocido la granja de Maryland de mi padre, pero esa granja era su amor, su escape de la rutina gubernamental de Washington, y vivimos allí solo unos pocos veranos. Ahí no tenía ninguna obligación. Todo era deleite: las arboledas de acacias blancas florecientes; las tranquilas vacas en la pastura; el Arroyo de las Rocas que corría a diez millas del parque Washington, al pie de la colina de acacias blancas donde mi hermano y yo aprendimos a nadar y a pescar pequeñísimos peces casi imposibles de atrapar; largas caminatas con mi padre por los bosques donde esperaba construir un hogar algún día; paseos con él detrás del Viejo Dan en el carruaje, a la sede del condado de Rockville o para comprar mulas en lo de Frederick. Estas cosas las llevaba en la sangre, pero no me prepararon para administrar una granja en sí.

Cuando compré el naranjal de Florida con la herencia que representaba mi parte de la granja de Maryland, Madeline, la hermana de mi padre, me escribió con lamento. "Está en ti —me aseguró— esa gota fatal de sangre Pearce, clamando cambio y aventura, y por sobre todo, una granja. Nunca había conocido a un Pearce que no anhelara una granja en secreto. Mamá tenía una, el tío Pierman quedó en la ruina por una, está la experiencia trágica de tu padre. Yo tuve una, una vez". No veo motivos para negar un anhelo tan fundamental, sea este una perdición o no. Es más importante vivir la vida que uno desea y derrumbarse con ella de ser necesario, con satisfacción, que vivir de manera más provechosa pero menos alegre. Pero para lograr la satisfacción en ciertas circunstancias a veces adversas, se requiere primero hacer un ajuste dentro de uno mismo —yo ya había hecho esto— y después de eso, reconocer que uno no es el único obligado a esforzarse, luchar y sufrir. Este es el hecho más simple de todos y el más difícil de aceptar para el orgullo individual. Cuando recuerdo esos primeros tiempos difíciles en el Arroyo, cuando parecía que las tareas eran más de lo que podía soportar y que ganarse la vida con el naranjal era imposible, fue Martha quien corrió la cortina y me guió hasta la compañía de todos aquellos que habían amado el Arroyo y que habían sido atormentados por él.

1. La actitud de Madeline ante la decisión de la escritora de comprar la granja se podría describir como
   a. nostálgica por el pasado.
   b. entusiasmada pero preocupada.
   c. comprensiva pero aprensiva.
   d. indiferente.

2. ¿Cuál de las siguientes opciones sobre la decisión de la escritora de comprar la granja en Cross Creek está sugerida en el pasaje?
   a. Se arrepintió profundamente de su decisión debido a la cantidad de trabajo necesario para administrar la granja.
   b. Estaba lista para separarse de su familia dominante y vivir sola en la granja.
   c. Estaba entusiasmada por ser propietaria de la granja y apreciaba las experiencias que la preparaban para este emprendimiento.
   d. Deseaba profundamente llevar una vida rural y sabía que tenía que satisfacer este anhelo para ser verdaderamente feliz.

3. En la última oración, *el Arroyo* se refiere a
   a. una granja en Michigan.
   b. un naranjal en Florida.
   c. el Arroyo de las Rocas, a diez millas de Washington, DC.
   d. una granja en Maryland.

4. La frase *fue Martha quien corrió la cortina* es una metáfora que se podría interpretar como
   a. Martha abrió las cortinas de la casa de la autora para llenarla de luz.
   b. Martha le dio claridad a la autora al ofrecerle una perspectiva interna.
   c. Martha alivió un poco la carga de la autora en el Arroyo al abrir las cortinas y hacer otras tareas de la casa.
   d. Ninguna de las anteriores.

Revisión de comprensión lectora

Use el siguiente pasaje para responder las preguntas 5 y 6.

La FDA amplía el análisis de arsénico en el jugo de manzana

Algunos consumidores comprensiblemente se sorprenden al enterarse de que el arsénico está presente en el agua, el aire y la tierra y que, en consecuencia, se puede encontrar en ciertos alimentos y bebidas, incluso el jugo de manzana y los concentrados de jugo. El arsénico está presente en el ambiente como sustancia que se produce naturalmente y también como resultado de la contaminación por la actividad humana, tal como el uso que en el pasado se hacía de fertilizantes y pesticidas a base de arsénico, que aún pueden estar presentes en la tierra, explica el Dr. Donald Zink, asesor experto en ciencias del Centro para la Seguridad Alimentaria y Nutrición Aplicada de la Administración de Alimentos y Fármacos (FDA) de EE.UU. "Si bien la presencia en los alimentos de contaminantes del ambiente como el arsénico es inevitable —explica Zink— la meta es mantener en un mínimo los niveles de arsénico que las personas consumen a lo largo de sus vidas".

Allí es donde toman parte la FDA y la Agencia de Protección Ambiental (EPA) de EE.UU. Su labor es supervisar los alimentos y el ambiente y actuar cuando sea necesario para proteger al público de Estados Unidos. Desde hace más de 20 años, la FDA ha estado haciendo pruebas y supervisando los jugos de frutas, incluido el jugo de manzana, para controlar el contenido de arsénico, afirma Michael R. Taylor, inspector adjunto de alimentos de la FDA. "Podemos garantizar la seguridad general del jugo de manzanas que se consume en este país porque seguimos descubriendo que en promedio, el mismo contiene niveles bajos de arsénico".

De hecho, los análisis más recientes de la FDA realizados en 2010 y 2011 muestran en promedio alrededor de tres partes de arsénico por cada mil millones de partes de jugo de manzana. Esto es menos de las 10 partes por mil millones (ppmm) que la EPA estableció como nivel máximo permitido en el agua potable de la red pública.

"Los resultados de nuestros análisis realizados a lo largo de muchos años apoyan la seguridad general del jugo de manzana —afirma Taylor— pero vemos que un pequeño porcentaje de las muestras individuales analizadas contienen mayores niveles de arsénico. Queremos minimizar todo lo posible la exposición del público al arsénico en los alimentos". Por ese motivo, la FDA planea considerar toda la evidencia relevante y en base a este trabajo, puede establecer una guía u otro nivel máximo para reducir aún más el arsénico en el jugo de manzana y los productos de jugo.

Para ampliar la protección de la salud pública, la FDA también está realizando las siguientes acciones:

- Mejorar la vigilancia del arsénico en el jugo de manzana y los concentrados de jugo. En breve la agencia tendrá resultados para unas 90 muestras adicionales de jugo de manzana y concentrado de jugo y poco después tomará muestras de más tipos de jugos y concentrados.
- Continuar analizando muestras de jugo de manzana importado a Estados Unidos desde China. Los resultados más recientes incluyeron más de 70 muestras provenientes de China y el 95% de estas contenían menos del nivel de 10 ppmm que se usa para el agua potable.

■ Trabajar con la EPA para coordinar la revisión de la evaluación de riesgo que se está preparando y debatir otros pasos que las dos agencias pueden dar para reducir los niveles generales de arsénico en el ambiente y los alimentos.

En resumidas cuentas, la FDA está trabajando arduamente para garantizar la seguridad de los alimentos que las personas consumen y para lograrlo en base a la ciencia más exacta. Y lo mejor que las familias pueden hacer es consumir alimentos y bebidas variados y mantener una dieta equilibrada que cumpla con las Pautas Alimentarias para Estadounidenses.

5. ¿Qué es el *arsénico*?

   a. Es un conservante que se agrega al jugo de manzana y otros jugos de frutas para aumentar su período de vida útil.

   b. Es un elemento que se produce naturalmente y que puede ser peligroso para la salud si se consume demasiado.

   c. Es una vitamina que se encuentra en el jugo de manzana y otros jugos de fruta, que puede ser peligrosa para la salud si se consume en exceso.

   d. Es un endulzante artificial que se usa en bebidas para reducir los niveles de calorías.

6. En la siguiente oración, ¿qué significa *10 ppmm*? *Los resultados más recientes incluyeron más de 70 muestras desde China y 95 % de estas contenían menos del nivel de 10 ppmm que se usa para el agua potable.*

   a. 10 por ciento por milímetro

   b. 10 partes de pesticida en mil millones

   c. 10 partes por mil millones

   d. ninguna de las anteriores

Use el siguiente pasaje para responder las preguntas 7 y 8.

Extraído de *Army Letters from an Officer's Wife, 1871–1888*, de Frances M.A. Roe

Fort Lyon, Territorio de Colorado, octubre de 1871.

Después de meses de anticipación y agotadores días de viaje, ¡finalmente llegamos a nuestro hogar del ejército! Como sabes, Fort Lyon está a cincuenta millas de Kit Carson y recorrimos toda esa distancia en una diligencia de aspecto peculiar llamada "jerkey", que era un nombre adecuado, ya que a veces se balanceaba para todos lados de forma vertiginosa. El día fue glorioso y la atmósfera muy disipada, podíamos ver varias millas en todas las direcciones. Pero no había absolutamente nada que ver en las llanuras ondulantes: ni un árbol ni una casa, salvo la hacienda y empalizada precarias donde conseguimos caballos descansados y una cena incomible.

Estaba oscuro cuando llegamos al puesto, por lo tanto, no pudimos ver nada esa noche. El general y la Sra. Phillips nos dieron una cordial bienvenida, como si nos conocieran desde siempre. La cena se sirvió poco después de que llegáramos. El alegre comedor y la mesa con exquisita porcelana y brillantes cubiertos de plata fueron una gran sorpresa, mucho más hermoso que cualquier cosa que hubiéramos esperado encontrar y tan diferente de los lugares horribles que habíamos visto desde que llegamos a las llanuras. El general Phillips no es realmente un general, solo tuvo un ascenso nominal por servicio gallardo durante la guerra. Me desilusioné mucho cuando me contaron esto, pero Faye dice que teme que tarde o temprano tendré motivos para pensar que el grado de capitán es suficiente. Piensa de este modo porque, habiéndose graduado de West Point este año, por ahora solamente es alférez y el general Phillips es su capitán y el comandante de la compañía.

Parece que en el ejército, a los tenientes siempre se los llama "señor", pero al resto de los oficiales se los debe nombrar por su rango. Al menos eso es lo que me contaron. Pero en la compañía de Faye, al capitán se lo llama general y al teniente se lo llama comandante, y como esto es bastante confuso, a veces se me mezclan las cosas. Le pasaría a la mayoría de las chicas. Un soldado uniformado nos presentó sus respetos durante la cena, y eso me pareció muy extraño. Quería mirarlo todo el tiempo y eso me distrajo, supongo, ¡porque en un momento llamé al general Phillips "señor"! Y justo en ese instante no hubo ni un ruido en el sala, así que todos oyeron mi error. El general Phillips se incorporó en su silla y su pequeño hijo lanzó una risita a escondidas, por lo cual deberían haberlo enviado a dormir de inmediato. ¡Pero eso no fue todo! Ese soldado, que tenía un aspecto tan solemne y severo, se tapó la boca con la mano y salió rápidamente de la sala para poder reír a sus anchas. ¡Y cómo desee poder salir corriendo yo también! pero no para reírme, ¡ah, no!

Estos soldados no son tan amables como uno esperaría que fueran cuando se los ve vestidos con sus uniformes azules y botones de bronce pulido. Y pueden cometer errores también, ya que ayer, cuando le hice una pregunta a ese mismo hombre, me respondió: "Sí, señor". Yo sonreí, por supuesto, pero él no pareció tener el buen juicio suficiente como para entender por qué. Cuando le conté a Faye, se enfadó y me dijo que nunca debía reírme de un hombre enrolado, que hacer eso no era digno de la esposa de un oficial. Y yo le contesté que un oficial debería enseñarle a un hombre enrolado que no le haga risitas a su esposa y que no la llame "señor", que es una falta de respeto. Yo quería decir más cosas pero Faye se fue repentinamente de la sala.

(continúa)

Ayer por la mañana, inmediatamente después de montar la guardia, Faye se colocó el uniforme completo (hombreras, una hermosa faja color escarlata y la espada) y fue a la oficina del oficial a cargo para reportarse oficialmente. El oficial a cargo del puesto es teniente coronel del regimiento, pero él también es general por ascenso nominal, y por su forma de caminar uno puede notar que espera que esto esté siempre presente. Así que me parece que lo más seguro es llamar a todos general... parece que hay tantos aquí. Si cometo un error, al menos estaré del lado más seguro.

7. ¿Quién es Faye?
  a. la persona a la que Frances Roe le escribe
  b. la esposa del general
  c. el esposo de Frances Roe
  d. un soldado que Frances Roe conoce en Fort Lyon

8. En general, ¿cuál parece ser la actitud de Frances con respecto al protocolo del ejército?
  a. desinteresada y aburrida
  b. interesada pero furiosa
  c. devota y seria
  d. curiosa pero inquisitiva

Use el siguiente pasaje para responder las preguntas 9 y 10.

Extracto del cuento "Para encender un fuego" (1908), de Jack London

El día había amanecido frío y gris, demasiado frío y gris, cuando el hombre se apartó de la senda principal del Yukón y subió a la elevada costa de tierra, donde una senda vaga y poco transitada llevaba hacia el este, a través de las ricos bosques de abetos. Era una ladera empinada, se detuvo en la cima para recuperar el aliento y miró el reloj para disculparse ante sí mismo por el acto. Eran las nueve. No había sol ni rastros de él, aunque no se veía ni una nube en el cielo. Era un día claro y, sin embargo, parecía haber un velo intangible sobre la faz de todas las cosas, una sutil melancolía que hacía que el día fuese oscuro y que se debía a la ausencia de sol. Ese hecho no preocupó al hombre. Estaba acostumbrado a la falta de sol. Hacía días que no lo veía y sabía que pasarían varios más antes de que el alegre orbe, que viajaba hacia el sur, se asomara apenas sobre la línea del horizonte y desapareciera de la vista en el acto.

El hombre lanzó una mirada hacia atrás, al camino por donde había llegado. El Yukón se extendía en un kilómetro y medio de ancho, oculto bajo más de un metro de hielo. Encima de ese hielo había varios pies de nieve. Y todo era de un blanco puro, dibujado en suaves ondulaciones donde se habían formado los atascamientos de hielo del congelamiento. Al norte y al sur, hasta donde alcanzaba la vista, la blancura era ininterrumpida, excepto por una delgadísima línea negra que se curvaba y retorcía en torno a la isla cubierta de abetos, al sur, y que se curvaba y retorcía hacia el norte, donde desaparecía detrás de otra isla cubierta de abetos. Esa finísima línea negra era la senda (la senda principal) que llevaba al sur a lo largo de quinientas millas hasta el paso Chilcoot, Dyea y las aguas saladas; y que llevaba al norte a lo largo de setenta millas hasta Dawson, y más al norte aún, mil millas hasta Nulato, y por último hasta St. Michael, sobre el Mar de Bering, a mil quinientas millas más.

(continúa)

Pero todo eso (la misteriosa, prolongada y delgadísima senda, la falta de sol en el cielo, el tremendo frío y lo extraño y fantástico de todo aquello) no impresionaba para nada al hombre. No porque estuviese acostumbrado desde hacía tiempo. Era un recién llegado a la región, un *chechaquo*, y este era su primer invierno.

Su problema es que carecía de imaginación. Era veloz y despierto en las cosas de la vida, pero solo en las cosas, y no en los significados. Veinticinco grados bajo cero equivalían a algo más de cuarenta grados de helada. El hecho le impresionaba como algo frío e incómodo, y eso era todo. No lo llevaba a meditar acerca de su fragilidad como criatura de temperatura, ni en lo que respecta a la fragilidad del hombre en general, capaz de vivir solamente dentro de estrechos límites de calor y frío. Y desde allí, no lo conducía al campo conjetural de la inmortalidad y el lugar que el hombre ocupa en el universo. Veinticinco grados bajo cero representaban la mordedura de la helada que provocaba dolor y contra la cual era preciso protegerse usando mitones, orejeras, mocasines abrigados y calcetines gruesos. Veinticinco grados bajo cero eran para él solamente veinticinco grados bajo cero. Que hubiese algo más en ello era un pensamiento que jamás cruzó por su cabeza.

9. ¿Cuál de las siguientes oraciones expresa mejor el tema del pasaje?
   a. Una persona debe tener un entrenamiento riguroso para enfrentar los elementos hostiles de la naturaleza.
   b. Es extremadamente tonto viajar solo por un terreno desconocido.
   c. Una persona debe aprender a ver más allá de los hechos para comprender el significado de la vida.
   d. Con trabajo arduo y perseverancia, una persona puede triunfar ante cualquier adversidad.

10. ¿Qué palabras describen al hombre cuando aparece en el pasaje?
   a. inocente, valiente
   b. culto, frontal
   c. rebelde, observador
   d. religioso, joven

CONSEJO

A veces, la idea principal se sugiere pero no se expresa directamente. Recuerde preguntarse cuál es el tema y cuál es el pensamiento más importante sobre el tema. Esto lo ayudará a determinar la idea principal del texto.

Resumir

¿Alguna vez escribió un informe sobre un libro o un documento de investigación? En cualquiera de los casos, usted leyó información de un texto y luego volvió a expresar las ideas más importantes con sus propias palabras. Esto se conoce como **resumir**.

Poder resumir información es una forma de mostrar si comprendió bien lo que leyó porque requiere que se enfoque en los puntos principales y los explique. Piense en un documento de investigación que haya escrito. Es posible que haya leído varios artículos o libros sobre el tema. Sin embargo, su documento probablemente tenía unas pocas páginas. Esto se debe a que en su resumen solo incluyó partes clave de la información. Eligió la idea principal y los detalles de respaldo más importantes y los replanteó en el informe.

Piense en el párrafo que leímos sobre "Abe el Honesto". ¿Qué información del texto era la más importante? ¿Cómo podría volver a expresarlo con sus propias palabras?

Abraham Lincoln era conocido como "Abe el Honesto" por muchos motivos. Demostró honestidad en los inicios de su vida laboral, dio un ejemplo de honestidad como abogado al trabajar rodeado de colegas deshonestos y alentó a otros a que también practicaran la honestidad.

Este resumen contiene dos oraciones. El párrafo original sobre Lincoln era bastante más largo. Dado que un resumen se enfoca solamente en la información más importante, por lo general es mucho más breve que el texto original. De hecho, se puede resumir un libro entero en solo unas pocas oraciones o párrafos.

Lea el siguiente párrafo.

En medio del puerto de Nueva York se erige, con 305 pies de altura y 225 toneladas de peso, un símbolo de la libertad y la democracia: la Estatua de la Libertad. "Lady Liberty", como se la llama cariñosamente, fue un obsequio de amistad de Francia y fue inaugurada el 28 de octubre de 1886. Esta estructura, cuyo nombre oficial es "La Estatua de la Libertad Iluminando al Mundo", es fácilmente reconocible y contiene gran simbolismo. Por ejemplo, la antorcha en sí misma es un símbolo de la iluminación. La tabla de la ley que sostiene con la

mano izquierda contiene números romanos que representan la fecha de la independencia de EE. UU., el 4 de julio de 1776.

Finalmente, la corona ubicada en la cabeza de la estatua tiene siete rayos, uno por cada uno de los siete continentes.

La estatua está cubierta de cobre, con un grosor de dos peniques. El desgaste natural ha hecho que el cobre se torne de un color verde claro. Cuando se restauró la estatua para su 100.º aniversario, se reemplazó la antorcha y se la cubrió con una fina capa de oro de 24 quilates. Durante el día, el reflejo del sol ilumina la antorcha, por la noche, se la ilumina con 16 reflectores.

Para resumir el pasaje,

- determine la idea más importante.
- decida qué información se puede excluir.
- vuelva a expresar la información con sus propias palabras.

Ahora, resumamos el pasaje.

¿Cuál es la idea principal de todo el pasaje?

_____

¿Cuáles son dos detalles de respaldo importantes?

_____

_____

Escriba un resumen del pasaje usando sus propias palabras.

_____

_____

_____

Probablemente haya reconocido que la idea principal es una de las siguientes:

> *La Estatua de la Libertad es un símbolo importante.*

> *La Estatua de la Libertad es un monumento enorme que representa muchas cosas.*

Recuerde que no hay una única forma correcta de expresar la idea principal. Lo importante es que reconozca qué información es la más importante.

A continuación, descubra qué detalles de respaldo son clave. Sin dudas, el tamaño de la Estatua de la Libertad es interesante. Hasta podría ser la idea central de otro pasaje. Sin embargo, en este ejemplo estos hechos no son detalles de respaldo que se deban incluir en el resumen. Sucede lo mismo con la fecha de inauguración de la estatua y con el hecho de que el cobre se haya tornado verde durante el transcurso del último siglo y medio. Estas son ideas que se pueden excluir cuando resuma el pasaje.

Los detalles más importantes son los que tratan sobre el simbolismo asociado a la estatua. La información sobre el significado de la antorcha, la tabla y la corona se debería incluir en un resumen detallado.

CONSEJO

¡Recuerde! Un resumen debe utilizar sus propias palabras, no las palabras del autor. Vuelva a expresar con sus palabras las ideas que leyó y asegúrese de no copiar lo que está escrito en el texto.

Al igual que sucede con la idea principal, hay más de una forma correcta de resumir un pasaje. Su resumen puede ser similar al siguiente:

> *La Estatua de la Libertad fue un obsequio de Francia que simboliza varias ideas importantes para*

nuestro país. La antorcha representa la iluminación, la tabla identifica la fecha de la libertad de nuestro país y la corona apunta a los siete continentes del mundo.

¿Recuerda que aprendió que cada párrafo tiene su propia idea principal? Vea si puede encontrar la idea principal del segundo párrafo sobre "Lady Liberty". Si reconoció que la idea principal es el hecho de que la Estatua de la Libertad está recubierta con una delgada capa de cobre, ¡está en lo correcto! Los detalles de respaldo incluyen información sobre el grosor del cobre y el hecho de que ha cambiado de color debido al desgaste.

Recuerde que comprender el objetivo del autor es esencial para entender el texto en sí mismo. Si el objetivo del autor en el pasaje anterior fuera convencer a los lectores de que la Estatua de la Libertad necesita una restauración urgente, entonces los detalles de respaldo que el autor elegiría probablemente se enfocarían en el estado reciente de la estatua de forma negativa. El autor podría haber presentado evidencia de que la estructura representa un peligro para la seguridad debido a su antigüedad o que la cubierta de cobre oxidado es una aberración para quienes la visitan. No obstante, del modo en que está escrito, el pasaje apunta claramente a informar al lector.

Hechos y opiniones

Probablemente, cuando era más joven usted aprendió la diferencia que existe entre hechos y opiniones. Un **hecho** es una afirmación verdadera que se puede comprobar.

> *California se encuentra en la costa oeste de Estados Unidos.*

Esto es un hecho. Mire cualquier atlas, enciclopedia o libro de geografía y podrá verificar o comprobar que esta afirmación es verdadera.

Una **opinión** es una afirmación que refleja las ideas personales de alguien. No todo el mundo estará de acuerdo con una opinión.

Las playas de California son las más hermosas de todo el país.

Probablemente muchas personas estén de acuerdo con esta afirmación. No obstante, esta es la opinión personal del escritor. Si hablara con personas que se encuentran disfrutando de las playas de Hawaii, Carolina del Norte o Florida, probablemente descubra que al menos algunas de ellas están en desacuerdo.

CONSEJO

Palabras como *hermoso*, *mejor*, *peor*, *debería*, *terrible* y *maravilloso* a menudo indican una opinión. Busque pistas que lo ayuden a determinar que una afirmación comparte los sentimientos o creencias del autor.

Los escritores a menudo utilizan una combinación de hechos y opiniones para expresar sus ideas. Poder distinguir entre estas afirmaciones puede ayudarlo a comprender la totalidad del pasaje. Los lectores ávidos pueden interpretar la información de un pasaje y formar sus propias opiniones.

Cayeron cuatro pulgadas de nieve durante la noche.

¿Esto se puede comprobar? Sin dudas. Se puede utilizar un medidor o un informe del tiempo para verificar cuánta nieve cayó. Puesto que esta afirmación se puede comprobar, es un hecho.

Este invierno tuvimos demasiada nieve.

¿Esto se puede comprobar? Podríamos comprobar que cayó nieve, ¿pero cuánta nieve es demasiada? No todos estarían de acuerdo en que ha habido demasiada nieve. De hecho, hay personas que pueden pensar que no ha habido suficiente. Esta afirmación indica cómo se siente alguien con respecto a la nieve, así que es una opinión.

Tanto los hechos como las opiniones son útiles. No solamente ayudan a los escritores a expresar sus opiniones, sino que también pueden ser útiles para los lectores.

Suponga que quiere comprar boletos para una obra y está intentando decidir a qué obra asistir. Debería conocer hechos como dónde se presenta la obra, el horario y fecha de las funciones y el costo de los boletos. Estos hechos son útiles para ayudarlo a decidir. Pero probablemente también desee conocer algunas opiniones. Podría leer reseñas o hablar con amigos para saber qué teatros ofrecen los mejores asientos, qué actores y actrices son mejores y si una obra es absolutamente aburrida o no.

El objetivo del autor para escribir un texto puede afectar el hecho de que se incluyan principalmente hechos, opiniones o una combinación de ambos:

- Si el objetivo del autor es informar, es posible que el texto contenga principalmente hechos.
- Si el objetivo del autor es entretener, se incluirá una combinación de hechos y opiniones.
- Si el objetivo del autor es persuadir, sin lugar a dudas, usted puede esperar encontrar opiniones. No obstante, también se pueden incluir los hechos que apoyan o promueven la opinión del autor.

CONSEJO

Al leer pasajes de hechos reales, busque hechos que den información sobre el tema. Si se incluyen opiniones, asegúrese de reconocerlas por lo que son: sentimientos personales del escritor, no información que se pueda verificar.

Mientras lee el párrafo siguiente, determine cuáles afirmaciones son hechos y cuáles son opiniones. Pregúntese:

1. ¿Esta afirmación se puede comprobar o verificar?
2. ¿Alguien estaría de acuerdo con esta afirmación?

El club de teatro de la Escuela Media Meadowbrook realizó una presentación de Los duendes y el zapatero *este mes. Los estudiantes actuaron ante un público con localidades agotadas en las tres funciones. Lo más memorable de la velada fue el baile de los duendes durante el segundo acto. Hasta la directora de la escuela lloró de risa. Fue la primera presentación en vivo que realizaron los estudiantes este año, aunque al final de la velada se anunciaron planes para un musical de primavera. ¡Sin dudas será un gran éxito!*

Antes de la función y durante los entreactos se tocaron un conjunto de instrumentos de viento de la banda de la escuela. Todos disfrutaron del impresionante grupo de jóvenes músicos. El asombroso talento presente en la escuela fue evidente en todos los participantes, desde los actores y actrices, hasta los tramoyistas y el equipo técnico. En las ventas de boletos para las funciones se recaudaron casi $900 para el departamento de bellas artes de la escuela.

¿Pudo determinar cuáles afirmaciones de la reseña de la obra eran hechos y cuáles eran opiniones?

Hechos del pasaje:

- El club de teatro de la Escuela Media Meadowbrook realizó una presentación de *Los duendes y el zapatero* este mes.
- Los estudiantes actuaron ante un público con localidades agotadas en las tres funciones.
- Hasta la directora de la escuela lloró de risa.
- Fue la primera presentación en vivo que realizaron los estudiantes este año, aunque al final de la velada se anunciaron planes para un musical de primavera.
- Antes de la función y durante los entreactos se tocaron un conjunto de instrumentos de viento de la banda de la escuela.
- En las ventas de boletos para las funciones se recaudaron casi $900 para el departamento de bellas artes de la escuela.

Cada una de estas afirmaciones podría ser comprobada al revisar el calendario de la escuela, ver el programa de actuaciones o consultar al contador del departamento de bellas artes. Hasta se podría verificar la afirmación sobre la directora de la escuela mediante una fotografía o video. Ella podría incluso admitirlo.

Opiniones del pasaje:

- Lo más memorable de la velada fue el baile de los duendes durante el segundo acto.
- ¡Sin dudas será un gran éxito!
- Todos disfrutaron del impresionante grupo de jóvenes músicos.
- El asombroso talento presente en la escuela fue evidente en todos los participantes, desde los actores y actrices, hasta los tramoyistas y el equipo técnico

Todas estas son opiniones porque podría haber personas que no estuvieran de acuerdo con el autor. Por ejemplo, algunas personas del público podrían haber pensado que lo más memorable de la velada fue cuando tocaron los músicos, no cuando bailaron los duendes. Además, *asombroso* e *impresionante* son palabras que habitualmente indican una opinión.

Estructura organizativa

Cuando usted escribe, independientemente de si el texto es un cuento, una carta o un documento de investigación, es probable que dedique tiempo a planificar el orden en que presentará sus ideas. No tendría sentido escribir aleatoriamente sus pensamientos sin seguir un patrón u orden lógico. Antes de escribir, usted seguramente organiza ideas similares o cuenta acciones y acontecimientos en el orden en que sucedieron. Si no utilizara algún tipo de organización, no solo tendría problemas para transmitir sus pensamientos de forma precisa, sino que sus lectores se confundirían terriblemente.

Los escritores quieren que sus textos tengan sentido. El objetivo de escribir es compartir información e ideas con un público, y los escritores piensan cuidadosamente cómo organizar la información del mejor modo para que los lectores puedan seguir sus pensamientos y comprender plenamente el pasaje. La **estructura organizativa** de un pasaje es la forma en que el escritor organiza sus ideas.

Entre los tipos comunes de estructuras organizativas que los escritores pueden elegir se incluyen: *secuencia, causa y efecto, comparación y contraste, problema y solución, clasificación* y *descripción*.

Comprender cómo se presenta esta información puede ayudar al lector a

- organizar y comprender el pasaje.
- anticipar qué ideas se pueden presentar a continuación.
- pensar qué información buscar.
- hacer predicciones.
- conectar ideas de diferentes partes del texto.

Para reconocer qué estructura organizativa utilizó un autor, piense qué es lo que quiere que el lector sepa. Si un autor quiere asegurarse de que el lector comprenda el orden en que ocurrieron ciertos acontecimientos, es probable que utilice una secuencia. Si quiere que el lector sepa qué condujo a un determinado acontecimiento, es probable que se halle una estructura de causa y efecto. Reconocer y comprender cada tipo de estructura organizativa puede marcar una gran diferencia en cómo comprende el material.

Ahora hablemos sobre cada tipo de estructura organizativa un poco más en detalle.

Secuencia

La **secuencia** de acontecimientos es el orden en que se presentan los acontecimientos en un pasaje. Cuando el lector puede reconocer que un texto utiliza una estructura organizativa secuencial, sabe que los detalles, las ideas y los acontecimientos se presentarán en un orden específico. A menudo, la secuencia que se utiliza es el orden cronológico o el orden de importancia.

Orden cronológico significa que las ideas y los acontecimientos se presentan siguiendo la línea de tiempo en el orden en que realmente ocurrieron. Con frecuencia, el orden cronológico está indicado por palabras y frases como las siguientes:

- primero
- segundo
- después
- luego
- último
- antes
- a continuación
- siguiente
- para cuando
- tan pronto como

Los escritores suelen utilizar un orden cronológico cuando el orden correcto es importante. Por ejemplo, generalmente los libros de historia se escriben en orden cronológico, comenzando por los acontecimientos iniciales y llegando a los más recientes. El orden correcto también es importante cuando se espera que el lector siga pasos en una determinada secuencia, como indicaciones, artículos sobre cómo hacer algo y recetas.

Podría haber sucedido cualquier día, pero justo esta mañana el despertador no sonó. En cuanto abrí los ojos y vi la luz, supe que tendría que correr para llegar al autobús a tiempo. Lo primero que hice fue meterme en la ducha, lavarme el cabello rápidamente y salir de inmediato. Luego siguió la carrera hacia el placard. Camisa abotonada, jeans puestos, zapatos atados y a lanzarme por las escaleras. Cuando llegué a la cocina, mamá tenía mi tostada con mantequilla de maní envuelta en una servilleta y lista para llevar. Salí disparado por la puerta y, antes de que pudiera cerrarla, el autobús se detuvo en la acera. ¡Sí! ¡Lo logré!

Las palabras de transición del párrafo ayudan al lector a saber exactamente en qué momento sucedió cada acción. En los renglones que aparecen a continuación, incluya los acontecimientos del párrafo en el orden correcto.

_____

_____

_____

_____

Probablemente se haya dado cuenta de que los acontecimientos ocurrieron en este orden:

1. El despertador no sonó.
2. El protagonista abrió los ojos.
3. El protagonista tomó una ducha.
4. El protagonista se vistió.
5. La madre envolvió una tostada en una servilleta.
6. El protagonista salió por la puerta.
7. El autobús se detuvo en la acera.
8. La puerta se cerró.

Otra secuencia que los escritores pueden usar para organizar su redacción es el **orden de importancia**. Pueden elegir contar primero la idea más importante, seguida por ideas que tienen menor importancia. Esta es una buena forma de captar la atención de los lectores al comenzar con el punto más fuerte.

¿Sabía que los artículos de los periódicos habitualmente se organizan en orden de importancia? La información más importante por lo general se incluye al principio del artículo, seguida de información menos importante. El motivo de esto es que algunos lectores no se toman el tiempo para terminar de leer todo el artículo. Esta estructura organizativa asegura que esos lectores no se pierdan las ideas más importantes.

De manera inversa, los escritores pueden comenzar por contar la idea menos importante, luego hacer una lista de ideas y acontecimientos en orden creciente de importancia y contar la idea más importante al final. Esto hace que el punto más importante sea más reciente en la mente del lector.

¡Los Tri-City Tigers ganaron el campeonato de fútbol del distrito en viernes a la noche! El resultado final de este partido repleto de emoción fue 5-2. Jackson Greenwood anotó tres goles para los Tigers. El entrenador Abbott permitió que todos los miembros del equipo pudieran jugar en algún momento. ¡Realmente fue una victoria para todos!

El hecho de que los Tigers hayan ganado el campeonato es la idea más importante del párrafo, así que se indica al comienzo. El resultado final es la segunda información más importante, así que se indica a continuación. Que Jackson haya hecho dos goles es lo siguiente más importante, seguido del hecho de que todos los jugadores tuvieron participación en la victoria.

Si el escritor hubiera elegido contar los acontecimientos en orden ascendente de importancia, el párrafo podría haberse organizado como se muestra aquí:

Todos los miembros del equipo de fútbol Tigers tuvieron la oportunidad de jugar en el partido del viernes por la noche, gracias al entrenador Abbott. Jackson Greenwood hizo tres goles para su equipo. El resultado final de este partido repleto de emoción fue 5-2 y le dio a los Tri-City Tigers el título de campeones del distrito.

Causa y efecto

Como usted sabe, una *causa* es algo que provoca que algo más suceda. Un *efecto* es lo que sucede como resultado de una causa. Por ejemplo, si se acuesta tarde, estará cansado por la mañana. Acostarse tarde es la causa, estar cansado por la mañana es el efecto.

En ocasiones, hay una relación de causa y efecto entre los acontecimientos de un pasaje. Los autores pueden elegir utilizar una estructura organizativa de **causa y efecto** en el texto, que se enfoque en tales relaciones. Reconocer una estructura de causa y efecto le permite al lector saber que debería buscar cosas que sean el resultado de un determinado acontecimiento. También ayuda al lector a comprender cómo se relacionan entre sí los acontecimientos del pasaje.

Darnell estudió todas las noches durante una semana, así que obtuvo una A en su examen de ciencias.

¿Cómo se relacionan estos acontecimientos? ¿Una cosa sucedió como resultado de otra? Sí. Estudiar todas las noches *causó* que a Darnell le fuera bien en el examen. Obtuvo una A *porque* estudió mucho. Entonces, estudiar todas las noches es la causa, obtener una A en el examen es el efecto.

A menudo, los escritores incluyen pistas (palabras que señalan una relación de causa y efecto). Aquí se incluyen ejemplos de tales palabras:

- porque
- entonces
- como resultado
- así que
- dedo que
- por lo tanto
- puesto
- cuando
- si

Ella preparó tostadas francesas para el desayuno porque era el aniversario de sus padres.

En esta oración, la palabra clave *porque* indica una relación de causa y efecto. En la oración sobre Darnell, la palabra clave *así que* señala la relación.

Observe que tanto la causa como el efecto pueden aparecer primero. En el ejemplo de Darnell, primero aparece la causa. En el ejemplo de Ella, primero aparece el efecto. Para determinar cuál acontecimiento es la causa y cuál el efecto, pregúntese qué acontecimiento es resultado del otro.

Ahora es su turno. Lea el siguiente párrafo. Mientras lee, busque relaciones de causa y efecto.

Durante el trimestre pasado, nuestra empresa tuvo un número récord de ventas. En consecuencia, también tuvimos un aumento significativo de las ganancias. Por lo tanto, en las próximas semanas podremos contratar más empleados en varios departamentos para que se ocupen de una parte de la carga de trabajo. Los empleados actuales también recibirán una bonificación en su próximo sueldo como reconocimiento por su contribución al éxito continuo de nuestra empresa.

¿Qué conjunciones se incluyen para ofrecer pistas sobre las relaciones de causa y efecto?

_____

En consecuencia y *por lo tanto* se utilizan para destacar dos de las relaciones. No obstante, probablemente haya observado que hay más de dos relaciones. No siempre se utilizan conjunciones. Asegúrese de leer atentamente y pensar cómo se relacionan los acontecimientos de un pasaje, incluya conjunciones o no.

¿Reconoció todas las relaciones de causa y efecto que aparecen en este párrafo?

La *causa*:

- un número récord de ventas para la empresa

Los *efectos*:

- un aumento significativo de las ganancias
- la contratación de más empleados
- una bonificación para los empleados actuales

Observe que una causa única tiene más de un efecto. También puede suceder lo contrario: un efecto único puede ser el resultado de varias causas.

Comparación y contraste

Al *comparar*, indicamos cómo dos o más cosas son parecidas. Al *contrastar*, indicamos cómo dos o más cosas son diferentes. Los escritores usan con frecuencia una estructura organizativa de **comparación y contraste** para explicar ideas, acontecimientos, personas y objetos al describir las formas en que son similares o diferentes. Cuando el lector reconoce una estructura de comparación y contraste en un pasaje, busca similitudes y diferencias entre los temas.

Las conjunciones habitualmente alertan al lector que las cosas son similares o diferentes de algún modo.

Similitudes	Diferencias
- también	- pero
- como	- aunque
- tanto	- solo
- igual	- difiere
- similar	- a diferencia de
- asimismo	- en vez de
- al igual que	- a pesar de
- al mismo tiempo	- no obstante
- del mismo modo	- diferente
- de la misma manera	- menos que
	- mejor que
	- sin embargo
	- por el contrario

Al comparar y contrastar, el escritor puede ayudar al lector a entender con claridad sus ideas.

Las chinchillas son animales pequeños, un poco más grandes y redondos que las ardillas. Generalmente, ambos animales son grises o marrones. A menudo, la chinchilla tiene una cola tupida similar a la de una ardilla, pero sus orejas son más redondas, como las de un ratón.

Las comparaciones y contrastes que aparecen en este párrafo ayudan a describir las chinchillas de un modo que da al lector una imagen clara de estos animales.

¿Qué conjunciones observó en el párrafo?

_____

Probablemente haya reconocido que *un poco más grandes y redondos que, ambos, similar a, pero* y *como* señalan similitudes y diferencias entre los diversos animales.

Hay dos tipos de estructuras organizativas de comparación y contraste que son usadas con frecuencia por los escritores. Las **comparaciones de todo con todo** abordan completamente la primera idea, acontecimiento o elemento y luego abordan completamente el segundo. Por ejemplo, si un escritor estuviera comparando y contrastando deportes, podría explicar por completo el baseball y luego describir por completo el fútbol.

Las comparaciones de parte con parte hablan sobre un determinado aspecto de cada tema, luego hablan sobre otro aspecto, y así sucesivamente. Por ejemplo, un escritor puede hablar sobre el número de jugadores de los equipos de baseball y fútbol, luego hablar sobre cómo se anotan los puntos en cada juego y luego hablar sobre sus reglas.

Problema y solución

Si un autor elige utilizar una estructura organizativa de **problema y solución**, se trata un problema y luego se debaten una o más soluciones para el mismo. Cuando el lector reconoce esta estructura, sabe que a medida que lee, debería buscar posibles formas de resolver el problema.

La construcción del nuevo auditorio en la Escuela Media Forest Lakes está programada para principios de abril, lo que interferirá con el Carnaval de Primavera que está planificado en la escuela porque el equipo de construcción ocupará gran parte del área que normalmente se utiliza para el evento. El comité del carnaval cree que sería posible reprogramar la celebración para mediados de marzo, antes de comenzar con el proyecto de construcción. Si esto no es posible, el comité puede considerar trasladar algunas de las actividades para que se realicen bajo techo, lo que reduciría la necesidad de espacio al aire libre. También se sugirió que se utilice un lugar alternativo para el evento, como la cancha de Ligas Menores, que se encuentra en las proximidades.

¿Qué problema es el tema del párrafo?

_____

El problema es que posiblemente no haya espacio suficiente para el carnaval de la escuela después de que se comience con la construcción del nuevo auditorio.

¿Qué soluciones se sugieren?

_____

_____

_____

Se sugieren tres soluciones posibles: cambiar la fecha del carnaval, trasladar algunas de las actividades para que se realicen bajo techo y cambiar el lugar del evento. En un pasaje más largo, quizá el problema se hubiera presentado en un párrafo y cada solución se hubiera tratado en párrafos separados.

Clasificación

A veces, los escritores dividen la información sobre un tema en secciones más pequeñas que se enfocan en un grupo de ideas u objetos relacionados. Esta estructura organizativa se llama **clasificación** y los escritores la utilizan para organizar ideas e información en categorías. Cada categoría contiene ideas que son similares de algún modo.

Los lectores pueden reconocer que se utilizó la clasificación si el pasaje habla sobre diferentes tipos de cosas, como por ejemplo, diferentes tipos de animales, diferentes tipos de transporte o diferentes tipos de deportes. Esta estructura le permite a los lectores saber que las ideas de cada sección estarán relacionadas de alguna forma.

CONSEJO

A veces, los encabezados de sección serán una pista de que la estructura organizativa es de clasificación. Por ejemplo, un pasaje sobre animales puede incluir encabezados de sección como *mamíferos*, *reptiles*, *aves*, *anfibios* y *peces*.

Estimados amigos:

¡Nos alegra saber que están planificando un viaje a nuestro centro turístico! Seguramente encontrarán el paquete de vacaciones que mejor se adapte a sus necesidades. Los paquetes de vacaciones se agrupan en tres categorías. Puede realizar su elección en cualquier momento previo a su llegada.

Los paquetes de "solo habitación" incluyen su habitación del hotel y acceso a las tres piscinas del centro. También puede disfrutar de los equipos de ejercicios del gimnasio sin cargos adicionales.

Los paquetes de alojamiento y desayuno incluyen su habitación del hotel y también acceso a las piscinas y el gimnasio. También está incluido el desayuno en cualquier restaurante del centro turístico o puede optar por pedir su desayuno de nuestro menú de servicio a la habitación.

Los paquetes con todo incluido ofrecen todo lo anterior y además almuerzo y cena de cualquiera de los restaurantes del centro o del servicio a la habitación. Todos los huéspedes pueden disfrutar de tres comidas y dos aperitivos por día, todo incluido en el precio del paquete.

Esperamos con ansias su estadía y con gusto responderemos sus preguntas. Si necesita ayuda, no dude en contactarnos.

Atentamente,

Gerente del Centro Turístico

Este pasaje utiliza una estructura organizativa de clasificación. ¿Cuál es el tema de la carta?

_____

¿Cuáles son las categorías en las que se divide la información?

_____

Probablemente haya reconocido que el tema son los paquetes de vacaciones del centro turístico y las categorías en las que se dividen los paquetes incluyen opciones de *solo habitación*, *alojamiento y desayuno* y *todo incluido*.

Descripción

Cuando un autor elige una **descripción** como patrón organizativo para un pasaje, elige el tema y luego trata los atributos y características que lo describen. Cuando el lector reconoce este patrón organizativo, sabe cómo anticipar la búsqueda de detalles, atributos, ejemplos y características que ayudarán a explicar el tema.

Durante más de 200 años, la Casa Blanca ha sido el hogar de los presidentes de Estados Unidos y, sin dudas, es la residencia más reconocida del país. Una vista del frente revela una estructura de dos pisos con hileras de ventanas rectangulares, columnas en el centro del edificio y la bandera de nuestra nación flameando sobre el techo. En su interior, la casa tiene seis pisos que incluyen 132 salas, 35 baños y 28 chimeneas. Para recreación, la Familia Presidencial puede disfrutar de una cancha de tenis, una pista para correr, una piscina, un cine y una pista de bolos, todo sin dejar la comodidad de su famoso hogar.

En este párrafo, el tema se presentó en la primera oración. Las siguientes oraciones describen el aspecto de la Casa Blanca desde el exterior, la estructura interna y las características recreativas del edificio. Cada uno de estos detalles ayudan a que el lector se haga una imagen clara del tema.

Deducciones

A veces, el escritor es directo y establece expresamente todo lo que quiere que el lector sepa. Otras veces, el escritor hará sugerencias sobre una persona, lugar, acontecimiento u objeto sin expresar directamente la información. Para comprender la totalidad del pasaje, el lector deberá leer entre líneas y construir el significado de la información que figura en el texto. Una **deducción** es una conjetura bien fundamentada que se basa en pistas que figuran en el pasaje.

Para realizar una deducción, tenga en cuenta

- las pistas y los indicios que figuran en el pasaje.
- su propio conocimiento previo.
- las observaciones.
- los detalles que aparecen en el texto.

Realizar deducciones es similar a sacar conclusiones.

Cuando los lectores realizan deducciones, reconocen ideas que están implícitas.

Elliot le mostró a su hermanito la escuela y se aseguró de que pudiera encontrar su casillero, las aulas y, sobre todo, la cafetería.

¿Qué información está implícita en esta oración? En base a lo que leyó, lo que ya sabemos y lo que tiene sentido lógico, podemos deducir varias cosas.

El hermano de Elliot no conoce la escuela.

El hermano de Elliot es un alumno nuevo.

Elliot ya asiste a la escuela.

Estas ideas no estaban expresadas directamente. No obstante, si leemos entre líneas, podemos deducir que probablemente son ciertas.

CONSEJO

Tenga en cuenta que las deducciones no son adivinanzas aleatorias. Se basan en información que se le proporcionó, así como en lo que usted ya sabe. Las deducciones son conclusiones *lógicas*.

A veces usted tendrá que realizar deducciones para determinar diferentes cosas sobre un pasaje, como idea principal, objetivo, tono o punto de vista. Para deducir esa información, tendrá que prestar atención a los detalles que aparecen en el texto.

Para comprender el texto por completo, el lector quizá deba realizar **múltiples deducciones** al considerar información proveniente de diferentes partes del texto. Esto requiere que el lector piense acerca del propósito de la lectura, que evalúe la importancia de las ideas y los detalles y que luego decida qué información es clave para comprender lo que el autor quiere que sepa sobre el pasaje.

Por ejemplo, suponga que está leyendo un pasaje que describe cómo construir una pajarera. En base al propósito del texto, usted sabe que es fundamental descubrir los pasos necesarios para completar el proyecto. Si se encontrara con información que describe por qué las aves migran en el invierno, categorizaría estos hechos como poco importantes para el propósito de este pasaje en particular. Si se encontrara con información que le indicara primero medir un trozo de madera, sabría que este detalle es fundamental para comprender el texto.

ESTÍMULO

¿Sabía que alrededor del 71% de las personas que toman el examen GED® ya hicieron al menos hasta 10.° grado? ¡De hecho, uno de cada diez estudiantes universitarios de primer año obtuvo su credencial del examen GED® antes de llegar al campus!

Quizá los lectores también deban considerar información proveniente de diferentes partes del texto para realizar predicciones sólidas. Piense en cada dato como una pieza de un rompecabezas. Cuantas más piezas tenga, mejor equipado estará para predecir cómo se verá el rompecabezas terminado. Considere cada dato en relación a lo que ya leyó. Luego, utilice esta combinación de ideas para deducir lo que posiblemente suceda a continuación en el texto.

Considerar toda la información de un pasaje también puede ayudar a realizar deducciones sobre el autor. Lo que el autor dice, así como también lo que no dice, puede ayudar al lector a reconocer sus actitudes, creencias, inclinaciones, prejuicios y opiniones sobre el tema.

En el festival Winter Wonderland Formal de la escuela tocaron cuatro bandas, Sticks and Stones, la mejor banda de hip-hop, fue la primera en hacer sacudir al público. Prácticamente todos los estudiantes estuvieron en la pista de baile todo el tiempo que la banda tocó. Sin dudas, los acordes de su éxito "Keep Movin" permanecieron en la mente de todos durante días. Después de su actuación, también tocaron las bandas Golden Child, Harvey's Dudes y Stumped.

¿Qué deducción se puede realizar sobre el pasaje?

- **a.** El autor es el baterista de una banda de hip-hop.
- **b.** Sticks and Stones fue el grupo musical favorito del público.
- **c.** Casi todos los estudiantes asistieron a Winter Wonderland Formal.
- **d.** El autor cree que Sticks and Stones fue la mejor banda en la pista de baile.

La opinión del autor sobre las bandas es evidente. Probablemente, usted pueda leer entre líneas y deducir que el autor disfrutó mucho de la interpretación de Sticks and Stones. Piense en todas las palabras y los detalles que incluye al hablar de la banda. Luego, piense en lo que *no* dice. Menciona rápidamente las otras bandas, sin dar ninguna información sobre estas o sus actuaciones. La opción **d** es la mejor respuesta.

Significado connotativo

Los autores utilizan palabras de ciertas formas que los ayudan a describir personajes o eventos y crear un tono particular.

El significado **connotativo** de una palabra es el significado que sugiere, a diferencia de la definición literal o exacta. Por ejemplo, si está enojado con alguien y se refiere a él/ella como "rata", usted está sugiriendo que la persona es mala o deshonrosa, no que verdaderamente sea un roedor.

Los escritores utilizan lenguaje **figurado** para crear imágenes con palabras y expresar ideas en formas creativas. Los recursos figurados incluyen metáforas y símiles.

Realizar comparaciones entre pasajes

Varias preguntas del examen de Razonamiento a través de las artes del lenguaje de GED® implicarán comparar dos pasajes que tengan ideas relacionadas. Por ejemplo, el texto de la Proclamación de Emancipación de Lincoln podría estar precedido por un extracto de un discurso del Presidente de la Confederación, Jefferson Davis, sobre la esclavitud. En este caso, los dos pasajes proporcionan puntos de vista opuestos sobre un tema único. En otros casos, los pasajes pueden abordar la misma idea o tema pero presentar diferencias de estilo, tono u objetivo. En cualquier caso, las preguntas más importantes que se deben hacer al comparar dos pasajes son:

¿De qué modo los dos pasajes son similares?

¿De qué modo los dos pasajes son diferentes?

Cuando dos pasajes están colocados en par, a menudo encontrará una pregunta sobre la idea o tema principal que ambos tienen en común. Poder identificar las formas en que los dos pasajes son similares lo ayudará a determinar si comparten una única idea o tema. Cuando dos pasajes se colocan juntos en el examen GED®, puede estar seguro que están relacionados de alguna forma. De usted depende descubrir exactamente cómo se relacionan.

Al comparar los pasajes, recuerde observar el contenido y la forma de ambos. Dos pasajes con formas radicalmente diferentes, como un correo electrónico y un artículo de noticias, en realidad podrían contener la misma idea principal pero diferir en cuanto a su estructura, estilo, tono o público previsto. En contraste, dos pasajes extraídos de ensayos persuasivos, podrían tener la misma forma, estilo y público previsto pero presentar argumentos y pruebas opuestos sobre un tema.

Para el elemento de respuesta extendida del examen de Razonamiento a través de las artes del lenguaje de GED®, es posible que se le pida que escriba un ensayo corto que compare dos pasajes con ideas relacionadas. Al escribir, es muy importante mencionar los detalles específicos que respaldan la idea principal de cada pasaje. Quizá hasta pueda citar pequeñas partes del texto de cada pasaje para fundamentar su análisis. Tenga cuidado y evite realizar comparaciones entre elementos que no son importantes para la idea o el tema principal. Por ejemplo, dos pasajes pueden estar escritos en estilo informal, pero a menos que ese estilo sea importante para comprender el objetivo del autor, no se debería exponer como punto clave en su respuesta.

Prueba

Ahora que ya tuvo la oportunidad de revisar algunas de las habilidades necesarias para comprender los textos sobre hechos reales, lea cada uno de los siguientes pasajes y elija la mejor respuesta para cada pregunta.

Instrucciones: Elija la *mejor respuesta* para cada pregunta.

Las preguntas 11 a 15 hacen referencia al siguiente pasaje.

¿Qué incluye una dieta saludable?

La mayoría de las personas reconocen la importancia de llevar un estilo de vida saludable. En parte, esto incluye mantener una dieta equilibrada. Las personas necesitan consumir a

(5) diario alimentos de cada uno de los grupos nutricionales para asegurarse de obtener los beneficios que ofrece cada tipo de alimento.

Se recomienda consumir entre 6 y 11 porciones de alimentos pertenecientes al grupo

(10) de cereales. Este grupo incluye: pan, arroz, pasta y cereales. Los que están hechos con granos integrales son los que aportan más beneficios. Consumir una tostada de pan integral en el desayuno, un sándwich con pan pita de salvado

(15) en el almuerzo y pasta integral en la cena son formas de asegurarnos de incorporar suficientes alimentos de este tipo en nuestra dieta.

Todos conocemos los beneficios de consumir abundantes frutas y verduras, pero

(20) ¿realmente consumimos la cantidad necesaria a diario? Se recomienda el consumo diario de tres a cinco porciones de vegetales y tres a cuatro porciones de frutas. Esto puede parecer mucho pero hacerse un batido de fruta para comenzar

(25) el día, consumir verduras con salsas como merienda y agregar unas bayas frescas a una copa de yogur como postre son algunas formas de ser creativos con las colaciones.

Consumir suficientes proteínas no significa

(30) comer dos o tres hamburguesas por día. ¿Sabía que los frijoles, huevos y frutos secos también se consideran proteínas? Por supuesto que una hamburguesa, pescado, pollo o un bife serían excelentes para almorzar o cenar, pero incluir

(35) huevos para el desayuno o un puñado de almendras por la tarde pueden reducir la cantidad de carne de su dieta y aun así garantizar el consumo de las proteínas que su cuerpo necesita.

(40) Todos conocemos la importancia de los lácteos para tener dientes y huesos fuertes. Pero no crea que tiene que ahogarse con leche descremada para obtener dos o tres porciones diarias. ¿Recuerda que hablamos de un postre de

(45) yogur con frutas? Esa es una forma deliciosa de consumir una porción completa de lácteos. ¿Y qué tal un sándwich de queso grillado con pan de trigo para el almuerzo? El queso es otra forma de incorporar lácteos en su dieta.

(50) Consumir una cantidad equilibrada de alimentos de cada grupo es esencial para mantenerse sano y sentirse espléndido. Recuerde mezclarlos. Pruebe cosas nuevas y asegúrese de consumir las porciones que necesita cada día.

11. ¿Qué afirmación del pasaje es una opinión?
   a. La mayoría de las personas reconocen la importancia de llevar un estilo de vida saludable.
   b. Los que están hechos con granos integrales son los que aportan más beneficios.
   c. Esa es una forma deliciosa de consumir una porción completa de lácteos.
   d. El queso es otra forma de incorporar lácteos en su dieta.

12. ¿Qué estructura organizativa se utiliza en el pasaje?
   a. Secuencia
   b. Clasificación
   c. Causa y efecto
   d. Problema y solución

13. ¿Cuál es la idea principal del pasaje?
   a. Necesitamos incluir muchos lácteos en nuestra dieta.
   b. La mayoría de los alimentos se pueden agrupar en cinco tipos básicos.
   c. Una dieta equilibrada es parte importante de llevar un estilo de vida saludable.
   d. Hay formas creativas de asegurarnos de comer los nutrientes correctos.

14. ¿Qué detalle respalda la idea principal del tercer párrafo?
   a. Un batido de frutas puede ayudarnos a consumir suficientes porciones de fruta.
   b. Una caja de colaciones de fruta ofrece una porción completa de frutas frescas.
   c. Todos conocemos los beneficios de consumir muchas frutas y verduras.
   d. Necesitamos entre seis y nueve porciones diarias de frutas y verduras.

15. ¿Qué opción resume mejor el pasaje?
   a. Una dieta equilibrada incluye muchos cereales, frutas, verduras, lácteos y proteínas que nos ayudan a mantenernos saludables. Estos alimentos se pueden incorporar a nuestras dietas de formas creativas a lo largo del día.
   b. Las proteínas y los lácteos son alimentos importantes que provienen de muchas fuentes. La carne, los frutos secos y los huevos le aportan a nuestro cuerpo la proteína que necesitamos; mientras que la leche, el yogur y el queso nos aportan lácteos que fortalecen nuestros huesos y dientes.
   c. Consumir el tipo correcto de alimentos es importante para mantenerse saludable. Ejercitarse, dormir bien y consumir una dieta equilibrada garantizan que cada día tengamos suficiente energía, así como también los nutrientes que necesitamos para desarrollar músculos.
   d. Necesitamos entre 6 y 11 porciones de cereales por día, en especial, de cereales integrales. Podemos obtener estos nutrientes del pan, los cereales, el arroz y la pasta. Incluir estos alimentos en todas las comidas asegura que los consumamos en cantidad suficiente.

Las preguntas 16 a 20 hacen referencia al siguiente pasaje.

¿Qué tipos de vacantes hay?

Actualmente, Fairhaven Fine Furnishings tiene un puesto vacante disponible en el almacén. Los requisitos de trabajo diarios son, entre otros, descargar camiones con muebles y accesorios

(5) entregados por los fabricantes, organizar estos productos en el almacén, ubicar y preparar artículos para cumplir con pedidos de los clientes y cargarlos en los camiones de nuestra empresa para la entrega. Este puesto exige que los

(10) empleados puedan levantar al menos 100 libras, hacer funcionar un montacargas y demostrar una capacidad excepcional de registro, puesto que mantener un inventario preciso es primordial. Este puesto ofrece muchas oportunidades de

(15) ascenso dentro de la empresa en el futuro. Muchos de los miembros actuales del equipo de gerencia de Fairhaven comenzaron su carrera trabajando en el almacén. Este es un puesto de tiempo completo, con un salario de $17,75 por

(20) hora. Después de 90 días de ocupar el puesto, el empleado recibirá un seguro médico, que incluye beneficios oftalmológicos y odontológicos, siempre que reciba una evaluación de desempeño aceptable en ese momento.

(25)   Fairhaven Fine Furnishings también tiene puestos vacantes para asistente de ingreso de datos y recepcionista. Ambos puestos exigen habilidades informáticas excepcionales y los candidatos deberán demostrar que poseen

(30) capacidades adecuadas antes de ser contratados. Además, el recepcionista debe tener excelentes habilidades de comunicación y atención al cliente, puesto que tendrá la responsabilidad de responder llamados telefónicos y darle la

(35) bienvenida a los clientes cuando ingresen a nuestra sala de exposición. Asimismo, el asistente de ingreso de datos debe demostrar gran capacidad de comunicación, ya que este puesto requiere interactuar con representantes de la

(40) empresa de nuestros diversos departamentos, así como también con representantes de cada una de las empresas que proporcionan nuestros productos. Sin embargo, el asistente de ingreso de datos no se comunicará directamente con los

(45) clientes de Fairhaven. El puesto de recepcionista es de tiempo completo con un sueldo de $10,50 por hora. El puesto de ingreso de datos es de 20 horas por semana con un sueldo de $12,35 por hora. Ambos puestos incluyen beneficios de

(50) seguro médico después de una evaluación de desempeño aceptable a los 90 días. La empresa también realizará aportes para los beneficios oftalmológicos y odontológicos. El aporte para estos benefícos es mayor para empleados de

(55) tiempo completo que para empleados de medio tiempo.

Los candidatos para cualquiera de estos puestos primero deben enviar un currículum vitae completo que incluya antecedentes

(60) laborales y salariales y tres referencias profesionales. Después de que estos documentos sean revisados por un gerente de departamento, se contactará a los candidatos calificados para una entrevista telefónica. El paso final en el proceso de

(65) contratación será una entrevista personal con nuestro equipo de contratación.

16. En base al pasaje, ¿cuál de estas afirmaciones es un hecho?

   a. Fairhaven Fine Furnishings sería un estupendo lugar para trabajar.

   b. El puesto de recepcionista es más adecuado para una mujer que para un hombre.

   c. Todos los puestos disponibles ofrecen algunos beneficios de seguro médico.

   d. La entrevista telefónica es el paso más importante del proceso de contratación.

17. ¿Cuál es la estructura organizativa del primer párrafo?

a. secuencia

b. descripción

c. causa y efecto

d. problema y solución

18. ¿Cuál de las siguientes es verdadera con respecto al segundo y tercer párrafo?

a. El segundo párrafo utiliza clasificación para agrupar ideas similares.

b. Los pasos del proceso de postulación se enumeran en orden aleatorio.

c. Las conjunciones indican una estructura de causa y efecto en los párrafos.

d. En el segundo párrafo se comparan y contrastan dos puestos de trabajo.

19. ¿Qué deducción se puede realizar en base a la información que aparece en el pasaje?

a. El asistente de ingreso de datos es el puesto más importante.

b. Los empleados del almacén son muy valorados dentro de la empresa.

c. Es probable que la empresa contrate a la primera persona que se postule para cada uno de los puestos.

d. Para la empresa, el puesto de recepcionista será el más difícil de cubrir.

20. ¿Cuál es la idea principal del tercer párrafo?

a. A algunos candidatos se los invitará para realizar una entrevista en persona.

b. En el proceso de contratación hay varios pasos.

c. Los gerentes de departamento contactarán a los candidatos calificados por teléfono.

d. Solo los candidatos más calificados se reunirán con el equipo de contratación.

Use el siguiente pasaje para responder las preguntas 21 a 23.

Imani P. Jones
421 Carroll Street
Franklin, NY 10821
(512) 555-4390

22 de mayo de 2014

Shanice Childress-Harris
Propietaria
Luxalot Florists, Inc.
80 River Street
Franklin, NY 10821

Estimada Sra. Childress-Harris:

Escribo para registrar una queja con respecto a los arreglos florales que Luxalot Florists preparó y envió para la boda de mi hijo DeAndre Jones el día 18 de mayo. Después de reunirnos en dos oportunidades con su vendedor, Maurice Thomas, el 13 de febrero y el 1 de marzo, pensamos que nuestros deseos habían sido comprendidos y que Maurice y el resto del equipo tenían un plan claro para realizar los arreglos florales de la boda.

Le pedimos a Luxalot que entregara dos ramilletes de pie para la entrada de la capilla, un ramillete de pie más grande para el altar y 18 centros de mesa para la recepción. Maurice nos preguntó qué colores preferíamos y le dijimos que el patrón de colores de la boda era blanco, amarillo y fucsia. Nos sugirió que una hermosa combinación en estos colores serían tulipanes Primera Nieve, rosas Rayos de Sol y ranúnculos Rosa Caliente. También quería agregar algunos tallos de flores de relleno, como suspiros de bebé y flores de zanahoria, y yo pensé que sería una buena idea para reducir el costo total.

El día de la boda, me sorprendió ver una combinación de flores completamente diferente de la que habíamos hablado. Los ramilletes contenían principalmente suspiros de bebé y flores de zanahoria, y el resto de las flores eran claveles, azucenas e iris. En la recepción, vimos que los centros de mesa tenían la misma combinación y que solo se habían enviado 14 unidades, así que cuatro mesas no tuvieron adornos florales.

Escribo para solicitar un reembolso de la mitad ($2.700) del monto que pagué por los arreglos florales ($5.400). Pediría un reembolso completo, pero las flores que llegaron eran frescas y tenían los colores correctos.

Espero su respuesta inmediata sobre este asunto.

Atentamente,

Imani P. Jones

21. En la primera oración de la carta, la palabra *registrar* significa
   a. anotar en un libro.
   b. inscribirse.
   c. presentar formalmente.
   d. retirar.

22. En base a la información que aparece en el segundo párrafo de la carta, podemos deducir que la definición de *fucsia* es
   a. el color blanco.
   b. rosado fuerte.
   c. un tipo de flor.
   d. ninguna de las anteriores.

23. En base a la carta, ¿cuál NO es una razón de por qué la escritora quiere un reembolso?
   a. Los arreglos florales contenían demasiadas flores de bajo precio.
   b. Los arreglos florales contenían tipos de flores incorrectos.
   c. Luxalot no envió la cantidad correcta de arreglos florales.
   d. Los arreglos florales eran del color incorrecto.

Use el siguiente pasaje para responder las preguntas 24 a 27.

¿Su somnolencia es peligrosa?

A pesar de lo que se cree comúnmente, cualquier persona (independientemente de su sexo, peso o el nivel de salud) puede desarrollar una apnea obstructiva del sueño, una afección que pone en peligro la vida y que se caracteriza por episodios de obstrucción completa o parcial de la vía aérea durante el sueño. Entre 12 y 18 millones de adultos estadounidenses sufren de apnea del sueño y no reciben tratamiento. Los expertos de la Academia Estadounidense de Medicina del Sueño recomiendan las siguientes medidas de diagnóstico y tratamiento para mejorar significativamente la salud en general, el estado de ánimo y la productividad.

Primero, conozca los factores de riesgo. El riesgo de apnea del sueño aumenta entre la mediana y la tercera edad y con el exceso de peso corporal que usted tenga. En general, los hombres tienen mayor posibilidad de desarrollar la enfermedad. No obstante, la menopausia es un factor de riesgo para la apnea del sueño en las mujeres. Su riesgo también es mayor si a otros miembros de su familia se les ha diagnosticado apnea del sueño. Fumar es otro factor de riesgo importante, así como un perjuicio para su salud en general.

Además de estos factores de riesgo ampliamente conocidos, muchas personas no se dan cuenta de que están en mayor peligro de desarrollar apnea del sueño si ya sufren otras enfermedades comunes. "Siete de cada diez personas con diabetes tipo 2 y entre un 30% a 40% de los adultos con hipertensión también tienen apnea obstructiva del sueño", afirma el Dr. M. Safwan Badr, presidente de la Academia Estadounidense de Medicina del Sueño. "En consecuencia, los pacientes con estas afecciones deben prestar mucha atención a los posibles síntomas y buscar el tratamiento necesario".

(continúa)

Es importante observar los síntomas. Si bien los síntomas que habitualmente se asocian a la apnea del sueño son los ronquidos, no todas las personas que roncan tienen la enfermedad. Sin embargo, cuando los ronquidos están asociados a ahogo, respiración entrecortada o pausas en la respiración durante el sueño, son un indicador bastante probable de apnea del sueño. Los síntomas de la apnea del sueño también pueden aparecer durante el día e incluir dolores de cabeza matutinos, sueño excesivo, problemas de concentración, memoria o aprendizaje, y cambios del estado de ánimo en general, irritabilidad o depresión.

"La apnea del sueño puede hacer que se despierte a la mañana sintiéndose cansado, a pesar de que crea que durmió toda la noche", indica Badr. "Durante el día, puede sentirse increíblemente fatigado porque en realidad se despierta muchas veces durante la noche y su cuerpo no descansa lo suficiente".

Si sospecha que tiene los factores de riesgo y los síntomas de la apnea del sueño, es importante que reciba inmediatamente la evaluación de un médico experto en medicina del sueño. Sin tratamiento, la apnea del sueño puede tener un efecto grave en su salud general e incluso aumentar su riesgo de muerte. Un médico experto en medicina del sueño tendrá la capacitación y experiencia necesaria para diagnosticar su afección. Le realizará un examen físico exhaustivo y una evaluación del sueño, le hará preguntas como, por ejemplo, si los síntomas comenzaron cuando subió de peso o dejó de hacer ejercicio, y si su pareja o compañero de habitación se ha quejado de que usted ronca o hace ruidos de ahogo durante el sueño. Si el médico experto en medicina del sueño determina que usted está en riesgo de sufrir apnea obstructiva del sueño, se le programará realizar un estudio del sueño.

Una vez diagnosticado, el tratamiento que se recomienda para la apnea del sueño es el tratamiento de presión positiva continua en la vía aérea (CPAP), que proporciona un flujo regular de aire a través de una máscara para mantener suavemente abierta la vía aérea del paciente durante la noche, facilitando la respiración. En pacientes con apnea del sueño moderada o severa, se estima que el tratamiento de CPAP en diez años reduce el riesgo de infarto en un 49% y de apoplejías en un 31%.

"Tratar la apnea del sueño proporciona todos los beneficios de un mejor sueño, incluido un mayor estado de alerta durante el día y mejor memoria y funciones cognitivas", asevera Badr. "La evidencia clínica también muestra que el tratamiento de apnea del sueño reduce la presión sanguínea, de modo que disminuye su riesgo de sufrir enfermedades cardiovasculares y mejora los niveles nocturnos de glucosa y sensibilidad a la insulina en las personas con diabetes tipo 2".

—Adaptado de un artículo publicado en Brandpoint.com.

24. De acuerdo con el pasaje, ¿cuáles son algunos síntomas de la apnea del sueño?

  a. acidez, náuseas y dolor en los abdominales superiores cuando está despierto

  b. migrañas, comer excesivamente y dolor de pecho por la noche

  c. ahogo, jadeo y pausas en la respiración mientras duerme

  d. diabetes tipo 2, menopausia e hipertensión

25. ¿Qué afirmación expresa mejor la idea principal del pasaje?

  a. La apnea del sueño afecta principalmente a las personas con hipertensión y diabetes.

  b. Todos deberían ser conscientes de los factores de riesgo y los signos de la apnea del sueño y hacerse exámenes si tienen motivos para preocuparse.

  c. Entre 12 y 18 millones de adultos estadounidenses viven con apnea del sueño pero no han recibido tratamiento.

  d. La apnea del sueño es una afección que se puede tratar exitosamente con un tratamiento de presión positiva continua en la vía aérea (CPAP).

26. ¿De qué modo el autor presenta y desarrolla las ideas clave de este pasaje?

  a. Enumerando los datos y consejos relacionados con la apnea del sueño

  b. Presentando un orden cronológico del desarrollo de la apnea del sueño a medida que la persona envejece

  c. Describiendo las diferencias entre las personas que sufren apnea del sueño y las que no

  d. Dando ejemplos de pacientes que recibieron tratamiento para la apnea del sueño de forma exitosa

27. En base al pasaje, podemos deducir que el autor tiene ¿cuál de las siguientes opiniones?

  a. Para identificar y tratar correctamente la apnea del sueño, es mejor ver a un médico experto en medicina del sueño que ver a otro tipo de médico.

  b. La profesión médica sobrediagnostica la apnea del sueño, lo que provoca mayor ansiedad e irritabilidad en los pacientes.

  c. Es una lástima que la apnea del sueño sea difícil de diagnosticar, ya que esto deja a muchos estadounidenses sin tratamiento.

  d. Realizar exámenes para la apnea del sueño debe ser parte del control de rutina anual de las personas con su médico de cabecera.

Respuestas y explicaciones

Práctica del capítulo

1. c. Madeline reconoce el instinto familiar de poseer una granja pero dice que es "fatal" y menciona las malas experiencias de otros miembros de la familia.

2. d. Hay varias líneas en el pasaje que apoyan esta elección. La narradora dice que *por temperamento y herencia... estaba calificada para la granja y la vida de campo* y que *llevaba en la sangre* sus experiencias en granjas cuando era niña. La hermana de su padre hizo una observación similar: *Está en ti esa gota fatal de sangre Pearce, clamando cambio y aventura, y por sobre todo, una granja.* La narradora agrega: *No veo motivos para negar un anhelo tan fundamental, sea este una perdición o no. Es más importante vivir la vida que uno desea y derrumbarse con ella de ser necesario, con satisfacción, que vivir de manera más provechosa pero menos alegre.*

3. b. El segundo párrafo comienza con una referencia al naranjal en Florida que compra la narradora. No lo menciona por su nombre al principio, pero sí en la última oración. También se puede suponer que *el Arroyo* es una forma de referirse a *Cross Creek*, que es el nombre del libro.

4. b. En la oración anterior a esta línea, la autora dice que estaba agobiada por el trabajo arduo en el Arroyo y la dificultad de ganarse la vida con el naranjal. Sintió alivio cuando alguien llamada Martha *corrió una cortina* y le dio la bienvenida al grupo de personas que tenía una historia con la granja. Esto insinúa que al correr la cortina, Martha esclareció un poco la confusión o angustia de la escritora al compartir información sobre el huerto en el pasado.

Revisión de Comprensión lectora

5. b. El primer párrafo indica que el *arsénico está presente en el ambiente como sustancia natural.* Podemos deducir que es peligroso (o nocivo) para la salud de las personas porque se hace referencia al mismo como *contaminante.* Otro motivo importante es que los oficiales tratan de mantener la seguridad del jugo de manzana al asegurarse de que los niveles de arsénico sean muy bajos. Esto implica que niveles más altos de arsénico provocan que los alimentos no sean seguros.

6. c. El término *partes por mil millones (ppmm)* se menciona en el tercer párrafo en el mismo contexto (al hablar sobre la cantidad de arsénico que se encuentra en las bebidas).

7. c. En toda la carta hay varias pistas de que Faye es el esposo de Frances, pero la mayor pista aparece en el cuarto párrafo: *Cuando le conté a Faye, se enfadó y me dijo que nunca debía reírme de un hombre enrolado, que hacer eso no era digno de la esposa de un oficial. Y yo le contesté que un oficial debería enseñarle a un hombre enrolado que no le haga risitas a su esposa y que no la llame "Señor", que es una falta de respeto. Yo quería decir más cosas pero Faye se fue repentinamente de la sala.* Podemos deducir que esta fue una discusión privada entre marido y mujer. Faye pensaba que Frances no había actuado como una esposa digna, pero Frances dijo que Faye debería haberla defendido: *Y yo le contesté que un oficial debería enseñarle a un hombre enrolado que no le haga risitas a su esposa y que no la llame "Señor", que es una falta de respeto.* Es posible que Faye haya tomado este comentario como algo personal porque se fue de la sala repentinamente.

8. d. Ella parece interesada en los pormenores del protocolo del ejército (describe detalles e intenta descubrir las reglas de jerarquía) pero también cuestiona por qué las cosas son como son.

9. c. El escritor insinúa esto cuando observa que *todo eso (la misteriosa, prolongada y delgadísima senda, la falta de sol en el cielo, el tremendo frío y lo extraño y fantástico de todo aquello) no impresionaba para nada al hombre.* Las ideas que se presentan en el último párrafo también respaldan este tema.

10. b. A pesar de que el escritor critica al hombre por no pensar profundamente en sus circunstancias y en la vida en general, este parece culto. Conoce el recorrido del sol, sabe la temperatura exacta y se sugiere que conoce la ruta exacta del camino en el que está. *Frontal* también es una buena descripción para el hombre. Hay muchos motivos para pensar que el hombre se enfoca en el mundo que lo rodea de forma directa. Por ejemplo, el escritor observa que *Era veloz y despierto en las cosas de la vida, pero solo en las cosas, y no en los significados.* Las últimas tres oraciones del pasaje brindan aún más evidencia de que es frontal.

11. c. No todos estarían de acuerdo en que cierto alimento es *delicioso*, lo cual hace que esta afirmación sea una opinión. Todas las otras opciones de respuesta incluyen afirmaciones que se podrían comprobar. La mayoría de las personas sabe que un estilo de vida saludable es importante, y la información sobre cereales integrales y queso podría verificarse en un libro sobre salud o ciencias.

12. b. Los tipos de alimentos que se necesitan para mantenerse saludable se clasifican por similitudes. Cada uno de los grupos de alimentos de los que se habla es una categoría. La información sobre los tipos de alimentos de cada categoría, así como también la cantidad de porciones diarias que se necesitan, se incluye en esa sección del texto.

13. c. La importancia de una dieta equilibrada es el punto principal que el autor quiere que el lector comprenda. Incluir muchos lácteos es un detalle que respalda la idea principal. Si bien es cierto que la mayoría de los alimentos se pueden agrupar en cinco tipos básicos, esta no es la idea principal del pasaje.

14. a. La opción **d** indica la idea principal del tercer párrafo y la opción **a** (la afirmación de que los batidos de fruta son una forma de consumir suficientes porciones de fruta) apoya esta idea. En el pasaje se mencionan las colaciones de frutas, pero no se dice nada respecto de que constituyan una porción de fruta. La opción **c** también es una afirmación del pasaje. Sin embargo, no respalda la idea principal.

15. a. La opción **a** replantea la idea principal y los detalles más importantes del pasaje. La opción **b** resume los párrafos tercero y cuarto, mientras que la opción **d** resume el segundo párrafo. La información de la opción **c** es verdadera. No obstante, incluye información que no se mencionó en el párrafo.

16. c. Al leer las descripciones del cargo, podemos comprobar que todos los puestos ofrecen beneficios de seguro. Dado que esta afirmación se puede comprobar, es un hecho. No todos estarían de acuerdo con las otras tres opciones de respuesta, por lo tanto, son opiniones.

17. b. El tema de este párrafo es el puesto de empleado de almacén. Este tema se presenta al comienzo del párrafo, luego el resto de las oraciones describen el cargo. Se explican los requisitos, las horas, el sueldo y los beneficios. El orden de la información no es importante, no hay un problema para tratar y no hay acontecimientos que se produzcan como resultado de otros acontecimientos.

18. d. Las palabras *ambos* y *asimismo* indican formas en que los dos puestos son similares. *Sin embargo, por otro lado* y *mayor* destacan diferencias entre los dos puestos. En el tercer párrafo se utiliza una estructura organizativa de secuencia, que enumera los pasos en el orden en que sucederán. *Primero, después* y *final* son pistas sobre la estructura que se utiliza en este párrafo.

19. b. Varias pistas lo ayudan a leer entre líneas en este pasaje. Observe que el empleado de almacén recibe un sueldo mucho mayor y más beneficios que los demás. Además, el pasaje indica que el trabajo de almacén "ofrece muchas oportunidades de ascenso en el futuro" y que "muchos de los miembros actuales del equipo de gerencia de Fairhaven comenzaron su carrera trabajando en el almacén". Dichos ascensos no se mencionan para ninguno de los otros puestos disponibles. Estas pistas indican que los empleados del almacén son muy valorados dentro de la empresa.

20. b. La idea principal de este párrafo está implícita en lugar de estar expresada directamente. El lector puede deducir esta información al leer la totalidad del párrafo. A pesar de que no es la idea principal, el lector también puede deducir la idea de que solo los candidatos más calificados se reunirán en persona con el equipo de contratación porque parece que los otros pasos reducen la selección a las personas más idóneas para el trabajo. Las opciones **a**, **c** y **d** son detalles de respaldo.

21. c. Sin dudas, la escritora de la carta envía su queja a la propietaria de Luxalot y la escribe en un tono formal. La palabra *registrar* tiene muchos significados. Uno de ellos es anotar en un libro, pero no tiene sentido en esta oración. Buscamos otro significado. También tenga en cuenta que en la oración *registrar* se usa como verbo y, en ocasiones, esto puede marcar la diferencia con otras opciones. *Inscribirse* sería algo que la escritora hace, por ejemplo, para un curso. La escritora de la carta en realidad presenta su queja a la propietaria de Luxalot para que ella actúe. No retira su queja.

22. b. La palabra se utiliza en la afirmación de que *el patrón de colores de la boda era blanco, amarillo y fucsia.* Luego, en la siguiente oración, la escritora menciona los tipos de flores que servirían para esa combinación de colores: *tulipanes Primera Nieve, rosas Rayos de Sol y ranúnculos Rosa Caliente.* Podemos deducir que los tulipanes Primera Nieve son flores blancas (porque la nieve es blanca), que las rosas Rayos de Sol son flores amarillas (porque el sol es amarillo) y que los ranúculos Rosa Caliente son flores de color fucsia. *Fucsia* probablemente signifique rosa caliente o fuerte.

23. d. Este no es un motivo por el cual la escritora está insatisfecha. Al final de la carta, ella explica que *Pediría un reembolso completo, pero las flores que llegaron... tenían los colores correctos*. La opción **a** es una razón de por qué la escritora está insatisfecha. Ella menciona que el plan original era usar *algunos tallos de flores de relleno, como suspiros de bebé y flores de zanahoria, y yo pensé que sería una buena idea para reducir el costo total*. Podemos suponer que los suspiros de bebé y las flores de zanahoria son flores de bajo costo porque la Sra. Jones las llama *flores de relleno* y porque si se utilizan, el costo se reduce. Luego, el día de la boda, *Los ramilletes contenían principalmente suspiros de bebé y flores de zanahoria*, no *algunos tallos*, como se había acordado. Todo esto se conjuga para dar a entender que los arreglos contenían demasiadas flores de bajo costo. La opción **b** es una opción incorrecta porque el escritor dice que el plan era usar principalmente tulipanes, rosas y ranúnculos. En cambio, la empresa envió principalmente *suspiros de bebé y flores de zanahoria y el resto de las flores eran claveles, azucenas e iris*. La opción **c** es incorrecta porque la escritora de la carta dice que ordenó 18 centros de mesa pero solo se entregaron 14.

24. c. Estos tres síntomas se incluyen en el artículo como posibles signos de que una persona sufre de apnea del sueño. Las migrañas son un tipo de dolor de cabeza y el artículo menciona que los dolores de cabeza podrían ser un síntoma, pero especifica que son dolores de cabeza *matutinos*. Además, el artículo no menciona comer excesivamente ni dolores de pecho como signos de la apnea del sueño. (La apnea del sueño puede causar infartos, que a su vez pueden hacer que una persona sienta dolor de pecho, pero esto no significa que el dolor de pecho sea un signo de la apnea del sueño). La opción **d** es incorrecta porque cada uno de estos síntomas se menciona como *factor de riesgo* para desarrollar apnea del sueño (las personas con diabetes tipo 2, hipertensión o que están pasando por la menopausia pueden tener mayores probabilidades de desarrollar apnea del sueño) pero esto no significa que estas condiciones sean *síntomas* de padecer apnea del sueño. (Si no comprende este punto, piense en este ejemplo habitual: quedarse afuera bajo una lluvia helada sería un *factor de riesgo* para contagiarse un resfrío. Los *síntomas* de haberse contagiado un resfrío serían toser, estornudar y tener secreciones nasales).

25. b. El escritor comienza por decir que *cualquier persona (independientemente de su sexo, peso o nivel de salud) puede desarrollar una apnea obstructiva del sueño,* lo que sugiere que todos deberían estar familiarizados con la afección. En diferentes puntos del artículo, el autor también menciona: *primero, conozca los factores de riesgo; es importante observar los síntomas* y *si sospecha que tiene los factores de riesgo y los síntomas de la apnea del sueño, es importante que reciba inmediatamente la evaluación de un médico experto en medicina del sueño.* La opción **a** es incorrecta porque a pesar de que, de acuerdo con el artículo, una gran parte de las personas que tienen hipertensión y diabetes tipo 2 también tienen apnea del sueño, esto no significa que la apnea del sueño afecte principalmente a las personas con esas afecciones. De hecho, el primer párrafo del artículo hace énfasis en que *cualquier persona* puede desarrollar apnea del sueño. Las opciones **c** y **d** no son las ideas principales del pasaje.

26. a. El autor presenta datos sobre los síntomas, el diagnóstico y el tratamiento de la apnea del sueño y advierte a los lectores que presten atención a los factores de riesgo y síntomas que se realicen exámenes si creen que pueden tener apnea del sueño. *Cronológico* significa ordenado en el tiempo de principio a fin, como en una línea de tiempo. El autor no habla sobre el desarrollo de la apnea del sueño a lo largo del tiempo. Tampoco habla sobre personas específicas que tengan apnea del sueño.

27. a. Esta opción está respaldada por estas oraciones del artículo: *Si sospecha que tiene los factores de riesgo y los síntomas de la apnea del sueño, es importante que reciba inmediatamente la evaluación de un médico experto en medicina del sueño... El médico experto en medicina del sueño tendrá la capacitación y experiencia necesaria para diagnosticar su afección. Le realizará un examen físico exhaustivo y una evaluación del sueño...* El autor hace énfasis en la capacidad de los médicos expertos en medicina del sueño en cuanto a la apnea del sueño, nunca menciona otros tipos de médicos (ni aquí ni en ninguna otra parte del artículo) y alienta al lector a consultar a un médico experto en medicina del sueño si cree que puede tener esta afección. Todo esto sugiere que en lo que respecta a la apnea del sueño, es probable que el autor piense que es mejor ver a un médico experto en medicina del sueño que ver a cualquier otro tipo de médico. La opción **b** es incorrecta porque el sobrediagnóstico no se menciona ni se insinúa en el artículo. En cambio, el autor habla sobre la capacidad de los médicos expertos en medicina del sueño para diagnosticar la apnea del sueño de forma precisa. La opción **c** es incorrecta porque el autor no dice ni insinúa que la apnea del sueño sea difícil de diagnosticar. En cambio, uno de los grandes mensajes del artículo es que muchas personas con apnea del sueño están sin tratamiento simplemente porque nunca han pedido que se les realicen exámenes. El autor no insinúa la opción **d** en el artículo.

REVISIÓN

En este capítulo usted aprendió varias estrategias que lo ayudan a comprender mejor los materiales de lectura de hechos reales.

1. La idea principal es el mensaje central de un pasaje. Los detalles de respaldo ayudan a fortalecer la comprensión del lector sobre la idea principal.

2. Resumir significa expresar con nuestras palabras la información más importante. Asegúrese de pensar en la idea principal y los detalles más importantes cuando escriba un resumen.

3. Los escritores incluyen tanto hechos como opiniones para expresar sus ideas. Los hechos pueden probarse y ser verificados, las opiniones cuentan los pensamientos o ideas personales de alguien, pueden variar de una persona a otra y no se pueden verificar.

4. La estructura organizativa hace referencia a la forma en que se organizan las ideas en un pasaje. Algunas estructuras habituales son: secuencia, causa y efecto, comparación y contraste, problema y solución, clasificación y descripción.

5. Cuando se utiliza la secuencia para organizar un pasaje, las ideas se pueden enumerar en orden de tiempo o en orden de importancia. Los escritores pueden elegir comenzar con la idea más importante o la menos importante.

6. Una estructura de causa y efecto indica cómo se relacionan las ideas o los acontecimientos. Una causa es el motivo por el cual se produce otro acontecimiento, un efecto es el resultado de una o más causas.

7. Comparar es mostrar cómo las ideas, los acontecimientos u objetos son similares. Contrastar es señalar las formas en que los temas son diferentes. Una estructura de comparación y contraste se enfoca en estas similitudes y diferencias.

8. Una estructura de problema y solución presenta un problema y luego aborda una o más formas posibles de solucionarlo.

9. Cuando un escritor utiliza la clasificación como estructura organizativa, agrupa ideas similares en categorías.

10. Una descripción presenta un tema, luego proporciona información y detalles para explicar el tema a los lectores.

11. Realizar una deducción significa leer entre líneas y determinar lo que el escritor le está contando al lector sin expresar directamente esa información.

12. Por momentos, el lector necesitará realizar varias deducciones para comprender por completo un pasaje. Esto puede requerir reunir datos que se encuentran a lo largo de un texto para descubrir qué es lo que el escritor quiere que el lector comprenda.

5 ▶ LENGUA Y GRAMÁTICA: HABILIDADES DE LECTURA

RESUMEN DEL CAPÍTULO

Este capítulo lo ayudará a desarrollar la base que necesita para comprender los pasajes de ficción y de hechos reales que se encuentran en el examen de Razonamiento a través de las artes del lenguaje de GED®. Usted aprenderá a identificar partes de palabras, prefijos, sufijos, pistas del contexto, varios significados de palabras, el punto del vista y objetivo del autor, y el tema. También le enseñará a hacer predicciones y a sintetizar lo que lee.

Muchas de las preguntas del examen RLA de GED® están diseñadas para poner a prueba lo que sabe sobre gramática, uso de palabras y sintaxis del lenguaje. Asegúrese de estar preparado. Revise con cuidado este capítulo y responda las preguntas de práctica. Las respuestas y explicaciones para todas las preguntas de práctica se encuentran al final del capítulo.

Partes de palabras

Para comprender de qué se trata un pasaje, usted debe poder determinar el significado de sus palabras. Las palabras se forman a partir de una combinación de raíces, prefijos y sufijos. Las **raíces** son la base de la palabra. Los **prefijos** se agregan al principio de la palabra para cambiar su significado. Los **sufijos** se agregan al final de la palabra para cambiar su significado.

Observe el siguiente ejemplo:

inesperado = in + esper + ado

En la palabra *inesperado*, *in-* es el prefijo, *esper* es la raíz y *-ado* es el sufijo. Estas partes funcionan juntas para darle significado a la palabra. Piense en las diferencias de significado de las oraciones siguientes:

> *Esperamos que llame hoy antes de la 1:00.*
> *Esperábamos que llamara ayer antes del mediodía.*
> *El hecho de que no haya llamado fue inesperado.*

Agregar el sufijo *-aba* al final de la palabra la cambia al pasado. Agregar el prefijo *in-* al principio indica que el evento *no* era esperado.

> *Mario es un hombre honesto.*

Observemos la palabra *honesto*. Sabemos que honesto significa "honrado" o "confiable". Entonces, la oración nos dice que se puede confiar en Mario.

> *Mario es un hombre deshonesto.*

En esta oración se agregó el prefijo *des-* a la raíz de *honesto*. Este prefijo significa "no", así que sabemos que *deshonesto* significa "no honesto". Agregar el prefijo cambió el significado de la oración. Ahora sabemos que no se puede confiar en Mario.

> *Emily manipuló el paquete con cuidado.*
> *Emily fue descuidada con el paquete.*

La primera oración dice que Emily fue atenta con el paquete. No obstante, cuando se agregó el prefijo *-des* a la raíz de *cuidado* el significado cambió. El sufijo indica "sin", así que *descuidada* significa "sin cuidado".

> *Emily fue cuidadosa con el paquete.*

En esta oración se usa la misma raíz (*cuidad*) pero se agrega el sufijo *-osa*. Este sufijo significa "que tiene la cualidad de", así que Emily tuvo la cualidad de cuidado cuando manipuló el paquete.

A continuación presentamos una lista de algunos de los prefijos y sufijos más comunes y sus significados. Conocer los significados de estas partes de palabras puede ayudarlo a darse cuenta de los significados de las palabras y ayudarlo a comprender mejor lo que lee.

Prefijos

- *a-*: negación o falta de algo
- *ante-*: anterioridad en el tiempo
- *auto-*: de o por uno mismo
- *co-*: unión, participación
- *contra-*: opuesto o contrario
- *des-*: negación o exceso
- *dis-*: negación o dificultad
- *ex-*: que ha dejado de ser
- *extra-*: demasiado, extremadamente
- *hiper-*: mayor, superior
- *mega-*: muy grande
- *re-*: nuevamente
- *sub-*: inferior, debajo
- *super-*: sobre
- *tra(n)s-*: al lado de, a través de
- *vice-*: en vez de o que hace las veces de

Sufijos

- *-ario*: persona a quien se cede algo
- *-azgo*: empleo, cargo o dignidad
- *-ble*: que puede ser, que es capaz
- *-ción*: acción o efecto
- *-dero*: lugar donde se efectúa
- *-dor, -dora*: persona que realiza la acción
- *-eño*: relativo a, formación de gentilicios
- *-ero*: oficio, profesión
- *-ismo*: doctrina, actitud
- *-metría*: medida
- *-teca, *: lugar donde se almacena o colecciona
- *-patía*: sentimiento
- *-oso, -osa*: adjetivos derivados de verbos, sustantivos o adjetivos
- *-ura*: cualidad, efecto o resultado

Ahora, utilice lo que sabe sobre las partes de las palabras para determinar el significado de la palabra subrayada en la siguiente oración. Escriba el significado de la palabra en la línea que aparece debajo.

Parecía <u>ilógico</u> que ella renunciara a la campaña.

_____

Al desglosar la palabra subrayada en partes, podemos determinar su significado. La palabra *ilógico* se compone por el prefijo *i-*, que significa "no", y la palabra *lógico*. Si algo es lógico, tiene sentido. Así que si es ilógico, no tiene sentido.

CONSEJO

Tenga en cuenta que hay grupos de letras que se consideran prefijos o sufijos solo si se agregan a una raíz. Por ejemplo: *mal-* es un prefijo cuando se agrega a la raíz *gastar* para crear la palabra *malgastar*. Sin embargo, estas letras no son un prefijo en palabras como *maleta* o *malvado*.

A veces, pensar en una palabra que tenga una raíz similar puede ayudarlo a darse cuenta del significado de una palabra desconocida.

El capitán observó cómo las velas se <u>desinflaban</u> mientras intentaba guiar el barco hacia el puerto.

Suponga que desconoce el significado de *desinflar*. Pregúntese: "¿Conozco alguna palabra que tenga una raíz similar?". Probablemente ya sabe que *inflar* significa llenar algo con aire o agrandar algo.

Papá <u>inflará</u> los globos antes de la fiesta.

Al usar lo que sabe sobre el significado de las partes de la palabra, puede darse cuenta de que *desinflar* significa que el aire ha salido de algo o que algo se hizo más pequeño.

Probemos con otro ejemplo.

Brian lleva su reproductor de CD <u>portátil</u> dondequiera que vaya.

Portátil contiene la raíz *port* y el sufijo *-átil*. *Port* deriva de portar, "llevar", así que *portátil* significa que el reproductor de CD "se puede llevar".

La empresa planea <u>exportar</u> el 75% de sus productos al exterior.

Suponga que no está seguro del significado de *exportar*. ¿Conoce alguna palabra que tenga una raíz similar? *Portátil* y *exportar* tienen la misma raíz. Usted sabe que el prefijo de *exportar*, (*ex-*) significa "afuera" y *portar* significa "llevar", así que *exportar* significa "llevar afuera". Por lo tanto, la empresa planifica llevar sus productos afuera, hacia el exterior.

La isla <u>importa</u> la mayoría de sus frutas desde otros países.

Si *exportar* significa "llevar afuera", ¿qué cree que significa *importar*? Significa "llevar adentro" o "ingresar".

Ahora inténtelo usted. ¿Qué palabras podrían ayudarlo a determinar el significado de la palabra subrayada en la siguiente oración? Escriba las palabras en la línea que aparece debajo.

Intentó <u>visualizar</u> la descripción del animal que hizo el autor.

Tanto *visión* como *visible* tienen raíces similares a la de *visualizar*. *Visión* es el sentido de la vista. Si algo es *visible*, es posible verlo. Entonces, *visualizar* significa "ver algo".

Estas son algunas familias de palabras con raíces similares. Conocer las familias de palabras con raíces similares puede ayudarlo a determinar los significados de las palabras. ¿Qué otras palabras puede agregar a las familias que se encuentran en la lista? ¿Qué otras familias de palabras conoce que tengan raíces similares?

- adjuntar, conjunción, junta
- aniversario, anual, bianual
- audible, audiencia, audio
- benévolo, beneficio, beneficioso
- crónico, cronológico, sincronizar
- cívico, civil, civilización
- dicción, dictar, diccionario
- describir, prescribir, transcribir
- florido, florista, floral
- empatía, patético, simpatía
- evacuar, vacante, vacío
- exclamar, exclamación, proclamar
- mistificar, misterio, misterioso
- contaminación, contaminar, contaminante
- telescopio, teléfono, televisión
- terreno, terrestre, territorio

Partes del discurso

Verbos

Los **verbos** son el centro de una oración. Expresan la acción o el estado de un sujeto y nos dicen lo que está haciendo, pensando o sintiendo. También nos indican cuándo ocurre esa acción o estado (en el pasado, presente o futuro) y pueden comunicar ideas más complejas, por ejemplo, si algo sucede a menudo o si hay una posibilidad de que algo suceda en el futuro.

Infinitivo y presente

El **infinitivo** es la base del verbo, como *amar*, *comer* y *dormir*. El infinitivo se puede utilizar de muchas formas en una oración.

Estos son algunos ejemplos:

Tong promete volver *antes del mediodía.*
Caminar era la decisión más lógica.

El tiempo presente es la forma del verbo que comunica hechos o indica que algo sucede regularmente. Por ejemplo:

Los asistentes viajan *al trabajo en subterráneo, pero su jefe va en limusina.*
Yo viajo *al trabajo todas las mañanas en el subterráneo.*
Ella habla *inglés.*
Yo soy *de Filadelfia.*
Los perros ladran *y los gatos* maúllan.
En el Caribe el agua es *verde marino.*
Marissa corre *cinco millas todos los fines de semana.*

El tiempo presente del modo indicativo se forma de la siguiente manera, tomando el verbo *manejar* como ejemplo:

	SINGULAR	PLURAL
Primera persona (yo/nosotros)	manejo	manejamos
Segunda persona (tú/ustedes)	manejas	manejan
Tercera persona (él/ellos)	maneja	manejan

Gerundios

El gerundio se usa en perífrasis verbales con verbos auxiliares o como adverbio de modo que modifica la acción de un verbo con otra expresión verbal. Cuando se usa con verbos auxiliares, el gerundio indica que una acción está en desarrollo. Cuando se lo usa como adverbio, el gerundio se refiere a acciones que ocurrieron antes o durante la acción del otro verbo.

Ejemplo de gerundios usados con verbo auxiliar:

> *Juan está tocando el piano.*
> *Los estudiantes estuvieron estudiando.*

Ejemplo de gerundios usados como adverbios:

> *Juan se divierte estudiando literatura.*

En esta oración, Juan se divierte y estudia al mismo tiempo.

> *Estudiando mucho, Juan se graduó con honores.*

En esta oración, Juan primero estudió y después se graduó.

Pretérito perfecto simple

El **pretérito perfecto simple** es la forma verbal que expresa lo que sucedió en un momento específico en el pasado.

> *Ayer* llovió *durante tres horas.*
> *Ella* abrió *la puerta y* recibió *a los invitados.*

Pretérito Perfecto Compuesto

El **pretérito perfecto compuesto** de un verbo está formado por el verbo auxiliar *haber* conjugado en presente y el participio del verbo principal (p. ej., ha cuidado, he perdonado, han pensado, etc.).

Pretérito pluscuamperfecto

Se utiliza con el verbo auxiliar *haber* en pretérito imperfecto. El **pretérito pluscuamperfecto** indica que una acción ocurrió en el pasado antes de que sucediera otra acción en el pasado. Esto puede parecer confuso, pero es muy probable que use este tiempo verbal a diario. Observe estos ejemplos:

> *Ayer Teresa me dijo que pensaba que Harry* había jugado *demasiado al golf durante su luna de miel.*

Observe que la oración nos coloca en un punto en el tiempo (cuando Teresa estaba hablando y pensando) y se usa el pretérito pluscuamperfecto para volver a un punto anterior en el tiempo cuando algo sucedió en su luna de miel.

> *Jack terminó antes sus vacaciones porque se quebró el tobillo en Londres, pero igualmente dijo que* había disfrutado *mucho su estadía en París.*

En esta oración nos colocamos en el momento en que Jack terminó sus vacaciones y nos remontamos al momento en que disfrutó su estadía en Paris.

> *Los padres de Aisling siempre* habían querido *que fuera doctora, pero cuando estaba en la universidad, ella decidió estudiar letras.*

El momento en que los padres de Aisling querían que fuera doctora sucedió antes del momento en que ella decidió estudiar letras.

Modo condicional

El modo condicional se utiliza para expresar incertidumbre, particularmente (pero no exclusivamente) en oraciones condicionales.

Es muy probable que, sin saberlo, use el modo condicional todo el tiempo en su vida diaria. Las oraciones condicionales tienen la siguiente estructura: *si algo sucede, esto otro sucede.* Observe estos ejemplos:

> *Me iré* si *tú me lo pides.*
> Si *no sabes de dónde salieron estas galletas, no debes comerlas.*

Ahora observe estos ejemplos de oraciones condicionales en pasado.

> *Hubiera traído un protector solar si hubiera sabido que iba a haber tanto sol.*
> *Si realmente hubieras querido conservar ese trabajo, hubieras llegado a la oficina a tiempo.*
> *Si alguien me hubiera llamado para decirme que el consultorio del médico estaba cerrado, me hubiera quedado acostada.*

Uso coherente de los tiempos verbales

Un error común al escribir es cambiar de tiempo verbal cuando no es necesario ni correcto hacerlo. Quizá se le pida que detecte este error en el examen RLA de GED®.

Si un escritor indica que determinada acción ocurre en determinado momento, debería usar el tiempo verbal de forma coherente al escribir sobre esa acción en otra parte de la oración (párrafo o historia). Observe estos ejemplos:

> **Incorrecto:** *Se fue de la casa y* olvida *las llaves en la cocina.*
> **Correcto:** *Se fue de la casa y* olvidó *las llaves en la cocina.*

> **Incorrecto:** *Jon se* inscribió *para correr la maratón, pero después de hablar con su médico,* decide *que sería demasiado extenuante.*
> **Correcto:** *Jon se* inscribió *para correr la maratón, pero después de hablar con su médico,* decidió *que sería demasiado extenuante.*

Concordancia entre sujeto y verbo

En gramática, concordancia significa que el verbo debe coincidir con el sujeto. Si el sujeto es singular, el verbo debe estar en singular. Si el sujeto es plural, el verbo debe estar en plural. Debido a que con frecuencia usamos incorrectamente la gramática al hablar, identificar la concordancia correcta entre sujeto y verbo puede ser difícil.

Lea los siguientes ejemplos en los que se resaltan errores comunes de concordancia:

> **Incorrecto:** El presidente, *junto a su esposa e hijas,* van *a Hawaii de vacaciones.*
> **Correcto:** El presidente, *junto a su esposa e hijas,* va *a Hawaii de vacaciones.*

A pesar de que sabemos que son varias las personas que se van de vacaciones (el presidente, su esposa y sus hijas), la oración en realidad tiene un solo sujeto: *el presidente*. La frase *junto a su esposa e hijas* es tan solo información secundaria. La misma está separada por comas y no es esencial para la gramática de la oración. Dado que el sujeto real (*el presidente*) es singular, el verbo también debería ser singular: *va*.

NOTA

Es fácil leer oraciones como la que aparece en el primer ejemplo y pensar que son correctas. Esto se debe a que la palabra en plural (en este caso *hijas*) está justo antes del verbo. La frase *hijas van* se oye natural, a pesar de que en esta oración no es correcta. Asegúrese de tener presente cuál es el verdadero sujeto de una oración para saber cuál es la forma que debe revestir el verbo.

Incorrecto: *El jurado* dejaron *la sala para tomar* su *decisión*.

Correcto: *El jurado* dejó *la sala para tomar* su *decisión*.

A pesar de que *jurado* hace referencia a un grupo de personas, en realidad la palabra *jurado* es un sustantivo singular, lo cual significa que todos los miembros del jurado se toman como una unidad.

Estos son ejemplos de otros sustantivos que pueden parecer plurales en principio, pero por lo general se los trata como singular y el verbo va en singular. *equipo, familia, grupo, banda, comité, tribu, público* y *rebaño*.

Incorrecto: *Ese* boxeador no *tienen ninguna oportunidad de ganarle a Carl.*

Correcto: *Ese* boxeador no *tiene ninguna oportunidad de ganarle a Carl.*

Boxeador es singular, por lo tanto, debería estar seguido por una forma verbal en singular. *Tienen* es una forma plural.

Cómo hacer para que la concordancia entre sujeto y verbo sea correcta

Su mayor desafío al decidir si la concordancia entre sujeto y verbo en una oración es correcta será determinar qué o quién es el sujeto de la oración.

En la mayoría de los casos, esto es simple y le saldrá naturalmente. Pero como vio en los ejemplos previos, a veces el sujeto real no es obvio a primera vista.

Este es otro ejemplo. ¿Puede identificar el sujeto de la oración?

Solo uno de los estudiantes se registró para la clase.

En esta oración, el sujeto es *uno*, no *estudiantes*. Aunque puede parecer que los estudiantes están realizando la acción, el verdadero sujeto de la oración es *uno* de los estudiantes (quienquiera que sea), lo que significa que es necesario usar el verbo singular *registró*.

Dos o más sustantivos asociados pueden tratarse como un todo unitario y conformar un singular. Esto quiere decir que estas palabras unidas funcionan como núcleo del sujeto.

La entrada y salida de aviones ha sido suspendida.

Sin embargo, si se separan los sustantivos anteponiendo a cada uno de ellos un determinante (artículo, demostrativo, posesivo, etc.), se impone el *plural*. Esto, porque ahora se los considera como dos elementos independientes y ya no están unidos.

Ejemplo:

La entrada y la salida de aviones fueron suspendidas.
La inauguración y la clausura serán anunciadas luego.

Cada sustantivo está precedido por un artículo, por lo tanto, se consideran dos elementos.

Ahora observe este ejemplo:

Fresa y chocolate es mi sabor favorito de helado.

A pesar de que la frase *fresa y chocolate* está conformada por dos sustantivos, sabemos que el término *fresa y chocolate* se refiere a una cosa: un sabor particular de helado. En este caso, se trata la frase completa como un sujeto, así que se usa una forma verbal en singular (*es*).

Estos son otros ejemplos de sujetos que pueden parecer plural a primera vista pero que en realidad son singulares:

Los Espaguetis y albóndigas *era mi plato favorito cuando era niña.*
The New York Times *se entrega en mi puerta todas las mañanas.*
Estados Unidos *nunca ha ganado una medalla de oro en ese deporte.*

Este es otro tipo de oración que habitualmente provoca problemas de concordancia entre sujeto y predicado: las oraciones en las que se usa *hubo/había*. El verbo *haber*, además de ser verbo auxiliar, es un verbo impersonal; es decir, no posee sujeto. Un verbo impersonal se conjuga en tercera persona del singular: llovió, anocheció, hay. "Haber" (y los demás verbos impersonales) no llevan sujeto, por lo tanto, no concuerdan con ningún otro elemento de la oración. Por ejemplo:

Hubo un problema durante la presentación de mi tesis.

Un problema es el objeto directo de la oración, no el sujeto, por lo tanto, no es necesario que haya concordancia entre ellos.

Incorrecto: Hubieron *tres asientos vacíos.*
Correcto: Hubo *tres asientos vacíos.*

El verbo *haber* como impersonal no admite el plural en ninguno de sus tiempos y aunque su uso sea extendido e inconsciente, contraviene las normas del idioma.

Práctica

Para cada oración, complete el espacio en blanco ya sea con el verbo en *singular* o en *plural*.

1. Red Rocks _____ (ser) su lugar de conciertos favorito en Colorado.

2. Julio, al igual que el resto de la banda, _____ (entusiasmar) por actuar en Red Rocks.

En las siguientes tres oraciones, seleccione la mejor revisión para la parte subrayada de la oración.

3. Gerald y Yolanda me <u>habían visitado</u> ayer.
 a. visitaron
 b. están visitando
 c. visitan
 d. hubieron visitado

4. Ni tú ni tus primos <u>apareciendo</u> en la fotografía.

   a. aparecían

   b. están apareciendo

   c. aparecen

   d. aparecer

Pronombres

Para comprender cuál es el uso correcto de los pronombres, primero debe entender claramente qué es un sustantivo. Los **sustantivos** son palabras que identifican objetos.

> **Personas:** estudiantes, hermano, David, vecino
>
> **Lugares:** Ciudad de Nueva York, océano, universidad, Júpiter
>
> **Cosas:** libros, sábado, traje de baño, Armada de Estados Unidos
>
> **Ideas y cualidades:** belleza, fe, enojo, justicia

Un **pronombre** es una palabra que reemplaza o hace referencia a un sustantivo. Observe estos ejemplos:

> Sheldon *prefiere cereales en lugar de tostadas con jalea.*

Esto también se puede expresar así:

> Él *prefiere cereales en lugar de tostadas con jalea.*

> *El viernes pasado,* Josh *condujo hasta la cabaña de* Kathy *y* Tina.

Esto también se puede expresar con pronombres del siguiente modo:

> *El viernes pasado,* él *condujo hasta* su *cabaña.*

> A Jackson *no le importa nadie más que* Jackson.

Esto también se puede expresar con pronombres del siguiente modo:

> A él *no le importa nadie más que* él mismo.

Hay muchos pronombres en español, que varían según el tipo de sustantivo que reemplacen y qué función cumplan en la oración. Estos son algunos ejemplos de pronombres: *yo, tú, él, ella, nosotros, ellos, quien, mío, tuyo.*

Pronombres y antecedentes

Cuando se usa un pronombre en una oración, debería estar claro qué sustantivo reemplaza o a qué sustantivo hace referencia. Este sustantivo se llama **antecedente**. Por ejemplo:

> Adam *se fue de viaje.* Él *se divirtió mucho mientras estuvo de vacaciones en Puerto Rico.*

El pronombre *él* es otra forma de decir el nombre *Adam. Adam* es el antecedente de *él*.

Este es otro ejemplo:

> Mis abuelos *han estado juntos durante muchos años.* Ellos *se conocieron cuando estaban en la universidad.*

El pronombre plural *ellos* reemplaza al sustantivo plural *abuelos,* que es el antecedente.

Tal vez esto parezca simple, pero la confusión causada por los pronombres y antecedentes puede surgir en oraciones más complicadas. Es posible que se le pida que busque o corrija este tipo de problema en el examen RLA de GED®.

Observe esta oración incorrecta:

> *A pesar de lo que el presidente les dijo a los periodistas,* ellos *no van a autorizar la acción militar.*

La oración puede sonar correcta, pero si lo pensamos bien, ¿realmente sabemos a quién hace referencia el pronombre *ellos*? (Dicho de otro modo: ¿Sabemos cuál es el antecedente de *ellos*?).

Ellos es un pronombre plural, así que no se puede referir a *el presidente*, que es un sustantivo singular. Podría referirse a *los periodistas*, que es un sustantivo plural, pero esto no tiene sentido lógico puesto que los periodistas no están a cargo de las fuerzas armadas.

¿*Ellos* hace referencia a algún otro grupo de personas (miembros de un comité o generales del ejército)? ¿O debería cambiarse por *él* para hacer referencia al *presidente*?

Como puede ver, cuando el pronombre no tiene un antecedente claro, el significado de toda una oración puede ser confuso.

Pronombres posesivos

Los pronombres posesivos sustituyen al sustantivo y a la vez expresan posesión. Los pronombres posesivos concuerdan con el género de la cosa sobre que recae la posesión que expresan; y no con el del sustantivo que enuncia el poseedor.

Incorrecto: *Los globos violetas y verdes eran* suyo.
Correcto: *Los globos violetas y verdes eran* suyos.
Incorrecto: Su *orejas eran grandes.*
Correcto: Sus *orejas eran grandes.*

Observe que algunos pronombres posesivos funcionan como adjetivos y se usan para describir un sustantivo. Por ejemplo: *mi* automóvil (*mi* describe el sustantivo *automóvil*), *sus* zapatos (*sus* describe el sustantivo *zapatos*) y *tus* fresas (*tus* describe el sustantivo *fresas*).

Otros pronombres posesivos funcionan como sustantivos, por ejemplo:

El automóvil azul es mío.
Esos zapatos son suyos.
Las tuyas *son más dulces que las* nuestras.

Asegúrese de estar familiarizado con la ortografía de ambos tipos de pronombres posesivos:

Posesivo (adjetivo)	Posesivo (sustantivo)
mi	mío
tu	tuyo
su	suyo
nuestro	nuestro
sus	suyos

Lea la siguiente oración. Luego, reemplace las palabras subrayadas por los pronombres correctos:

Cuando Tony, el amigo de Lisa y Jim, llegó de Irak, <u>Lisa y Jim</u> lo llevaron al restaurante favorito <u>de Tony</u> y le dijeron que pidiera el platillo favorito <u>de Tony</u>.

Cuando Tony, el amigo de Lisa y Jim, llegó de Irak, *ellos* lo llevaron a *su* restaurante favorito y le dijeron que pidiera *su* platillo favorito.

Lisa y Jim se reemplaza por *ellos* porque *Lisa y Jim* funciona como sujeto de la oración (Lisa y Jim son las personas que realizan la acción principal de llevar a Tony a cenar).

Para darse cuenta del resto de las respuestas (los pronombres que reemplazan la palabra *Tony*) pregúntese si *Tony* es el sujeto (quien realiza la *acción*) *o un objeto* (quien recibe la acción).

Pronombres combinados con otros sustantivos

Con frecuencia los pronombres se combinan con otros sujetos u objetos en una oración. Por ejemplo, en la siguiente oración, hay un sujeto (*Ruth*) y dos objetos (*Peter* y _____).

Ruth nos llevó a Peter y a _____ al partido de fútbol.

¿Sabe qué pronombre debería completar el espacio?

Ruth nos llevó a Peter y a *mí* al partido de fútbol.

Ruth nos llevó a Peter y a *yo* al partido de fútbol.

A pesar de que la segunda oración puede sonar correcta, no lo es. (Puede sonarle correcta porque oímos este tipo de frases todo el tiempo. Muchas personas las utilizan porque creen que suenan mejor o es más sencillo, pero en realidad son gramaticalmente incorrectas).

La primera oración es correcta. La palabra *mí* (con tilde) es un pronombre personal que siempre lleva delante una preposición (en este caso "a"). *Yo* es un pronombre personal que no va precedido por una preposición y, por lo tanto, no es correcto en esta oración.

Hay un truco fácil para encontrar el pronombre correcto en situaciones como esta (cuando se combina un pronombre con otro sustantivo y usted quiere saber qué tipo de pronombre utilizar): **Tache la otra frase** (en este caso, *Peter y*) **y luego vea qué pronombre necesita.** Aquí sería:

Ruth me llevó a mí *al partido de fútbol.*

Nunca diríamos:

Ruth me llevó a yo al partido de fútbol.

Práctica

En cada una de las siguientes preguntas, elija el pronombre más adecuado.

5. A Joe le robaron _____ auto en el supermercado.
  a. él
  b. su
  c. suyo
  d. ninguna de las anteriores

6. Alguien olvidó cerrar con llave _____ casillero del gimnasio.
  a. su
  b. suyos
  c. sus
  d. se

7. ¡El clóset está tan oscuro! No puedo distinguir cuál saco es _____ y cuál es _____.
  a. tu, mi
  b. tuyo, mío
  c. nuestro, su
  d. nuestro, se

Modificadores mal colocados

Se designa con el nombre de **modificador** a toda palabra o conjunto de palabras que se une a una parte de la oración para calificar, determinar, constreñir o ampliar su significado. Los modificadores más comunes son los adjetivos y los adverbios. Debido a su ubicación, algunos modificadores pueden causar ambigüedad en la expresión. Para evitar esta anomalía, coloque el adjetivo o el adverbio lo más cerca posible de la palabra que modifica.

Cómo descubrir los modificadores mal colocados

Incorrecto: *El participante declaró que había ingerido sustancias prohibidas repetidamente.*

Aquí no queda claro si lo que se hizo *repetidamente* fue declarar o ingerir sustancias prohibidas.

El adverbio *repetidamente* es un **modificador mal colocado.**

Aquí se muestran dos versiones de la misma oración escrita correctamente:

Correcto: *El participante declaró que había ingerido repetidamente sustancias prohibidas.*

Correcto: *El participante declaró repetidamente que había ingerido sustancias prohibidas.*

NOTA

Muchos modificadores se encuentran al comienzo de la oración, pero también pueden aparecer en otras partes.

Cómo descubrir los modificadores mal colocados

Ahora veamos otro tipo de **modificadores mal colocados**. Estos son frases u oraciones que aparecen en un lugar equivocado de la oración, así que parece que describieran una cosa cuando en realidad describen otra.

Por ejemplo:

Incorrecto: *Diez minutos más tarde, un hombre de aspecto triste con un traje sucio con dientes amarillos ingresó en la sala.*

Correcto: *Diez minutos más tarde, un hombre de aspecto triste que llevaba puesto un traje sucio y tenía dientes amarillos ingresó en la sala.*

El traje no tenía dientes amarillos, el hombre sí.

Incorrecto: *Les dio dulces caseros a los niños envueltos en papel metálico.*

Correcto: *Les dio a los niños dulces caseros envueltos en papel metálico.*

Los niños no estaban envueltos en papel metálico, los dulces sí.

Solo, únicamente, apenas, casi

Las palabras *solo, únicamente, apenas,* y *casi* deberían aparecer antes del sustantivo o verbo que se modifica. El lugar donde se encuentran determina el mensaje de la oración.

Solo Peter corrió a la tienda. (Nadie más que Peter fue).

Peter solo corrió a la tienda. (No fue a ningún otro lugar).

Peter corrió únicamente a la tienda. (No corrió hacia ningún otro lugar).

Peter únicamente corrió a la tienda. (Corrió a la tienda y no hizo nada más).

Práctica

Seleccione la mejor revisión para cada una de las siguientes oraciones.

8. Mudándose a Nevada, el camión de Shira se rompió.

   a. Mientras Shira se estaba mudando a Nevada, su camión se rompió.

   b. El camión de Shira, al mudarse a Nevada, se rompió.

   c. El camión de Shira se rompió mientras se mudaba a Nevada.

   d. La oración es correcta como está.

9. Agotado después de un largo día en la oficina, solo Tom usó la cinta durante diez minutos antes de volver a casa.

   a. Después del agotador día de Tom en la oficina, solo usó la cinta durante diez minutos antes de volver a casa.

   b. Agotado después de un largo día en la oficina, Tom volvió a casa después de usar solo la cinta durante diez minutos.

   c. Agotado después de un largo día en la oficina, Tom usó la cinta durante solo diez minutos antes de volver a casa.

   d. La oración es correcta del modo en que está.

10. Los historiadores se han preguntado si el general Thomas Herald realmente era una mujer disfrazada durante más de 200 años.

   a. Durante más de 200 años, los historiadores se han preguntado si el general Thomas Herald era realmente una mujer disfrazada.

   b. Los historiadores se han preguntado: ¿el general Thomas Herald realmente era una mujer disfrazada durante más de 200 años?

   c. Los historiadores se han preguntado si el general Thomas Herald, disfrazado, en realidad era una mujer durante más de 200 años.

   d. La oración es correcta como está.

Pistas del contexto

Hasta los grandes lectores a veces se encontrarán con palabras desconocidas en un texto. Una forma de descubrir el significado de estas palabras es usar las **pistas del contexto**. Estas son pistas que se incluyen en la oración o el pasaje y que ayudan al lector a comprender el significado de las palabras.

Los autores habitualmente usan **sinónimos** o palabras con significados similares para ayudar al lector a comprender términos desconocidos.

> *A partir de este semestre, los estudiantes tendrán un día <u>abreviado</u> o más corto todos los miércoles.*

En esta oración, el autor incluyó el sinónimo *corto* para explicar lo que quiere decir con *abreviado*. Esta pista del contexto ayuda a los lectores a resolver el significado de una palabra que podría ser desconocida.

El autor también puede incluir **antónimos** (o palabras con significados opuestos) para explicar la definición de una palabra.

> *Por favor, tenga en cuenta que se espera que tanto <u>residentes</u> como visitantes estacionen sus automóviles del lado oeste del edificio.*

Esta oración habla sobre *residentes* y *visitantes*. Entonces, podemos concluir que los residentes son diferentes que los visitantes. Dado que probablemente sepa que los visitantes son personas que no viven en el edificio, puede darse cuenta de que los *residentes* son personas que sí viven allí.

Por lo general, se usan **definiciones** o **explicaciones** como pistas del contexto.

> *El niño <u>reacio</u> no tenía ganas de compartir su proyecto con la clase.*

En esta oración el autor explicó el significado de *reacio* al decir que el niño *no tenía ganas*.

Los **ejemplos** son otro tipo de pista del contexto que se puede utilizar para determinar el significado de palabras desconocidas.

> *La Sra. Greene mostró fotografías de varios <u>monumentos</u> que aparecen en los libros de historia de los estudiantes, incluida la Estatua de la Libertad, el Homenaje a Lincoln y la Campana de la Libertad.*

Esta oración incluye tres ejemplos de monumentos: la Estatua de la Libertad, el Homenaje a Lincoln y la Campana de la Libertad. Con estos ejemplos, podemos darnos cuenta de que un *monumento* debe ser una estructura o lugar famoso que tiene una importancia especial.

CONSEJO

Al observar las pistas del contexto, asegúrese de revisar las oraciones que rodean la palabra desconocida. Estas pistas pueden encontrarse en las oraciones previas y posteriores a la oración que contiene la palabra en cuestión o incluso pueden estar en otra parte del párrafo.

A medida que lee las siguientes oraciones, busque pistas del contexto que podrían ayudarlo a determinar el significado de las palabras subrayadas. Luego, responda las preguntas que siguen a continuación.

Escalamos todo el día hasta llegar a la <u>cúspide</u>, o cima de la montaña. No habíamos comido nada desde hacía varias horas y estábamos <u>famélicos</u>. Tenía tanta hambre que no pude esperar hasta el almuerzo. Mientras comíamos, hablamos de muchos temas, algunos <u>frívolos</u>, otros serios. Después de comer durante una hora, relajarnos y disfrutar de una vista hermosa, comenzamos la caminata de regreso.

1. ¿Qué significa *cúspide*?

_____

2. ¿Qué pistas lo ayudaron a determinar el significado?

_____

El sinónimo *cima* probablemente lo haya ayudado a darse cuenta de que *cúspide* significa cima o punto más alto de la montaña.

3. ¿Qué significa *famélicos*?

_____

4. ¿Qué pistas lo ayudaron a determinar el significado?

_____

La oración explica que los excursionistas no habían comido nada desde hacía varias horas. La oración siguiente incluye la frase "tanta hambre". Estas pistas del contexto probablemente lo hayan ayudado a darse cuenta de que *famélicos* significa "extremadamente hambriento". Observe que algunas de las pistas estaban en la oración que precedía la palabra subrayada. También observe que se hallaron pistas en más de un lugar. Asegúrese de revisar el párrafo completo para encontrar pistas que pueden ayudarlo a determinar el significado.

5. ¿Qué significa *frívolo*?

_____

6. ¿Qué pistas lo ayudaron a determinar el significado?

_____

En el párrafo se indica que algunos de los temas que los excursionistas debatieron fueron *frívolos* y que otros fueron *serios*. Este uso de un antónimo nos indica que algo que es *frívolo* no es serio.

Palabras con varios significados

Muchas palabras tienen más de un significado. A medida que leemos, es importante saber qué significado pretende transmitir el autor. Observe cómo se usa la palabra *banco* en las siguientes oraciones:

Fuimos al <u>banco</u> a retirar dinero, pero ya había cerrado.

Él estaba sentado en el <u>banco</u>, pero se paró rápidamente cuando la vio llegar.

Cuando fueron a bucear, tomaron fotografías de un gran <u>banco</u> de peces.

En la primera oración banco tiene el significado de "institución financiera". En la segunda oración banco *tiene el* significado de "lugar para sentarse". En la tercera oración *banco tiene* el significado de "conjunto de peces".

Pero si las palabras tienen más de un significado, ¿cómo saber cuál es el correcto? Usted deberá usar las pistas del contexto. Piense qué definición tiene sentido en esa oración en particular.

Lea la siguiente oración.

El detective dijo que los intrusos se fueron sin dejar <u>rastro</u>.

¿Cuál es el significado de *rastro* en esta oración?

   a. mercado callejero
   b. señal o huella
   c. instrumento para recoger hierba
   d. instrumento de labranza

En esta oración el detective no pudo encontrar ninguna señal o huella de que los intrusos hayan estado allí. Si bien todas las opciones de respuesta son una definición de *rastro*, solo la opción **b** tiene sentido en el contexto de la oración.

Homónimos

Los *homónimos* son palabras que se escriben o suenan igual pero tienen distinto significado.

Para evitar la confusión en el examen GED® (y en la vida diaria), tenga presente la *existencia* de estas palabras y familiarícese con las mismas.

Algunos ejemplos:

casar/cazar

Estas dos palabras pueden confundirse. *Casar*: contraer matrimonio, *cazar*: salir de cacería.

traje

   traje: prenda de vestir
      Siempre usa *traje* para ir a trabajar.
   traje: acción de traer algo
      Traje un litro de leche.

sobre

   sobre: cobertura de papel para cartas (sustantivo)
      Colocó la carta en el *sobre* y la llevó al correo.
   sobre: algo que está por encima de otra cosa
      La carta está *sobre* la mesa.
   sobre: algo que trata acerca de un tema
      En el libro se habla *sobre* la vida del autor.

Recursos literarios

Metáforas

Antes de explicar lo que son, observe este ejemplo de una metáfora:

Janie era el <u>corazón</u> de la organización: todas las ideas provenían de ella y volvían a ella para que hiciera comentarios.

Aquí *el corazón* es una metáfora. Janie no era literalmente un corazón, pero actuaba como corazón de la organización. Todas las ideas fluían a través de ella, como la sangre circula desde el corazón y vuelve a él en el cuerpo humano.

Una **metáfora** es una palabra o frase que dice una cosa y es utilizada por el escritor para referirse a otra cosa y mostrar que ambas son similares.

Este es otro ejemplo: *Su sonrisa es un rayo de sol que hace que las personas se sientan felices, sin importar cuán deprimidas estén.*

Por supuesto, la sonrisa no es literalmente un rayo de sol. El escritor está utilizando la metáfora *un rayo de sol* para expresar el efecto positivo que la sonrisa de la persona tiene en las personas que la rodean.

Símiles

Los **símiles** son parecidos a las metáforas pero en ellos se usa la palabra *como* o la frase *tan... como*. Por ejemplo:

Su sonrisa es *como un rayo de sol.*
Mi cachorro Waldo es *tan dulce como un oso de peluche.*
Hacer mandados para mi jefe es *tan divertido como ir al dentista.*

Este es un ejemplo que proviene de un párrafo muy descriptivo que aparece en el cuento "Una rosa para Emilia" de William Faulkner:

Cuando pasaban de un rostro a otro mientras los viajeros explicaban el motivo de su visita, sus ojos, perdidos en los abultados pliegues de su tez, parecían dos pequeñas piezas de carbón colocadas a presión en una masa.

Observar el lenguaje figurado de forma más detallada

En algunos pasajes, el uso de lenguaje figurado puede ser mucho más complicado que en las oraciones de la sección anterior, pero si lo analizamos, podemos ver el significado oculto.

En el discurso de toma de posesión de John F. Kennedy en 1961 se utilizó lenguaje figurado para hablarle al público sobre ideas complejas. En el segundo párrafo, que se reproduce aquí, podemos ver varios ejemplos.

FRAGMENTO

No debemos olvidar que somos los herederos de esa primera revolución. Aquí y ahora dejemos que se corra la voz, a nuestros amigos y enemigos por igual, de que la antorcha ha pasado a una nueva generación de estadounidenses (nacidos en este siglo, templados por la guerra, instruidos por una paz dura y amarga, orgullosos de su antigua tradición), y que no estamos dispuestos a presenciar ni permitir la lenta ruina de esos derechos humanos con los que nuestro pueblo siempre ha estado comprometido y con los que estamos comprometidos hoy, en esta nación y en todo el mundo.

Veamos la primera oración:

No debemos olvidar que somos los herederos de esa primera revolución.

Al usar la palabra *herederos*, el presidente Kennedy comunica una profunda sensación de obligación al público estadounidense que lo escucha. Oír esa palabra hace que el público piense en la historia familiar y la conexión.

Ahora, veamos la segunda oración:

Aquí y ahora dejemos que se corra la voz, a nuestros amigos y enemigos por igual, de que la antorcha ha pasado a una nueva generación de estadounidenses (nacidos en este siglo, templados por la guerra, instruidos por una paz dura y amarga, orgullosos de su antigua tradición), y que no estamos dispuestos a presenciar ni permitir la lenta ruina de esos derechos humanos con los que nuestro pueblo siempre ha estado comprometido y con los que estamos comprometidos hoy, en esta nación y en todo el mundo.

En esta oración (muy larga), la imagen de una llama en la antorcha sugiere el poder y la intensidad del llamado a la acción que hace Kennedy. La metáfora adquiere aún más intensidad y genera mayor atmósfera gracias a la imagen de una maratón olímpica (la antorcha ha pasado), en la que un corredor literalmente pasa una antorcha encendida al próximo corredor en un equipo de relevos.

Antes de rendir el examen GED®, practique sus habilidades gramaticales mediante la construcción de oraciones y la revisión de cómo se unen sus partes. Lea activamente, hágase preguntas y revise la sintaxis del lenguaje que se usa en los pasajes que lee. Cuanto más revise la información que se presenta en esta sección, más éxito tendrá en el examen RLA de GED®.

Revisión de lenguaje y gramática

Para las preguntas 11 a 15, seleccione la versión correcta de la oración o parte de la oración subrayada que aparece en el pasaje.

La generación del milenio adopta un nuevo enfoque sobre el equilibrio entre la vida y el trabajo
—*Adaptado de un artículo publicado en Brandpoint.com*

11. Cada vez más, la generación del milenio viaja para trabajar. En un mes promedio, una de cada cuatro personas pertenecientes a la generación del milenio se traslada de noche por motivos laborales al menos una vez a la semana. A medida que la línea entre la vida "personal" y "laboral" se hace más delgada para esta generación, <u>las personas del milenio encuentran cada ves más aventuras a través del ámbito laboral.</u>

   a. las personas del milenio encuentran cada ves más aventuras a travéz del ámbito laboral.

   b. las personas del milenio encuentran cada vez más aventuras a través del ámbito laboral.

   c. las personas del milenio encontraron cada vez más aventuras a través del ámbito laboral.

   d. La oración es correcta como está.

12. Según lo indica la Encuesta de Hilton Garden Inn Discovery and Connectionás, más que cualquier otro grupo, es muy probable que los viajeros de negocios pertenecientes a la generación del milenio agreguen días extra a sus viajes de negocios para realizar viajes por placer (84%).

   <u>A medida que la economía mejora los viajes de negocios en toda la nación van en aumento.</u>
   De acuerdo con la Global Business Travel Association, se espera que los viajes de negocios de EE. UU. crezcan un 5,1% en 2013.

   a. A medida que la economía mejora, los viajes de negocios en toda la nación van en aumento.

   b. A medida que la economía mejora los viajes de negocios, toda la nación va en aumento.

   c. A medida que la economía mejora, los viajes de negocios en toda la nación aumentaron.

   d. La oración es correcta del modo en que está.

13. A medida que más personas del milenio se ponen en marcha en busca de trabajo, tienen como prioridad algunos beneficios simples de viajes de negocios para satisfacer su apetito de aventura y descubrimiento:

Viajar gratis. Quienes viajan por negocios pueden ganar millas aéreas a sus nombres. Estas millas se acumulan rápidamente, lo que les permite a los viajeros mejorar la categoría de sus asientos o agregar otro destino sin incurrir en gastos adicionales. Luego, los viajeros de negocios pueden usar estas millas para llevar consigo a un amigo o ser querido, transformando rápidamente un viaje de negocios en vacaciones familiares o en una escapada romántica de fin de semana.

a. Quienes viajan por negocios pueden ganar millas aéreas a un nombre.

b. Quienes viajan por negocios pueden ganar millas aéreas a suyo nombre.

c. Quienes viajan por negocios pueden ganar millas aéreas a su nombre.

d. La oración es correcta del modo en que está.

14. Ganar beneficios en hoteles. Las estadías frecuentes en hoteles que ofrecen programas de recompensas pueden otorgar a los viajeros de negocios beneficios como estadías nocturnas gratuitas registros de salida tarde y desayunos de obsequio. Estos beneficios extra hacen que un viaje de negocios sea mucho más que eso, especialmente cuando las noches adicionales se usan para extender un viaje de negocios y transformarlo en unas vacaciones.

a. beneficios como estadías nocturnas gratuitas, registros de salida tarde, y desayunos de regalo.

b. beneficios como estadías nocturnas gratuitas, registros de salida tarde y desayunos de regalo.

c. beneficios como, estadías nocturnas gratuitas, registros de salida tarde, y desayunos, de regalo.

d. Esto es correcto como está.

15. La generación del milenio continúa estando a la vanguardia en lograr un equilibrio entre la vida personal y laboral <u>al usar los viajes de negocios para descubrir nuevas ciudades, degustar la gastronomía autóctona, explorar diferentes culturas y conectándose con personas nuevas en todo el planeta.</u>

a. al usar los viajes de negocios para descubrir nuevas ciudades, degustar la gastronomía autóctona, explorar diferentes culturas y conectarse con personas nuevas en todo el planeta.

b. al usar los viajes de negocios para descubrir nuevas ciudades, degustar la gastronomía autóctona, explorar diferentes culturas, mientras se conecta con personas nuevas en todo el planeta.

c. al usar los viajes de negocios descubriendo nuevas ciudades, degustando la gastronomía autóctona, explorando diferentes culturas y conectándose con personas nuevas en todo el planeta.

d. Esto es correcto como está.

16. Elija la oración en la que usan correctamente las mayúsculas.

a. Ella y juan esperan que les vaya bien a los Brooklyn Nets este año.

b. Ella y Juan esperan que les vaya bien a los Brooklyn Nets este Año.

c. Ella y Juan esperan que les vaya bien a los Brooklyn nets este año.

d. Ella y Juan esperan que les vaya bien a los Brooklyn Nets este año.

17. Seleccione la opción de respuesta en la que se usa correctamente la puntuación.

a. "Me casé con él porque creí que era un caballero. Pensé que era una persona bien educada, pero no me llega ni a los zapatos". Dice Catherine, un personaje de *El Gran Gatsby*.

b. "Me casé con él porque creí que era un caballero", dice Catherine, un personaje de *El Gran Gatsby*, "Pensé que era una persona bien educada, pero no me llega ni a los zapatos".

c. "Me casé con él porque creí que era un caballero" dice Catherine, un personaje de *El Gran Gatsby*. "Pensé que era una persona bien educada, pero no me llega ni a los zapatos".

d. Ninguna de las anteriores es correcta.

Respuestas y explicaciones

Práctica del capítulo

1. Red Rocks *es* su lugar de conciertos favorito en Colorado. Por sí sola, la palabra *rocks* es plural, por supuesto, pero *Red Rocks* es un sustantivo propio, es el nombre de un lugar específico en Colorado. Puesto que *Red Rocks* es un sustantivo singular, debemos usar *es*.

2. Julio, al igual que el resto de la banda, **está entusiasmado** por actuar en Red Rocks. El sujeto de la oración es *Julio*, no *Julio, al igual que resto de la banda*. ¿Por qué? La frase *al igual que el resto de la banda* está separada por comas como información secundaria. Dado que el sujeto de la oración (*Julio*) es un sustantivo singular (una persona), debemos usar *está entusiasmado* (la forma singular del verbo).

3. a. *Visitaron* es la forma del verbo *visitar* en pretérito perfecto simple, que tiene sentido en esta oración porque sabemos que esto sucedió ayer.

4. c. La forma del verbo debe coincidir con el sujeto *primos*. El verbo debe estar en plural. Por lo tanto, la opción correcta es *aparecen*.

5. b. Necesitamos un pronombre posesivo para *Joe*, un sustantivo masculino singular. Es decir, *su*.

6. a. No conocemos el sexo de la persona que se olvidó de cerrar el casillero, pero sabemos que es una persona (*alguien* es singular). En consecuencia, necesitamos usar *su* (pronombre posesivo singular).

7. b. Estos pronombres posesivos se usan correctamente y tienen sentido en esta oración.

8. a. *Mudándose a Nevada* es un modificador mal colocado. Todos sabemos que fue *Shira* quien se mudó a Nevada, no el camión. Pero en base a la estructura de esta oración, *mudándose a Nevada* modifica *el camión de Shira*. La revisión de esta opción corrige ese problema.

9. c. En la oración original, la palabra *solo* está en un lugar incorrecto y esta opción la mueve hacia donde debe estar, antes de *diez minutos*. ¿Qué tiene de malo la oración original? La palabra *solo* modifica algo equivocado; la oración dice que Tom *solo usó la cinta*. Por supuesto, sabemos que esto no es correcto. Tom seguramente hizo muchas otras cosas: probablemente abrió la puerta, caminó hasta las máquinas y seleccionó la cinta. Tal vez se cambió y se puso la ropa del gimnasio, bebió agua y saludó a un amigo.

10. a. El problema con la oración original es que la frase *durante más de 200 años* modifica algo equivocado, sugiere que el general puede haber estado disfrazado durante 200 años. Esto no tiene sentido, ¡nadie vive 200 años! Esta opción coloca *durante más de 200 años* antes de *los historiadores se han preguntado*, lo que ha existido durante más de 200 años es la pregunta.

Revisión de lenguaje y gramática

11. b. En esta oración se cambia correctamente *ves* por *vez*, haciendo un uso adecuado de las reglas ortográficas.

12. a. Es difícil darse cuenta porque la puntuación de la oración subrayada no es correcta, pero en realidad aquí hay dos oraciones. La primera (*A medida que la economía mejora*) es una oración subordinada, así que debería estar unida por una coma a la oración independiente que le sigue (*los viajes de negocios en toda la nación van en aumento*).

13. c. La palabra *sus* se debería cambiar por el pronombre posesivo *su*.

14. b. Esta oración incluye tres cosas: (1) *estadías nocturnas gratuitas*, (2) *registros de salida tarde* y (3) *desayunos de obsequio*. En una enumeración debe haber comas (o puntos y comas en casos especiales) después de cada elemento, excepto antes de "y". Esta revisión cumple con esa regla.

15. a. El problema con la oración que aparece en el pasaje es que contiene una enumeración que no es paralela. Hay una lista de cuatro elementos en la que los tres primeros están construidos de manera similar (*descubrir, degustar, explorar*) pero el cuarto elemento es diferente (*conectándose . . .*). Con esta revisión se corrige el problema. Cambia el cuarto elemento (*conectándose con personas nuevas*) por *conectarse con personas nuevas,* que coincide con la forma verbal de los otros elementos. La frase *conectarse con personas nuevas* también coincide gramaticalmente con la primera parte de la oración. La frase *conectándose con personas nuevas* no funciona. ¿Por qué? Elimine los primeros tres elementos de la enumeración para ver lo que realmente decimos con *conectándose.* La oración quedaría: *La generación del milenio continúa estando a la vanguardia en lograr un equilibrio entre la vida personal y laboral al usar los viajes de negocios para... conectándose con personas nuevas en todo el planeta,* pero esto no tiene sentido.

16. d. El nombre propio *Juan* y el sustantivo propio *Brooklyn Nets* están correctamente con mayúsculas.

17. c. Esta es la puntuación y organización correcta de una cita.

REVISIÓN

En este capítulo, usted aprendió dos estrategias que lo ayudan a comprender mejor los materiales de lectura:

1. Analizar las palabras en partes, como prefijos, sufijos y raíces, puede ser útil para determinar su significado. Pensar en palabras con raíces similares también puede ayudar a los lectores a darse cuenta del significado de las palabras desconocidas.

2. Las pistas del contexto tales como sinónimos, antónimos, definiciones y ejemplos pueden servir para darse cuenta de los significados de palabras desconocidas. Estas pistas pueden estar en la misma oración que la palabra desconocida o en las oraciones y el párrafo que la rodean.

6 ▶ LENGUA Y GRAMÁTICA: HABILIDADES DE GRAMÁTICA

RESUMEN DEL CAPÍTULO

Este capítulo contiene consejos y estrategias de escritura del examen GED® que lo ayudarán a tener éxito el día del examen. Usted aprenderá a reconocer y corregir errores en la estructura, uso, sintaxis y organización de las oraciones, así como también a identificar el objetivo de diferentes partes de un ensayo.

Como ha visto en los capítulos anteriores, el examen de Razonamiento a través de las artes del lenguaje de GED® pone a prueba habilidades tanto de lectura como de escritura. No se preocupe por eso, lo bueno es que prepararse para una parte lo ayuda a prepararse para la otra. Y, por supuesto, cuanto más practique, mejor puntuación obtendrá.

Estrategias para el examen GED®

En este capítulo, nos enfocamos en las habilidades esenciales de gramática y escritura. Entre los temas tratados se encuentran:

- estructura de la oración
- uso
- sintaxis
- organización

Además, también revisamos algunos consejos y estrategias del examen GED®. Junto a la información proporcionada en los capítulos anteriores, estas herramientas comprobadas para el éxito en el examen lo ayudarán a prepararse y distinguirse ese día.

Construcción de oraciones

La construcción de oraciones hace referencia a la forma en que se crean las oraciones: cómo se unen sujetos, verbos, objetos y otros elementos para expresar un pensamiento completo.

Oraciones completas

No se puede simplemente unir palabras para crear oraciones. Para formar una oración completa, es necesario tener tres elementos básicos:

1. Un **sujeto**. Este refiere a quién o de qué se trata la oración.
2. Un **predicado**. Este indica lo que el sujeto es o hace.
3. La oración debe expresar un **pensamiento completo**.

Observe este ejemplo:

El teléfono está sonando.

Esta es una oración breve pero completa. ¿Por qué? Cumple con los tres requisitos:

1. Tiene un sujeto: *el teléfono.*
2. Tiene un predicado: *está sonando.* Explica lo que el sujeto está haciendo.
3. Expresa un pensamiento completo. Sabemos lo que sucedió y qué estaba implicado.

Ahora observe estos ejemplos:

Siéntate.
No corras.
Déjame tranquilo.

¿Son oraciones completas? Sí. Son oraciones muy cortas pero completas que ordenan o le piden a alguien que haga algo. Puede ver que cada una tiene un predicado, ¿pero dónde está el sujeto? En lo que respecta a las órdenes, los expertos en gramática creen que el sujeto está integrado en la orden: el sujeto es la persona a la que se le habla. Lo importante que debe recordar es que las órdenes pueden formar una oración por sí mismas.

Si una cadena de palabras no tiene un sujeto o un predicado, es un **fragmento de oración**. Los fragmentos de oración no pueden valerse de sí mismos.

Práctica

Identifique el sujeto y predicado de las siguientes oraciones.

1. La mujer de la recepción está esperando al Sr. Williams.
   Sujeto: _____
   Predicado: _____

2. El Sr. Williams bajó las escaleras.
   Sujeto: _____
   Predicado: _____

Oraciones independientes y subordinadas

Una de las unidades básicas de la escritura es la **oración**: una serie de palabras que incluye un sujeto y un predicado. Las oraciones expresan un pensamiento completo y pueden funcionar de manera independiente. A estas se las conoce como **oraciones independientes**.

Sin embargo, otras oraciones expresan un pensamiento incompleto y no pueden funcionar de manera independiente. Estas se llaman **oraciones**

subordinadas. Para tener sentido completo, deben estar vinculadas a una oración independiente.

Estos son algunos ejemplos de ambos tipos:

> **Oración independiente:** *Comenzó a nevar.*
> **Oración subordinada:** *Después de que Emily ganó el concurso.*

Observe que la primera oración expresa una idea completa (comenzó a nevar) y que es una oración gramaticalmente correcta en sí misma.

Pero la oración subordinada está incompleta, necesita una resolución. (Después de que Emily ganó el concurso, ¿qué sucedió?) Así como está no es una oración. Es un fragmento de oración. Para crear una oración gramaticalmente correcta en este caso, usted puede hacer dos cosas:

- Simplemente eliminar la frase *después de que*:
  Emily ganó el concurso.
- Vincular la oración subordinada a una oración independiente mediante una coma:

> *Después de que Emily ganó el concurso,*   *saltó de alegría.*
>
> oración subordinada   oración independiente

Este es otro ejemplo:

> **Oración subordinada:** *Que debería evitar comer para perder peso.*

Así como está, no es una oración real. Para crear una oración real en este caso, usted puede:

- Eliminar la palabra *que*:
  Debería evitar comer para perder peso.
- Vincular la oración subordinada a una oración independiente. Por ejemplo:

> *Las papas fritas y las galletas son dos tipos de alimentos*   *que debería evitar comer para perder peso.*
>
> oración independiente   oración subordinada

Conjunciones coordinantes

Probablemente usted utilice **conjunciones coordinantes** todo el tiempo sin darse cuenta de que tienen un nombre. Se trata de palabras que se usan para conectar oraciones independientes y crear una oración más larga. Algunas conjunciones coordinantes son: *y/e, ni, o/u, pero, sino, aunque.*

Este es un ejemplo de cómo se utilizan:

> **Oración independiente:** *Esta tarde lloverá.*
> **Oración independiente:** *Igualmente quiero ir al partido.*

Podemos utilizar la conjunción coordinante *pero* para:

> *Esta tarde lloverá* pero *igualmente quiero ir al partido.*

Conjunciones subordinantes

Otra forma de conectar cláusulas es utilizar una **conjunción subordinante**, palabras como *después de que, porque* y *a menos que.*

A modo de ejemplo, unamos estas dos oraciones independientes:

> **Oración independiente:** *Nadie saca la basura.*
> **Oración independiente:** *Huele horrible en el garaje.*

Según qué conjunción elijamos, comunicaremos más información sobre la situación del garaje. Por ejemplo:

> *Huele horrible en el garaje* porque *nadie saca la basura.*

Al usar *porque* comunicamos que el olor lo provoca el hecho de que nadie saca la basura. Si elegimos una conjunción diferente, describiremos un escenario diferente y comunicaremos algo diferente. Por ejemplo:

> A pesar de que *huele horrible en el garaje, nadie saca la basura.*

Este es otro ejemplo de dos oraciones independientes y de formas de conectarlas:

Oración independiente: *Jonathan renunció.*

Oración independiente: *Tuve que trabajar horas extra.*

Tuve que trabajar horas extra después de que *Jonathan renunció.*

Debido a que *Jonathan renunció, tuve que trabajar horas extra.*

Quizá haya notado que cuando se agrega una conjunción subordinante a una oración independiente, se crea una **oración subordinada**. Por ejemplo, en el ejemplo que acabamos de dar, *Jonathan renunció* es una oración independiente. A pesar de que son solo dos palabras, puede funcionar como una oración real en sí misma. Pero si se agrega una conjunción subordinante, ya no puede funcionar como una oración real por sí sola. Por ejemplo, *Debido a que Jonathan renunció* no es un pensamiento completo. Hace que el lector piense: ¿*Qué sucedió?*

Esta es una lista de conjunciones subordinantes comunes:

CONJUNCIÓN SUBORDINANTE	USO	EJEMPLO
porque dado que para que de modo que	demuestra causa y efecto o propósito	• Estamos asistiendo a clase *porque* queremos aprobar el examen GED®. • *Dado que* ya no trabajo en Cost Club, no puedo recibir un descuento para empleados. • Vivía al lado de Beekman Junior College *de modo que* pudiera caminar hasta la escuela todos los días.
antes después mientras cuando cuando sea hasta una vez tan pronto como siempre que	demuestra un tiempo o una secuencia de tiempo	• *Antes* de vivir en Mason City, vivía en Des Moines. • Me da urticaria *cuando* como fresas. • Puedo soportar la presión en el trabajo *siempre que* ejercite a diario.
a pesar de aunque mientras que pese a que	demuestra contraste	• Peter aprobó el examen *pese a que* estaba muy nervioso. • A Wendy le encanta leer libros para la escuela, *aunque* se distrae fácilmente. • A Jake le costaba ajustarse a un presupuesto, *mientras que* Bob siempre tenía sus cuentas en orden.
si a menos que	demuestra una condición	• *Si* estudias mucho y vienes a clases, tendrás éxito. • No puedes rendir el examen *a menos que* tengas una identificación apropiada.
como si así como por más que	demuestra similitud	• Era *como si* hubiera visto un fantasma. • *Por más que* quiera visitar a mi hija, no creo que pueda hacerlo hasta el año que viene.
donde donde sea	demuestra lugar	• Los niños quieren conocer el lugar *donde* vivían sus padres.

Práctica

Lea las dos oraciones y luego elija la oración compleja que NO las combina de manera correcta.

3. **Oración independiente:** *Me mudé a París.*
   Oración independiente: *Aprendí a hablar francés.*
   a. Me mudé a París, así que aprendí a hablar francés.
   b. Después de que me mudé a París, aprendí a hablar francés.
   c. Aprendí a hablar francés después de que me mudé a París.
   d. Me mudé a París donde sea que aprendí a hablar francés.

Oraciones mal construidas

Una **oración mal construida** se produce cuando una oración independiente se vincula con otra oración independiente sin una puntuación adecuada. A veces no se utiliza puntuación en absoluto, mientras que otras veces solo hay una coma entre los dos pensamientos.

Estos son algunos ejemplos de oraciones mal construidas:

> *Terri quiere irse ahora está cansada.*
> *Me creas o no es verdad no te mentí.*

Hay varias formas de corregir este tipo de error. Se puede:

- Agregar *puntos, signos de interrogación* o *signos de exclamación* para crear oraciones separadas.
- Agregar una *conjunción* (y una coma si es necesario) para unir las oraciones.
- Agregar *punto y coma, dos puntos* o *paréntesis* para unir las oraciones.
- *Volver a escribir* una o más de las oraciones.

Estas son algunas formas de corregir los ejemplos anteriores:

> *Terri quiere irse ahora. Está cansada.*
> *Terri quiere irse ahora porque está cansada.*
> *Me creas o no, es verdad. ¡No te mentí!*
> *Me creas o no, es verdad; no te mentí.*
> *Me creas o no, es verdad. No te mentí.*

Práctica

Seleccione la revisión que NO represente una buena forma de corregir la oración mal construida.

4. Greenville está en medio de la nada, es un lugar muy aburrido para crecer.
   a. Greenville está en medio de la nada. Es un lugar muy aburrido para crecer.
   b. Greenville es un lugar muy aburrido para crecer; en medio de la nada.
   c. Greenville es un lugar muy aburrido para crecer porque está en medio de la nada.
   d. Greenville es un lugar muy aburrido para crecer: está en medio de la nada.

Oraciones complejas

Como vimos anteriormente, muchas oraciones contienen tanto una oración subordinada como una oración independiente (unidas por la conjunción subordinante que se integra a la oración subordinada). Este tipo de oración se llama **oración compleja**. Una oración compleja puede comenzar tanto con la oración independiente como con la oración subordinada. La colocación de la coma depende de cómo se construye la oración.

> *Mientras ustedes dormían / , / la tormenta pasó por la ciudad.*
> **Oración subordinada / coma / oración independiente**

La tormenta pasó por la ciudad / mientras ustedes dormían.

Oración independiente / sin coma / oración subordinada

Debido a que nevó mucho en la ciudad / , / hoy se cancelarán las clases.

Oración subordinada / coma / oración independiente

Hoy se cancelarán las clases / porque nevó mucho en la ciudad.

Oración independiente / sin coma / oración subordinada

¿Observó un patrón en las comas? Cuando la oración subordinada se encuentra al inicio de la oración independiente, se necesita una coma entre las dos oraciones. Cuando la oración subordinada se encuentra al final de la oración independiente, no se necesita una coma.

Puede utilizar esta regla para corregir oraciones en el examen GED®. Asegúrese de comprender lo que dice la oración que está corrigiendo. A veces el significado de la oración u otras reglas gramaticales influirá en el hecho de que deba usar coma o no.

¿Cuál de las siguientes oraciones NO tiene una puntuación correcta?

a. A pesar de que comí mucho en la cena, igual quiero probar tus macarrones con queso.

b. Sé que estará delicioso porque el chef le agregó mucho queso y crema.

c. No te lo termines, antes de que pueda probarlo.

d. Si no quieres que coma, solo dímelo.

La opción **c** no tiene una puntuación correcta. Aquí la oración comienza con una oración *independiente*. No debería haber una coma.

Construcción paralela

Antes de que expliquemos esta idea, observe el siguiente ejemplo:

Cuando Jim estaba haciendo dieta, habitualmente comía solo arroz integral, pollo a la parrilla, ensalada y se daba un gusto con helado descremado de postre.

¿Observó algún problema con esta oración? El problema es que los elementos no son paralelos. El **paralelismo** es una regla gramatical que dice que todos los elementos similares que aparecen en una oración se deben escribir de manera similar.

Aquí, los elementos similares son las cuatro cosas que Jim comía cuando estaba haciendo dieta. Veamos:

1. arroz integral
2. pollo a la parrilla
3. ensalada
4. se daba un gusto con helado descremado de postre

Habrá notado que los primeros tres elementos son paralelos (son todos sustantivos) pero el cuarto elemento es diferente: es una frase larga que comienza con un verbo (*se daba*).

También hay otro problema. Observe las palabras que introducen esos cuatro elementos:

Cuando Jim estaba haciendo dieta, habitualmente comía solo . . .

Cada uno de los elementos debe tener sentido después de esa introducción. Para comprobarlo, simplemente coloque cada uno de los elementos después de la introducción.

Por ejemplo, el primer elemento tiene sentido:

Cuando Jim estaba haciendo dieta, habitualmente comía solo arroz integral.

El segundo elemento también es gramatical:

Cuando Jim estaba haciendo dieta, habitualmente comía solo pollo a la parrilla.

El tercer elemento también es gramatical:

Cuando Jim estaba haciendo dieta, habitualmente comía solo ensalada.

Pero el cuarto elemento no tiene sentido después de la introducción:

Cuando Jim estaba haciendo dieta, habitualmente comía solo se daba un gusto con helado descremado de postre.

Hay muchas formas de corregir la oración original pero esta es la forma más obvia:

Cuando Jim estaba haciendo dieta, habitualmente comía solo arroz integral, pollo a la parrilla, ensalada y helado descremado de postre.

Eliminamos *se daba un gusto con*. Ahora los cuatro elementos son paralelos: son todos sustantivos.

Práctica

5. Seleccione la mejor revisión de esta oración:
Después de que Tina aprobó el examen GED, tuvo que decidir si iba a inscribirse en una universidad, buscar un trabajo mejor o se quedaba en su trabajo actual.
a. Después de que Tina aprobó el examen GED, tuvo que decidir si iba a inscribirse en una universidad, buscaba un trabajo mejor o se quedaba en su trabajo actual.
b. Después de que Tina aprobó el examen GED, tuvo que decidir si iba a inscribirse en una universidad, buscar un trabajo mejor o en su trabajo actual.
c. Después de que Tina aprobó el examen GED, tuvo que decidir si iba a inscribirse en una universidad, buscar un trabajo mejor o quedarse en su trabajo actual.
d. La oración es correcta como está.

6. Identifique el sujeto de la siguiente oración:
Ellos piensan comprar la empresa este año.
a. empresa
b. este año
c. Ellos
d. piensan

7. Identifique la oración subordinada en la siguiente oración:
Si crees que es un buen equipo, ve a ver Heat.
a. Si crees que es un bien equipo
b. ve a ver Heat
c. un buen equipo
d. Esta oración no tiene una oración subordinada.

8. Identifique cuál de los siguientes es un fragmento de oración:
a. Yo fui.
b. ¿Quién escribió esto?
c. Suceder hoy.
d. Vete.

9. Seleccione la mejor revisión de esta oración mal construida:
Me voy de viaje, podrían cuidar la casa, no estaré este fin de semana y se los agradecería mucho.
a. Me voy de viaje este fin de semana. ¿Podrían cuidar la casa? Se los agradecería mucho.
b. Me voy de viaje, ¿podrían cuidar la casa? No estaré este fin de semana y se los agradecería mucho.
c. Me voy de viaje. ¿Podrían cuidar la casa? No estaré este fin de semana. Se los agradecería mucho.
d. ¿Podrían cuidar la casa este fin de semana? Me voy de viaje, se los agradecería mucho.

10. Seleccione la oración que NO tiene una puntuación correcta.

a. Desde que comencé este trabajo nuevo el año pasado, mi vida cambió radicalmente.

b. Desde mi primer trabajo, nunca había disfrutado realmente de lo que hacía hasta ahora.

c. No se trata tanto del sueldo como de la gente: me llevo muy bien con mis colegas.

d. Intentaré conservar este trabajo, hasta que sea viejo y tenga canas.

Uso de mayúsculas

Después de leer ciertos pasajes en el examen GED®, se le pedirá que corrija errores gramaticales que se encuentran en algunas oraciones. Una de las cosas que quizá deba corregir son las mayúsculas, así que es importante que aprenda las reglas sobre el uso de mayúsculas y minúsculas.

Probablemente ya sepa que la primera letra de la primera palabra de cada oración debe ir con mayúscula, pero también hay muchas otras ocasiones en que debe utilizar mayúsculas.

Títulos y nombres

Los títulos como *Sr., Sra.,* y *Dr.* van con mayúscula en su forma abreviada.

Pero no llevan mayúscula cuando se escribe la palabra completa *señor, señora,* y *doctor.* Por ejemplo:

Sr. John Smith
Sra. Jane Smith
señor Juan
señora Jane

Los títulos, cargos y nombres de dignidad, como rey, papa y presidente, se escriben con minúscula, salvo en los casos en que hacen referencia a una persona concreta, sin mencionar su nombre. Por ejemplo: El Rey de España se fue de viaje. Aquí se utiliza mayúscula porque no se menciona el nombre del rey Carlos, pero sí se hace referencia a su figura. En el examen GED®, no utilice mayúsculas automáticamente en palabras como *presidente, general* o *rey* cuando las vea. En muchos casos se usan solamente en un sentido genérico.

Sustantivos propios

Un **sustantivo propio** es una persona, lugar o cosa específicos. Los nombres de estas personas, lugares y cosas siempre se deberían escribir con mayúscula.

Estos son algunos ejemplos de sustantivos propios y cómo se deberían escribir con mayúscula:

Personas	Lugares	Cosas/eventos/etc.
Eleanor Roosevelt	Estados Unidos de América	Real Madrid
Lady Gaga	China	United Airlines
John F. Kennedy	Los Ángeles	Crest
Sr. Mario Moreno	calle North Fourth	Oscar Mayer
Tom	Parque Güell	ESPN
	Estación Atocha	NASA
	Torre Eiffel	Saturno
	Hospital Woodside	Segunda Guerra Mundial
		la Edad Media
		el Renacimiento
		Autopista (la revista de automóviles)
		Modern Family (el programa de televisión)
		Biblioteca de Autores Españoles (publicación)

Quizás haya notado que la palabra *de* no está en mayúscula a pesar de que anteriormente dijimos que los nombres propios siempre deben estar en mayúsculas. ¿A qué se debe esto?

Las reglas de uso de mayúsculas son muy detalladas (y a veces los expertos difieren con respecto a qué es correcto) pero en general, en los nombres propios las siguientes palabras deberían estar con minúscula a menos que sean la primera palabra de un nombre.

- *el/la, un/una* (artículos)
- *a, desde, en, de, con* y otras preposiciones (algunos expertos utilizan mayúsculas para las preposiciones que tienen cuatro letras o más)
- *y, pero, o, aunque* (conjunciones)

Recuerde que cuando estas palabras inician el sustantivo propio, se escriben con mayúscula, no con minúscula. Por ejemplo, *La Nación* (el periódico), *La vida del Buscón* (el libro).

Palabras geográficas

Al igual que sucede con otros nombres propios, los nombres de países, estados, ciudades, regiones y otros por el estilo se deben escribir con mayúscula, pero no sus gentilicios. Por ejemplo:

Asia, asiático
Portugal, portugués
Francia, francés
Gran Bretaña, británico
Medio Oriente, oriental
Antártida
Roma, romano
ciudad de Nueva York, neoyorkino
condado de Morris

Películas, libros, canciones, etcétera

Se debe escribir con mayúscula la primera palabra de los nombres de libros, películas, obras, programas de televisión, canciones, álbumes y cosas similares. Sucede lo mismo con los titulares de periódicos, títulos de artículos de revistas, títulos de ensayos que usted escriba y otros. Por ejemplo:

> *Sueño de una noche de verano* (obra)
> *Volver al futuro* (película)
> *La teoría del Big Bang* (programa de televisión)
> *El viento en los sauces* (libro)
> «El alcalde promete: "La ciudad se recuperará del huracán Sandy"» (titular de periódico)
> "Por qué la violencia nunca es la respuesta" (artículo de revista)

Eventos y épocas históricas

Al igual que sucede con otros sustantivos propios, los eventos y épocas históricas se deben escribir con mayúscula. Sin embargo, la palabra "siglo" no lleva mayúscula. Por ejemplo:

> la Guerra de la Independencia
> la Gran Depresión
> la Edad Media
> El siglo XX marcó un momento clave para la tecnología.

Puntos cardinales

Los nombres de los cuatro puntos cardinales (*Norte*, *Sur*, etc.) y de los puntos del horizonte (por ejemplo, *Noroeste*) se escriben con mayúscula cuando nos referimos a ellos en su significado primario, como tales puntos.

Sin embargo, cuando los nombres de los puntos cardinales o de los puntos del horizonte están usados en sentidos derivados y se refieren a la orientación o la dirección correspondientes, se escribirán en minúscula.

> Por ejemplo:

> *El sur de Europa.*

En este caso, *sur* refiere a la orientación, no al punto cardinal en sí.

> *La brújula señala el* Norte.

Aquí *Norte* significa el punto cardinal indicado por la brújula, por lo tanto, se escribe con mayúscula.

Sustantivos propios y sustantivos comunes

Esta es otra cosa importante en la que debe pensar cuando usa sustantivos propios: a menudo, los encontrará mezclados con sustantivos comunes, por ejemplo, *pasta dentífrica Crest o perros calientes Oscar Mayer*.

Observe que *pasta dentífrica* y *perros calientes* se escriben con minúscula. ¿Por qué?

La palabra *Crest* es un sustantivo propio (es una marca) pero *pasta dentífrica* es un sustantivo común. Debe quedar con minúscula. Del mismo modo, *Oscar Mayer* es el nombre de una marca pero *perros calientes* es un sustantivo común, así que debería quedar con minúscula.

¿Qué sucedería si encuentra un ejemplo como *Aerolíneas Argentinas*? ¿*Aerolíneas* se debería escribir con mayúscula? Bueno, depende de si es parte del nombre oficial de la empresa o no. En este caso, sí lo es: *Aerolíneas Argentinas* es el nombre completo de la empresa, por lo tanto, *Aerolíneas* debería escribirse con mayúscula.

Recuerde: si sabe (o puede darse cuenta mediante la lectura del pasaje) que una palabra es parte de un nombre propio, debe escribirse con mayúscula. Si es solo un sustantivo común, debería escribirse con minúscula.

Ahora observe estos ejemplos de sustantivos propios mezclados con sustantivos comunes. Observe qué palabras están escritas con mayúscula (sustantivos propios) y qué palabras con minúscula (sustantivos comunes):

> *El* juez de la Corte Suprema *dio un discurso en la escuela.*
>
> *Tengo un cupón para una* hamburguesa de McDonald's *gratis.*
>
> *El* transbordador espacial de la NASA *será lanzado el domingo.*

Mayúsculas en citas

Cuando en una oración se incluye una cita directa y se la vincula con una frase como *dijo ella, gritaron ellos, respondió él* o *escribí yo* para explicar quién habla (o grita, responde o escribe), la primera palabra de la cita debe estar escrita con mayúscula.

Estos son algunos ejemplos:

Incorrecto: *Después del postre, dijo en voz baja: "esta fue la peor comida que haya probado".*

Correcto: *Después del postre, dijo en voz baja: "Esta fue la peor comida que haya probado".*

Incorrecto: *El chef le dijo a su asistente: "cuando aprenda a hornear tortas de boda, le daremos un aumento".*

Correcto: *El chef le dijo a su asistente: "Cuando aprenda a hornear tortas de boda, le daremos un aumento".*

Incorrecto: *Cuando le pregunté de qué era su disfraz, Erica respondió: "de payaso aterrador".*

Correcto: *Cuando le pregunté de qué era su disfraz, Erica respondió: "De payaso aterrador".*

Si bien *De payaso aterrador* no es una oración completa, es una cita completa y está introducida por la frase *Erica respondió*. Por lo tanto, la primera palabra de la cita debería escribirse con mayúscula.

NOTA

Cuando una oración citada esté dividida en dos en una oración, no utilice mayúsculas en la primera palabra de la segunda parte, a menos que haya otro motivo para hacerlo.

Para explicar este punto, volvamos a uno de los ejemplos anteriores:

> *El chef le dijo a su asistente: "Cuando aprenda a hornear tortas de boda, le daremos un aumento".*

La oración se puede volver a escribir dividiendo la cita en dos:

> *"Cuando aprenda a hornear tortas de boda —le dijo el chef a su asistente— le daremos un aumento".*

Observe que *le* debe quedar en minúscula. Esto se debe a que es la continuación de una oración citada (*"Cuando aprenda a hornear tortas de boda, le daremos un aumento"*). No es la primera palabra de la oración citada.

Estos son otros dos ejemplos correctos sobre este punto:

> *"Cuando vayan en el barco", nos dijo Carlos, "no alimenten a los tiburones."*
>
> *Carlos nos dijo: "No alimenten a los tiburones".*

Ahora observe este ejemplo final, para evitar confusiones en el examen GED®:

> *"Mia está en camino", dijo Mike. "Acaba de llegar a la estación de autobuses".*

¿Por qué *Acaba* está escrito con mayúscula? Porque no se trata de una oración citada que se divide, sino que son dos oraciones completas individuales.

Observe que la primera oración termina en un punto.

> *"Mia está en camino", dijo Mike.*

y

> *"Acaba de llegar a la estación de autobuses".*

Acaba se debe escribir con mayúscula porque es la primera palabra de una oración a pesar de que esa oración es una cita.

Puntuación de oraciones

Cuando se escriben oraciones correctas y completas, se deben agregar signos de puntuación adecuados.

Signos de puntuación

Una oración completa debe comenzar y terminar con una puntuación correcta. La puntuación de la apertura y el cierre de una oración depende del tipo de oración de que se trate.

1. Una afirmación termina con un punto.
   > *Minnesota es conocido por sus inviernos fríos.*
2. Una pregunta se abre y cierra con signos de interrogación.
   > *¿Crees que nevará esta noche?*

3. Una exclamación, es decir, una oración que transmite una emoción fuerte, se abre y cierra con signos de exclamación.
   > *¡Llamen a la policía!*

Comas

Las **comas** se usan para indicar pausas en diferentes partes de una oración. A menudo, las personas se confunden en relación a cuándo utilizar la coma (es habitual que se coloquen demasiadas comas en una oración). La siguiente lista describe las reglas de la coma para el español estándar:

1. Se usa coma para separar los elementos de una **enumeración**. Cuando la enumeración es completa o exhaustiva, el último elemento va introducido por una conjunción (por ejemplo, *o* e *y*), **delante de la cual no debe escribirse coma.**
   > *El mismo día perdí mi billetera, mis guantes y las llaves de mi auto.*
   > *Agrega salsa, mayonesa o mostaza al sándwich.*
   > *Trae a la oficina los documentos, tres formularios de identificación y una foto.*

   Observe que en este tipo de enumeración no se coloca coma después de *o* e *y*.
   No se usa coma cuando solo dos elementos están unidos por las conjunciones *o* e *y*. Eso no es una enumeración, así que no es necesaria una coma.

   Incorrecto: *Trae a la oficina los documentos, y tres formularios de identificación.*
   Correcto: *Trae a la oficina los documentos y tres formularios de identificación.*

2. Los enlaces como además, en tal caso, por tanto, en cambio, en primer lugar, es decir, esto es, o sea, no obstante, sin embargo, etc., se separan con comas. Estos **enlaces** pueden comenzar la oración.

> *Al final, Jamie estaba feliz por haber trabajado toda la semana pintando su habitación.*
> *Sin embargo, al mirar por la ventana no lo pudo ver.*

3. Se escribe coma delante de las conjunciones coordinantes que unen dos oraciones independientes. Una **oración independiente** contiene un sujeto y un verbo y funcionaría como una oración gramaticalmente correcta si se encontrara sola. Ejemplos de conjunciones que unen oraciones independientes son: *pero, más, aunque, sino, conque, así que,* etc.

> *Quería ir al cine,* pero *no tenía dinero suficiente para pagar la entrada.*
> *William finalizó el curso de capacitación en informática,* así que *decidió postularse para un nuevo empleo.*

4. Se usa coma para separar una construcción apositiva del resto de la oración si es una **aposición explicativa** que proporciona información sobre algo que se menciona en la oración pero que no es esencial para el significado principal o la gramática de la oración. No utilice comas con las aposiciones específicas (p. ej., *Su hermano Juan es médico*).

> *Renita, la muchacha alta que vive al final del pasillo, recogerá mi correo mientras estoy de vacaciones.*
> *La oficina estará cerrada el viernes, el último día del mes.*

5. Se escribe coma cuando una oración subordinada se encuentra antes de la oración independiente.

> *Después de que obtenga mi diploma, planeo mudarme a Los Ángeles.*
> *Si estás enfermo, debes ponerte en contacto con tu supervisor.*

6. En la datación de cartas y documentos, se escribe coma entre el lugar y la fecha o entre el día de la semana y el mes.

> *Santiago, 8 de enero de 1999.*
> *Lunes, 23 de enero de 2002.*

7. Se escribe coma en las direcciones entre el nombre de la calle y el número del inmueble.

> *Calle del Sol, 34 es el lugar donde nací.*
> *Mis amigos viven en Avenida de la Constitución, número 2.*

Práctica

11. Seleccione la mejor revisión de la oración que aparece a continuación:

Larry mi amigo de la escuela secundaria vive en la casa de al lado.

a. Larry, mi amigo de la escuela secundaria vive en la casa de al lado.

b. Larry, mi amigo de la escuela secundaria vive, en la casa de al lado.

c. Larry, mi amigo de la escuela secundaria, vive en la casa de al lado.

d. La oración es correcta del modo en que está.

Punto y coma y dos puntos

El **punto y coma** (;) se puede usar para unir dos oraciones independientes. Unir dos oraciones independientes de este modo sugiere que dos oraciones tienen un significado relacionado y son de igual importancia.

> *Todos los viernes salimos a cenar y al cine; es nuestra recompensa por una larga semana de trabajo.*

Hay varios casos en que se pueden utilizar **dos puntos** (:) en una oración.

1. Se usan dos puntos después de una oración independiente para introducir una lista.

   Travis pidió su comida favorita para su cumpleaños: pizza, pan de queso y helado.

2. Se usan dos puntos después de una oración independiente para introducir una cita.

   Emily explicó sus motivos para irse de la revista: "Es un trabajo que no lleva a ninguna parte, no importa lo mucho que trabaje".

3. Se usan dos puntos entre dos oraciones independientes cuando se quiere hacer énfasis en la segunda oración.

   El resultado de la encuesta fue claro: Obama probablemente ganaría la elección.

Comillas

Las **comillas** se usan para indicar citas directas, es decir, las palabras que dice una persona o personaje. Por ejemplo:

El tío John dijo: "Hace años que no veo a los hijos de mi hermana".

"¡Me niego a pagar por esta comida —gritó Laura— porque hay un bicho en la ensalada!".

Los signos de interrogación o exclamación se colocan dentro de las comillas, pero el punto del final se coloca fuera de ellas.

También se usan comillas para citar nombres de poemas, títulos de canciones, cuentos, artículos de revistas o diarios, ensayos, discursos, títulos de capítulos y otras obras breves. (Los títulos de películas, libros, programas de televisión, etc. habitualmente se escriben en cursiva).

Su hija cantaba sin cesar "Vamos a remar en un botecito" mientras conducían al lago.

Mi poema favorito es "Ganzos salvajes" de Mary Oliver.

Práctica

Seleccione la mejor revisión de las siguientes oraciones.

12. ¿Crees que Ted recordó traer libro, lápiz y papel?

    a. ¿Crees que Ted recordó traer: libro, lápiz y papel?

    b. ¿Crees que Ted recordó traer libro, lápiz, y papel?

    c. ¿Crees que Ted recordó traer libro; lápiz; y papel?

    d. La oración es correcta del modo en que está.

13. Nació en febrero de 1994 en el hospital de calle Heines 4402.

    a. Nació en febrero de 1994 en el hospital de calle Heines, 4402.

    b. Nació en febrero, de 1994 en el hospital de calle Heines 4402.

    c. Nació en febrero, de 1994 en el hospital de calle Heines, 4402.

    d. La oración es correcta del modo en que está.

14. Mi madre dijo: "Me gusta tomarme vacaciones en tres estados: Texas Nuevo México y Arizona".

    a. Mi madre dijo: "Me gusta tomarme vacaciones en tres estados, Texas, Nuevo México, y Arizona".

    b. Mi madre dijo: Me gusta tomarme vacaciones en tres estados: Texas, Nuevo México y Arizona.

    c. Mi madre dijo: "Me gusta tomarme vacaciones en tres estados: Texas, Nuevo México y Arizona".

    d. La oración es correcta del modo en que está.

Estructura de la oración

Voz activa y pasiva

La voz activa y pasiva se refiere a la forma en que se escribe sobre el sujeto y el verbo. Si se conoce al sujeto y el mismo está haciendo la acción, se usa una voz activa. Si se desconoce el sujeto y el mismo no está haciendo la acción, se usa una voz pasiva.

Este concepto es mucho más fácil de comprender con un ejemplo. Observe la siguiente oración:

Barry golpeó la pelota.

Barry es el sujeto y es quien hace la acción. Esto significa que la oración está escrita en voz activa. ¿Qué sucede si escribimos lo siguiente?

La pelota fue golpeada por Barry.

Ahora *la pelota* es el sujeto, pero no está haciendo nada, está recibiendo una acción. El sujeto ya no es activo así que la oración se escribe en voz pasiva.

Hablando en términos generales, al escribir, usted debería utilizar la voz activa, en lugar de la voz pasiva. En el examen GED® probablemente se incluyan algunas preguntas que ponen a prueba su habilidad para identificar oraciones pasivas y cambiarlas a oraciones activas.

Uso

A lo largo de la historia de la lengua, las personas han desarrollado formas convencionales de hablar que le permiten comprenderse entre sí. A estas convenciones se las conoce como uso. En el examen GED®, las preguntas sobre uso generalmente ponen a prueba los siguientes conceptos:

- conjugación de verbos
- tiempos verbales
- concordancia entre sujeto y verbo

Concordancia entre sujeto y verbo

Como se mencionó anteriormente, se dice que un sujeto y un verbo *concuerdan* cuando el verbo está conjugado en concordancia con el sujeto. Por lo general, a los sustantivos en plural se les agrega *-s* o *-es*.

El perro ladra.

o

Los perros ladran.

En el examen GED® es probable que vea preguntas que pondrán a prueba errores comunes en la concordancia entre sujeto y verbo. Estos son algunos errores comunes que debe evitar:

- Incorrecto: *La mayoría de los peatones pararon.*
- Correcto: *La mayoría de los peatones paró.*
- Incorrecto: *La gente se agolpaban abajo.*
- Correcto: *La gente se agolpaba abajo.*

NOTA

Las palabras que terminan -s o -x y no son agudas, permanecen invariables para formar el plural, es decir, quedan iguales. Por ejemplo: *paréntesis*, *viernes* y *cirisis*. En estos casos el artículo indicará el número:
el paréntesis, los paréntesis
la crisis, las crisis

Sintaxis

En relación a la escritura, el término *sintaxis* hace referencia a las pequeñas cosas que hacen que su redacción sea correcta: uso de mayúsculas, ortografía y puntuación. Emplear una sintaxis correcta quizá no cambie el contenido de lo que escribe, es decir, una palabra puede significar lo mismo, esté escrita con mayúscula o no. El uso de sintaxis correcta cambiará cómo se percibe su escritura.

Organización

La organización se refiere a colocar las oraciones y párrafos en orden, de modo que el lector pueda comprender mejor lo que usted quiere decir en su escrito. Un párrafo organizado por lo general incluye una oración temática ubicada al principio o al final del párrafo y algunas oraciones de apoyo. Un ensayo organizado incluye una introducción con una sólida declaración de tesis, dos o más párrafos y una conclusión.

Hay varias formas comunes de organizar las oraciones de apoyo y los párrafos de un ensayo. Tres de las más comunes son:

1. orden cronológico
2. orden de importancia
3. causa y efecto

Orden cronológico

El orden cronológico es el orden en que suceden las cosas en el tiempo. En otras palabras, lo que ocurre primero, lo que ocurre luego y lo que ocurre al final. Si estuviera contando una historia, dando instrucciones o relacionando acontecimientos en un ensayo, probablemente haría bien en establecer un orden cronológico.

Un error común que cometen los escritores principiantes es saltar de un tiempo a otro. Por ejem-plo, al contar sobre un partido de fútbol americano, alguien podría escribir:

> *¡Nuestro equipo anotó un touchdown! El running back tomó el balón en la yarda 48 y corrió hasta el final de la zona. El entrenador le indicó al quarter-back que se arriesgara, pero en lugar de eso, se lo entregó al running back.*

Como puede ver, este no es el verdadero orden en que sucedieron las cosas. Es decir, el texto no está escrito en orden cronológico y puede resultar confuso para algunas personas. Una forma más organizada de escribir el párrafo sería la siguiente:

> *El entrenador le indicó al quarterback que se arriesgara, pero en lugar de eso, se lo entregó al running back en la yarda 48. Luego, el running back corrió con el balón hasta la zona final. ¡Finalmente, nuestro equipo anotó un touchdown!*

Contar lo que sucedió primero, después y por último (en ese orden) ayuda al lector a poder seguir lo que usted está escribiendo.

PALABRAS DE TRANSICIÓN

Las palabras de transición ayudan a los lectores a saber hacia donde se dirige el escritor con su redacción. Las palabras de transición para expresar un orden cronológico incluyen: *primero, inicialmente, luego, a continuación, después, por último* y *finalmente.*

Orden de importancia

Organizar un escrito en base al orden de importancia significa colocar las oraciones o párrafos en orden desde lo más importante hasta lo menos importante o viceversa. Por ejemplo, digamos que le cuenta a un colega sobre un fin de semana desastroso. Le sucedieron tres cosas terribles: perdió su sombrero, se golpeó el dedo del pie y estuvo muy enfermo. Suponiendo que el acontecimiento más importante fue su enfermedad y lo segundo más importante fue perder el sombrero, podría contar la historia de este modo:

> *Tuve un fin de semana terrible. Me golpee el dedo del pie tan fuerte que apenas pueda caminar. Peor aún, el sábado por la noche perdí mi sombrero. ¡Y lo peor de todo es que cuando volví a casa el sábado por la noche me enfermé terriblemente!*

En el examen GED® se esperará que usted sepa cuándo las oraciones o párrafos están en orden incorrecto. Busque palabras clave como *más/menos*, *peor* y *mejor* para determinar en qué orden deberían estar las cosas.

Causa y efecto

"Causa y efecto" es un estilo de organización que coloca primero la causa total de un acontecimiento y luego el efecto, o viceversa. La clave de este método es asegurarse de que los dos elementos estén totalmente separados y sean claros. Por ejemplo, digamos que usted tiene un accidente porque un ciervo se cruzó en su camino. Podría escribir algo así:

> *(1) La semana pasada tuve que cambiar el paragolpes de mi auto. (2) También tuve que cambiar el parabrisas y volver a alinear los neumáticos. (3) Todo este problema se debió a que el lunes pasado un ciervo se cruzó en mi camino.*

Como puede ver, las dos oraciones que describen el efecto están juntas al principio del párrafo, mientras que la oración que describe la causa está al final. El párrafo no estaría tan bien organizado si trasladara la oración (3) antes de la oración (2), ya que esto interrumpiría el flujo organizativo.

Prueba

Ahora que tuvo la oportunidad de revisar las habilidades de escritura necesarias para que le vaya bien en el examen GED®, intente responder las siguientes preguntas. Lea las preguntas y luego elija la mejor respuesta para cada una de ellas.

15. Oración (1): Cada vez que mi hermano se ducha, dejas un lío enorme.

¿Qué revisión se debería realizar en la oración (1)?
a. reemplazar *Cada* por *Toda*
b. cambiar *se ducha* por *te duchas*
c. cambiar *dejas* por *deja*
d. reemplazar *lío* por *caos*

16. Oración (1) Me gustaba salir a bailar. (2) Cuando era más joven.

¿Qué revisión se debería realizar en la oración (2)?
a. eliminar la oración (2) y agregar una oración sobre bailar
b. mover la oración (2) al frente de la oración (1) y agregar la frase *No obstante*
c. agregar *por ejemplo* al principio de la oración (2) y *en vez de* al final de la oración (1)
d. conectar las oraciones al eliminar el punto que aparece al final de la oración (1) y escribir *Cuando* con minúscula

17. Oración (1) Ella comió la torta. (2) Que el rey había envenenado.

¿Qué revisión se debería realizar en la oración (2)?
a. eliminar la palabra *que*
b. cambiar la palabra *que* por *la cual*
c. quitar el punto y escribir *que* con minúscula
d. agregar la palabra *Y* al principio de la oración

18. Oración (1): Tres comenzamos la carrera sin embargo solo dos la terminamos.

    ¿Qué revisión se debería realizar en la oración (1)?

a. mover *Tres comenzamos la carrera* al final de la oración

b. agregar una coma antes y otra después de *sin embargo*

c. eliminar *sin embargo* y reemplazarlo por *porque*

d. cambiar *sin embargo* por *aun así*

19. Oración (1): El automóvil fue aplastado por una mezcladora de cemento.

    ¿Qué revisión se debería realizar en la oración (1)?

a. eliminar *fue*

b. colocar un punto después de *aplastado*

c. mover *mezcladora de cemento* adelante de *automóvil*

d. cambiar el orden a *Una mezcladora de cemento aplastó el automóvil*

20. Oración (1): La última vez que fui a ver a mi amigo en Dallas, está viviendo en el lado sur.

    ¿Qué revisión se debería realizar en la oración (1)?

a. eliminar *última*

b. cambiar la coma por un punto y escribir con mayúsculas *está*

c. cambiar *está* por *estaba*

d. mover *está viviendo en el lado sur* al principio de la oración

Para las preguntas 21 a 23, lea las oraciones y luego elija la mejor respuesta.

    (1) La semana pasada tuve cual cambiar el paragolpes de mi auto. (2) También tienes que cambiar el parabrisas y volver a alinear los neumáticos. (3) Todo este problema, se debió a que el lunes pasado un ciervo se cruzó en mi camino.

21. ¿Cuál de las siguientes revisiones se debe realizar en la oración (1)?

a. mover *La semana pasada* al final de la oración

b. cambiar *cual* por *que*

c. eliminar *paragolpes*

d. cambiar *tuve* por *tuvo*

22. Oración (2): También tienes que cambiar el parabrisas y volver a alinear los neumáticos.

    ¿Cuál de las siguientes revisiones se debe realizar en la oración (2)?

a. eliminar *también*

b. cambiar *tienes* por *tuve*

c. agregar una coma después de *parabrisas*

d. agregar un punto y coma después de *y*

23. Oración (3): Todo este problema, se debió a que el lunes pasado un ciervo se cruzó en mi camino.

    ¿Cuál de las siguientes revisiones se debe realizar en la oración (3)?

a. eliminar la coma después de *problema*

b. mover *se debió a que el lunes pasado un ciervo se cruzó en mi camino* al principio de la oración

c. agregar una coma después de *ciervo*

d. cambiar *lunes* por *Lunes*

24. ¿Cuál de las siguientes opciones representa lo que debería hacer una buena introducción?

a. resumir el ensayo

b. desarrollar el argumento

c. captar la atención del lector

d. dejar al lector con una sensación de cierre

Respuestas y explicaciones

Práctica del capítulo

1. Sujeto: *la mujer de la recepción*, **Predicado:** *está esperando al Sr. Williams.* Esta es una oración completa: expresa una idea completa e incluye un sujeto y un predicado. Observe que el sujeto es *la mujer de la recepción*, no *la recepción* (la recepción no está esperando al Sr. Williams).

2. Sujeto: *El Sr. Williams*, **Predicado:** *bajó las escaleras.* Esta es una oración completa: expresa una idea completa e incluye un sujeto y un predicado.

3. d. En esta oración se utiliza una conjunción subordinante (*donde sea que*) pero *donde sea que* no tiene sentido aquí. Esta es una mejor forma de utilizar *donde sea que* para combinar dos oraciones. *Donde sea que vaya con Andy, parece que siempre conoce a alguien.*

4. b. Esta revisión intenta combinar dos oraciones con un punto y coma, pero en el proceso deja afuera algunas palabras clave. Por sí sola, *en el medio de la nada* no es una oración y no tiene sentido colocarla al final con un punto y coma.

5. c. El problema con la oración original es que contiene una enumeración (*inscribirse en una universidad, buscar un trabajo mejor o se quedaba en su trabajo actual*), pero la misma no es paralela. El tercer elemento (*se quedaba en su trabajo actual*) no se corresponde con los dos primeros y tampoco tiene sentido con la frase que introduce la enumeración (*tenía que decidir si iba a ...*). Esta revisión es correcta porque el tercer elemento se arregló de modo que coincide con los otros dos elementos (comienza con la forma verbal correcta, *quedarse*) y tiene sentido lógico en la oración.

6. c. En esta oración, *Ellos* identifica quién o qué realiza la acción. Por lo tanto, es el sujeto de la oración.

7. a. La primera parte de esta oración, *Si crees que es un buen equipo*, sería un fragmento si estuviera sola. Hace que nos preguntemos: ¿*qué pasa si* creemos que el Heat es un buen equipo? Necesita un pensamiento adicional para formar una oración completa.

8. c. *Suceder hoy* es un fragmento de oración porque le falta un sujeto y un predicado. Si agregamos estos elementos, podemos convertirlo en una oración completa. Por ejemplo: *La reunión no va a suceder hoy.*

9. a. Esta revisión combina la primera oración (*Me voy de viaje*) y la tercera oración (*No estaré este fin de semana*) en una única oración. Es una buena idea porque estas cláusulas comunican ideas relacionadas, proporcionan la información de contexto que el emisor quiere que el receptor sepa antes de pedir un favor. Esta opción también convierte *podrían cuidar la casa* en una oración en sí misma al poner mayúscula en *podrían* y agregar signos de interrogación (todas las preguntas deben comenzar y terminar con signos de interrogación). La última oración también queda como una oración independiente.

10. d. Esta oración comienza con una oración independiente y termina con una oración subordinada. No hay motivo para usar coma.

11. c. En esta oración la frase *mi amigo de la escuela secundaria* es una aposición explicativa: proporciona información adicional sobre el sujeto, Larry, pero no es esencial para el significado de la oración (que vive en la casa de al lado). Las comas siempre se usan para separar las aposiciones explicativas del resto de la oración.

12. d. La oración tiene una puntuación correcta.

13. a. No hay necesidad de colocar comas en la fecha *febrero de 1994* pero sí se debe colocar una coma entre la calle y la dirección (*calle Heines, 4402*).

14. c. Esta oración requiere dos puntos para separar la cita, comillas para marcar la cita, otros dos puntos para presentar la lista de tres estados (porque viene después de una oración independiente, *Me gusta tomarme vacaciones en tres estados*) y coma después de *Texas*.

Prueba

15. c. Debe haber concordancia entre sujeto y verbo. El verbo *dejar* debe estar conjugado en tercera persona del singular.

16. d. Por sí sola, la oración (2) es un fragmento. Al conectarla con la oración (1) se transforma en una oración subordinada de una oración compuesta.

17. c. Por sí sola, la oración (2) es un fragmento. Al conectarla con la oración (1) se la transforma en una parte de una oración compuesta.

18. b. La frase *sin embargo* debe ir separada por comas cuando se encuentra entre dos oraciones.

19. d. Es preferible el uso de voz activa en lugar de voz pasiva en las oraciones. Al cambiar el orden de la palabras, puede hacer que el sujeto sea quien hace la acción.

20. c. El comienzo de la oración está escrito en pretérito imperfecto, por lo tanto, el final de la oración también debe estar en pretérito imperfecto. *Está* se debe reemplazar por *estaba*.

21. b. *Cual* no es el pronombre correcto en esta oración y se debe reemplazar por *que*.

22. b. El verbo *tienes* no coordina con el sujeto en primera persona (*yo*) usado en el resto de las oraciones y también cambia el tiempo verbal del pasaje de pretérito perfecto a presente. Reemplazar *tienes* por *tuve* corrige estos problemas.

23. a. En esta oración no se necesita una coma.

24. c. El objetivo de una introducción es presentar el tema y captar la atención del lector. Esta es su oportunidad de hacer que el lector continúe leyendo su ensayo.

REVISIÓN

La **estructura de las oraciones** hace referencia a la forma en que las palabras se unen para crear oraciones. Incluye los siguientes conceptos:

- **Sujetos y predicados.** El sujeto es alguien o algo sobre lo que se trata la oración. El predicado es el verbo y todo lo que viene a continuación. Todas las oraciones tienen un sujeto y un predicado.
- **Oraciones independientes y subordinadas.** Una oración es un grupo de palabras que incluye un sujeto y un predicado. Una oración independiente es una oración completa. Una oración subordinada no es una oración completa por sí sola.
- **Fragmentos y oraciones mal construidas.** Un fragmento es una oración incompleta. Una oración mal construida consiste en dos oraciones completas unidas por una coma o sin puntuación.
- **Voz activa y pasiva.** En la voz activa, el sujeto de la oración realiza la acción. En la voz pasiva, el sujeto recibe la acción del verbo.

El **uso** refiere a las reglas que determinan cómo se deben usar las palabras en las oraciones. Incluye los siguientes conceptos:

- **Concordancia entre sujeto y verbo.** El verbo debe concordar con la persona del sujeto.

La **sintaxis** es el engranaje de la escritura e incluye puntuación, uso de mayúsculas y ortografía. En lo que respecta a la puntuación, una de las cosas más importantes a estudiar son las reglas de la coma. En lo que respecta a la ortografía, usted deberá aprender a usar los homónimos de manera correcta.

La **organización** hace referencia a la forma en que se ordenan las oraciones y los párrafos. Hay tres tipos principales de organización:

- **Orden cronológico.** Los acontecimientos se escriben en el orden en que suceden en el tiempo.
- **Orden de importancia.** Las oraciones y los párrafos se escriben en orden ascendente o descendente de importancia.
- **Causa y efecto.** Todo lo que tenga que ver con la causa se escribe de forma separada de todo lo que tenga que ver con el efecto.

En la revisión del examen de Razonamiento a través de las artes del lenguaje de GED® se esperará que usted sepa cuándo el orden de las oraciones o párrafos es incorrecto.

7 ▶ EL ENSAYO DE RESPUESTA EXTENDIDA: CONSEJOS Y PUNTUACIÓN

RESUMEN DEL CAPÍTULO

En este capítulo usted aprenderá a reconocer las partes de un ensayo eficaz. También aprenderá a seguir los pasos básicos del proceso de redacción para planificar y escribir un ensayo eficaz que responda a una instrucción dada.

Sobre la pregunta de respuesta extendida del examen GED®

El examen de Razonamiento a través de las artes del lenguaje de GED® presenta un elemento de respuesta extendida que requiere que usted escriba un ensayo breve para responder al pasaje (o el par de pasajes) de lectura. Estos pasajes de lectura constan de entre 550 a 650 palabras y se enfocan en presentar argumentos o puntos de vista junto a pruebas que los fundamenten. Su trabajo será analizar estos argumentos y pruebas e incorporar su propio conocimiento y opinión manteniendo el enfoque principal en el autor y su intención. Como principal base de sus argumentos, su respuesta extendida siempre debería incluir pruebas que se presentan dentro del pasaje en sí. Usted también debería analizar o evaluar la validez de las pruebas presentadas en el pasaje. Observe que este ejercicio del examen no se trata de elegir el lado "correcto" o "incorrecto" de un problema. Su objetivo es poner a prueba su capacidad de comprender, analizar y evaluar los argumentos.

Antes de presentarse al examen RLA de GED®, practique sus habilidades para escribir en un teclado. El día del examen tendrá mucho que decir y no querrá perder parte de sus 45 minutos buscando las letras en el teclado. Una buena meta para tener antes de rendir el examen RLA de GED® es sentirse cómodo al escribir oraciones en una computadora. Cuando practique escribir ensayos, coloque un cronómetro para poder ver cómo se siente escribir controlando el tiempo.

Antes de escribir un ensayo

Elaborar un gran ensayo para el examen GED® requiere de un proceso paso a paso y muchos de esos pasos se realizan *antes* de escribir. Dedique tiempo a trabajar en esta lección y tendrá una buena base para escribir el mejor ensayo posible el día del examen.

PIZARRAS QUE SE PUEDEN BORRAR

Cuando realice el examen GED®, se le proporcionará una pizarra que se puede borrar para tomar notas. Esta le será muy útil durante la pregunta de respuesta extendida, mientras se prepara para escribir el ensayo. Si necesita más pizarras durante el examen, puede solicitar una nueva y entregar la que ya utilizó. Solo puede tener una pizarra a la vez.

Comprender las instrucciones

Escribir un ensayo de respuesta extendida no solamente requiere realizar un análisis del(los) pasaje(s), sino también responder a instrucciones específicas. Observe estas instrucciones de muestra:

INSTRUCCIONES

En el siguiente artículo, se tratan las ventajas y desventajas de utilizar uniformes escolares. En su respuesta, analice ambas posturas para determinar qué punto de vista está mejor fundamentado. Utilice pruebas pertinentes y específicas del pasaje para fundamentar su respuesta.

Escriba su respuesta en el cuadro. Tendrá aproximadamente 45 minutos para completarla.

Para comprender exactamente qué se le está pidiendo que escriba, lea las instrucciones con atención e identifique:

- **El problema** (*ventajas y desventajas de utilizar uniformes escolares*)
- **La descripción de lo que se le pide que haga** (*analizar ambas posturas, determinar qué punto de vista está mejor fundamentado, utilizar pruebas pertinentes y específicas del pasaje para fundamentar su respuesta*)
- **Instrucciones para completar la tarea** (*escriba su respuesta en el cuadro. Tendrá aproximadamente 45 minutos para completarla*)

Lectura del pasaje

Hay una tendencia natural a querer apurarse a escribir el ensayo (después de todo, es eso lo que se está evaluando) y a escatimar tiempo al leer el pasaje. Evite hacer esto. La única forma de elaborar un buen ensayo es leer el pasaje atentamente, comprenderlo y extraer lo que necesitará cuando escriba.

Siga estos **cinco pasos** al leer el pasaje. Al final del proceso, tendrá buena información e ideas para usar mientras escribe el ensayo.

1. Antes de comenzar a leer, **eche un vistazo al pasaje** para tener una idea sobre qué trata y observe cómo se organiza la información.
2. **Lea el pasaje.** Puesto que sabe que definitivamente tendrá que responder, mientras lee, intente relacionar la información del pasaje con sus propias experiencias de vida.
3. Mientras lee, utilice su pizarra para **escribir las preguntas** que tenga acerca del contenido.
4. **Determine cuál es el argumento principal del autor** y escríbalo. Luego, resuma los puntos principales que el autor haya usado para fundamentar ese argumento y vuelva a expresarlos con sus propias palabras.
5. **Evalúe el argumento del autor.** ¿El autor proporcionó suficientes pruebas para respaldarlo?

¿Por qué sí o por qué no? ¿La forma en que el autor escribe lo afecta emocionalmente? ¿Por qué sí o por qué no?

Cómo está compuesto un ensayo

Un **ensayo** es una redacción breve sobre hechos reales que presenta el punto de vista del escritor con respecto a un determinado tema. Recuerde que *breve* es un término relativo. En este caso significa *más corto que un libro*. En realidad, un ensayo puede tener solamente uno o dos párrafos o llegar a tener 50 páginas. En el examen GED® le convendrá tener como objetivo un ensayo de cuatro o cinco párrafos.

Cada ensayo tiene tres partes principales: **introducción**, **desarrollo** y **conclusión**, también conocidas como **principio**, **medio** y **final**. En un ensayo de cinco párrafos, el primer párrafo es la introducción, el último párrafo es la conclusión y los tres párrafos que están en medio son el desarrollo.

Introducción

La *introducción* es el primer párrafo de un ensayo. En un ensayo de cinco párrafos como el que escribirá para el examen GED®, la introducción por lo general tiene alrededor de tres o cuatro oraciones. La introducción tiene tres objetivos principales:

- establecer la idea principal del ensayo
- captar la atención del lector
- establecer el tono del resto del ensayo

Enunciar la idea principal

La **idea principal** es lo principal que el escritor quiere que el lector sepa. La idea principal de un párrafo se enuncia en la **oración temática** y esta suele ser la primera oración del párrafo. Al igual que un párrafo, un ensayo tiene una idea principal. Se enuncia en una oración única llamada **presentación de tesis**, que generalmente es la última oración de la introducción.

En el examen GED® su presentación de tesis debería ser una respuesta clara y concisa a las instrucciones. Por ejemplo, la siguiente podría ser una posible oración de tesis para instrucciones de ejemplo en las que se le preguntara qué día elegiría si pudiera volver a vivir un día de su vida:

Si pudiera volver a hacer algo en mi vida, elegiría volver a vivir el día de mi boda.

Esta es una buena presentación de tesis porque responde claramente a la pregunta de las instrucciones. También presenta la idea principal del ensayo sin intentar contarle demasiado al lector de inmediato.

Captar la atención del lector

Además de contener la presentación de tesis, una buena introducción comienza con un par de oraciones que captan la atención del lector. Obviamente, el contenido de estas oraciones variará mucho dependiendo de su presentación de tesis. Una posible introducción que se basa en la presentación de tesis del ejemplo proporcionado podría ser algo así:

¿Que sucedería si pudieras volver a vivir un día de tu vida? Algunas personas elegirían volver a vivir un día para cambiar algo sobre sus vidas. Otras quizá simplemente quieran tener una segunda oportunidad para disfrutar de una gran experiencia. Si pudiera volver a hacer algo en mi vida, elegiría volver a vivir el día de mi boda.

Como puede ver, las tres oraciones que aparecen al principio del párrafo conducen a la presentación de tesis de un modo relativamente interesante. Quizá no sea *Harry Potter*, pero definitivamente es mejor que el siguiente enfoque:

Este es mi ensayo sobre lo que me gustaría hacer de nuevo en mi vida. Me gustaría volver a vivir el día de mi boda.

Las personas que califican las respuestas extendidas del examen GED® leen decenas, quizá cientos, de ensayos escritos a partir de las mismas instrucciones. Es muy probable que un ensayo que tenga una introducción clara y creativa obtenga una calificación mayor que uno que tenga una introducción que simplemente indique de qué se debe tratar el ensayo.

Establecer el tono para el resto del ensayo

Finalmente, una buena introducción establece el tono para el resto del ensayo. El **tono** hace referencia a la actitud que el escritor adopta con respecto al sujeto y al lector. Por ejemplo, su tono puede ser formal, informal, humorístico, irónico, agresivo o de disculpa. El tono que elija depende en cierta medida de su objetivo al escribir. Por ejemplo, si su objetivo es divertir al lector, su tono será humorístico.

En el examen GED® es buena idea utilizar un tono formal. Esto significa utilizar el vocabulario y la gramática del español estándar, en lugar de la jerga informal que podría utilizar cuando habla con un amigo. Debería esforzarse por utilizar oraciones completas, hacer uso de gramática y puntuación correcta y evitar el uso de abreviaturas. El uso de un tono formal en su redacción demuestra respeto por su lector y a la vez prueba que es capaz escribir correctamente.

Para comprender mejor la diferencia que hay entre tono formal e informal, observe el siguiente ejemplo. El primer ejemplo está escrito en un tono informal. En el segundo se utiliza un tono formal. En ambos ejemplos la presentación de tesis está en negrita para que pueda ubicarla fácilmente.

Ejemplo 1: *Sabes, vivir la vida de nuevo sería como un sueño. Supongo que a algunas personas les gustaría volver al pasado y tratar de cambiar* *alguna cosa en la que metieron la pata la primera vez y quizá a otras personas solo les gustaría volver a vivir un día en que hicieron algo que estuvo muy bueno.* **De una, yo elegiría el día de mi boda.**

Ejemplo 2: *¿Qué sucedería si pudieras volver a vivir un día de tu vida? Algunas personas elegirían volver a vivir un día para cambiar algo sobre sus vidas. Otras quizá simplemente quieran tener una segunda oportunidad para disfrutar de una gran experiencia.* **Si pudiera volver a hacer algo en mi vida, elegiría volver a vivir el día de mi boda.**

Si bien el primer ejemplo representa correctamente la forma en que hablamos, no es una forma aceptable de escribir un ensayo académico. En el segundo ejemplo se utiliza un tono que es apropiado para la escritura académica. En el examen GED® se esperará que escriba con un tono similar.

Observe que en ambas introducciones la presentación de tesis es la última oración del párrafo. Usted debería esforzarse por estructurar su introducción de la misma manera. Así como las personas de negocios conversan unos minutos antes de ir al grano, un buen escritor se esfuerza por captar la atención del lector antes de presentar la idea principal del ensayo.

Ahora inténtelo usted. En el espacio que aparece a continuación, prepare un borrador y escriba *solamente una introducción* que responda a las siguientes instrucciones:

¿Cuál es su objeto favorito? Ya sea un obsequio que le dieron durante la niñez o algo para lo que ahorró durante años, es probable que tenga algo que sea especial para usted. Escriba sobre este objeto especial y por qué es importante para usted.

Introducción:

_____

_____

_____

_____

_____

Desarrollo

El _desarrollo_ es la parte del ensayo en la que usted desarrolla y defiende su argumento. Al igual que sucede con el ensayo en sí, el desarrollo puede tener una extensión de un único párrafo o de varias páginas. Sin embargo, a los efectos del examen GED®, el desarrollo del ensayo debería tener una extensión de dos o tres párrafos.

Usted aprendió que cada párrafo debe tener una oración temática que exprese la idea principal del párrafo. Como se mencionó anteriormente, es buena idea hacer que la oración temática sea la primera oración del párrafo para que el lector sepa inmediatamente de qué se trata el mismo.

El párrafo que sigue a continuación es ejemplo de un párrafo de desarrollo que podría preceder a la introducción de muestra sobre volver a vivir el día de la boda.

> _Volver a vivir el día de mi boda me daría la oportunidad de ver a mi familia reunida nuevamente. Fue el único día de mi vida en que las familias de mi madre y mi padre se reunieron en un mismo lugar para celebrar. Además, el día de mi boda fue la última vez que vi a mi abuelo porque falleció unas semanas después._

La primera oración es la oración temática y establece la idea principal del párrafo: que volver a vivir el día de su boda le permitiría a la escritora ver a su familia reunida nuevamente. Las otras oraciones respaldan la idea principal al dar ejemplos de cómo se reunió la familia ese día. En conjunto, el párrafo desarrolla la idea principal del ensayo, esto es, que a la escritora le gustaría vivir el día de su boda nuevamente.

Es su turno. En el espacio proporcionado, escriba una tesis y un párrafo de desarrollo que analice las siguientes instrucciones.

> _¿Cuál es su objeto favorito? Ya sea un obsequio que le dieron durante la niñez o algo para lo que ahorró durante años, es probable que tenga algo que sea especial para usted. Escriba sobre este objeto especial y por qué es importante para usted._

Su tesis:

_____

_____

Párrafo de desarrollo:

_____

_____

_____

_____

_____

Conclusión

La _conclusión_ es el párrafo final del ensayo. Una buena conclusión debería lograr lo siguiente:

1. volver a exponer la idea principal
2. dar al lector una sensación de cierre

Volver a exponer la idea principal

El objetivo de volver a exponer la idea principal en la conclusión es doble. Primero, le recuerda al lector qué es lo más importante que usted quiere que recuerde. Segundo, le da al ensayo una sensación de unidad.

Sin embargo, volver a exponer la idea principal, no necesariamente significa escribir exactamente lo mismo o tan solo cambiar las palabras de lugar. Puede ser más creativo esta vez, agregar un poco de información extra o volver a expresar sus ideas de una forma nueva e interesante. Esta es una forma en que puede volver a exponer la presentación de tesis con la que hemos estado trabajando a lo largo del capítulo:

Tesis original:

Si pudiera volver a hacer algo en mi vida, elegiría volver a vivir el día de mi boda.

Expuesta nuevamente:

A pesar de que nunca tendré la oportunidad, me encantaría poder volver a vivir el día de mi boda.

En este ejemplo la idea principal se presenta en ambas oraciones, pero en la segunda incluye algo más: la idea de que volver a vivir cualquier momento de nuestra vida es imposible. Le agrega al ensayo una sensación de lamento que puede dejar al lector con una sensación melancólica placentera.

Ahora es su turno de escribir. En las líneas siguientes, vuelva a escribir la presentación de tesis que escribió en el ejemplo anterior del modo en que aparecería en la conclusión de su ensayo.

Tesis original:

_____

_____

Tesis expuesta nuevamente:

_____

_____

Dar al lector una sensación de cierre

Dar a los lectores una sensación de cierre significa hacerlos sentir satisfechos con cómo termina el ensayo. Es difícil decir específicamente qué se debe hacer para que las personas se queden con esta sensación. Sin embargo, es bastante fácil decir qué _no_ se debe hacer. Para asegurarse de que el lector tenga una sensación de cierre al final del ensayo:

- no presente ideas completamente nuevas,
- no se refiera únicamente a ejemplos acotados y específicos,
- no finalice el ensayo con una pregunta.

Un ejemplo de una conclusión eficaz para el tema de volver a vivir algún momento de su vida sería:

Un clima hermoso, un escenario de cuento de hadas, mi familia feliz... por un día, mi vida fue perfecta. A pesar de que sé que nunca tendré la oportunidad, me encantaría poder volver a vivir el día de mi boda.

Como puede ver, no es necesario que la conclusión sea larga y enredada. Simplemente necesita ser lo suficientemente extensa como para concluir el ensayo y dejar al lector satisfecho. A pesar de que escribir conclusiones puede ser difícil, se vuelve más fácil con la práctica.

En el espacio que aparece debajo, escriba una conclusión para el ensayo con el que trabajó en los ejemplos anteriores. Incluya la tesis expuesta nuevamente que escribió en el último ejercicio.

Tesis original:

_____

_____

Tesis expuesta nuevamente:

_____

_____

Conclusión:

_____

_____

_____

_____

Cómo se calificará su ensayo

Su ensayo de respuesta extendida se calificará en base a tres características o elementos:

- **Característica 1:** Creación de argumentos y uso de pruebas
- **Característica 2:** Desarrollo de ideas y estructura organizativa
- **Característica 3:** Claridad y dominio de las convenciones del español estándar

Su ensayo se calificará en una escala donde cada característica vale hasta 2 puntos, con una puntuación total posible de 6 puntos. El total luego se duplica, así que el número máximo de puntos posibles que puede obtener es 12.

Creación de argumentos y uso de pruebas

La característica 1 pone a prueba su capacidad de escribir un ensayo desde una postura basada en la información que se encuentra en el pasaje de lectura.

Para obtener la mayor puntuación posible, usted debe leer atentamente la información y expresar una opinión clara sobre lo que leyó. Se lo calificará en base a cómo use la información del (de los) pasaje(s) para fundamentar su argumento.

> **NOTA**
>
> Para obtener la mayor puntuación posible, debe hacer referencia a la información que aparece en el pasaje y volver a expresarla, no solo mencionar información de sus experiencias personales.

Su puntuación también estará basada en el análisis que haga del argumento que el autor presenta en el pasaje, si es que presenta alguno. Para obtener la mayor puntuación posible, hable sobre si cree que el autor tiene un buen argumento y exprese sus motivos.

Para que tenga como referencia, esta es una tabla que los calificadores del examen GED® utilizarán al determinar si su ensayo debería obtener una puntuación de 2, 1 o 0 en la Característica 1.

PARA LOGRAR UNA PUNTU-ACIÓN DE:	DESCRIPCIÓN
2	■ Genera argumentos en base al texto y establece un objetivo que está conectado con las instrucciones. ■ Cita pruebas pertinentes y específicas del texto fuente para fundamentar los argumentos. ■ Analiza el problema y/o evalúa la validez de la argumentación que aparece en los textos fuente (es decir, distingue entre afirmaciones fundamentadas y no fundamentadas, hace deducciones razonables sobre las premisas o suposiciones subyacentes, identifica razonamientos erróneos, evalúa la credibilidad de las fuentes, etc.).
1	■ Genera un argumento y demuestra cierta conexión con las instrucciones. ■ Cita alguna evidencia del texto fuente para fundamentar los argumentos (puede incluir una mezcla de citas relevantes e irrelevantes o una mezcla de referencias textuales y no textuales). ■ Analiza parcialmente el problema y evalúa la validez de la argumentación que aparece en los textos fuente. Puede ser simplista, limitado o impreciso.
0	■ Puede hacer un intento por crear un argumento O le falta un objetivo o conexión con las instrucciones O no hace ninguna de las dos cosas. ■ Cita un mínimo de pruebas o ninguna prueba de los textos fuente (se puede haber copiado secciones del texto fuente). ■ Analiza mínimamente el problema y/o evalúa la validez de la argumentación que aparece en los textos fuente. Puede tener una falta total de análisis o demostrar una comprensión mínima o nula de los argumentos dados.

Desarrollo de ideas y estructura organizativa

La característica 2 pone a prueba si usted responde a las instrucciones de redacción con un ensayo bien estructurado. La fundamentación de su tesis debe provenir de pruebas contenidas en los pasajes, así como también de opiniones y experiencias personales que se basan en la idea central. Sus ideas se deben explicar plenamente e incluir detalles específicos.

El ensayo debe utilizar palabras y frases que permitan que sus detalles e ideas fluyan naturalmente.

Esta es una tabla que los calificadores del examen GED® utilizarán al determinar si su ensayo debería obtener una puntuación de 2, 1 o 0 en la Característica 2.

PARA LOGRAR UNA PUNTUACIÓN DE:	DESCRIPCIÓN
2	■ Contiene ideas que están bien desarrolladas y que son lógicas en general. La mayoría de las ideas están desarrolladas. ■ Contiene una progresión razonable de ideas con conexiones claras entre detalles y puntos principales. ■ Establece una estructura organizativa que transmite el mensaje y el objetivo de la respuesta. Aplica adecuadamente los dispositivos de transición. ■ Establece y mantiene un estilo formal y un tono adecuado que demuestra conciencia sobre el público y el objetivo de la tarea. ■ Elige palabras específicas para expresar ideas con claridad.
1	■ Contiene ideas que se desarrollan de forma incoherente y/o reflejan un razonamiento simplista o vago. Algunas ideas son elaboradas. ■ Demuestra algunas pruebas de una progresión de ideas pero los detalles pueden estar desarticulados o les puede faltar conexión con la idea principal. ■ Establece una estructura organizativa que puede agrupar ideas de forma incoherente o es parcialmente eficaz al transmitir el mensaje de la tarea. Utiliza los dispositivos de transición de forma incoherente. ■ Puede mantener de forma incoherente un estilo formal y un tono apropiado para demostrar conciencia sobre el público y el objetivo de la tarea. ■ Ocasionalmente puede utilizar palabras de forma incorrecta o elegir palabras que expresan ideas en términos vagos.
0	■ Contiene ideas que se desarrollan de manera insuficiente o ilógica, con elaboración mínima o nula de las ideas principales. ■ Contiene una progresión poco clara o nula de las ideas. Puede que los detalles estén ausentes o sean irrelevantes para la idea principal. ■ Establece una estructura organizativa que no es eficaz o discernible. No aplica dispositivos de transición o lo hace de forma incorrecta. ■ Utiliza un estilo informal y/o un tono inapropiado que demuestra una conciencia limitada o nula sobre el público y el objetivo. ■ Con frecuencia, puede utilizar palabras de forma incorrecta, usar lenguaje informal en exceso o expresar ideas de manera vaga o arrebatada.

Claridad y dominio de las convenciones del español estándar

La característica 3 pone a prueba la creación correcta de las oraciones que componen el ensayo. Para obtener una puntuación alta, usted deberá escribir oraciones variadas (algunas breves, otras extensas, algunas simples, otras complejas). También deberá probar que tiene un buen dominio del español estándar, incluida una correcta elección de palabras y un uso adecuado de gramática y estructura de oraciones.

Si necesita revisar cualquier tema de gramática, uso o sintaxis, revise los Capítulos 5 y 6 de este libro.

Esta es una tabla que los calificadores del examen GED® utilizarán al determinar si su ensayo debería obtener una puntuación de 3, 1 o 0 en la Característica 3.

PARA LOGRAR UNA PUNTUACIÓN DE:	DESCRIPCIÓN
2	■ Demuestra una estructura de oraciones ampliamente correcta y una fluidez general que mejora la claridad en lo que refiere específicamente a las siguientes habilidades: 　■ estructura de oraciones variada dentro de los párrafos 　■ subordinación, coordinación o paralelismo correcto 　■ se evitan la verbosidad y las estructuras oracionales complicadas 　■ se usan de palabras de transición, adverbios conjuntivos y otras palabras que respaldan la lógica y la claridad 　■ se evitan las oraciones mal construidas, las oraciones fusionadas y los fragmentos de oraciones ■ Demuestra una aplicación competente de las convenciones del uso del español en lo que refiere específicamente a las siguientes habilidades: 　■ con frecuencia se confunden palabras y homónimos, incluso contracciones 　■ concordancia entre sujeto y verbo 　■ uso de pronombres, incluso concordancia de antecedente de pronombre, referencias de pronombre poco claras y tipos de pronombres 　■ ubicación de modificadores y orden correcto de palabras 　■ uso de mayúsculas (p. ej. sustantivos propios, títulos y comienzo de oraciones) 　■ uso de puntuación (p. ej., comas en una serie o en aposiciones y otros elementos no esenciales, signos de puntuación adecuados) ■ La respuesta puede contener algunos errores en la sintaxis y las convenciones pero estos no interfieren en la comprensión. En general, el uso estándar está a un nivel adecuado para la redacción solicitada
1	■ Demuestra una estructura oracional incoherente. Puede contener algo de repetición, estructuras cortadas, dispersión u oraciones complicadas que tal vez resten claridad. Demuestra control irregular de las habilidades que se enumeran en el primer punto de la Característica 3, puntuación de 2 ■ Demuestra un control irregular de las convenciones básicas, específicamente en lo que respecta a las habilidades que aparecen en el segundo punto de la Característica 3, puntuación de 2 ■ Puede contener errores frecuentes en la mecánica y las convenciones, que ocasionalmente interfieren en la comprensión. El uso estándar está a un nivel mínimo aceptable de lo que es apropiado para la escritura de la redacción que se solicita.
0	■ Demuestra una estructura oracional con errores constantes de modo tal que puede oscurecer el significado. Demuestra un control mínimo de las habilidades incluidas en el primer punto de la Característica 3, puntuación 2 ■ Demuestra un control mínimo de convenciones básicas, específicamente en lo que refiere a las habilidades incluidas en el segundo punto de la Característica 3, puntuación de 2 ■ Contiene errores frecuentes y graves en la mecánica y las convenciones, que interfieren en la comprensión. El uso estándar general está a un nivel inaceptable de lo que es adecuado para la redacción solicitada O ■ La respuesta no es suficiente para demostrar un nivel de dominio de las convenciones y el uso

Evite una puntuación automática de cero

Si el ensayo tiene cualquiera de los siguientes problemas, se lo puntuará *automáticamente* con 0:

- Todo el ensayo está compuesto por texto copiado de los pasajes o las instrucciones.
- El ensayo no presenta pruebas de que el examinado haya leído las instrucciones.
- El ensayo trata sobre un tema equivocado.
- El ensayo es incomprensible (no se puede entender).
- El ensayo no está en español.
- La sección del ensayo está en blanco.

Práctica de respuesta extendida

Utilice las siguientes instrucciones para responder esta pregunta de respuesta extendida de ejemplo. Mientras escribe su ensayo, asegúrese de:

- Decidir qué postura presentada en el pasaje está mejor fundamentada por pruebas.
- Explicar por qué la postura que elige tiene un mejor fundamento.

- Reconocer que la postura mejor fundamentada quizá no sea con la que usted está de acuerdo.
- Presentar varias pruebas del pasaje para defender sus afirmaciones.
- Desarrollar en profundidad sus puntos principales y organizarlos de forma lógica, con sólidos detalles de respaldo.
- Conectar sus oraciones, párrafos e ideas con palabras y frases de transición.
- Expresar sus ideas con claridad y elegir sus palabras cuidadosamente.
- Usar estructuras oracionales variadas para mejorar la claridad de su respuesta.
- Volver a leer y revisar su respuesta.

INSTRUCCIONES

El siguiente pasaje trata sobre el debate acerca de los videojuegos violentos y su efecto en los jóvenes. Tómese 45 minutos como máximo para leer el pasaje, escribir el ensayo y luego revisarlo.

Videojuegos violentos: ¿son perjudiciales para los jóvenes?

El debate sobre los efectos de los videojuegos en el comportamiento de los jóvenes continúa hoy en día con las denuncias de tiroteos en escuelas y actos violentos en los vecindarios urbanos. A menudo se culpa a los videojuegos violentos por el aumento del comportamiento violento entre los jóvenes. Algunas personas sostienen que estos juegos hacen que los jugadores no sean sensibles a la violencia y enseñan a los niños que la violencia es una forma aceptable de resolver los conflictos. Quienes apoyan los videojuegos afirman que las investigaciones sobre el tema no son sólidas y que no se ha hallado una relación directa entre los videojuegos y el comportamiento violento. De hecho, hay personas que argumentan que los videojuegos pueden reducir la violencia al proporcionar una salida segura para los sentimientos de agresión e ira.

En un testimonio presentado en una audiencia federal del año 2012 para abordar la reglamentación del sistema de clasificación de los video juegos, Cindy Marrix, psicóloga e investigadora del Instituto de Medios y Mente de la Universidad de Wollash, en Wollash, Idaho, declaró que hay abundancia de pruebas que respaldan el vínculo entre los videojuegos violentos y el comportamiento agresivo de los jóvenes. La Dra. Marrix declaró que las investigaciones demuestran que la probabilidad de que los videojuegos violentos conduzcan a un comportamiento agresivo es mayor que la de otros medios debido a la naturaleza repetitiva de las actividades de juego y la identificación de los jugadores con personajes violentos.

La Dra. Marrix también observó que la práctica de ser recompensado por muchos actos de violencia puede intensificar el aprendizaje de actos violentos en un jugador. Considera que los medios electrónicos tienen un papel importante en el desarrollo emocional y social de los jóvenes. Si bien hay muchos videojuegos que promueven un comportamiento de aprendizaje y cooperación, los estudios sugieren que los videojuegos que incluyen agresión, violencia y violencia sexualizada pueden tener un impacto negativo en los niños.

Los resultados de las investigaciones revelan que los videojuegos violentos sí aumentan los sentimientos de hostilidad y los pensamientos sobre agresión. La Dra. Marrix sostiene que la industria del entretenimiento debe reconocer que existe un vínculo entre los comportamientos violentos y los videojuegos violentos, y que estos juegos deberían representar las consecuencias realistas de la violencia para mostrarle a los niños que esta no es un medio eficaz para resolver conflictos.

Si bien es comprensible la preocupación sobre los efectos de los videojuegos violentos, también hay varios expertos que afirman que no existe ningún vínculo entre los videojuegos y la violencia. Después de examinar las pruebas que surgen de la investigación, varias autoridades han concluido que estos estudios no validan científicamente la hipótesis de que los videojuegos aumentan la violencia. De hecho, millones de niños y adultos los juegan sin sufrir ningún efecto perjudicial.

La Dr. Erica Trounce y el Dr. Jacob Smith, investigadores, afirman que la preocupación por los videojuegos actuales en realidad no es diferente a la que tuvieron las generaciones previas con respecto a los nuevos medios de épocas anteriores. Ambos afirman que los resultados de las investigaciones que indican que los videojuegos violentos crean comportamientos violentos provienen de estudios realizados de manera inadecuada y de informes de noticias sensacionalistas.

(continúa)

En 2014 se presentaron los resultados de dos estudios recientes en la revista científica *Behind the Brain*. A los participantes en el primer estudio se les asignó jugar un videojuego violento o no violento dos horas por día durante 20 días. A pesar de que se observó que los participantes masculinos presentaban una mayor agresión que las participantes femeninas durante el tiempo que jugaban el juego violento, los resultados de este estudio no revelaron un aumento de la agresión en la vida real en los jugadores de los juegos violentos. Los resultados del segundo estudio indicaron que la predisposición a responder ante ciertas situaciones con actos de agresión, la violencia familiar y el sexo masculino podían predecir delitos violentos, pero no así la exposición a videojuegos violentos. Estos resultados sugieren que jugar videojuegos violentos no presenta un riesgo significativo de futuros actos de violencia.

Se estima que en el año 2016 las ventas de videojuegos a nivel mundial superarán los $110 mi millones. A medida que los juegos se hacen más complejos y vívidos, el debate sobre si se debe permitir que los niños estén expuestos a videojuegos violentos continuará.

Lea el pasaje y escriba un ensayo que aborde la siguiente pregunta: *¿Los videojuegos violentos promueven un comportamiento violento en los jóvenes?* En su respuesta, analice ambas posturas para determinar cuál está mejor fundamentada. Utilice pruebas pertinentes y específicas del pasaje para fundamentar su respuesta.

Ensayos de muestra de práctica de respuesta extendida

Respuesta de muestra con puntuación 2

Hay sólidos motivos para creer que los videojuegos violentos pueden ayudar a crear una cultura de violencia entre los jóvenes estadounidenses. Jugar videojuegos violentos puede hacer que los jugadores no distingan bien la línea que separa la realidad de la fantasía y crean que las acciones violentas no tienen consecuencias. Pruebas provenientes de varias fuentes, como psicólogos e investigadores científicos, demuestran que debemos tomar medidas para contener la exposición de los niños a los videojuegos violentos.

Como lo deja en claro el testimonio de la Dra. Cindy Marrix, los videojuegos violentos tienen un impacto mucho mayor que otros medios en el comportamiento de los jugadores. Más allá de la "naturaleza repetitiva de las actividades de juego y la identificación de los jugadores con personajes violentos" que ella menciona, personalmente también argumentaría que el componente interactivo de los videojuegos los hace más peligrosos que el contenido violento de películas o televisión. Esto se debe a que los jugadores contribuyen activamente a las historias violentas de los juegos, mientras que en las películas y la televisión la experiencia se da de forma pasiva. Además, como sostiene la Dra. Marrix, el sistema de recompensar a los jugadores por acciones violentas hace que estos pierdan sensibilidad ante la violencia y presenta asociaciones positivas con los actos de violencia.

Si bien el pasaje contiene pruebas en contra del vínculo que existe entre los videojuegos violentos y el comportamiento violento, no creo que sea tan fuerte como el argumento que presenta la Dra. Marrix. Más importante aún, el estudio publicado en *Behind the Brain* no parece tener en cuenta los efectos a largo plazo de jugar videojuegos violentos durante un período prolongado. Quizá el nivel de agresión de los jugadores no aumente después de unos pocos días o semanas de juego, ¿pero qué sucede en el transcurso de 10 o 15 años? La mayoría de los jugadores que conozco, ya sea que jueguen juegos violentos o no, lo hacen desde la niñez. Incluso si el hecho de pasar muchos años jugando tales juegos no conduce a un comportamiento violento, como mínimo estos juegos eliminan el peligro vinculado con el comportamiento violento y hacen que parezca casi normal. Esto no puede ser algo bueno para la capacidad del jugador de sentir empatía por las víctimas de violencia o comprender plenamente el problema de la violencia en el mundo actual.

La Dra. Marrix tiene razón al instar a una mayor vigilancia por parte de los creadores de juegos y del público en general en lo que respecta a la violencia en los videojuegos. Como el pasaje predice, estos juegos se harán más vívidos con el correr del tiempo y darán lugar a más preguntas sobre la relación que existe entre entre la violencia simulada y la real. Sin duda, factores como la salud psicológica y el contexto familiar del jugador se relacionan con sus tendencias hacia la violencia, pero no se puede ignorar la influencia de los medios interactivos en el desarrollo emocional de los niños.

Sobre este ensayo

Esta respuesta extendida tiene una puntuación de 2 porque contiene un argumento que está claramente conectado a las instrucciones. El autor lo logra mediante el uso de pruebas del pasaje y una atribución correcta (esto significa que el escritor explicó quién o cuál es la fuente de las pruebas). El escritor realiza deducciones razonables, hace afirmaciones razonables y organiza sus puntos de forma lógica. Observa ambos lados del debate de forma justa y objetiva y agrega observaciones personales solamente cuando son relevantes para la respuesta. Se mantiene la formalidad del lenguaje, estilo y tono a lo largo del ensayo. La estructura de las oraciones es clara y precisa, y el autor utiliza un vocabulario variado. El autor sigue reglas gramaticales básicas, incluido un uso adecuado de mayúsculas y puntuación.

Respuesta de muestra con puntuación 1

Este ensayo trata sobre la violencia y los videojuegos. En mi opinión la violencia es un problema hoy en día pero los videojuegos no la empeoran. Los videojuegos pueden hasta ayudar con la coordinación y los reflejos de las manos y los ojos.

La primera fuente, la Dra. Marrix, habla sobre por qué cree que los videojuegos conducen a la violencia. Dice que la gente que juega videojuegos es más agresiva que la gente que no y que les cuesta distinguir ente lo que es real y lo que no. Quizá parte de esto sea cierto pero yo conozco gente que ha jugado videojuegos durante años y no son violentos. Creo que depende de las familias de las personas, si sus familias son buenas y les enseñan a no ser agresivos y violentos entonces deberían poder jugar videojuegos sin que esto lleve a la violencia social. La Dra. Marrix cree que los jugadores se "identifican" con los personajes violentos y que esto hace que quieran actuar como los personajes en la vida real, pero yo creo que es más como dice la segunda fuente, la doctora Trounce: los "comportamientos violentos provienen de estudios realizados de manera inapropiada y de informes de noticias sensacionalistas". Lo que ella quiere decir es que los medios informativos son responsables de agrandar el problema de los videojuegos violentos para hacer que una historia sea sensacionalista. Realmente no tiene fundamento en la realidad. También estoy de acuerdo con el estudio de la revista Behind the Brain, que afirma que no hay un aumento de la agresión en la vida real cuando la gente juega videojuegos. Esto refuta el punto de la Dra. Marrix de que hay un vínculo entre los dos. El estudio también respalda lo que dije sobre la importancia de la familia en la crianza de niños no violentos.

El artículo afirma que la gente gastará "73,5 mil millones" de dólares en juegos para fines de 2013. Tan solo esto es suficiente para mostrar que los juegos no van a desaparecer y que es muy difícil regularlos porque representan una gran parte de la economía. La Dra. Marrix sugiere que cambien el contenido de los juegos pero esto sería difícil porque hay mucha gente que los compra. En cambio, deberían dejar que los consumidores decidan si pueden arreglárselas con el contenido de los juegos. Los juegos como Grand Theft Auto hasta pueden ayudar a desarrollar las habilidades de conducción de la gente y hasta los pilotos a veces entrenan en simuladores, así que está comprobado que los medios electrónicos simulados pueden tener un valor positivo en la sociedad. Además el estudio de la revista muestra que habitualmente son solo los hombres los que tienen el problema con la violencia y los videojuegos, no toda la población. En conclusión, no veo que haya un vínculo establecido entre la violencia y los videojuegos, al menos no lo suficiente como para que tengamos que cambiar nuestra política con respecto a los juegos, como sugiere la Dra. Marrix.

Sobre este ensayo

Esta respuesta extendida tiene una puntuación de 1 porque el argumento tiene cierta conexión con las instrucciones, pero el autor se desvía al transmitir su punto. No sigue una progresión lógica para explicar su argumento. El escritor no analiza las pruebas del texto en profundidad y no hace mucho para mostrar cómo se conecta con la tesis del autor. El escritor del ensayo transmite ideas similares de forma reiterada, usando un tono que varía entre lo formal y lo casual. Hay oraciones mal construidas, algunos errores de puntuación y mayúsculas, citas imprecisas y transiciones torpes entre partes del ensayo.

Respuesta de muestra con puntuación 0

El artículo dice q' los videojuegos conducen a la violencia yo estoy de acuerdo xq' los videojuego es violento mucha gente juega q' son violentos. yo diria que los prohiban xq' llevan a violencia! El juego Call of Duty es re violento, yo conozco gente q' juega y los gráficos son súper reales. No es bueno para la sociedad q' la gente juegue estos juego. en el artículo dice q' la gente se pone agresiba cuando juegan demasiados juegos. Estoy de acuerdo con esto, tienen problemas para saber lo q' es verdad y lo falso. La dra. del artículo dice q' estos juegos tienen un "impacto negativo" q' es verdad si alguna vez viste lo violentos que son los juegos xq' otras partes en el artículo hablan sobre q' los juegos no son tan violentos q' la gente que los juega sin ser violentos pero yo no se, creo q' aumentan la agresión de los jugadores. los juegos antes eran mas simples, no tan violentos, pero ahora son super violentos, los doctores del artículo hasta piensan así. la gente va gastar "7,53 mil millones" en juegos dice el artículo, así q' es un problema mayor entonces cualquiera puede arreglarse a esta altura... es una de las partes más grandes de los medios y la gente va encontrar formas de consegir sus juegos. es muy malo xq' creo que es malo para la sociedad q' toda esta gente esté jugando tantos juegos sin pensar en los problemas reales de la sociedad como las guerras etc. pero no se creo q' no hay una solución ahora. . . es triste q' la gente se ponga tan violenta con los juegos.

Sobre este ensayo

Esta respuesta extendida tiene una puntuación de 0 porque tiene poca o ninguna conexión con las instrucciones, no sigue ninguna progresión lógica e incluye pocas pruebas procedentes del pasaje. Hay muy poco análisis del problema o de los estudios que se mencionan en el pasaje. Si bien hay una tesis muy general, no está totalmente explicada. El autor utiliza jerga, abrevia palabras (por ejemplo "xq" y "q") y escribe en un tono demasiado informal. Hay muchos errores de ortografía, mayúsculas, puntuación y reglas básicas de gramática y el texto está mal citado. Estos errores hacen que el lector no pueda comprender totalmente lo que el escritor está intentando decir.

8 ▶ ENSAYO DE EXTENDIDA: PLANIFICACIÓN Y REVISIÓN

RESUMEN DEL CAPÍTULO

Este capítulo lo ayuda a prepararse para administrar el tiempo que tiene para escribir el día del examen, a practicar habilidades de escritura previa y a revisar su borrador inicial en el momento. Estas habilidades también se pueden transferir a tareas de redacción fuera del examen de Razonamiento a través de las artes del lenguaje de GED®.

Cómo escribir un ensayo eficaz

Un ensayo *eficaz* es el que logra su objetivo de forma clara y completa. Hay muchos objetivos posibles para un ensayo: informar, persuadir, entretener, comparar, comprobar o desaprobar. El objetivo de su ensayo en el examen GED® probablemente sea informar al lector su opinión sobre un tema o persuadirlo para que esté de acuerdo con su punto de vista sobre un asunto.

Planificación

Para escribir un ensayo eficaz, se necesita planificación, algo que los escritores nuevos por lo general son renuentes a hacer. ¿Por qué? Muchos estudiantes son impacientes y solo quieren terminar la tarea. A otros les preocupa que si se toman un tiempo para planificar el ensayo, se quedarán sin tiempo para escribirlo.

Sin embargo, planificar con anticipación lo que va a escribir debería hacer que el proceso de redacción sea más fácil y se dé sin problemas. También lo ayudará a pensar en ideas sobre qué escribir, a organizaras de manera eficaz y a expresarlas con claridad una vez que comience a escribir. La mayor parte de lo que escribió en el capítulo anterior era muy similar a planificar. En este capítulo aprenderá cómo planificar más.

Estrategias previas a la redacción

Todos pasamos por esto: ese primer momento antes de comenzar a escribir. Abrimos el libro del examen, comprobamos que tenemos lápiz y papel para escribir el borrador, respiramos profundamente, nos decimos "Bueno, aquí voy" y luego . . . nada. Completamente en blanco. Nos pasa a todos. Y eso es lo más difícil de la redacción. Pero le tenemos buenas noticias. Una vez que pasa ese primer momento de agonía y comienza a poner sus pensamientos en marcha, ¡lo más difícil queda atrás! Recuerda que tenía un objetivo y está listo para embarcarse en el ensayo de respuesta extendida del examen GED®.

Organizar sus pensamientos antes de escribir es absolutamente fundamental. Probablemente sea el paso más importante de todo el proceso de redacción. Antes de siquiera colocar los dedos sobre el teclado, usted debe comenzar a pensar. Así que haga todo lo posible por tener un estado mental que permita que sus pensamientos fluyan. Debe tener la capacidad de enfocarse realmente.

Este capítulo incluirá los siguientes aspectos de organizar su redacción:

- Estilos de pensamiento
- Creación de un resumen
- Orden de importancia

Estilos de pensamiento

Esto tal vez suene a una lección de budismo zen, pero pensar con claridad marca la diferencia en su desempeño al escribir. Puede comenzar por tratar de entender qué tipo de pensador es usted. Esto parece extraño, pero en la vida real ¿no son obvios los diferentes modos en que piensan las personas? Simplemente intente que tres niños y su abuela se pongan de acuerdo sobre qué van a cenar y verá a qué me refiero. En una habitación podría haber diez personas analizando el mismo problema de forma diametralmente opuesta. Así que debe saber qué tipo de pensador es usted. Hay dos estilos de

pensamiento básico que se pueden asociar a la escritura: *pensamiento lineal* y *asociación libre*.

Pensador lineal

Usted es un **pensador lineal** si organiza sus ideas en orden cronológico o secuencial. Si trabaja con una línea de tiempo, simplemente enumera los eventos en orden cronológico, comenzando por el primero:

Ejemplo

Es necesario reorganizar la biblioteca de la escuela. Dado su enorme tamaño, varios estudiantes voluntarios participarán en la reorganización. En consecuencia, usted debe realizar una lista cronológica (con viñetas o números, desde el principio hasta el presente) que contenga los pasos que se deben seguir para realizar el trabajo.

Notas de muestra: **Pensador lineal** (uso de cronología):

- La reorganización se acordó el 23 de marzo de 2014. El proyecto finalizará el 23 de mayo de 2014.
- Paso 1 (26 de marzo–9 de abril): retirar todos los libros de los estantes.
- Paso 2 (16–22 de abril): limpiar los estantes, quitar de los estantes todas las etiquetas y anotaciones del antiguo sistema de organización.
- Paso 3 (23 de abril, 11 a. m.): reunión para aprobar el nuevo sistema de organización.
- Paso 4 (25 de abril–9 de mayo): donar libros innecesarios, pedir nuevos libros y etiquetar los lomos de los libros con las notaciones del nuevo sistema de organización.
- Paso 5 (10 de mayo–17 de mayo): colocar todos los libros en estantes, dejando bastante espacio para futuras adquisiciones.
- Paso 6 (18 de mayo–22 de mayo): probar el nuevo sistema de organización, recibir comentarios de los empleados y hacer los cambios que sean necesarios.
- Paso 7 (23 de mayo): finalización del proyecto.

Si usted piensa de manera *secuencial*, realiza un resumen o una lista que comienza con las ideas más importantes. Luego, se desplaza por la lista de pensamientos en orden descendente de importancia.

Ejemplo

Debe escribir un ensayo que compare la eficacia de dos escritos diferentes. Así que realiza un resumen rápido que contiene lo que necesita decir en orden de importancia.

Notas de muestra: **Pensador lineal** (usando secuencia):

1. Introduce el tema y el autor del primer ensayo (si recuerda el ensayo sobre salario mínimo, ese sería el Presidente Roosevelt).
2. Enumera puntos de apoyo:
   a. Debemos "reducir la disminución del poder adquisitivo de los trabajadores industriales y . . . fortalecer y estabilizar los mercados para los productos agrícolas".
   b. Nuestra nación tiene recursos y una población que trabaja arduamente, así que debemos tratar a las personas de forma justa si nos consideramos una "democracia digna que se mantiene y respeta a sí misma".
   c. El trabajo infantil y la explotación de los trabajadores son imperdonables.
   d. "Comercio ilustrado" significa saber que la competencia no es más importante que los seres humanos que realizan el trabajo para generar las ganancias.
3. Introduce el segundo autor:
   a. Ralph Phillips pide una "opinión alternativa informada".
   b. Aumentar el salario mínimo dañará la economía (el gobierno no debería entrometerse en el lugar de trabajo).
   c. Los empleadores tendrán que pagar más a los trabajadores, lo que significa despedir a trabajadores, aumentar los precios y tener menores ganancias.

d. Phillips tenía un trabajo en el que le pagaban poco y aun así logró una estabilidad profesional. ¿Por qué no todos podemos hacer eso?
4. Analiza el fundamento que cada autor proporciona para su argumento y usa pruebas específicas.

Pensador de asociación libre

Usted es un **pensador de asociación libre** si no utiliza una determinada secuencia en su pensamiento inicial.

Si tiene un pensamiento, lo escribe cuando le viene a la mente y luego agrega los detalles de respaldo al final. Puede anotar palabras clave que sabe que dispararán su memoria después. Finalmente, realizará un resumen pero primero necesita ver todas sus ideas plasmadas en papel.

Puede referirse a este tipo de pensamiento como pensamiento de burbuja. Los pensamientos pueden llegarle a la velocidad de la luz, así que debe tomar notas tan rápido como pueda. Luego, con un círculo, puede encerrar cada idea en su propia burbuja para después poder categorizarla de manera lógica. Cuando termine de tomar notas, reorganice las burbujas hasta que el ensayo fluya de forma razonable.

Las notas de estilo de pensamiento de esta sección obviamente son muy breves, pero abordan los puntos importantes. Por supuesto, la extensión de su resumen variará según el nivel de detalle para el que tenga tiempo y cuánto sepa sobre el ensayo al que responde. Lo importante es determinar qué tipo de pensador es usted. Una vez que lo haya hecho, puede dedicarse al próximo paso: organizar sus notas de forma lógica.

Hay tres pasos principales para planificar un ensayo de manera exitosa:

1. crear una presentación de tesis
2. hacer una lluvia de ideas relacionadas a su presentación de tesis
3. organizar sus ideas en un resumen

Las siguientes subsecciones describen cada paso en detalle.

Crear una presentación de tesis

A muchos estudiantes les cuesta crear una presentación de tesis eficaz. A menudo, escribir una presentación de tesis para el examen GED® es tan simple como responder una pregunta sobre usted mismo, una pregunta que puede aparecer en las instrucciones. Luego, lo único que tiene que hacer es responderla. Por ejemplo:

¿Cuál es su objeto favorito? Ya sea un obsequio que le dieron durante la niñez o algo para lo que ahorró durante años, es probable que tenga algo que sea especial para usted. Escriba sobre este objeto especial y por qué es importante para usted.

La pregunta aquí es *¿Cuál es su objeto favorito?* Su presentación de tesis debería responder esa pregunta con una oración completa.

A veces, las instrucciones proporcionadas se presentan como una afirmación. En este caso, habrá una oración que le dará instrucciones para *contar, describir* o *explicar* algo. Simplemente, tome la oración que le indica que haga algo y conviértala en una pregunta. Por ejemplo:

Muchas personas creen que los espíritus de los seres humanos permanecen en la tierra como fantasmas después de que la persona muere. Explique por qué usted cree o no en la existencia de fantasmas.

Observe que la segunda oración de las instrucciones le indica qué hacer: *Explique por qué.* Elimine la palabra *explique* y convierta la afirmación en una pregunta: *¿Cree o no cree en la existencia de fantasmas?* Nuevamente, su presentación de tesis debería responder a esa pregunta.

Practiquemos lo que ha aprendido hasta ahora. Escriba una presentación de tesis que responda a las siguientes instrucciones:

Habitualmente los momentos embarazosos quedan grabados en nuestra memoria, a pesar de que nos gustaría olvidarlos. Hable acerca de una de sus experiencias más embarazosas.

Presentación de tesis:

_____

_____

Luvia de ideas

Lluvia de ideas es simplemente otra forma de decir: *escriba cualquier cosa que se le ocurra tan rápido como pueda.* El objetivo de una lluvia de ideas es que plasme todas sus ideas en papel para resolver cómo organizarlas después.

Así que digamos que usted crea la siguiente presentación de tesis: *Si pudiera volver a hacer algo en mi vida, elegiría volver a vivir el día de mi boda.* Para hacer una lluvia de ideas relacionada con esta tesis, usted tendría que sacar una hoja de papel en blanco, escribir su tesis en la parte superior y luego dedicar aproximadamente tres o cuatro minutos a escribir cualquier pensamiento relacionado que venga a su mente, sin seguir ningún orden en particular. Esta es una lluvia de ideas de muestra sobre esta presentación de tesis:

- *flores*
- *día hermoso*
- *temperatura perfecta*
- *sin lluvia*
- *familia reunida*
- *esposo buenmozo*
- *me sentí como una princesa*
- *cabello hermoso*
- *vestido de la abuela*
- *mamá y papá felices*
- *familia de mamá y familia de papá*
- *sin peleas*
- *risas*
- *buena música*

A esta altura, la lluvia de ideas no parece un ensayo. Solo se ve como un conjunto de ideas. Lo siguiente que usted debe hacer es clasificar el desorden al revisar todo lo que haya escrito, trazar un círculo alrededor de las ideas que estén relacionadas y conectarlas dibujando una línea entre ellas. Esto le dará como resultado una lluvia de ideas que se ve así:

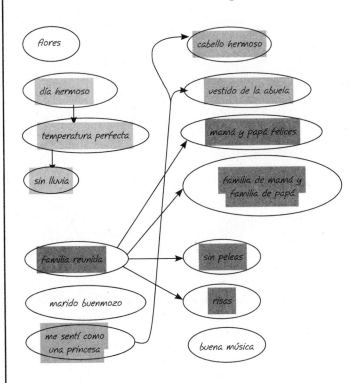

Los grupos más grandes de la lluvia de ideas deberían indicarle cuáles serán las ideas principales para el desarrollo del ensayo. En esta lluvia de ideas hay tres ideas relacionadas con el tiempo (día hermoso, temperatura perfecta, sin lluvia), tres ideas relacionadas con el aspecto de la novia (me sentí como una princesa, cabello hermoso, vestido de la abuela) y cinco ideas relacionadas con la familia (familia unida, padre y madre felices, familia de mamá y familia papá, sin peleas y con risas). Esto significa que los tres párrafos de desarrollo del ensayo deberían estar relacionados al clima, el aspecto de la novia y la familia.

Recolectar detalles de los pasajes

Para respaldar su tesis, reúna información del (de los) pasaje(s) que le ayudarán a expresar una opinión sólida. Un buen ensayo incluirá detalles específicos que ayudarán al lector a comprender su postura.

TOME NOTA

En el examen GED® usted debe incluir pruebas de los pasajes que fundamenten su presentación de tesis y también debe analizar pruebas de los pasajes que *no* respalden su postura.

A medida que anota detalles del pasaje para usar en su ensayo, hágase las siguientes preguntas:

1. ¿Esta información apoya mi presentación de tesis?
2. ¿Estas pruebas convencen al lector para que crea o esté de acuerdo con mi postura?

El siguiente es un ejemplo de un pasaje que presenta un problema (ventajas y desventajas de los uniformes escolares). Analizaremos este pasaje en la siguiente sección. Mientras lee, tome notas, escriba detalles importantes y una presentación de tesis.

Ventajas y desventajas de los uniformes escolares para su hijo

A pesar de que los uniformes han sido el pilar de las escuelas privadas, las escuelas públicas se sumaron a la moda en 1994 cuando el distrito escolar Long Beach de California puso en práctica el uso de uniformes escolares. Según el distrito escolar de Long Beach, en el año posterior a la implementación del uso de uniformes, las peleas y los asaltos en la escuela disminuyeron en un 50%, mientras que los delitos sexuales se redujeron en un 74%. En todo el país, abundan estadísticas similares. Por ejemplo, en la Escuela Media Ruffner en Norfolk, Virginia, el número de derivaciones disciplinarias disminuyó en un 42% una vez que el uso de uniformes se hizo obligatorio. Posteriormente, alentadas por estas estadísticas, más escuelas de todo el país pusieron en práctica el uso de uniformes en escuelas públicas. Sin embargo, hay otras estadísticas que argumentan que el uso de uniformes no es tan beneficioso como creen los administradores escolares. Por lo tanto, la pregunta sigue en pie: ¿El uso de uniformes en escuelas públicas es bueno para su hijo?

En esencia, existen dos beneficios que se asocian al uso de uniformes escolares: un enfoque en el aprendizaje y una reducción de la violencia en el campus. Muchos administradores escolares y padres creen que los uniformes crean un mejor entorno de aprendizaje en la escuela. Primero y principal, los estudiantes no se distraen por su aspecto y, por lo tanto, prestan más atención al aprendizaje en la escuela. Hay una reducción de la presión de los pares para vestirse a la moda con las mejores marcas y los estudiantes pueden enfocarse más en el trabajo escolar, en lugar de en el aspecto social. De hecho, con los uniformes escolares las diferencias socioeconómicas presentes entre los estudiantes se igualan y se minimiza la presión de tener que encajar mediante la elección de vestimenta correcta.

De acuerdo con la publicación *School Administrator*, la obligación de usar uniformes en los campus redujo el número de llegadas tarde, faltas a clase, suspensiones y derivaciones disciplinarias. Además, al existir una uniformidad visual en todos los estudiantes, aumenta el orgullo escolar. Así como sucede con los uniformes del equipo de atletismo, vestirse de forma unificada aumenta el orgullo, la unidad y da lugar a un compromiso renovado con la escuela. Con los uniformes se establece un tono más profesional en la escuela que alienta a los estudiantes a tomar sus estudios con mayor seriedad. Inicialmente los uniformes son más costosos, ya que los padres deben invertir en todos los accesorios, sin embargo, conforme avanza el año escolar, no hace falta hacer más compras. Por último, el uso de uniformes en la escuela reduce el predominio de la violencia, la cual es una gran preocupación para muchas escuelas públicas. Se puede identificar fácilmente a personas externas que no pertenecen al campus y, por lo tanto, no presentan una gran amenaza para los estudiantes. Los uniformes también reducen las pandillas en los campus escolares. Cuando no es fácil identificar a los miembros de una pandilla, las peleas y la violencia disminuye. Los estudiantes ya no se distraen prestando atención a quién usa el color de qué pandilla y, por lo tanto, el campus está más seguro con menos incidencia de peleas.

Los oponentes al uso de uniformes escolares en escuelas públicas, como describe el argumento de la Unión Estadounidense por las Libertades Civiles a favor de la Primera Enmienda, sostienen que los uniformes reprimen la necesidad de autoexpresión de los estudiantes. Se debe alentar a los estudiantes a aceptar su individualismo y los uniformes rechazan esa autoexpresión. Según quienes se oponen a los uniformes, hasta los niños en etapa preescolar deben tener participación en su vestimenta y la necesidad de alentar la personalidad, seguridad e independencia se hace cada vez más importante a medida que los estudiantes crecen. Si no cuentan con el canal de expresión que es la elección de su vestimenta, los estudiantes pueden volcarse a peinados, joyería o maquillaje inapropiados. Negar la capacidad de los estudiantes de expresar individualismo y creencia en una subcultura, ya sea a la moda, hip-hop, punk o deportista, podría obstaculizar su transición de la niñez a la madurez. Controlar el proceso de socialización podría perjudicarlos en la edad adulta.

(continúa)

Quizá no estén preparados para el mundo real, donde se juzga a las personas por su aspecto. Además, otras personas sostienen que los uniformes quizá no sean cómodos para todos los estudiantes. Es importante asegurarse de que el estudiante esté cómodo para poder maximizar los resultados del aprendizaje. Es posible que los uniformes impidan tener un enfoque académico. Los estudiantes no pueden utilizar los uniformes fuera de la escuela y, por lo tanto, hay un doble costo en uniformes y vestimenta informal.

—Adaptado de "Public School Uniforms: The Pros and Cons for Your Child", de Grace Chen, 23 de abril de 2008, publicschoolreview.com.

Organización de su ensayo

Un buen ensayo del examen GED® comienza con un párrafo introductorio que presenta la idea principal, continúa con párrafos de desarrollo que contienen respaldo para la idea principal y cierra con un párrafo de conclusión.

Escribir la introducción

Mientras escribe la introducción, tenga en cuenta estas metas:

1. **Enuncie claramente su punto principal o presentación de tesis.**

   A medida que escribe los párrafos del desarrollo, puede consultar su introducción para asegurarse de que sus pruebas respalden la tesis.

2. **Presente su plan para respaldar el punto principal.**

   Por ejemplo, si se va a hacer referencia a tres puntos de pruebas del pasaje, menciónelos brevemente en la introducción. Esto le dará a su ensayo cierta estructura que será útil para sus lectores porque sabrán qué esperar y será útil para usted porque tendrá una guía integrada mientras escribe el resto del texto.

   También es un buen modo de asegurarse por adelantado que podrá defender su argumento con pruebas. Si no puede encontrar pruebas que fundamenten su afirmación,

entonces debe volver a pensar en su presentación de tesis.

Problemas que debe evitar en las introducciones

1. **No mencione cómo planea escribir su ensayo.** Su postura y las pruebas de apoyo deberían hablar por sí mismas.

   Incorrecto: *Voy a decirle por qué los estudiantes de las escuelas públicas deberían usar uniformes. Voy a presentar el mejor argumento para esta postura, que muestra por qué esto es bueno. También explicaré por qué la información en contra de los uniformes escolares no representa un buen argumento.*

   Correcto: *Existen muchos beneficios que derivan de hacer que el uso de uniformes escolares en escuelas públicas sea obligatorio. Algunos de estos beneficios son: un menor costo general, la sensación de armonía escolar que promueven y el respeto que se asocia a los mismos. Las pruebas que surgen de los administradores escolares, estudiantes y padres respaldan estas ventajas, que superan los aspectos negativos de hacer que el uso de uniformes escolares sea obligatorio.*

2. **No utilice palabras sin importancia o vacías para parecer más inteligente ni repita el mismo punto empleando sinónimos.** Tenga en cuenta el siguiente ejemplo:

   Los uniformes escolares son fundamentales para el éxito de los estudiantes. Son esencia-

les para ayudar a los estudiantes a dar lo mejor de sí en la escuela. Los uniformes desempeñan un papel significativo al ayudar a los estudiantes a tener una experiencia positiva en la escuela.

¡Estas tres oraciones dicen lo mismo!

3. **No ponga excusas para su redacción.** Debe transmitirle una postura clara y segura al lector. No comience el ensayo con algo como lo siguiente:

A pesar de que no estoy familiarizado con el debate acerca de los uniformes escolares, pienso que probablemente diría que es buena idea que los estudiantes los usen.

Desarrollar su argumento

Para escribir el desarrollo del ensayo, usted deberá proporcionar apoyo para su afirmación o presentación de tesis. Vuelva a sus notas para ver qué pruebas destacó a medida que leía el pasaje. En la respuesta extendida, está bien usar pruebas provenientes de sus experiencias personales, pero gran parte del ensayo debería estar basado en pruebas que se encuentran en el pasaje de lectura y en el análisis que usted haga de dichas pruebas.

Si el escritor del pasaje presenta su propio argumento, en su ensayo usted también debería incluir un análisis del argumento del autor. Para obtener la mayor puntuación posible, debería decir si cree que el autor tiene un buen argumento y explicar por qué sí o por qué no.

NOTA

No intente sostener una afirmación si no puede respaldarla por completo. Si no puede encontrar suficientes pruebas en el pasaje para respaldar su tesis, tendrá que desarrollar otra.

Una buena forma de organizar sus pruebas es hacerlo según un orden de solidez: comience por la prueba más débil y finalice con la más sólida. Además de

incluir detalles que apoyen su tesis, también debería incluir detalles que estén *en contra* de su tesis y luego explicar por qué está en desacuerdo. Los argumentos como este pueden ayudar a fortalecer su postura.

Una vez que haya agrupado las pruebas de respaldo en una pizarra borrable, estará listo para producir un resumen simple y escribir un borrador del ensayo.

Escribir un borrador

Un método para escribir un borrador, o primera versión de su ensayo, es elaborar un resumen simple. Puede hacerlo en su computadora en el espacio proporcionado para el ensayo y luego borrarlo cuando haya terminado de escribir dicho ensayo. Quizá también quiera elaborar el resumen en su pizarra personal, que tiene la ventaja de ahorrar espacio en la pantalla de la computadora.

Comience por pensar en su tesis. Decida la postura que quiere tomar y escriba sus pensamientos en una oración completa. Por ejemplo, ¿qué presentación de tesis usaría para un ensayo sobre el pasaje de los uniformes escolares?

Todos los ensayos de respuesta extendida deberían seguir esta estructura básica:

1. **Introducción** (enuncia la tesis)
2. **Desarrollo** (explica y apoya la tesis con pruebas del pasaje y sus perspectivas)
3. **Conclusión** (da un cierre y vuelve a enunciar la tesis)

Este es un ejemplo para el pasaje sobre los uniformes escolares:

Presentación de tesis: *Existen muchos beneficios que derivan de hacer que el uso de uniformes escolares en escuelas públicas sea obligatorio.*

Párrafo(s) del desarrollo: Asegúrese de que incluya pruebas extraídas del texto, no solo su opinión:

1. *Disminución del comportamiento negativo*
   Prueba extraída del pasaje: *Los administradores escolares informan que hubo una reduc-*

ción en las peleas, las llegadas tarde y otros problemas de disciplina.

2. *Aumento del aprendizaje*

Prueba extraída del pasaje: *Los administradores escolares y los padres informan que hay mayor concentración en el aprendizaje porque los estudiantes no están distraídos por la presión de encajar.*

3. *Atmósfera profesional y respetuosa en la escuela*

Prueba extraída del pasaje: *Las escuelas informan que hay un aumento del orgullo escolar y mayor compromiso con la escuela.*

Conclusión: *Las pruebas que surgen de los administradores escolares y otros expertos respaldan estas ventajas, que superan los aspectos negativos de hacer que el uso de uniformes escolares sea obligatorio.*

A veces tres párrafos (un párrafo de introducción, un párrafo de desarrollo y un párrafo de conclusión) son suficientes para transmitir su opinión, pero es posible que necesite más (por lo general, más párrafos de desarrollo).

NOTA

Para que un ensayo sea eficaz, cada uno de los párrafos también debe ser eficaz. Esto significa que todos los párrafos deben estar bien desarrollados. Cada párrafo debe tener un mínimo de tres oraciones, pero por lo general se necesita escribir entre cinco y ocho oraciones para explicar los pensamientos de forma adecuada.

Una vez que tenga un resumen claro y detallado, puede comenzar a escribir su ensayo. Como se indicó anteriormente, la introducción debería incluir su afirmación o presentación de tesis. Este es un ejemplo de un párrafo de introducción:

Existen muchos beneficios que derivan de hacer que el uso de uniformes escolares en escuelas públicas sea obligatorio. Algunos de estos beneficios son: un

menor costo general, la sensación de armonía escolar que promueven y el respeto que se asocia a los mismos. Las pruebas que surgen de los administradores escolares, estudiantes y padres respaldan estas ventajas, que superan los aspectos negativos de hacer que el uso de uniformes escolares sea obligatorio.

Una vez que haya elaborado la introducción, escriba el desarrollo del ensayo para respaldar su afirmación y luego agregue un párrafo de conclusión que incluya un comentario final y vuelva a enunciar su tesis.

¡ADVERTENCIA!

No puede copiar y pegar exactamente el mismo texto del pasaje en el cuerpo de su ensayo sin utilizar comillas. Si comete este error, obtendrá una puntuación de 0. Debe usar comillas, o bien, parafrasear los puntos (escriba con sus propias palabras lo que dice el autor).

Ejemplo de ensayo de respuesta extendida

Ahora eche un vistazo a este estupendo ejemplo, que es un ensayo con puntuación alta que sigue la estructura que vimos. Es escritor responde a las instrucciones del pasaje sobre uniformes escolares.

INSTRUCCIONES

En el siguiente artículo se tratan las ventajas y desventajas de usar uniformes escolares. En su respuesta, analice ambas posturas para determinar qué punto de vista está mejor fundamentado. Use pruebas pertinentes y específicas del pasaje para fundamentar su respuesta.

Escriba su respuesta en el cuadro. Tendrá aproximadamente 45 minutos para completarla.

Ventajas y desventajas de los uniformes escolares

Existen muchos beneficios que derivan de hacer que el uso de uniformes escolares en escuelas públicas sea obligatorio. Algunos de estos beneficios son: un menor costo general, la sensación de armonía escolar que promueven y el respeto que se asocia a los mismos. Las pruebas que surgen de los administradores escolares, estudiantes y padres respaldan estas ventajas, que superan los aspectos negativos de hacer que el uso de uniformes escolares sea obligatorio.

Como observa Grace Chen en el artículo, las pruebas que surgen de las escuelas de California y de otros lugares revelaron que cuando se dispuso que estudiantes usaran uniformes, hubo una reducción significativa de los comportamientos negativos en el campus. Por ejemplo, un distrito escolar informó que luego de un año de que los estudiantes utilizaran uniformes, la cantidad de peleas y asaltos se redujo en un 50%. La publicación *School Administrator* informó acerca de resultados similares: cuando los estudiantes usaron uniformes, se redujeron las llegadas tarde, las faltas y hasta las suspensiones.

Los administradores escolares y los padres también informan que cuando los estudiantes no están enfocados en su aspecto ni ceden ante la presión de sus compañeros para vestirse de cierto modo, prestan más atención al aprendizaje en el entorno escolar. Si bien Chen cita la opinión de que los uniformes reprimen el estilo individual, los estudiantes tienen oportunidades de expresar su estilo fuera del contexto escolar. Aquellos que se oponen también sostienen que puede haber un costo económico mayor para las familias si los uniformes son obligatorios, sin embargo, en mi experiencia este es un argumento débil. Por ejemplo, en mi distrito escolar se cuenta con apoyo económico para todas las familias que necesiten ayuda en lo que respecta al costo de los uniformes y, en algunas escuelas, los uniformes son gratuitos para las familias que califican.

Además, Chen observa que los uniformes crean ". . . un tono más profesional en la escuela" y dice que esta práctica alienta a que los estudiantes sientan orgullo por su escuela y desarrolla una sensación de comunidad. Estas son capacidades que los jóvenes necesitan para la edad adulta, ya sea que continúen en la universidad o que ingresen al campo laboral. Si el uso de uniformes escolares ayuda a los estudiantes jóvenes a aumentar su conciencia sobre algunas cosas que son importantes para estar listos para la universidad y una profesión, entonces los distritos escolares deben considerarlo. La capacidad de un joven de realizar una transición exitosa hacia la edad adulta requiere de mucha más atención a su estilo individual. Muchos lugares de trabajo tienen códigos de vestimenta para los empleados y quienes no cumplan con la política de la empresa de vestirse adecuadamente pueden ser despedidos. Por lo tanto, los uniformes escolares en realidad pueden ayudar a los jóvenes a desarrollar el estado mental que necesitan para ser colaboradores eficaces en el ámbito laboral.

A pesar de que algunos estudiantes pueden quejarse sobre el requisito de usar uniformes escolares, las pruebas que se presentan en este artículo sugieren enfáticamente que los beneficios superan las desventajas. Chen observa que los oficiales escolares tienen datos que dan prueba de los efectos positivos de los uniformes: menos problemas de conducta, aumento del orgullo escolar y mayor atención al aprendizaje. En base a estas pruebas, más distritos deberían considerar la implementación del uso de uniformes en sus escuelas.

Observe que el cuarto párrafo incluye una frase del pasaje y está citada correctamente entre comillas. ¿Qué significan los puntos suspensivos de la cita? Son una elipsis que indica que el escritor del ensayo quitó una o más palabras de la frase original. La redacción original del pasaje dice: *se establece un tono más profesional en la escuela*. Esto no sería gramatical en la oración del ensayo, así que el escritor eliminó *se establece* y reemplazó esas dos palabras con una elipsis.

Resumen del ensayo

Un resumen completo del ensayo se vería más o menos de este modo:

Introducción:

¿Qué sucedería si pudieras volver a vivir un día de tu vida? Algunas personas elegirían volver a vivir un día para cambiar algo sobre sus vidas. Otras quizá simplemente quieran tener una segunda oportunidad para disfrutar de una gran experiencia.

Presentación de tesis:

En lo personal, si pudiera volver a hacer algo en mi vida, elegiría volver a vivir el día de mi boda.

Párrafo de desarrollo: n.° 1 (Oración temática):

El día de mi boda el clima fue perfecto.

Fundamento n.° 1:

temperatura perfecta

Fundamento n.° 2: *sin lluvia*

Párrafo de desarrollo: n.° 2 (Oración temática):

Ese día me sentí como una princesa.

Fundamento n.° 1:

cabello hermoso

Fundamento n.° 2:

llevaba flores

Fundamento n.° 3:

usaba el vestido de mi abuela

Párrafo de desarrollo: n.° 3 (Oración temática):

Lo mejor sobre el día de mi boda fue ver a mi familia reunida y feliz.

Apoyo n.° 1:

la familia de mamá y la familia de papá estuvieron allí

Fundamento n.° 2:

sin peleas

Fundamento n.° 3:

todos rieron

Conclusión:

Clima hermoso, escenario de cuento de hadas, mi familia feliz. Por un día mi vida fue perfecta. A pesar de que sé que nunca tendré la oportunidad, me encantaría poder volver a vivir el día de mi boda.

Eso es todo en cuanto a planificación. Ahora ya sabe de qué se tratará el ensayo, de qué se tratarán las oraciones temáticas de los párrafos del desarrollo y qué fundamentos va a usar para respaldarlas. Está listo para continuar con el paso siguiente: escribir el ensayo.

Usando el siguiente resumen como guía, cree un resumen para el tema del ensayo en el que estuvo trabajando sobre su objeto favorito.

Introducción:

_____

_____

_____

_____

Presentación de tesis:

_____

_____

Párrafo de desarrollo n.° 1—Oración temática:

_____

_____

_____

_____

Fundamento n.° 1:

_____

_____

Fundamento n.° 2:

_____

_____

Fundamento n.° 3:

_____

_____

Párrafo de desarrollo n.° 2—Oración temática:

_____

_____

_____

Fundamento n.º 1:

_____

_____

Fundamento n.º 2:

_____

_____

Fundamento n.º 3:

_____

_____

Párrafo de desarrollo n.º 3—Oración temática:

_____

_____

_____

_____

Fundamento n.º 1:

_____

_____

Fundamento n.º 2:

_____

_____

Fundamento n.º 3:

_____

_____

Conclusión:

_____

_____

_____

_____

Redacción

Una vez que haya planificado el ensayo cuidadosamente, escribirlo debería ser un proceso relativamente simple para extenderse sobre lo que usted ya escribió en el resumen. Como se mencionó en las secciones anteriores, le conviene comenzar la introducción con algunas oraciones para captar la atención del lector y guiarlo hacia la presentación de tesis. Cada párrafo de desarrollo comenzará con la oración temática que usted ya escribió y continuará con el fundamento que anotó para explicar y desarrollar la idea principal. Finalmente, la conclusión terminará el ensayo volviendo a enunciar la tesis y dando al lector una sensación de cierre.

Un ensayo de muestra basado en el resumen de la sección anterior podría ser así:

¿Qué sucedería si pudieras volver a vivir un día de tu vida? Algunas personas elegirían volver a vivir un día para cambiar algo sobre sus vidas. Otras quizá simplemente quieran tener una segunda oportunidad para disfrutar de una gran experiencia. En lo personal, si pudiera volver a hacer algo en mi vida, elegiría volver a vivir el día de mi boda.

El día de mi boda el clima fue perfecto. A pesar de que se había anunciado lluvia, no llovió. El sol brilló y la temperatura fue ideal. Desde el principio, pude darme cuenta que iba a ser un día genial.

Ese día me sentí como una princesa. Tenía un peinado hermoso. Mientras caminaba hacia el altar, llevaba un ramo de margaritas, exactamente como lo había imaginado de pequeña. Incluso usé el vestido de boda de mi abuela, que tenía una cola larga y antigua, como imagino que usa la realeza.

Lo mejor de ese día fue ver a mi familia reunida y feliz. Mis padres están divorciados, pero las familias de ambos asistieron a la boda. Por primera vez en mi vida no pelearon. Estaban todos reunidos riendo y disfrutando.

Un clima hermoso, un escenario de cuento de hadas, mi familia feliz... por un día, mi vida fue perfecta. A pesar de que sé que nunca tendré la oportunidad, me encantaría poder volver a vivir el día de mi boda.

Ahora es su turno. Escriba un ensayo sobre su objeto favorito usando todas las herramientas y estrategias que vimos hasta ahora. Para su comodidad, las instrucciones se repiten debajo.

¿Cuál es su objeto favorito? Ya sea un obsequio que le dieron durante la niñez o algo para lo que ahorró durante años, es probable que tenga algo que es especial para usted. Escriba sobre este objeto especial y por qué es importante para usted.

Revisión del ensayo

Una buena planificación puede ahorrarle mucho tiempo, tanto al escribir su ensayo como al revisarlo. Lo ideal es que no realice ninguna revisión muy importante como agregar oraciones o mover párrafos. Sin embargo, es buena idea dedicar los últimos minutos antes de que se acabe el tiempo para leer el ensayo y revisar que la gramática, puntuación y elección de palabras sean correctas. Estas son algunas cosas que debería revisar:

- **Uso de mayúsculas.** Asegúrese de que la primera palabra de cada oración y todos los sustantivos propios tengan mayúsculas.
- **Puntuación.** Asegúrese de haber terminado cada oración con un punto o de haber incluido los signos de puntuación correctos. También revise que no haya colocado puntuación innecesaria, como comas de más.
- **Ortografía.** Tenga cuidado al escribir las palabras. Es fácil cometer errores cuando se está apurado.
- **Repetición.** Si ve una palabra, frase o idea que está repetida, tache una de ellas.
- **Información no relacionada.** Si encuentra una oración que no tiene nada que ver con el resto del ensayo, táchela.
- **Claridad.** Si no le encuentra sentido a alguna parte de su ensayo, probablemente nadie le encontrará sentido. Tómese un momento para pensar en lo que intentó decir y vuelva a escribirlo.

Si dedicó suficiente tiempo a la fase de planificación y siguió bien su resumen, no debería necesitar más de cinco minutos para completar la revisión. Una vez que haya finalizado el tiempo, debería sentirse seguro de haber entregado un ensayo completo y bien escrito.

Pregunta de respuesta extendida de muestra

Lea el siguiente par de extractos del discurso, observe las instrucciones y eche un vistazo al ensayo de muestra proporcionado.

Fragmento del discurso del presidente George W. Bush sobre Cambio Climático Mundial, 11 de junio de 2001.

Nuestro país, los Estados Unidos, es el principal emisor de gases de efecto invernadero causados por el hombre a nivel mundial. Representamos casi el 20 por ciento de las emisiones de gases de efecto invernadero causados por el hombre a nivel mundial. También representamos alrededor de un cuarto de la producción económica del mundo. Reconocemos la responsabilidad de reducir nuestras emisiones. También reconocemos la otra parte de la historia: que el resto del mundo emite el 80 por ciento de todos los gases de efecto invernadero. Y muchas de esas emisiones vienen de países en vías de desarrollo.

Este es un desafío que requiere un esfuerzo del 100 por ciento: el nuestro y el del resto del mundo. El segundo emisor de gases de efecto invernadero a nivel mundial es China. Sin embargo, China estuvo completamente exonerada de los requisitos del Protocolo de Kyoto.

India y Alemania están entre los principales emisores. Sin embargo, India también quedó exonerada del Protocolo de Kyoto. Estos y otros países en vías de desarrollo que están experimentando un rápido crecimiento enfrentan desafíos al reducir sus emisiones sin perjudicar sus economías. Queremos trabajar en colaboración con esos países en lo que respecta a sus esfuerzos para reducir las emisiones de gases de efecto invernadero y mantener un crecimiento económico.

En el Protocolo de Kyoto tampoco se abordaron dos contaminantes muy importantes que afectan el calentamiento: el hollín y el ozono troposférico. Se ha comprobado que ambos representan un peligro para la salud. Reducirlos no solo combatiría el cambio climático, sino que también mejoraría notablemente la salud de las personas.

De muchas formas, el Protocolo de Kyoto es impracticable. Muchos países no pueden cumplir con sus objetivos de Kyoto. Los objetivos en sí fueron arbitrarios y no están basados en la ciencia. Para Estados Unidos, cumplir con estos mandatos significaría un grave impacto económico, con despidos de trabajadores y aumentos de precios para los consumidores. Y cuando se evalúen todos estos defectos, las personas más razonables comprenderán que no es una política pública sensata.

Fragmento del discurso del presidente Barack Obama sobre el cambio climático en la Universidad de Georgetown, 25 de junio de 2013.

En mi discurso del Estado de la Unión, insté al Congreso a llegar a una solución para el calentamiento global que fuera bipartidaria y se basara en el mercado, como la que hace unos años desarrollaron conjuntamente los senadores republicanos y demócratas. Y aún quiero ver que eso suceda. Estoy dispuesto a trabajar con cualquiera para hacer que eso suceda.

Pero este es un desafío que no se detiene debido a los atascos partidarios. Demanda nuestra atención. Y este es mi plan para cumplirlo: un plan para reducir la contaminación por carbono, un plan para proteger a nuestro país de los impactos del cambio climático y un plan para conducir al mundo en un ataque coordinado al cambio climático . . .

Ahora, los intereses especializados y sus aliados en el Congreso dirán que esto destruirá trabajos, hará quebrar la economía y, básicamente, pondrá fin a la libre empresa estadounidense que conocemos. Y

el motivo por el que sé que lo dirán es porque eso es lo que dijeron cada vez que Estados Unidos estableció reglas claras y mejores estándares para nuestro aire, nuestra agua y la salud de nuestros hijos. Y todas esas veces se equivocaron.

Por ejemplo, en 1970 cuando mediante la Ley de Aire Puro, decidimos hacer algo con respecto al smog que estaba ahogando a nuestras ciudades. Y, por cierto, la mayoría de los jóvenes que están presentes no tienen edad suficiente como para recordar cómo era, pero cuando yo asistía a la escuela en 1979 o 1980 en Los Ángeles, había días en que no se podía salir. Y las puestas del sol eran espectaculares debido a la contaminación del aire.

Pero cuando aprobamos la Ley de Aire Puro para deshacernos de parte de ese smog, algunos de los mismos pesimistas decían que las nuevas normas de contaminación diezmarían la industria automotriz. Pero, ¿adivinen qué?, no sucedió. Nuestro aire mejoró.

En 1990 cuando decidimos hacer algo con respecto a la lluvia ácida, nos decían que nuestras facturas de electricidad subirían, que nos quedaríamos sin luz, que los negocios del país sufrirían lo que llamaban "una muerte silenciosa". Nada de eso sucedió, excepto una reducción radical de la lluvia ácida.

Verán, el problema de todas estas viejas excusas para la inactividad es que sugieren una fundamental falta de fe en la empresa y el ingenio estadounidense. Parece que estos críticos piensan que cuando le pidamos a nuestras empresas que innoven, reduzcan la contaminación y lideren, estas no podrán o no querrán hacerlo. Simplemente se darán por vencidas y renunciarán. Pero en Estados Unidos, sabemos que esto no es cierto. Observemos nuestra historia.

Instrucciones

Estos dos pasajes presentan argumentos diferentes con respecto al problema de la reducción de emisiones de gases de efecto invernadero. En su respuesta analice ambas posturas para determinar cuál está mejor fundamentada. Utilice pruebas pertinentes y específicas provenientes de los pasajes para fundamentar su respuesta.

Respuesta de muestra

En estos dos pasajes se presentan puntos de vista considerablemente diferentes sobre cómo Estados Unidos debería abordar el problema de las emisiones de gases de efecto invernadero. Ambos oradores admiten que Estados Unidos es responsable de una parte importante de las emisiones de gases de efecto invernadero y ambos reconocen la necesidad de reducir dichas emisiones. Sin embargo, cada uno de los oradores adopta una actitud diferente en lo que respecta a la aplicación de las políticas.

En este fragmento del discurso del presidente Bush, él hace hincapié en la importancia de que haya una iniciativa de cooperación internacional para abordar el problema. Afirma que Estados Unidos genera un quinto de los gases de efecto invernadero a nivel mundial. Sin embargo, inmediatamente después de esta información indica que Estados Unidos es responsable de un cuarto de toda la actividad económica y luego señala señala que cuatro quintos de los gases de efecto invernadero a nivel mundial son generados por otras naciones. Al hacer esto, intenta explicar el motivo por el cual Estados Unidos tiene altas emisiones de gases de efecto invernadero y, a la vez, desvía la atención hacia otras naciones. De hecho, continúa por señalar que China e India están exentas de restringir sus emisiones de gases de efecto invernadero, a pesar de que se encuentran entre los mayores emisores.

Otro argumento clave del discurso de Bush hace hincapié en los peligros económicos de forzar la reducción drástica de las emisiones de gases de efecto invernadero. Bush Sostiene que hacer esto devastaría la economía de Estados Unidos, lo que provocaría despidos masivos y un aumento del costo de los bienes de consumo. Este argumento también sirve como punto focal en el fragmento del discurso del presidente Obama. No obstante, Obama refuta la afirmación de que las restricciones de gases de

efecto invernadero perjudicarán la economía. Para apoyar su postura, ofrece varios ejemplos históricos en los que se sostuvieron las mismas afirmaciones cuando las empresas enfrentaron restricciones impuestas por el gobierno. En todos esos casos, se comprobó que las predicciones alarmantes de perjuicio a la economía eran infundadas.

En esencia, el discurso de Bush hace énfasis en el juego limpio entre todas las naciones para asegurar que Estados Unidos no sea culpado por más de lo que le corresponde en el problema. El discurso de Obama hace énfasis en predicar con el ejemplo y observa que en el pasado Estados Unidos ha sabido resolver problemas similares de forma exitosa. De las dos posturas, considero que la de Obama es la que está mejor fundamentada por el uso de ejemplos históricos. También creo que su declaración de predicar con el ejemplo es más persuasiva que el pedido de justicia y cooperación que hace Bush.

También se debe observar que el estilo de redacción es formal y la elección de palabras es precisa para poder transmitir ideas específicas.

Ensayo de práctica

Esta práctica le permite redactar su respuesta para la tarea dada y luego compararla con ejemplos de respuestas que obtuvieron diferentes niveles de puntuación. También tendrá una guía de calificación que incluye una explicación detallada de cómo los calificadores oficiales del examen GED® calificarán su respuesta. Puede utilizar esta guía de calificación para calificar sus propias respuestas.

Antes de comenzar, es importante que observe que en el examen oficial esta tarea se debe completar en un máximo de 45 minutos. Pero no se apure para completar la respuesta. Tómese el tiempo para leer con atención el pasaje y las instrucciones de la pregunta. Luego, piense cómo le gustaría responder.

A medida que escriba el ensayo, asegúrese de:

- Decidir qué postura presentada en el pasaje está mejor respaldada por pruebas.
- Explicar por qué la postura que elige tiene mejor fundamento.
- Reconocer que la postura mejor fundamentada quizá no sea la postura con la que usted está de acuerdo.
- Presentar varias pruebas del pasaje para defender sus afirmaciones.

- Desarrollar en profundidad sus puntos principales, organizándolos de forma lógica, con detalles de respaldo sólidos.
- Conectar sus oraciones, párrafos e ideas con palabras y frases de transición.
- Expresar sus ideas con claridad y elegir sus palabras cuidadosamente.
- Usar estructuras oracionales variadas para mejorar la claridad de su respuesta.
- Volver a leer y revisar su respuesta.

¡Buena suerte!

Use la siguiente respuesta para responder la pregunta del ensayo.

Un análisis de la energía nuclear

1 Estados Unidos funciona con energía. De hecho, Estados Unidos es el segundo consumidor de energía a nivel mundial, después de China. En los últimos años se sostiene que necesitamos reducir nuestra dependencia de países extranjeros que nos suministran petróleo y desarrollar energía en casa. ¿Pero dónde podemos conseguir la energía que necesitamos?

Beneficios de la energía nuclear

2 El Departamento de Energía (DOE) de EE. UU. promueve el desarrollo de energía nuclear nacional y segura, y muchas personas apoyan la idea de que la energía nuclear es la respuesta. En comparación con los combustibles fósiles como gas, carbón y petróleo, la energía nuclear es la forma más eficiente de crear electricidad. Por ejemplo, el Laboratorio Nacional de Idaho informa que "una bolita de combustible de uranio (de apenas el tamaño de la punta del dedo meñique de un adulto) contiene la misma cantidad de energía que 17.000 pies cúbicos de gas natural, 1.780 libras de carbón o 149 galones de petróleo".

3 Los partidarios de la energía nuclear mencionan que los generadores nucleares no crean grandes cantidades de dióxido de carbono, óxido de nitrógeno y dióxido de sulfuro venenosos como la quema de combustibles fósiles. El DOE informa que un generador nuclear produce 30 toneladas de combustible gastado al año en comparación con las 300.000 toneladas de ceniza de carbón producida por una planta de electricidad que funciona con carbón.

4 En términos de seguridad, la Comisión de Regulación Nuclear asegura que cada reactor nuclear sigue estrictos estándares de seguridad. El desecho radiactivo queda contenido en la profundidad bajo tierra detrás de paredes de hormigón y acero reforzado de 1,2 metros de espesor. El DOE también señala que "las cenizas del carbón que se quema en una planta de energía emite 100 veces más radiación en el ambiente circundante que una planta de energía nuclear".

(continúa)

Argumentos en contra de la energía nuclear

5 Quienes se oponen a la energía nuclear argumentan que los reactores nucleares ponen en peligro toda la vida en la Tierra por tres motivos básicos. Primero, la radiactividad nuclear es mortal y debe quedar contenida durante miles de años. Segundo, independientemente de cuántas medidas de seguridad se adopten, los accidentes suceden y los fallos nucleares son catástrofes ambientales globales. Finalmente, el combustible nuclear utilizado para generar electricidad también se puede utilizar para crear bombas atómicas.

6 Los generadores nucleares emplean plutonio y uranio radiactivo como combustible. Los científicos dicen que la exposición a una millonésima de una onza de plutonio provoca cáncer. Incluso los defensores de la energía nuclear están de acuerdo en que se deben contener los desechos nucleares durante medio millón de años antes de que se sea seguro estar cerca. El vertido de material radiactivo dura varias generaciones.

7 Los opositores de la energía nuclear también mencionan la amenaza siempre presente de accidentes nucleares. La contaminación radiactiva extendida y las muertes provocadas por los accidentes nucleares en Three Mile Island, Chernobyl y Fukushima son lecciones de las que hay que aprender. Los investigadores no están de acuerdo acerca de qué tan posible es contener la radiactividad de forma segura, pero es innegable que los accidentes nucleares provocan la contaminación extendida del aire, el agua y la tierra con radiactividad mortal. También se puede verificar que los accidentes nucleares han provocado catástrofes ambientales que continúan hasta el día de hoy.

8 Quizá más perturbador que la amenaza de desechos tóxicos y accidentes nucleares es el uso de uranio con fines siniestros. El 7 de diciembre de 2013, Reuters informó que "... en noticias que pueden afectar a las potencias mundiales... Irán avanza con las pruebas de tecnología más eficiente para el enriquecimiento de uranio...". De De hecho, las Naciones Unidas y el mundo entero están preocupados por el enriquecimiento de uranio que realiza Irán para uso en plantas nucleares porque el mismo uranio enriquecido se puede utilizar para crear armas atómicas.

9 Los opositores sostienen que del mismo modo que aprendimos que los combustibles fósiles son limitados y destruyen el ambiente, también debemos aprender de los desastres nucleares. Dicen que la respuesta es desarrollar fuentes de energía alternativa segura, limpia y renovable, como energía solar, eólica, mareomotriz y geotérmica. ¿Por qué arriesgarse? El futuro del mundo está en juego.

INSTRUCCIONES:

Los partidarios de la energía nuclear sostienen que es segura y eficiente, mientras que los opositores argumentan a favor de las fuentes de energía alternativa y mencionan las consecuencias mortales de los desastres nucleares.

En su respuesta analice las dos posturas presentadas en el artículo para determinar cuál está mejor fundamentada. Utilice pruebas pertinentes y específicas extraídas de ambos artículos para fundamentar su respuesta.

Usted debería tardar alrededor de 45 minutos en planificar, escribir un borrador y editar su respuesta.

Pasos finales

El ensayo de muestra que acaba de leer es la versión final de su ensayo y la que se presentó. Cuando escriba *su* ensayo, probablemente deberá revisar su primer borrador antes de llegar a esta etapa. Deberá leerlo con cuidado y realizar cambios para mejorarlo. Concéntrese en mejorar el texto (lo que usted dice) y el estilo (cómo lo dice), así como también en corregir los errores de gramática y lenguaje que quizá no haya observado cuando estaba escribiendo.

Evaluar su trabajo

Utilice esta lista de verificación como ayuda para evaluar su primer borrador y hacer revisiones. Su respuesta debería:

- Introducir un punto de vista claro y distinguirlo de un punto de vista opuesto cuando sea necesario.
- Desarrollar de forma justa el punto de vista y un punto de vista opuesto, presentar pruebas para ambos y señalar sus fortalezas y debilidades.
- Proporcionar una conclusión que respalde el argumento presentado.
- Seguir las reglas del español estándar.

Administración del tiempo

Usted dispondrá de 45 minutos para completar la respuesta extendida del examen RLA de GED®. Esto requiere de una cuidadosa planificación y administración del tiempo para leer el pasaje y luego escribir el ensayo.

En general, debería organizar su tiempo así:

10 a 12 minutos para leer los pasajes y establecer su tesis

20 a 25 minutos para crear un resumen rápido y escribir su respuesta

10 a 15 minutos para revisar su respuesta

Cuando responda a instrucciones de un ensayo de práctica, coloque un cronómetro para asegurarse de que va por buen camino.

Prueba

Ahora que ya sabe qué implica escribir un ensayo eficaz, use lo que aprendió para responder las siguientes preguntas.

1. ¿Cuál es el objetivo de las instrucciones?
   a. ayudar al estudiante a comenzar a escribir sobre el tema
   b. exponer la idea principal del ensayo
   c. proporcionar respaldo para la idea principal
   d. sugerir una posible conclusión

2. ¿Cuál de las siguientes opciones establece la idea principal de un ensayo?
   a. presentación de tesis
   b. transición
   c. oración temática
   d. introducción

3. ¿Cuál de las siguientes oraciones sería una buena presentación de tesis?
   a. Mi objeto favorito es el antiguo bolso de cuero de mi abuelo.
   b. Este es un ensayo sobre mi objeto favorito.
   c. El bolso está hecho de cuero.
   d. El bolso de cuero de mi abuelo

4. ¿Por qué es útil hacer una lluvia de ideas al escribir?
   a. Lo ayuda a tener ideas sobre qué escribir.
   b. Toma tiempo.
   c. Lo ayuda a escribir la presentación de tesis.
   d. Pone sus ideas en orden.

5. ¿Cuál es el objetivo de escribir un resumen?
   a. organizar sus ideas
   b. llenar el tiempo
   c. practicar la ortografía
   d. hacer que la revisión sea innecesaria

6. ¿Cuál de las siguientes opciones debería establecer siempre la idea principal de un párrafo?

a. oración temática

b. transición

c. presentación de tesis

d. introducción

7. ¿Cuántas ideas principales debería tener un párrafo?

a. una

b. dos

c. tres

d. no menos de dos

8. ¿Cuál de las siguientes opciones es uno de los objetivos de las oraciones de respaldo?

a. proporcionar ejemplos

b. establecer la idea principal

c. volver a exponer la tesis

d. dar al lector una sensación de cierre

9. ¿Qué debería hacer una buena conclusión?

a. establecer una nueva idea

b. concluir con una pregunta

c. usar ejemplos específicos

d. dejar al lector con una sensación de cierre

10. ¿Cuál es el objetivo de revisar al escribir?

a. mover párrafos

b. volver a escribir el ensayo

c. volver a exponer la tesis

d. corregir errores menores

11. *Practique la corrección de este párrafo:*
Mi mejor amiga Janet y mí decidir que haríamos gayetas para llevar al picnic que se estaba planeando en el Club de Álgebra para el viernes a la tarde. Buscábamos una receta en línea y controlamos que alguna de las dos tuviera los ingredientes que necesitábamos. Por suerte, teniamos todo listo en la casa de Janet. Luego, nos detuvimos en la tienda a la hora del almuerzo para comprar servilletas y platos muy lindos y luego nos distraemos mirando revistas y esmalte de uñas en la tienda de al lado. De pronto era muy tarde, las tortas no se hicieron estábamos apuradas por volver al trabajo. Supongo que no era nuestro destino hacer las galletas.

Instrucciones para el ensayo de práctica

12. *Lea las siguientes instrucciones y escriba un ensayo que las siga de forma correcta. Asegúrese de revisar y editar su trabajo.*
Muchos padres dan a sus hijos una mesada semanal o mensual independientemente de su comportamiento porque creen que esto les enseña a ser responsables con el dinero. Otros padres solo le dan a sus hijos una mesada como recompensa por completar tareas o cuando se comportan bien. Explique qué cree que deberían hacer los padres y por qué.

13. *Lea las siguientes instrucciones y escriba un ensayo que las siga de forma correcta. Asegúrese de revisar y editar su trabajo.*
Cada vez más agricultores y fabricantes de alimentos modifican genéticamente sus cosechas para reducir la vulnerabilidad ante enfermedades, mejorar el sabor y reducir los costos. ¿Usted cree que los alimentos genéticamente modificados son una buena idea? ¿Por qué sí o por qué no? Use motivos y ejemplos específicos para fundamentar su postura.

14. *Lea las siguientes instrucciones y escriba un ensayo que las siga de forma correcta. Asegúrese de revisar y editar su trabajo.*

Los buenos hábitos mejoran nuestra salud física, emocional y financiera. Seleccione uno de sus buenos hábitos y escriba un ensayo para convencer a los lectores de que incorporen ese hábito como parte de sus vidas.

15. *Lea las siguientes instrucciones y escriba un ensayo que las siga de forma correcta. Asegúrese de revisar y editar su trabajo.*

Algunas personas creen que Estados Unidos es una nación de personas sedentarias. Escriba un ensayo para persuadir a los lectores de que realicen más actividad física.

16. *Lea las siguientes instrucciones y escriba un ensayo que las siga de forma correcta. Asegúrese de revisar y editar su trabajo.*

Los atletas profesionales de hoy en día suelen tener sueldos y bonificaciones de decenas de millones de dólares. ¿Cree que estos atletas merecen remuneraciones tan altas? ¿Por qué sí o por qué no? Explique su postura y use motivos y ejemplos específicos.

17. *Lea las siguientes instrucciones y escriba un ensayo que las siga de forma correcta. Asegúrese de revisar y editar su trabajo.*

¿Leer ficción es una pérdida de tiempo? ¿Por qué sí o por qué no? Explique su respuesta y use motivos y ejemplos específicos para fundamentar su postura.

18. *Lea las siguientes instrucciones y escriba un ensayo que las siga de forma correcta. Asegúrese de revisar y editar su trabajo.*

Muchas personas creen que el uso de cámaras de seguridad en espacios públicos como estacionamientos es una buena idea que puede garantizar nuestra seguridad. A otras les preocupa el hecho de que muchas cámaras violan nuestro derecho a la privacidad y le dan demasiado poder a los oficiales de seguridad. En su opinión, ¿deberíamos instalar más cámaras de seguridad en espacios públicos? ¿Por qué sí o por qué no? Explique su postura con motivos y ejemplos específicos.

19. *Lea las siguientes instrucciones y escriba un ensayo que las siga de forma correcta. Asegúrese de revisar y editar su trabajo.*

Alexander Smith dijo: "Un gran hombre es el que hace algo por primera vez". ¿Está de acuerdo con esta definición de grandeza? ¿Por qué sí o por qué no? Explique su postura con motivos y ejemplos específicos.

20. *Lea las siguientes instrucciones y escriba un ensayo que las siga de forma correcta. Asegúrese de revisar y editar su trabajo.*

¿Las personas deberían alquilar o comprar automóviles nuevos? Elabore la respuesta que considere mejor. Use motivos y ejemplos específicos para fundamentar su postura.

21. *Lea las siguientes instrucciones y escriba un ensayo que las siga de forma correcta. Asegúrese de revisar y editar su trabajo.*

El inventor y hombre de estado Benjamin Franklin dijo: "El dinero nunca ha hecho feliz al hombre y nunca lo hará. No hay nada en su naturaleza que pueda producir felicidad". ¿Está de acuerdo con esta afirmación? ¿Por qué sí o por qué no? Use motivos y ejemplos específicos para fundamentar su postura.

Respuestas y explicaciones

1. a. Las instrucciones tienen por objetivo hacer que comience a pensar sobre el tema de la redacción. A medida que escribe, su ensayo seguirá las instrucciones usando detalles y fundamentos.

2. a. La presentación de tesis establece la idea principal de todo el ensayo. Cada párrafo contiene una oración temática que establece la idea principal de ese párrafo.

3. a. La presentación de tesis debería ser una oración completa que responda la pregunta expresada en las instrucciones.

4. a. Las lluvias de ideas lo ayudan a plasmar sus ideas en papel. Después de realizar la lluvia de ideas, elija qué ideas incluir y ordénelas correctamente.

5. a. Un resumen lo ayuda a organizar sus ideas y decidir cuáles serán ideas principales y cuáles serán detalles de respaldo.

6. a. La oración temática indica de qué se tratará el párrafo. El resto de las oraciones apoyan la oración temática.

7. a. Cada párrafo debería tener una idea principal. Todas las oraciones del párrafo deberían explicar o apoyar esa idea.

8. a. Las oraciones de apoyo ayudan a explicar la idea principal al proporcionar ejemplos e información adicional.

9. d. La conclusión vuelve a exponer la idea principal, concluye el ensayo y proporciona al lector una sensación de cierre.

10. d. La revisión es el paso en que se corrigen errores de ortografía, uso de mayúsculas y gramática. Este es el momento de quitar información no relacionada o innecesaria y clarificar las ideas según sea necesario.

11. *Versión corregida:*

Algunos errores eran técnicos, como reemplazar "mí" por "yo" y asegurarse de que el tiempo verbal de todos los verbos estuviera correctamente coordinado ("decidimos", "detuvimos", "distrajimos"). Otros errores eran de coherencia o claridad.

Mi mejor amiga Janet y ~~mí~~ **yo** decid**imos** que haríamos ~~gayetas~~ **galletas** para llevar al picnic que se estaba planeando en el Club de Álgebra para el viernes a la tarde. Buscamos **una receta** en línea y controlamos que alguna de las dos tuviera los ingredientes que necesitábamos. Por suerte, ~~teniamos~~ **teníamos** todo listo en la casa de Janet. ~~Luego,~~ **N**os detuvimos en la tienda a la hora del almuerzo para comprar servilletas y platos muy lindos ~~y~~ **pero** luego nos distra**jimos** mirando revistas y esmalte de uñas en la tienda de al lado. De pronto era muy tarde, ~~las tortas~~ **las galletas** no se hicieron y estábamos apuradas por volver ~~al trabajo~~ **a la escuela**. Supongo que no era nuestro destino hacer ~~las tortas~~ **las galletas**.

12. Respuesta de muestra

Cuando tenía alrededor de ocho años, mis padres me dieron una lista de tareas que tenía que completar cada semana. Si yo hacía las tareas, me daban una mesada (un poco de cambio que podía utilizar como quisiera). Si no las hacía, no me daban la mesada. No había otro castigo, pero tampoco era necesario. Esas monedas eran todo el incentivo que necesitaba para ayudar en la casa. Ya fuera la última Barbie o un paquete de goma de mascar Hubba Bubba, siempre había algo que quería comprar. Mis padres sabían que podían contar con que hiciera las tareas.

Creo que darle una mesada a los niños por hacer tareas es una buena forma de educarlos, ya que logra cuatro metas importantes: ayuda a asegurarse de que se haga el trabajo importante en la casa, enseña a los niños que deben hacer su parte para que las cosas funcionen bien para toda la familia, los recompensa de forma realista y práctica para que tengan un buen comportamiento y los ayuda a manejar dinero.

Sé que muchas personas consideran que entregar dinero por hacer tareas es una forma de soborno y otras creen que los niños deberían hacer sus labores de todos modos, sin el incentivo de una mesada. Sostienen que darle dinero a los niños por hacer las tareas de la casa debilita la lección de que deben ayudar a la familia y hacer su parte. Puedo entender ese punto de vista. Cuando los padres le dan a sus hijos demasiado dinero, es verdad que se debilitan esas lecciones. Pero cuando la mesada es pequeña, es simplemente una versión moderna de la antigua práctica de recompensar el buen comportamiento. Una vez que los niños llegan a cierta edad, el dinero es una recompensa adecuada y eficaz que les ayuda a ser responsables y a manejar dinero. Adquieren una sensación de que las cosas tienen un valor y conocen cuánto tienen que ahorrar y gastar para obtener lo que desean. Y aprender a ahorrar para comprar un objeto deseado les enseña a tener paciencia y los ayuda a comprender mejor la importancia de trabajar arduamente.

Darle dinero a los niños por hacer tareas del hogar también es una buena introducción a la realidad laboral. Si hacen el trabajo, reciben una paga. Si no lo hacen, no la reciben. El trabajo extra se puede recompensar con bonificaciones y elogios. El trabajo mal realizado puede tener como resultado un recorte o reducción de la mesada.

Es importante que los padres descubran cuál es la suma de dinero adecuada que deben dar. Si dan demasiado dinero, es posible que los niños sientan que sus tareas son un servicio contratado y eso debilitará el objetivo de enseñarles a ayudar simplemente porque son parte de una familia que debe trabajar unida. Por otro lado, si dan muy poco dinero, es posible que los

niños sientan resentimiento, como si su trabajo no valiera nada para el hogar. ¿Cuánto dinero es una suma adecuada? Eso depende de la cantidad de tareas que el niño debe hacer y de su edad. Si solo se espera que un niño de nueve años limpie su habitación, quizá un dólar a la semana sea suficiente. Si se espera que su hijo de 14 años limpie su habitación, saque la basura, riegue las plantas y aspire la casa, entonces quizá sea más apropiado diez dólares a la semana. El hecho de que me pagaran por hacer las tareas del hogar me ayudó a desarrollar una buena actitud con respecto a las mismas, me enseñó a ahorrar dinero y a gastarlo de forma inteligente y me permitió apreciar el trabajo que mis padres hacían en la casa. Estoy muy agradecida de que mis padres hayan elegido esta forma de manejar las tareas de nuestro hogar.

13. **Respuesta de muestra**

Hace unas décadas, la manipulación genética de personas, plantas o animales solamente era ciencia ficción. En la actualidad es una realidad y la misma puede tener muchas aplicaciones positivas en el futuro, incluida la erradicación de varias enfermedades hereditarias. Pero al igual que sucede con la mayoría de los avances científicos y tecnológicos, la modificación genética de los organismos que componen nuestros alimentos puede ser tan peligrosa como beneficiosa. Debido a los posibles peligros de esta tecnología, creo que la alteración genética de las plantas y animales que se usan para abastecimiento de alimentos es una práctica que se debe controlar estrictamente y estudiar con cuidado antes de pasar a ser común y aceptada. Desafortunadamente, quizá ya sea demasiado tarde para esto.

Muchas personas ni siquiera se dan cuenta de que gran parte de sus alimentos son organismos genéticamente modificados (OGM). Estos organismos ya predominan en los supermercados y las tiendas de alimentos de todo el país, pero no es obligatorio que los fabricantes etiqueten los alimentos que se elaboraron con OGM. En consecuencia, millones de estadounidenses compran y consumen OMG a diario sin siquiera saberlo. Todavía no sabemos si estos organismos son perjudiciales para la salud. Realmente no sabemos cómo pueden afectar nuestro cuerpo o nuestro ecosistema. Cuando nos metemos con el ADN, podemos hacer cambios que tienen repercusiones de todo tipo, incluso algunas que tal vez no conozcamos hasta luego de que hayan pasado varias generaciones.

Una de las principales preocupaciones en lo que respecta a los OMG es la impredecibilidad del comportamiento de los genes alterados y de las bacterias, plantas y animales que interactúan con los organismos alterados. Por ejemplo, una cosecha de maíz genéticamente modificado para que sea menos vulnerable a un determinado insecto tal vez adquiera otras características no deseadas debido al cambio. Por ejemplo, puede hacerse *más* vulnerable a otra enfermedad, desarrollar una piel más dura en sus granos o podría disminuir la capacidad de la cosecha de producir vitamina E.

Lo que más asusta es el efecto dominó de modificar genéticamente los alimentos. Cualquier cambio en el ADN de un organismo tiene el potencial de afectar no solo al organismo sino también cualquier cosa que se alimente de este, *incluyéndonos*. ¿Cómo sabemos de qué modo los OMG pueden afectarnos a nivel genético microscópico? No lo sabemos ni podremos saberlo sin que transcurran años de estudios que registren todo tipo de resultados posibles a lo largo de varias generaciones.

Otra preocupación es que los genes transferidos puedan escapar de un organismo a otro. Por ejemplo, imagine que la la cepa A de las arvejas dulces fuera alterada con un gen que aumente su producción de azúcar. Mediante la polinización cruzada, este código genético alterado podría ingresar en otras cepas y lenta o rápidamente infectar a todas las subespecies. Si la alteración fuera beneficiosa, esto podría ser algo bueno. Pero el gen alterado quizá no actúe del mismo modo en todas las variedades y puede que el cambio no sea algo bueno en primer lugar y/o tenga consecuencias no deseadas.

Modificar genéticamente los alimentos es una práctica impulsada por el deseo de hacer que haya más alimentos disponibles de forma más rápida y a un costo menor. Esta actitud coloca las ganancias por delante de los consumidores y el medio ambiente, y eso es peligroso. El negocio agrícola debe desacelerarse y dejar de vendernos OMG hasta que exista certeza de que son seguros.

14. Respuesta de muestra

Cuando tenía 15 años, quería conseguir un trabajo para poder comprarme un automóvil al cumplir 16. Mi padre me sentó a la mesa de la cocina y me dijo: "Excelente, pero con una condición: el 10% de cada pago deberá ir a una cuenta de ahorros. Y no podrás tocar ese dinero a menos que sea una emergencia".

"Pero papá —le dije— si tengo que ahorrar el 10%, ¿cómo voy a ahorrar suficiente dinero para comprarme un automóvil?".

"Tendrás suficiente", me respondió. "Y pronto verás lo importante que es el ahorro".

En ese momento no le creí y, de hecho, a menudo me molestaba por tener que guardar ese 10% en una cuenta separada. Pero dos años más tarde cuando se rompió la transmisión de mi automóvil, no me tuve que preocupar por conseguir el dinero para la reparación. Pude cubrir el costo fácilmente y volver a conducirlo en poco tiempo. En ese momento comencé a ver la sabiduría que había en la regla de mi padre, que adopté como propia. Este hábito me ha ayudado a tener seguridad en mi vida económica y lo exhorto a usted a convertirlo en parte de su vida.

Diez por ciento de cada pago puede parecer mucho y si inicialmente tiene un presupuesto ajustado, quizás piense "no puedo darme el lujo". En verdad, no puede darse el lujo de no hacerlo. Nunca se sabe cuándo necesitará $100 o $1.000 extra. La vida está llena de sorpresas y muchas de ellas son costosas.

Sin importar lo ajustado que sea su presupuesto, es importante comenzar de inmediato. Si está luchando para sobrevivir y gasta hasta el último centavo para pagar cuentas, comience con solo 5% y luego aumente a 10% en cuanto pueda. Si gana $500 a la semana, por ejemplo, guarde $25-$50 en su cuenta de ahorros cada semana. Al principio, esto puede requerir que utilice cupones, alquile una película en lugar de ir al cine o planche sus camisas en vez de llevarlas a la tintorería. Piense detenidamente en las formas en que puede ahorrar aunque sea unos pocos dólares, porque unos pocos dólares de cada pago es todo lo que se necesita para crear una cuenta de ahorros sólida.

El dinero que ahorre se incrementará rápidamente. Por ejemplo, si su sueldo anual es de $40.000, cada año guardaría $4.000 en su cuenta de ahorros. Aún así tendrá $36.000 para cubrir todos sus gastos. Después de diez años, habrá ahorrado $40.000, más intereses. Y cuanto más dinero tenga en su cuenta, más intereses ganará, mayor será su fondo de emergencia y más podrá relajarse en una época posterior de su vida.

Una vez que adquiera el hábito de ahorrar un 10% de su dinero en una cuenta de ahorros, no sentirá que es un sacrificio. El 90% restante será su presupuesto operativo y ni siquiera extrañará ese 10% porque no estará acostumbrado a gastarlo. Sin embargo, sabrá que está allí, listo para una emergencia, para ayudarlo a mantener su seguridad económica. Así que acepte el consejo de mi padre y el mío: coloque una parte de cada pago en su cuenta de ahorros. Es un hábito que vale la pena.

15. Respuesta de muestra

¿Su lugar favorito de la casa es sentarse en el sofá en frente de la televisión? ¿Pasa horas allí a diario, rodeado de bolsas de papas fritas y latas de refresco? ¿Entra en pánico cuando no puede encontrar el control remoto y piensa que quizá tenga que levantarse del sofá para cambiar de canal?

Si respondió que si a cualquiera de estas preguntas, no es el único. De hecho, usted es uno de los millones de estadounidenses que llevan una vida sedentaria: personas que pasan días y noches entumeciéndose frente al televisor.

¡Bueno, sedentario, es hora de levantarse de ese sillón y hacer algo de ejercicio!

Sé que la televisión puede ser seductora. Sé lo fácil que puede ser echarse en el sofá y perderse en el mundo de los deportes, los reality shows y las buenas películas tradicionales. Sé lo cautivante que pueden ser MTV y otros canales y lo difícil que puede ser tratar de apartarse. Pero toda esa televisión ocasiona desastres en su cuerpo porque se necesita estar activo para estar saludable. Y tampoco es bueno para su salud mental ni para su vida social.

Piense lo que todo ese tiempo frente a la televisión le hace a su cuerpo. Piense lo que todo ese músculo fláccido y ese estómago que no deja de crecer le están haciendo a su vida. Piense cómo la falta de energía lo afecta en su trabajo.

Ahora piense qué diferentes serían las cosas si parte de ese tiempo que dedica a mirar televisión lo dedicara a hacer ejercicio... Se sentiría mejor durante el día. Dormiría mejor durante la noche. Tendría más energía. Se vería mejor. Se sentiría más seguro de usted mismo. Sería más creativo. Estaría más sano y más feliz. Y ni siquiera extrañaría ver la televisión.

¿Qué tipo de ejercicio puede hacer? ¡Cualquiera! Vaya a dar un paseo. Salga a andar en bicicleta. Ejercite. Levante pesas. Realice una clase de aeróbica. Haga yoga. Únase a una liga de básquetbol o de hockey. Nade. Patine. Llame a un amigo, otro compañero sedentario, y ejerciten juntos.

Puede comenzar con solo 15 minutos por día, dos o tres días a la semana, e ir aumentando su rutina. Antes de que se dé cuenta, sus días de vida sedentaria habrán quedado atrás y se preguntará cómo es posible que haya pasado tanto tiempo frente a la televisión.

16. Respuesta de muestra

¿Por qué los mejores atletas ganan sueldos tan elevados? Porque le hacen ganar mucho dinero a sus ciudades y franquicias. ¿Pero qué tipo de servicio le proporcionan a la sociedad? ¿Salvan vidas? No. ¿Mejoran el estilo de vida o promueven un cambio social positivo? No. ¿Ayudan a mantener la seguridad de las calles o a educar a nuestros hijos? No. Es verdad, muchos de los mejores atletas son buenos modelos a seguir para nuestros hijos. Pero los sueldos de siete cifras no siempre van acompañados de un comportamiento modelo.

Es verdad que los atletas profesionales trabajan arduamente y muchos han dedicado sus vidas a perseguir sus metas. También es verdad que la mayoría de los atletas profesionales tienen una carrera relativamente corta, quizá una década en todo su esplendor.

Pero por más limitada que sea su carrera deportiva profesional, no merecen estos salarios tan altos. Una vez que sus carreras deportivas profesionales han concluido, sin dudas, pueden seguir otras carreras y tener trabajos "normales" como el resto de nosotros.

Terminar con su trayectoria como atletas profesionales no significa que tengan que dejar de tener ingresos. Solo tienen que ganar sus ingresos de otra forma. ¿Por qué tienen que ser diferentes del resto de nosotros, que quizá tengamos que cambiar de carrera?

También es verdad que los atletas profesionales se pueden lesionar mientras están trabajando. De hecho, su trabajo es físico y, en especial en deportes de contacto como el fútbol americano, es probable que se produzcan lesiones. Pero, como el resto de nosotros, tienen seguros y, en casi todos los casos, sus sueldos exorbitantes cubren más que los costos médicos. Y no son los únicos que tienen un trabajo de alto riesgo. ¿Qué pasa con los mineros, los obreros de la construcción o los bomberos? A diario ellos también corren el riesgo de sufrir una lesión física y estas lesiones también podrían acabar con sus carreras. Pero sin dudas, no ganan millones de dólares al año.

También es verdad que los atletas profesionales pueden pasar años y años practicando con equipos de reserva por una fracción del sueldo que reciben cuando llegan a la cima. Pero en cualquier carrera se comienza con los salarios más bajos y se debe pagar el derecho de piso para ascender. Además, los sueldos de los equipos de reserva no siempre son tan bajos.

Somos un país loco por los deportes, una nación de fanáticos de los deportistas y veneradores de las celebridades. Sus mejores representantes nos sorprenden y entretienen, pero sin importar lo mucho que nos inspiren y diviertan, los atletas profesionales no merecen salarios tan altos. Esos millones se podrían gastar de forma mucho más inteligente.

17. Respuesta de muestra

¿Recuerda el último libro que captó su imaginación, que lo transportó a otro tiempo y lugar? ¿Recuerda un libro que lo haya hecho enamorarse de sus personajes, que lo haya hecho sentir su dolor y alegría? ¿Recuerda una historia que le haya enseñado una lección importante, que lo haya ayudado a comprender mejor a los demás y a entender la condición humana? Si es así, entonces entenderá qué la pregunta "¿Leer ficción es una pérdida de tiempo?" es muy tonta.

La ficción, a diferencia de un manual de usuario, un artículo de revista o una redacción periodística, probablemente no le ofrecerá un conocimiento práctico que pueda poner en práctica de inmediato. No le informará sobre los eventos actuales ni le dará consejos sobre cómo cultivar mejor un jardín. Probablemente tampoco lo ayude a decidir qué candidato votar ni qué producto comprar. Pero sin dudas, esto no significa que sea inútil. De hecho, la ficción desempeña tres funciones importantes para los seres humanos: nos ayuda a ser más compasivos con otras personas, nos ayuda a comprendernos mejor a nosotros mismos y cultiva nuestra imaginación. También puede enseñarnos de historia, psicología e incluso de biología y otras ciencias.

La compasión por los demás se basa en la comprensión y la aceptación. Y una buena historia nos hace ingresar en el mundo interno de los personajes para que podamos comprenderlos. Por ejemplo, en la novela *Ojos azules* de Toni Morrison, la autora va retirando capas de las historias de los personajes de a una, como con una cebolla, hasta que vemos su centro y comprendemos qué los motiva.

Aun así pueden hacerse cosas horribles unos a otros, pero la autora nos muestra *por qué* hacen lo que hacen y aprendemos que no debemos juzgar a los demás hasta comprender su pasado. Sus historias son tristes y dolorosas y aprendemos a querer hasta al marginado Pecola. De hecho, aprendemos que esos marginados son los que más necesitan de nuestro amor.

Muchas historias y novelas también nos ayudan a entendernos mejor a nosotros mismos. La potente novela oscura de Joseph Conrad, *El corazón de las tinieblas*, nos ayuda a ver que todos tenemos un lado oscuro y que debemos reconocerlo para poder controlarlo. Nos

hace custionarnos cuán civilizados somos y qué significa en realidad ser civilizados.

La buena ficción también cultiva nuestra imaginación, que es más importante para nosotros de lo que tal vez creamos. Sin imaginación, tenemos una vida triste y vacía. La imaginación es central para nuestra salud emocional y es un factor clave en nuestro nivel de inteligencia. Los hechos son una cosa, pero no serán útiles a menos que estén unidos a la imaginación. La ficción puede ayudarnos a mantener nuestra imaginación atenta y activa. Por ejemplo, en un cuento como "La metamorfosis" de Franz Kafka, se nos pide que imaginemos que Gregorio, el personaje principal, una mañana se levanta convertido en un insecto gigante. ¿Una locura? Quizás. Pero una vez que aceptamos esta premisa e imaginamos que Gregorio es una cucaracha de cinco pies de altura, podemos sentir el horror de su familia e imaginar su agonía al sentirse atrapado en su habitación y abandonado por sus seres queridos.

¿Leer ficción es una pérdida de tiempo? Eso es como preguntar si reír es una pérdida de tiempo. No necesitamos la ficción para sobrevivir, pero sí la necesitamos para ser personas más amables, comprensivas y creativas.

18. Respuesta de muestra

Hace poco, la nación se vio consternada por la horrible noticia de que un bebé había sido robado de un estacionamiento mientras su madre, que estaba devolviendo un carrito de compras, se encontraba a tan solo unos metros de distancia. Gracias a la descripción del secuestrador captado por las cámaras de seguridad del estacionamiento y a la difusión en las radios, la televisión y los carteles de las autopistas, el secuestrador fue capturado rápidamente y el bebé fue regresado a su madre sano y salvo.

Si no hubiera sido por esas cámaras de seguridad, es probable que esa madre nunca hubiera vuelto a ver a su hijo.

No puedo pensar en un argumento mejor para apoyar el uso de cámaras de seguridad en espacios públicos. Se salvó la vida de ese bebé gracias a las cámaras ubicadas en ese estacionamiento. A muchas personas les preocupa el uso de cámaras de seguridad en espacios públicos como estacionamientos, tiendas, parques y autopistas. No les gusta la idea de que se los observe. Les preocupa que la información que se capta en las cintas de seguridad se pueda utilizar en su contra de algún modo. ¿Poro cómo? A mí me parece que el único motivo por el que debería preocuparnos que nos filmen las cámaras de seguridad es si hacemos algo malo. Si nos estamos comportando de acuerdo con la ley en un espacio público, ¿por qué nos preocuparía que nos filmen?

Las cámaras de seguridad pueden proporcionar dos servicios enormemente importantes. Primero, pueden ayudarnos a encontrar a las personas que cometen delitos, incluidos ladrones, secuestradores, vándalos y hasta asesinos. Segundo, pueden tener un poderoso efecto disuasivo contra los delitos. Un ladrón que planea robar un automóvil tal vez lo piense dos veces si sabe que quedará grabado en video. Una mujer que espera secuestrar a un niño puede abandonar sus planes si sabe que quedará registrada en las cámaras.

Las cámaras de seguridad también pueden ayudarnos de formas menos críticas pero igualmente prácticas. Por ejemplo, en algunas ciudades de Inglaterra los teleoperadores utilizan la información de las cámaras de seguridad para anunciar la disponibilidad de espacios para estacionar en lugares públicos abarrotados. También se pueden observar y tratar problemas de todo tipo a través de la videovigilancia. Por ejemplo, imagine una cámara de video instalada en una plaza de un pueblo local. Al revisar las filmaciones, los funcionarios pueden darse cuenta de que las personas que se encuentran en la plaza se mueven rápidamente hacia la sombre de un árbol ubicado en el centro de la plaza. Esto podría hacer que los funcionarios planten más árboles y coloquen mesas con sombrillas para que la gente pueda reunirse y relajarse a la sombra. Del mismo modo, una cámara de video ubicada en una tienda puede revelar que el pasillo 7 siempre está abarrotado. Esto puede hacer que el gerente reorganice los artículos para que los compradores se distribuyan de forma más pareja.

Por supuesto que es posible pasarse de la raya y si se comienzan a instalar cámaras de seguridad en propiedades privadas (es decir, en nuestras oficinas u hogares), entonces llegaremos a la situación de "oservación de Gran Hermano" temida por los opositores. Si ese fuera el caso, yo también estaría en contra de las cámaras de seguridad. Pero siempre y cuando las cámaras de seguridad se limiten a los espacios públicos, pueden ayudar a garantizar nuestra seguridad.

19. Respuesta de muestra

Así como hay muchas definiciones de éxito, también hay muchas definiciones de grandeza. Alexander Smith dijo que una gran persona es aquella que hace algo por primera vez. Tiene razón. Y la lista de esas grandes personas es extensa e incluye a personas como Neil Armstrong, Jackie Robinson y Thomas Edison. Pero la definición de Smith no tiene la amplitud suficiente como para incluir a muchas otras personas que también creo que son grandiosas. En mi opinión, la grandeza también se puede lograr al hacer algo para mejorar la vida de otras personas.

La Madre Teresa es la primera persona que viene a mi mente para esta categoría ampliada. Madre Teresa, que recibió el Premio Nobel de la Paz en 1979, dedicó su vida a ayudar a los pobres, enfermos y hambrientos. Dejó su hogar en Yugoslavia para trabajar con personas de bajos recursos en la India, donde ayudó desinteresadamente a los demás durante casi 70 años.

Se convirtió en monja y fundó la hermandad de Misioneras de la Caridad y la Casa del Moribundo. Acogió a aquellos que la sociedad elegía despreciar e ignorar: los lisiados y los enfermos, las personas sin hogar e indefensas. Les dio comida, refugio, atención médica y la compasión que tantas otras personas les negaron. Sin dudas, no fue la primera en dedicar su vida a cuidar a lo demás, pero ciertamente fue una gran mujer.

Otra gran persona que también ganó un Premio Nobel de la Paz fue el Dr. Albert Schweitzer, médico alemán que, al igual que Madre Teresa, también ayudó desinteresadamente a los pobres y enfermos. Schweitzer se dedicó a las personas de África. Allí construyó un hospital y una colonia de leprosos, un refugio para aquellos que habían sido rechazados por la sociedad. Nuevamente, no fue el primero en ofrecer atención y comodidad a los enfermos y convalecientes. Pero ciertamente fue una gran persona.

También Harriet Tubman fue una gran mujer. Guió a cientos de esclavos estadounidenses hacia la libertad junto al ferrocarril subterráneo, arriesgando su vida una y otra vez para liberar a sus compañeros esclavos. Les dio el obsequio más grande que alguien pueda ofrecer: libertad para tener una vida mejor. Ella no fue la primera en escapar ni fue la primera en volver a buscar a otros. Pero fue la que continuó regresando. Sabía que cada vez que volvía para salvar a alguien, ponía en riesgo su propia vida. Pero al igual que la Madre Teresa y el Dr. Schwetzer, Harriet Tubman se dedicó totalmente a mejorar la vida de los demás.

La grandeza se presenta de varias formas y somos afortunados de tener muchos ejemplos de grandeza que podemos tomar como ejemplo para nuestras vidas. Algunas personas grandiosas son aquellas que pudieron ser las primeras en lograr algo maravilloso.

Otras, como la Madre Teresa, Albert Schweitzer y Harriet Tubman, son grandiosas porque trabajaron incansablemente para aliviar el sufrimiento del prójimo.

20. Respuesta de muestra

¿Planifica alquilar un automóvil porque no cree que pueda comprarse uno? Piénselo mejor. Alquilar un automóvil puede terminar siendo tan caro como comprarlo y ni siquiera puede quedárselo. Aunque decida comprar el automóvil al final del contrato de alquiler, es posible que termine pagando una suma considerablemente mayor que la que hubiera pagado de haber decidido comprarlo desde el principio.

A la mayoría de las personas que piensan en alquilar automóviles les atrae esa opción porque creen que les costará menos. Y tienen razón, es más barato pero solo a corto plazo. Por ejemplo, si alquilara un Subaru Forester modelo 2002, con $2.500 de adelanto, podría pagar hasta $250 por mes por el automóvil. Si fuera a comprar el mismo vehículo, con $2.500 de adelanto, pagaría cerca de $350 por mes. A lo largo de un contrato de alquiler de tres años, pagaría $3.600 (un gran ahorro). Pero una vez que el contrato termina, usted deberá devolver el automóvil. Si desea seguir conduciéndolo, tendrá que hacer otro pago por adelantado para otro contrato de alquiler o, si tiene la opción de comprar el vehículo, deberá pagar miles de dólares para comprarlo, dólares que no se distribuirán en pagos mensuales más manejables.

Muchas personas quieren alquilar porque así pueden conducir un automóvil mejor del que podrían pagar. Por ejemplo, si su presupuesto mensual le permitiera gastar $250 en un automóvil, quizá podría arrendar un Ford Explorer nuevo. Por el mismo precio, quizá podría comprar un Explorer que tenga dos o tres años y 50.000 millas o comprar un vehículo nuevo pero de una marca y modelo considerablemente menos costoso. Por lo tanto, alquilar le permite conducir los últimos modelos de los automóviles más costosos. Pero una vez que termine el contrato de alquiler, tendrá que regresar el Explorer. Cualquiera sea el automóvil que pueda comprar, podrá quedárselo y siempre tendrá un valor de reventa o canje si después quiere ascender y comprar un modelo más nuevo.

Además, las personas que alquilan automóviles se sorprenden de cuánto tienen que pagar una vez que termina el contrato de alquiler. La mayoría de los contratos le dan un cierto límite de millas y si usted se pasa, debe pagar por cada milla extra. En consecuencia, al final del contrato, puede terminar pagando miles de dólares en costos por milla. Por ejemplo, si el alquiler cubre 25.000 millas en el transcurso de tres años, pero usted conduce 40.000, esto significa 15.000 millas extra. Con un costo de $0,11 por milla, tendrá que pagar $1.650. Y aún así, no será propietario del automóvil.

Además, cuando alquila, igualmente tiene que pagar los costos de mantenimiento regular y las reparaciones del vehículo. Puesto que debe devolverlo cuando termine el alquiler, está pagando por reparar el *automóvil de otra persona*. Sin embargo, si usted es propietario del vehículo, sabe que cada dólar que gasta en mantenimiento o reparación es una inversión en la propiedad real (su propiedad, no la de otra persona).

A esta altura, los beneficios de comprar en vez de alquilar deberían estar claros. Pero si aún no está convencido, recuerde este hecho fundamental: Si alquila, una vez que termine el alquiler, después de que haya hecho todos los pagos mensuales, haya pagado el millaje extra y las reparaciones, *tiene que devolver el automóvil*. No puede quedárselo, sin importar cuánto le cueste el contrato. Sea cual sea la marca y el modelo que pueda comprarse, este será suyo después de haber hecho todos los pagos. No tiene que devolverlo y eso marca la diferencia.

21. Respuesta de muestra

Benjamin Franklin es una de las mayores figuras en la historia de Estados Unidos y yo tengo mucho respeto por este increíble inventor, político y escritor. Pero, con respeto, debo decir que no estoy de acuerdo con la afirmación "El dinero nunca ha hecho feliz al hombre y nunca lo hará. No hay nada en su naturaleza que pueda producir felicidad". Estoy de acuerdo con que el dinero en sí mismo y por sí solo no hace felices a las personas, pero creo que puede ayudar a brindar una cosa que es fundamental para la felicidad: buena salud.

Si bien el dinero no puede hacer nada para cambiar nuestra genética y nuestra predisposición fisiológica a las enfermedades, puede darnos acceso a una mejor atención médica a lo largo de nuestras vidas. Esto comienza con la atención prenatal y las vacunas de la infancia. En los países empobrecidos del tercer mundo, los índices de mortalidad infantil son tres, cuatro y hasta diez veces mayores que en Estados Unidos y una de cada cuatro mujeres muere durante el parto por no contar con acceso a la atención médica moderna. Tristemente, las personas que son demasiado pobres para poder pagar las vacunas y la atención médica de rutina para sus hijos ven con impotencia cómo muchos de esos niños sucumben ante enfermedades que rara vez son fatales en Estados Unidos.

El dinero también nos permite pagar mejores médicos y consultar a especialistas a lo largo de nuestras vidas. Por ejemplo, si su hijo tiene dificultades auditivas y usted tiene un seguro (que es caro) o dinero, puede consultar a un especialista en audición y pagar un tratamiento. Si usted sufre de migrañas que lo hacen sentir terrible, puede consultar a un especialista en dolor de cabeza y pagar los medicamentos y el tratamiento. Tener dinero también significa poder pagar medidas preventivas, como tomar vitaminas y hacerse controles regulares.

Significa que puede pagar productos y servicios que mejoran nuestra salud, como un gimnasio, alimentos orgánicos y acupuntura.

Otra cosa importante que puede hacer el dinero es permitirnos vivir en un ambiente saludable. Muchas de las personas más pobres del mundo viven en lugares sucios y peligrosos, barrios bajos insalubres repletos de enfermedades y todo tipo de riesgos para la salud. En un área particularmente pobre del Bronx, por ejemplo, los niños sufrían un índice excepcionalmente alto de asma porque sus familias no podían pagar para mudarse lejos de la planta de tratamiento de desechos médicos que estaba contaminando el aire.

El dinero también puede ayudarnos a estar saludables al permitirnos pagar una climatización apropiada. Esto incluye poder pagar por un saco abrigado para el invierno y la posibilidad de refrescarnos en una piscina o en el mar. A nivel más básico, significa poder pagar calefacción para el invierno y aire acondicionado para el verano. Durante las olas de calor, las víctimas de los golpes de calor habitualmente son personas demasiado pobres que no pueden pagar aire acondicionado para sus viviendas. Lo mismo sucede con el frío extremo: las personas que mueren por congelamiento o enferman de gravedad por el frío a menudo son aquellas que no pueden pagar las facturas de calefacción.

Tener dinero quizá no haga que las personas sean felices, pero sin dudas las ayuda a mantenerse saludables. Y como dicen, si no tienes salud, no tienes nada.

Una palabra final

¡Puf! A lo largo de este libro, usted revisó una cantidad de estrategias de comprensión lectora que lo ayudarán a dar lo mejor en el examen de Razonamiento a través de las artes del lenguaje de GED®. En este capítulo,

aprendió algunos consejos que lo ayudarán a realizar su mejor esfuerzo al poner en práctica las estrategias de redacción. Va por buen camino para obtener una puntuación sobresaliente en el examen y llevarse a casa el mayor premio: ¡su credencial del examen GED®!

Sin dudas, recordar toda esta información y enfrentar el examen GED® puede ser intimidatorio, pero usted está siguiendo los pasos correctos para que le vaya bien. Revise estas estrategias hasta que se sienta cómodo y seguro de sus capacidades en cada una de ellas. Realice los exámenes de práctica que aparecen en este libro y controle su propio aprendizaje. Si hay habilidades que necesita pulir más, vuelva a esa sección del libro y revise la información. Cuando descubra que dominó cierta habilidad, felicítese. ¡Se lo ganó!

Tenga presentes los consejos sobre cómo rendir el examen y para las etapas previas a la redacción, de redacción y de revisión que se encuentran en este libro siempre que rinda un examen, ¡no solo para el examen GED®! Lea detenidamente los pasajes y las opciones de respuesta, preste atención a los detalles, tómese un momento para planificar su redacción, realice una prueba de lectura detallada y seleccione la mejor respuesta para las preguntas de opción múltiple. Todas estas son formas estupendas para tener éxito al rendir el examen. Y no se ponga nervioso cuando encuentre una pregunta que parezca difícil o instrucciones que no tenga idea de cómo responder. Le pasa a todo el mundo, no importa cuánto se prepare. Recuerde planificar sus respuestas cortas y sus respuestas de ensayo, realizar una lluvia de ideas o un resumen y revisar con atención. No pierda tiempo en intentar completar el espacio con palabras sin sentido o absurdas. Respire profundamente, elija la idea más importante como oración temática y, como mínimo, realice un breve resumen. Siga adelante si es necesario, siempre puede volver al final si el tiempo lo permite y, tal vez, tener más tiempo para pensar sea toda la ayuda que necesita.

Recuerde que va por buen camino. Hacerse responsable de su propio aprendizaje y estar preparado son los primeros pasos hacia una experiencia exitosa en el examen GED®. ¡Buena suerte!

REVISIÓN

En este capítulo, usted revisó las estrategias para escribir un ensayo eficaz.

1. Un **ensayo** tiene tres partes principales:
   - una introducción
   - un desarrollo
   - una conclusión

   Se puede pensar en estas tres partes como principio, medio y final.

2. La **introducción** capta la atención del lector y presenta la idea principal del ensayo como una presentación de tesis. El **desarrollo** elabora la presentación de tesis en dos o tres párrafos. La **conclusión** vuelve a enunciar la presentación de tesis y cierra el ensayo.

3. El proceso de **redacción** tiene tres pasos principales:
   - planificación
   - redacción
   - revisión

4. **La planificación** es un proceso importante en el proceso de redacción. Le ayuda a decidir sobre qué quiere escribir y a organizar sus ideas de forma eficaz. La planificación incluye escribir una presentación de tesis, realizar una lluvia de ideas y luego organizarlas en un resumen. Una vez que haya completado estos tres pasos, no debería tener problemas para escribir el ensayo.

5. **La revisión** le da una última oportunidad para asegurarse de que el ensayo esté lo mejor posible. Si planificó bien, no debería tener necesidad de realizar grandes cambios durante el proceso de revisión. Algunas cosas que debe revisar son: uso de mayúsculas, puntuación, repetición y claridad.

9 ▶ EXAMEN DE PRÁCTICA 1 DE RLA DE GED®

Esta prueba de práctica se preparó siguiendo el formato, el contenido y el tiempo del examen oficial de Razonamiento a través de las artes del lenguaje de GED®.

Parte I

Al igual que en el examen oficial, esta sección presenta una serie de preguntas que evalúan tu capacidad de leer, escribir, editar y comprender el español escrito estándar. Las preguntas que deberás responder se basan en pasajes de lectura informativos y literarios. Relee los pasajes todas las veces que lo necesites cuando respondas las preguntas.

Trabaja cada pregunta en forma detallada, pero sin pasar demasiado tiempo en una misma pregunta. Debes responder todas las preguntas.

Coloca una alarma a los 95 minutos (1 hora y 35 minutos) e intenta completar este examen sin interrupciones, en silencio.

Parte II

El examen oficial de Razonamiento a través de las artes del lenguaje de GED® también incluye una pregunta de ensayo llamada la Respuesta Extendida. Pon el cronómetro por 45 minutos. Trata de leer el pasaje dado y luego piensa en diferentes ideas. Escribe y revisa tu ensayo sin interrupciones en un ambiente silencioso.

Luego del examen encontrarás explicaciones completas para respuestas a cada pregunta de la prueba, así como ensayos de muestra con diferentes niveles de calificación. ¡Buena suerte!

Parte I

48 preguntas

95 minutos para completarla

Por favor utilizar el texto a continuación para responder las preguntas 1 a la 6.

Discurso de la Primera Dama en su visita de agradecimiento a los empleados del USDA

3 de mayo de 2013

1   Sra. Obama: Gracias por apoyar nuestros agricultores y nuestros ganaderos y por trabajar sin descanso para comerciar sus productos en todo el mundo, los cuales solo sean de paso, ayudan a crear empleos aquí en nuestro país. Gracias por proteger nuestro medio ambiente, promoviendo fuentes de energía renovables que van a proporcionarle energía a nuestro país por muchas generaciones. Eso causa un impacto no solo en nosotros, sino en nuestros hijos, nuestros nietos y los hijos de nuestros nietos. Gracias por ese trabajo. Gracias por levantar las comunidades rurales. Y gracias por asegurar nuestros alimentos. Y creo que esto es algo de lo que la mayoría en el país no se da cuenta: el trabajo que ustedes hacen aquí para proteger el medioambiente, para asegurar nuestros alimentos y para acabar con el hambre mejora la nutrición de las familias en todo el país.

2   Y el problema de la nutrición, como lo mencionó Tom, como todos saben, es algo importante y de mucha preocupación, no solamente como Primera Dama, sino como madre. De hecho, una de las primeras cosas que hice, como ustedes saben, como Primera Dama, fue plantar la huerta en la Casa Blanca. Y es realmente hermoso. (*Se ríe*). Espero que ustedes tengan la oportunidad de conocerlo está muy bonito ahora. Llovió por un par de días. Gracias. (*Se ríe*). Y la idea de plantar una huerta no fue solamente animar a los niños a comer más vegetales. Yo también quería enseñarles de dónde provienen sus alimentos.

3   Creo que ustedes lo saben. Nosotros vemos esto cuando viajamos por todo el país, algunos niños nunca han visto cómo luce un tomate de verdad de la planta. Ellos no saben de dónde sale un pepino. Y eso realmente afecta la manera en que ellos perciben los alimentos. Así una huerta les enseña realmente a ensuciarse las manos, literalmente, y entender todo el proceso de dónde provienen los alimentos. Y yo quiero que ellos vean lo desafiante y gratificante que es cultivar sus propios alimentos; así ellos tendrán más conocimiento de lo que nuestros agricultores están haciendo cada día en todo el país y valorarán ese trabajo, esa tradición; esa tradición estadounidense de cultivar nuestros propios alimentos y alimentarnos por nosotros mismos.

4   Y la huerta ayuda a iniciar una conversación en este país acerca de la alimentación saludable, la cual nos llevó a crear A moverse (*Let's Move*). Como ustedes saben, es una iniciativa nacional para acabar con la obesidad infantil en este país para nuestra generación, así todos nuestros niños pueden crecer más saludables. Y a todos ustedes en el USDA, quiero decirles que han sido una parte muy importante en este esfuerzo desde el inicio. Esto no hubiera sido posible, todas las conversaciones, todo el movimiento relacionado con la salud, todo esto es gracias a muchos de ustedes que están en esta sala, en este edificio, en dependencias y en centros en todo el país. Ustedes nos ayudaron a lanzar nuestro nuevo símbolo Mi Plato (*MyPlate*), el cual está cambiando la manera en que las familias sirven sus alimentos y les ofrece una forma realmente fácil para entender cómo se ve un platillo saludable.

1. ¿Cuál es el posible propósito o intento general del pasaje?

a. hablar de los programas que la Sra. Obama ha iniciado con la meta de inspirar a los niños a alimentarse más saludablemente

b. agradecerles a los agricultores por su trabajo

c. presentar la iniciativa de nutrición de la Sra. Obama

d. enfatizar la importancia del rol de los agricultores del USDA en la creación de una buena nutrición en los Estados Unidos

2. Escribe tu respuesta en la siguiente casilla.

De acuerdo a la Sra. Obama,

⬚ mencionó que el problema de la nutrición es algo importante y de mucha preocupación.

3. Con base en el pasaje, la Sra. Obama posiblemente

a. llevará a sus hijas a ver un juego de baloncesto profesional.

b. pasará una tarde enseñándoles a sus hijas cómo cocinar la cena.

c. organizará una noche familiar de juegos.

d. pasará una tarde jugando fútbol con su esposo el presidente.

4. ¿Cuál de los siguientes enunciados NO apoya la evidencia de que la salud de los ciudadanos estadounidenses es importante para la Primera Dama?

a. "Gracias por proteger nuestro medioambiente, promoviendo las fuentes de energía renovable que van a energizar al país por muchas generaciones".

b. "Y gracias por asegurar nuestros alimentos".

c. "Y el problema de la nutrición, como lo mencionó Tom, como todos ustedes saben, es algo importante y de mucha preocupación, no sólo como Primera Dama, sino como madre".

d. "Ustedes han ayudado a lanzar nuestro nuevo símbolo Mi Plato (MyPlate), el cual está cambiando la forma en que las familias sirven sus alimentos y les ofrece una forma realmente fácil para entender cómo se ve un platillo saludable".

5. ¿Cuál de las siguientes palabras es un sinónimo de **iniciativa** en la oración: "es una iniciativa en toda la nación para acabar con la obesidad infantil en este país en una generación, para que todos nuestros niños crezcan saludables"?

a. programa

b. entusiasmo

c. desinterés

d. participación

6. ¿De qué manera la inclusión del párrafo 3 afecta el tema en general del pasaje?

a. Perjudica la afirmación de la Sra. Obama.

b. Refuerza la posición de la Sra. Obama.

c. No tiene un efecto en el tema en general.

d. Intencionalmente confunde al lector.

Por favor utilizar el texto a continuación para responder las preguntas 7 a la 11.

Fragmento de "El barril de amontillado" de Edgar Allan Poe

1 Él tenía un punto débil, este Fortunato; aunque en otros aspectos era un hombre respetado y hasta temido, se enorgullecía de ser un conocedor de vinos. Pocos italianos tienen el verdadero espíritu virtuoso. La mayoría de veces su entusiasmo se adapta al momento y a la oportunidad, para practicar su impostura con los millonarios británicos y australianos. En cuanto a pinturas y gemas, Fortunato, como sus compatriotas, era un charlatán, pero con respecto a vinos añejos él era sincero. En este sentido yo no difiero de él materialmente; yo mismo era experto en añejos italianos y compraba mucho siempre que podía.

2 Era el crepúsculo, una vez en la caída de la noche durante la locura suprema de la temporada de carnaval, me encontré a mi amigo. Él me acosó con una calidez excesiva, porque había estado tomando demasiado. El hombre vestía de forma extraña. Él tenía una vestidura ajustada con rayas de diferentes colores y encima de su cabeza un gorro cónico y campanas. Estaba tan complacido de verlo que pensé que nunca iba a acabar de estrecharle la mano.

3 —Mi querido Fortunato—le dije—, por suerte te encontré. Qué fabuloso luces hoy. Pero he recibido un barril que pasa por amontillado y tengo mis dudas.

4 —¿Cómo?—dijo él—. Amontillado, ¿Un barril? ¡Imposible! ¡Y en medio del carnaval!.

5 —Yo tengo mis dudas—, le respondí—; y yo fui lo suficientemente tonto para pagar el precio total del amontillado sin consultarte en la materia. No pude encontrarte y tenía miedo de perder una ganga.

6 —¡Amontillado!

7 —Yo tengo mis dudas.

8 —¡Amontillado!

9 —Y debo satisfacerlos.

10 —¡Amontillado!

11 —Ya que estás ocupado, yo voy camino a ver a Luchresi. Si alguien tiene un sentido crítico, es él. Él va a decirme.

12 —Lucheresi no puede distinguir amontillado de *sherry*.

13 —Y todavía algunos tontos van a creer que su experiencia se compara con la tuya.

14 —Ven, vámonos.

15 —¿A dónde?

16 —A tus bóvedas.

17 —Mi amigo, no; no voy a obligarte por tu buen humor. Percibo que tienes un compromiso. Luchresi…

18 —No tengo ningún compromiso; ven.

19 —Mi amigo, no. No es el compromiso, sino el fuerte resfriado que percibo que te aqueja. Las bóvedas son insufriblemente húmedas. Están cubiertas de nitro.

20 —Vámonos, eso no importa. El resfrío no es nada. ¡Amontillado! Te lo han impuesto. Y acerca de Luchresi, él no puede distinguir entre *sherry* y amontillado.

21 Así hablando, Fortunato se agarró de mi brazo; se colocó una máscara blanca de seda y empezó a sacarse la capa muy cerca de mí; lo presioné para que acudiera de prisa a mi palacio.

7. ¿Quiénes son los "compatriotas" de Fortunato?
  a. italianos
  b. británicos
  c. australianos
  d. españoles

8. ¿Qué tienen Fortunato y el narrador en común?
  a. un interés en la historia italiana
  b. ellos están vistiendo la misma ropa
  c. una pasión por el vino
  d. amor por la época de carnaval

9. ¿Qué enunciado, en contexto, NO apoya la evidencia de que Fortunato siente pasión por el vino?
  a. "Pero con respecto a vinos añejos, él era sincero".
  b. "Estaba tan complacido de verlo que pensé que nunca iba a acabar de estrecharle la mano".
  c. "Luchresi no puede distinguir amontillado de sherry".

d. "El resfriado no es nada. ¡Amontillado!"

10. En el contexto de la historia, ¿cuál de los siguientes es un ejemplo de ironía?
  a. "Se enorgullecía de ser un conocedor de vinos".
  b. "La mayoría de veces su entusiasmo se adapta al momento y a la oportunidad..."
  c. "Mi querido Fortunato por suerte te encontré".
  d. "Las bóvedas son insufriblemente húmedas".

11. ¿Por qué el narrador primero insiste que pedirá la opinión de Luchresi acerca del amontillado?
  a. Luchresi tiene mucha más experiencia en vinos que Fortunato.
  b. Fortunato y el narrador son enemigos conocidos.
  c. Para ganarse la confianza de Fortunato.
  d. Para provocar el orgullo de Fortunato.

Por favor utilizar el texto a continuación para responder las preguntas 12 a la 16.

De "Mi primera mentira, y cómo salí de ella" de Mark Twain

1 Yo no recuerdo mi primera mentira. Fue hace mucho tiempo. Pero yo recuerdo muy bien la segunda. Para entonces yo tenía nueve días y había notado que un alfiler estaba pinchándome y lo hice saber de la manera usual. Me consentían tiernamente, me acariciaban, se compadecían de mí de la forma más agradable y además me daban una ración extra entre las comidas.

2 Era parte de la naturaleza humana querer obtener esas riquezas, y yo caí. Yo mentí acerca del alfiler, anunciando que había uno cuando no lo había. Tú lo hubieras hecho; George Washington lo hizo, cualquiera lo hubiera hecho. Durante la primera mitad de mi vida yo nunca conocí a un niño que fuera capaz de resistirse a esa tentación y abstenerse de decir esa mentira. Hasta 1867, todos los niños civilizados que nacieron en el mundo eran mentirosos, incluyendo George. Luego vino el alfiler de seguridad y bloqueó el juego. ¿Pero esa reforma tiene algún valor? No; ya que es una reforma a la fuerza y no tiene virtud. Solamente acaba con esa forma de mentir, no afecta la disposición para mentir, ni un poquito. Es la aplicación, en los inicios, de conversión por la fuerza o del principio de la moderación por medio de la prohibición.

3 Regresando a esa mentira temprana. Ellos no encontraron un alfiler y se dieron cuenta de que otro mentiroso se había agregado al suministro mundial. Por la gracia de una extraña inspiración llegaron a entender algo bastante común pero pocas veces observado, que casi todas las mentiras son actos y el lenguaje no es parte de ellas. Luego, si ellos examinaran un poco más, reconocerían que toda la gente es mentirosa desde la cuna, sin excepciones, y que comienzan a mentir tan pronto

(continúa)

despiertan en la mañana y siguen sin descanso ni refrigerio hasta que se van a dormir en la noche. Si llegaron a esa verdad probablemente les afligió; sí, les afligió pues habían sido educados de manera descuidada e ignorante por sus libros y profesores; ¿por qué una persona debe afligirse por una cosa que por las leyes eternas de la creación no puede cambiar? Él no inventó las leyes; es solamente su deber ser obediente y mantenerse quieto, unirse a la conspiración universal y mantenerse tan quieto que engañará a sus compañeros conspiradores a imaginar que él no sabe que esa ley existe. Es lo que todos hacemos, nosotros los que lo sabemos. En la magnitud de su territorio es una de las más majestuosas mentiras en que la civilización pone un cuidado sagrado y ansioso por guardar, vigilar y propagar.

4 Por ejemplo. No sería posible para una persona humana e inteligente inventar una excusa racional para la esclavitud; sin embargo, ustedes van a recordar que en los primeros días luchando por la emancipación en el Norte los agitadores consiguieron poca ayuda y tolerancia de la gente. Por mucho que ellos discutían, alegaban y rezaban, no lograban romper la quietud universal que reinaba, desde el púlpito y la prensa hasta los sectores más bajos de la sociedad,—la fría quietud creada y mantenida por la mentira de la aseveración silenciosa—, la aseveración silenciosa que allá no estaba pasando nada en lo que la gente humana e inteligente estuviera interesada.

12. ¿Cuál de los siguientes enunciados puede ser inferido tras la lectura de los dos primeros párrafos?

a. El autor creció en el mismo estado que George Washington.

b. Antes de 1867, los padres castigaban a los infantes pinchándolos con alfileres.

c. Antes de 1867, los infantes usaban pañales con alfileres rectos.

d. Los alfileres de seguridad eran importantes para eliminar una disposición de los niños a mentir.

13. En los primeros dos párrafos, ¿cuál de los siguientes presenta el autor como evidencia de que los humanos nacen siendo mentirosos?

a. datos científicos

b. experiencia personal

c. evidencia física

d. documentación histórica

14. ¿Cuál de los siguientes expresa mejor la posición del autor respecto a mentir?

a. Debe ser prohibido.

b. Debe ser perdonado, pero solamente en los niños.

c. Debe ser estudiado así su causa puede ser encontrada y eliminada.

d. Debe ser aceptado como una parte fundamental de la naturaleza humana.

15. Con base en el cuarto párrafo, ¿por qué el autor piensa que se permitió que la esclavitud continuara por tanto tiempo?

a. porque la gente actuaba como pensaba y eso no era un problema importante

b. porque la gente entendía la importancia económica de los esclavos para el Sur

c. porque los dueños de los esclavos les mintieron a todos los demás acerca de cómo ellos trataban a sus esclavos

d. porque los agitadores del Norte no expresaron su caso

16. ¿Cuál de los siguientes detalles NO apoya la idea central del pasaje?

   a. Hasta los bebés tienen una disposición para mentir.

   b. La introducción de los alfileres de seguridad ocurrió en 1867.

   c. La gente con frecuencia miente por medio de los actos en lugar de palabras.

   d. Los anteriores oponentes a la esclavitud enfrentaron indiferencia de parte de la sociedad.

Por favor utilizar el texto a continuación para responder las preguntas 17 a la 20.

Rebeca García, Directora Ejecutiva
Cuidado Infantil Abacus
2404 de la avenida Bellevue
Baton Rouge, LA 70810

(1) Me gustaría someter una solicitud para la posición de cuidado infantil que recientemente fue publicada en su página web. Yo he (2) con niños a varios niveles por casi cuatro años y me encantan los niños de todas las edades. Tengo un nivel muy alto de energía y una paciencia infinita, lo cual me permite dirigir con éxito a un grupo de niños.

(3), cuidé a dos gemelos en edad preescolar antes de que entraran al jardín. Durante ese tiempo, aprendí a desarrollar, con efectividad, actividades de entretenimiento y educativas, a manejar desacuerdos y a tratar con malos comportamientos de una manera cariñosa y firme manteniendo un ambiente de seguridad en casa. También ayudé a enseñarles a los niños buenos modales, aseo personal y aptitudes sociales apropiadas. Yo creo que el tiempo que pasé trabajando con la familia me ayudó a desarrollar excelentes habilidades de comunicación y capacidades administrativas.

Aparte de mi experiencia profesional, soy muy detallista y muy organizada. Estoy orgullosa de (4) habilidad para resolver problemas y me encanta trabajar muy duro para hacer valer mi entorno laboral. Soy muy confiable, muy puntual y cumplo con las promesas que hago.

Me encantaría hablar con usted con respecto a la posición, si usted cree que yo sería una buena candidata para formar parte de su equipo. He adjuntado mi currículo con mi información personal y tengo 3 referencias disponibles a solicitud.

Gracias por su atención,

Mallory Holloway

17. ¿Cuál es la opción correcta para (1)?
   a. Estimada Srita. Dyer:
   b. estimada srita. dyer:
   c. estimada srita. Dyer:
   d. Estimada srita. dyer:

18. ¿Cuál es la forma correcta del verbo "trabajar" en (2)?
   a. trabajar
   b. trabaja
   c. trabajado
   d. trabajan

19. ¿Cuál conector funciona mejor en (3)?
   a. Recientemente
   b. Actualmente
   c. Aunque
   d. Además

20. ¿Cuál de las siguientes es la opción correcta para (4)?
   a. tu
   b. ti
   c. mi
   d. mío

Por favor utilizar el texto a continuación para responder las preguntas 21 a la 24.

Discurso Inaugural de John F. Kennedy, 1961

1 Vicepresidente Johnson, Sr. Portavoz, Sr. Juez de Justicia, presidente Eisenhower, vicepresidente Nixon, presidente Truman, Reverendo Clero, compatriotas:

2 Hoy somos testigos no de la victoria de un partido, sino de la celebración de la libertad, simbolizando tanto un fin como un comienzo, que constituye una renovación y también un cambio. Pues ante ustedes y ante Dios Todopoderoso he prestado el mismo solemne juramento concebido por nuestros antepasados desde hace casi 175 años.

3 El mundo es muy diferente ahora. Porque el ser humano tiene en sus manos mortales el poder para abolir toda forma de pobreza humana y también para terminar con toda forma de vida humana. Aún así, se siguen debatiendo en el mundo las mismas convicciones revolucionarias por las que pelearon nuestros antepasados.

4 No debemos olvidar que somos los herederos de esa primera revolución. Dejemos aquí y ahora que corra la voz, a nuestros amigos y enemigos por igual, de que la antorcha ha pasado a una nueva generación de estadounidenses, nacidos en este siglo, templados por la guerra, instruidos por una paz dura y amarga, orgullosos de su antigua herencia, quienes no están dispuestos a presenciar ni permitir la lenta ruina de esos derechos humanos con los que nuestro pueblo ha estado siempre comprometido y con los que estamos comprometidos hoy en esta nación y en todo el mundo.

5 Todas las naciones han de saber, sean o no amigas, que pagaremos cualquier precio, sobrellevaremos cualquier carga, afrontaremos cualquier dificultad, apoyaremos a cualquier amigo y nos opondremos a cualquier enemigo para garantizar la supervivencia y el triunfo de la libertad.

6 Esto, y mucho más, es lo que prometemos.

7 A los viejos aliados con los que compartimos nuestro origen cultural y espiritual, les prometemos la lealtad de los amigos fieles. Es mucho lo que podemos hacer si estamos unidos en emprendimientos de cooperación, pero poco si estamos divididos. Pues no podríamos afrontar un poderoso desafío si estuviéramos distanciados y divididos.

(continúa)

8 A los nuevos estados que recibimos entre las filas de los libres, les damos nuestra palabra de que ninguna forma de control colonial habrá terminado simplemente para ser sustituida por una tiranía mucho más dura. No esperaremos que estén siempre de acuerdo con nosotros, pero sí esperamos la sólida defensa de su propia libertad. Recordemos que, en el pasado, aquellos insensatos que buscaron el poder cabalgando sobre el lomo de un tigre terminaron en sus fauces.

9 A los pueblos de chozas y aldeas en la mitad del mundo que luchan por liberarse de las cadenas de la miseria de masas, les prometemos hacer todo lo que esté a nuestro alcance para ayudarlos a ayudarse a sí mismos, durante el tiempo que sea necesario. No porque quizás lo hagan los comunistas, no porque queremos sus votos, sino porque es lo correcto. Si una sociedad libre no puede ayudar a los muchos que son pobres, no puede salvar a los pocos que son ricos.

10 A nuestras repúblicas hermanas al sur de nuestras fronteras les ofrecemos una promesa especial: convertir nuestras palabras en hechos en una nueva alianza para el progreso, con el fin de ayudar a las personas y gobiernos libres a romper las cadenas de la pobreza. Pero esta pacífica revolución de esperanza no puede convertirse en presa de potencias hostiles. Todos nuestros vecinos han de saber que nos uniremos a ellos para luchar contra la agresión o subversión en cualquier lugar de las Américas. Y que cualquier otra potencia sepa que este hemisferio pretende seguir siendo el amo en su propio hogar.

11 A esa asamblea mundial de estados soberanos, las Naciones Unidas, nuestra última gran esperanza en una era en la que los instrumentos de la guerra han superado a los instrumentos de la paz, le renovamos nuestra promesa de apoyo para evitar que se transforme en un simple foro de injurias, a fin de fortalecer la protección para los nuevos y los débiles, y expandir su área de influencia.

12 Por último, a esas naciones que se transformarán en nuestros adversarios, no les ofrecemos una promesa, sino una solicitud: que ambos bandos comencemos nuevamente la búsqueda de la paz, antes de que los poderes oscuros de la destrucción desatados por la ciencia envuelvan a toda la humanidad en su propio exterminio, deliberado o accidental.

21. ¿Cuál oración del pasaje representa mejor el tema del pasaje?
 a. "Hoy somos testigos no de la victoria de un partido, sino de la celebración de la libertad, simbolizando tanto un fin como un comienzo, que constituye una renovación y también un cambio".
 b. "No debemos olvidar que somos los herederos de esa primera revolución".
 c. "Pero esta pacífica revolución de esperanza no puede convertirse en presa de potencias hostiles".
 d. "Todos nuestros vecinos han de saber que nos uniremos a ellos para luchar contra la agresión o subversión en cualquier lugar de las Américas".

22. ¿Cuál es el significado para el lector de la palabra **tiranía** en la oración: "A los nuevos estados que recibimos entre las filas de los libres, les damos nuestra palabra de que ninguna forma de control colonial habrá terminado simplemente para ser sustituida por una tiranía mucho más dura"?
 a. nuevos estados
 b. filas de los libres
 c. control colonial
 d. dura

23. Cuál es el propósito de resaltar "es mucho lo que podemos hacer" y "pero es poco" en el discurso: "Es mucho lo que podemos hacer si estamos unidos en emprendimientos de cooperación, pero poco si estamos divididos. Pues no podríamos afrontar un poderoso desafío si estuviéramos distanciados y divididos".

a. para enfatizar la diferencia entre estar "unidos" y "divididos"

b. para resaltar que tan similar es estar "unidos" y "divididos"

c. para resaltar el rol de los Estados Unidos en la política externa

d. para hacer una promesas de lo que él quiere lograr durante su presidencia

24. De la lista de cinco opciones que aparece debajo, encierra con un círculo todas las características que Kennedy demuestra en este discurso.

1. temor

2. fuerza de voluntad

3. compasión

4. integridad

5. agresión

Por favor utilizar el texto a continuación para responder las preguntas 25 a la 30.

El Discurso de Pearl Harbor de Franklin Delano Roosevelt a la Nación, 1941

1 Sr. Vicepresidente, Sr. Portavoz, Miembros del Senado y de la Casa de Representantes:

2 Ayer, 7 de diciembre de 1941 —una fecha que podrá vivir en la infamia— los Estados Unidos de América fueron atacados repentina y deliberadamente por fuerzas navales y aéreas del imperio de Japón.

3 Los Estados Unidos estaban en paz con ésta nación y a solicitud de Japón, todavía sosteníamos conversaciones con su gobierno y su Emperador procurando mantener la paz en el Pacífico.

4 De hecho, una hora después de que los escuadrones aéreos japoneses habían comenzado a bombardear la isla americana de Oahu, el Embajador japonés en los Estados Unidos y su colega entregaron a nuestro Secretario de Estado una respuesta formal a un mensaje americano anterior. Y, mientras que esta respuesta establecía que parecía inútil continuar las negociaciones diplomáticas existentes, ésta no contenía amenazas o indirectas de una guerra o de un ataque armado.

5 Podrá ser registrado que la distancia de Hawái desde Japón hace obvio que el ataque fue deliberadamente planeado desde hace muchos días o incluso semanas. Durante el tiempo que intervenía el gobierno japonés ha intentado deliberadamente engañar a los Estados Unidos mediante falsas declaraciones y expresiones de esperanza para el mantenimiento de la paz.

6 El ataque de ayer en las islas hawaianas ha causado severos daños a las fuerzas navales y militares americanas. Lamento decirles que muchas vidas americanas se han perdido. Adicionalmente, barcos americanos han sido reportados como torpedeados en alta mar entre San Francisco y Honolulu.

7 Ayer, el Gobierno japonés también lanzó un ataque contra Malasia.

(continúa)

8 Anoche, fuerzas japonesas atacaron Hong Kong.

9 Anoche, fuerzas japonesas atacaron Guam.

10 Anoche, fuerzas japonesas atacaron las islas Filipinas.

11 Anoche, los japoneses atacaron la isla Wake.

12 Y esta mañana, los japoneses atacaron la isla Midway.

13 Japón, por lo tanto, ha emprendido una ofensiva sorpresa para extenderse a través del área del Pacífico. Los hechos de ayer y hoy hablan por sí mismos. El pueblo de los Estados Unidos tiene ya formadas sus opiniones y podrá entender muy bien las implicaciones para sus vidas y para la seguridad de nuestra nación.

14 Como Comandante en Jefe del Ejército y de la Armada, he decidido tomar todas las medidas para nuestra defensa. Pero nuestra nación siempre recordará el carácter del ataque contra nosotros.

15 Sin importar cuanto tiempo pueda llevarnos superar esta invasión premeditada, el pueblo americano, con su poderosa fuerza, podrá ganar a través de la victoria absoluta.

16 Creo que interpreto la voluntad del Congreso y la del pueblo cuando afirmo que no sólo nos podremos defender al máximo pero podremos hacerlo con la certeza de que esta forma de traición nunca podrá ponernos en peligro otra vez.

17 Las hostilidades existen. No hay que parpadear para notar el hecho de que nuestro pueblo, nuestro territorio y nuestros intereses están en grave peligro.

18 Con confianza en nuestras fuerzas armadas, con la determinación desatada de nuestro pueblo, ganaremos el triunfo inevitable.

19 Yo le pido al Congreso que declare que desde el no provocado y cobarde ataque de Japón el domingo 7 de diciembre de 1941, un estado de guerra ha existido entre los Estados Unidos y el Imperio japonés.

25. ¿Cuál es el tono del discurso?
   a. de conmoción pero de afirmación
   b. tímido y miedoso
   c. de sorpresa y temor
   d. inseguro pero agresivo

26. ¿Qué propósito sirve la frase "de hecho" en el tercer párrafo?
   a. para concluir su idea anterior
   b. para alertar a los lectores de un nuevo párrafo
   c. para enfatizar la sorpresa del ataque
   d. para presentar un nuevo tema en el discurso

27. ¿Qué se puede deducir de la primera oración en el párrafo 5?
   a. Japón está cerca de Hawái.
   b. Japón y Hawái están separados por una gran distancia.
   c. Los Estados Unidos en tierra firme están tan cerca de Hawái como Japón.
   d. Japón anunció que iba a atacar.

28. ¿Cuál es el propósito de repetir la frase "Anoche, las fuerzas japonesas atacaron"?

a. para mostrar que las fuerza japonesas estaban desorganizadas

b. para enfatizar que es una cobardía atacar de noche

c. para demostrar que los países están unidos en contra de Japón

d. para enfatizar la extensión del ataque de Japón

29. ¿Cuál de los siguientes términos describe "el carácter del ataque contra nosotros"?

a. esperado

b. agresivo

c. arrepentido

d. accidental

30. ¿Cuál de los siguientes enunciados No es una evidencia de que el ataque fue sorpresivo?

a. "Estados Unidos estaba en paz con esa nación".

b. "Una hora después de que los escuadrones aéreos japoneses habían comenzado a bombardear la isla americana de Oahu, el Embajador japonés en los Estados Unidos y su colega entregaron a nuestro Secretario de Estado una respuesta formal a un mensaje americano anterior".

c. "Durante el tiempo de intervención el Gobierno japonés ha intentado deliberadamente engañar a los Estados Unidos mediante falsas declaraciones y expresiones de esperanza para el mantenimiento de la paz".

d. "Las hostilidades existen".

Por favor utilizar el texto a continuación para responder las preguntas 31 a la 44.

Memorándum: A todos los Empleados
De: Alexandra Chandler
Asunto: Horas de Trabajo
¡Hola a todos!

(1) Comenzando la próxima semana, haremos una encuesta en la oficina para poder recibir la opinión de todos mientras modificamos las horas de trabajo.

La compañía (2) que ellos quieren cambiar el horario para poder adaptarse mejor a las necesidades de los empleados. Vamos a tener tres opciones a escoger. La primera opción es mantener los horarios de trabajo actualés: de 9 a 5, lunes a viernes. La segunda opción es trabajar una hora más cada día de lunes a jueves, pero trabajar solamente medio día el viernes. La tercera opción es trabajar dos horas extras de lunes a jueves y tener libre el viernes.

Aunque (3) completamente abiertos a las tres opciones, la gerencia cree que la segunda opción se adaptará mejor a las metas de la compañía y de los empleados. Muchos de nosotros ya nos estamos quedando tarde en el trabajo al inicio de la semana y una hora extra no se sentirá de más. Nosotros también hemos notado que (4). Entendemos que esto es un comportamiento normal y queremos alterar las horas para poder servirles mejor.

Pensamos que la segunda opción se adaptará bien con el pátrón que ya hemos observado; sin embargo, aún queremos escuchar sus opiniones. Vamos a enviar cuestionarios por correo electrónico para que los llenen dentro de una semana. Por favor tómense el tiempo de pensar en sus responsabilidades antes de completar la encuesta ya que queremos que los posibles cambios reflejen de la mejor manera las necesidades de la oficina.

Por favor manténganse pendientes del cuestionario y devuélvanlo al final de la próxima semana.
Gracias por su atención,
Alexandra Chandler
CEO, Poplar Inc.

31. ¿Cuál opción encaja correctamente en (1)?

a. Estamos anunciando algunos cambios realmente grandes que pueden realmente afectarnos en los próximos meses.

b. Nos gustaría anunciar algunos cambios potenciales que afectarán a nuestro equipo en los próximos meses.

c. Para su información, las cosas podrían ser diferentes pronto.

d. PS: Gracias por su cooperación.

32. Escoge la forma correcta de decidir para (2).

a. decidirá

b. ha decidido

c. decide

d. deciden

33. ¿Qué elección encaja de forma correcta en (3)?

a. allá

b. su

c. ellos está

d. ellos están

34. ¿Cuál elección encaja correctamente en el (4)?

a. los viernes, en la tarde la actividad de los empleados baja

b. los viernes en la tarde la actividad, de los empleados baja

c. los viernes en la tarde, la actividad de los empleados baja

d. los viernes en la tarde la actividad de los empleados, baja

Por favor utilizar el texto a continuación para responder las preguntas 35 a la 42.

Fragmento del primer discurso de inauguración de Barack Obama 20 de junio de 2009

1 Al reafirmar la grandeza de nuestra nación, sabemos que esa grandeza nunca es un regalo. Hay que ganársela. Nuestro viaje nunca ha estado hecho de atajos ni se ha conformado con lo más fácil. No ha sido nunca un camino para los pusilánimes, para los que prefieren el ocio al trabajo o no buscan más que los placeres de la riqueza y la fama. Han sido siempre los audaces, los más activos, los constructores de cosas, algunos reconocidos, pero, en su mayoría, hombres y mujeres cuyos esfuerzos permanecen en la oscuridad, los que nos han impulsado en el largo y arduo sendero hacia la prosperidad y la libertad.

2 Por nosotros, empacaron sus escasas posesiones terrenales y cruzaron océanos en busca de una nueva vida. Por nosotros, trabajaron en condiciones infrahumanas y colonizaron el Oeste; soportaron el látigo y labraron la dura tierra. Por nosotros, combatieron y murieron en lugares como Concord y Gettysburg, Normandía y Khe Sahn.

3 Una y otra vez, esos hombres y mujeres lucharon, se sacrificaron y trabajaron hasta tener las manos en carne viva, para que nosotros pudiéramos tener una vida mejor. Vieron que Estados Unidos era más grande que la suma de nuestras ambiciones individuales; más grande que todas las diferencias de origen, de riqueza o de partido.

4 Éste es el viaje que hoy continuamos. Seguimos siendo el país más próspero y poderoso de la Tierra. Nuestros trabajadores no son menos productivos que cuando comenzó esta crisis. Nuestras mentes no son menos imaginativas, nuestros bienes y servicios no son menos necesarios que la semana pasada, el mes pasado ni el año pasado. Nuestra capacidad no ha disminuido. Pero el periodo del inmovilismo, de proteger estrechos intereses y aplazar decisiones desagradables, seguramente ha terminado. A partir de hoy, debemos levantarnos, sacudirnos el polvo y empezar a trabajar para reconstruir Estados Unidos.

5 Porque miremos donde miremos, hay trabajo por hacer. El estado de la economía exige actuar con audacia y rapidez, y vamos a actuar; no sólo para crear nuevos puestos de trabajo, sino para sentar nuevas bases de crecimiento. Construiremos las carreteras y los puentes, las redes

(continúa)

eléctricas y las líneas digitales que nutren nuestro comercio y nos unen a todos. Volveremos a situar la ciencia en el lugar que le corresponde y utilizaremos las maravillas de la tecnología para elevar la calidad de la atención sanitaria y rebajar sus costos. Aprovecharemos el sol, los vientos y la tierra para hacer funcionar nuestros coches y nuestras fábricas. Y transformaremos nuestras escuelas y nuestras universidades para que respondan a las necesidades de una nueva era. Podemos hacer todo eso. Y todo lo vamos a hacer.

6   Ya sé que hay quienes ponen en duda la dimensión de nuestras ambiciones, quienes sugieren que nuestro sistema no puede soportar demasiados planes grandes. Tienen mala memoria. Porque se han olvidado de lo que ya ha hecho este país; de lo que los hombres y mujeres libres pueden lograr cuando la imaginación se une a un propósito común y la necesidad al valor. Lo que no entienden los escépticos es que el terreno que pisan ha cambiado, que las manidas discusiones políticas que nos han consumido durante tanto tiempo ya no sirven.

7   La pregunta que nos hacemos hoy no es si nuestro gobierno interviene demasiado o demasiado poco, sino si sirve de algo: si ayuda a las familias a encontrar trabajo con un sueldo decente, un cuidado de salud que puedan pagar, una jubilación digna. En los programas en los que la respuesta sea sí, seguiremos adelante. En los que la respuesta sea no, los programas se cancelarán. Y los que manejemos el dinero público tendremos que responder por ello, gastar con prudencia, cambiar malos hábitos y hacer nuestro trabajo a la luz del día, porque sólo entonces podremos restablecer la confianza vital entre el pueblo y su gobierno.

Fragmento del segundo discurso inaugural de Barack Obama 21 de enero de 2013

1   Nosotros, el pueblo, aún creemos que cada ciudadano merece una medida básica de seguridad y dignidad. Debemos tomar las decisiones difíciles para reducir los costos del cuidado médico y tomar control de nuestro déficit. Pero rechazamos la creencia que Estados Unidos debe escoger entre cuidar a la generación que construyó este país o invertir en la generación que construirá el futuro. Porque recordamos las lecciones de nuestro pasado, cuando años oscuros fueron caracterizados por la pobreza y los padres de un niño con impedimentos no tenían a quién acudir. No creemos que en este país la libertad esté reservada para los que tienen suerte o la felicidad sea para pocos. Reconocemos que sin importar qué tan responsablemente vivamos, cualquiera de nosotros, en cualquier momento, puede sufrir un despido o una enfermedad repentina o que nuestra casa se la lleve una tormenta terrible. Los compromisos que tenemos unos con otros, a través de Medicare y Medicaid y el Seguro Social, estas cosas no socavan nuestras iniciativas; nos fortalecen. No nos hacen una nación de aprovechados; nos liberan para tomar los riesgos que hacen grande a este país.

2   Nosotros, el pueblo, todavía creemos que nuestras obligaciones como estadounidenses no son sólo para nosotros, sino para toda la posteridad. Responderemos a la amenaza del cambio climático, sabiendo que dejar de hacerlo traicionaría a nuestros hijos y a las futuras generaciones. Algunos todavía pueden negar la abrumadora evidencia de la ciencia, pero nadie puede evitar el impacto devastador de los incendios forestales y de la paralizante sequía y de más potentes tormentas. El camino hacia las fuentes de energía sostenible será largo y algunas veces difícil. Pero Estados Unidos no puede resistirse a esta transición, debe liderarla. No podemos ceder a otras naciones la tecnología que impulsará nuevos trabajos y nuevas industrias, debemos reclamar este derecho. Así es cómo mantendremos la vitalidad de nuestra economía y nuestros tesoros

(continúa)

nacionales, nuestros bosques y nuestros ríos; nuestras tierras fértiles y nuestros picos nevados. Así es cómo preservaremos nuestro planeta que Dios nos ha ordenado cuidar. Eso es lo que le dará significado al credo que una vez declararon nuestros padres.

3 Nosotros, el pueblo, todavía creemos que la seguridad permanente y la paz duradera no requieren de una guerra perpetua. Nuestros valientes hombres y mujeres uniformados, templados por las llamas de la batalla, son inigualables en habilidades y coraje. Nuestros ciudadanos, forjados por la memoria de los que hemos perdido, conocen demasiado bien el precio que se paga por la libertad. El conocimiento del sacrificio nos mantendrá vigilantes contra aquellos que quieran hacernos daño. Pero también somos herederos de aquellos que ganaron la paz y no sólo la guerra, que convirtieron a nuestros peores enemigos en los amigos más confiables y debemos traer esas lecciones a ese tiempo también.

4 Defenderemos a nuestro pueblo y mantendremos nuestros valores a través de la fuerza de las armas y del cumplimiento de la ley. Mostraremos nuestro coraje para tratar y resolver nuestras diferencias con otras naciones de manera pacífica, no por ser ingenuos sobre los peligros que encaramos, sino porque el involucramiento puede funcionar mejor para borrar las sospechas y el miedo. Estados Unidos seguirá siendo el ancla de las fuertes alianzas en todos los rincones del mundo; y renovaremos estas instituciones que extienden nuestra capacidad para manejar crisis en el extranjero, porque nadie tiene más en juego en un mundo pacífico que su nación más poderosa. Apoyaremos la democracia desde Asia hasta África; desde las Américas hasta el Medio Oriente, porque nuestros intereses y nuestras conciencias nos obligan a actuar en nombre de aquellos que buscan libertad. Y debemos ser la fuente de esperanza para los pobres, los enfermos y los marginados, las víctimas del prejuicio, no solo por caridad, sino porque la paz en nuestros tiempos requiere del constante avance de estos principios que nuestro credo en común describe: tolerancia y oportunidad; dignidad humana y justicia.

35. ¿Cuál respuesta resume mejor la idea central expresada en el primer párrafo del primer discurso inaugural de Obama?

a. La suerte hizo de los Estados Unidos una exitosa y gran nación.

b. Aquellos que trabajaron duro y corrieron riesgos moldearon América.

c. Los Estados Unidos es una gran nación y trabaja duro para seguirlo siendo.

d. Obama se siente muy afortunado de haber sido elegido Presidente.

36. ¿Cuál es el significado de la oración que se refuerza con la frase "hombres y mujeres que se sacrificaron y lucharon" mencionado en los primeros tres párrafos en el primer discurso inaugural de Obama?

a. "Nuestra capacidad no ha disminuido".

b. "Porque miremos donde miremos, hay trabajo por hacer".

c. "Tienen mala memoria. Porque se han olvidado de lo que ya ha hecho este país; de lo que los hombres y mujeres libres pueden lograr cuando la imaginación se une a un propósito común y la necesidad al valor".

d. "Volveremos a situar la ciencia en el lugar que le corresponde y utilizaremos las maravillas de la tecnología para elevar la calidad de la atención sanitaria y rebajar sus costos".

37. A partir de la lista de cinco opciones que aparece debajo, encierra con un cícrulo *todas* las frases que respaldan la idea principal del primer Discurso Inaugural de Obama.

1. "Nuestro viaje nunca ha estado hecho de atajos ni se ha conformado con lo más fácil".
2. "Éste es el viaje que hoy continuamos".
3. "Podemos hacer todo eso. Y todo lo vamos a hacer".
4. "Aprovecharemos el sol, los vientos y la tierra para hacer funcionar nuestros coches y nuestras fábricas".
5. "Lo que no entienden los escépticos es que el terreno que pisan ha cambiado, que las manidas discusiones políticas que nos han consumido durante tanto tiempo ya no sirven".

38. ¿Cuál es el propósito de Obama al comenzar cada uno de los primeros tres párrafos de su Segundo Discurso Inaugural con "Nosotros, el pueblo"?

a. mostrar el orgullo americano
b. unificar la nación
c. citar el Preámbulo
d. contrastar los ciudadanos nacidos en los Estados Unidos con los inmigrantes

39. ¿Cuál es el efecto de repetir la palabra **generación** y el verbo **construir** para comparar "la generación que construyó este país" con "la generación que construirá el futuro"?

a. porque Obama está hablando de la misma gente
b. para crear una conexión entre el pasado y el futuro
c. porque él piensa que la próxima generación será mejor que la anterior
d. para enfatizar que ambas generaciones todavía tienen trabajo que hacer

40. ¿Cuál de las siguientes opciones NO apoya la afirmación de Obama en el segundo discurso inaugural de que los americanos se sienten obligados con las futuras generaciones?

a. "Porque recordamos las lecciones de nuestro pasado, cuando años oscuros fueron caracterizados por la pobreza y los padres de un niño con impedimentos no tenían a quién acudir".
b. "Responderemos a la amenaza del cambio climático, sabiendo que dejar de hacerlo traicionaría a nuestros hijos y a las futuras generaciones".
c. "Una y otra vez, esos hombres y mujeres lucharon, se sacrificaron y trabajaron hasta tener las manos en carne viva, para que nosotros pudiéramos tener una vida mejor".
d. "Defenderemos a nuestro pueblo y mantendremos nuestros valores a través de la fuerza de las armas y del cumplimiento de la ley".

41. ¿Dónde apoyará Obama la democracia, de acuerdo al segundo discurso inaugural?

a. en las Américas
b. alrededor del mundo
c. en Europa
d. en el Medio Oriente

42. ¿Cuál de las siguientes oraciones del segundo discurso inaugural encaja mejor en el tema del primer discurso inaugural?

a. "Ellos no nos hacen una nación de aprovechados; ellos nos liberan para tomar los riesgos que hacen grande a este país".
b. "Eso es lo que le dará significado al credo que una vez rezaron nuestros padres".
c. "Nosotros, el pueblo, todavía creemos que la seguridad permanente y la paz duradera no requieren de una guerra perpetua".
d. "Nosotros debemos tomar decisiones difíciles para reducir los costos del cuidado médico y el tamaño de nuestro déficit".

Por favor utilizar el texto a continuación para responder las preguntas 43 a la 48.

Discurso en la Firma del Acta de los Derechos Civiles (2 de julio de 1964) Lyndon Baines Johnson

1 Mis compatriotas americanos:

2 Estoy a punto de convertir en ley el Acta de los Derechos Civiles de 1964. Quiero aprovechar esta ocasión para hablarles acerca de lo que esa ley significa para todos los americanos.

3 Hace ciento ochenta y ocho años esta semana una pequeña banda de hombres valientes comenzaron una larga lucha por la libertad. Ellos comprometieron sus vidas, sus fortunas y su sagrado honor no sólo para fundar una nación, sino para forjar un ideal de libertad, no sólo por independencia política, sino por libertad personal, no sólo para eliminar el dominio extranjero, sino para establecer el gobierno de justicia en los asuntos del pueblo.

4 Esa lucha fue un punto decisivo en nuestra historia. Hoy en los últimos rincones de los lejanos continentes los ideales de esos patriotas americanos todavía forjan las luchas de los hombres que tienen hambre de libertad.

5 Éste es un triunfo enorgullecedor. Aún quienes fundaron nuestro continente sabían que la libertad estaría segura sólo si cada generación luchaba para renovarla y hacer más grande su significado. Desde los *minutemen* en Concord hasta los soldados en Vietnam, cada generación se ha ganado esa confianza.

6 Los americanos de cada raza y color han muerto en la batalla por proteger nuestra libertad. Los americanos de cada raza y color han trabajado para reconstruir una nación de grandes oportunidades. Ahora nuestra generación de americanos ha sido llamada para continuar la búsqueda interminable de justicia dentro de nuestras propias fronteras.

7 Nosotros creemos que todos los hombres son creados iguales. Pero aún a muchos se les niega un tratamiento igualitario.

8 Nosotros creemos que todos los hombres tienen ciertos derechos inalienables. Pero aún hay muchos americanos que no disfrutan de esos derechos.

9 Nosotros creemos que todos los hombres tienen el derecho de ser bendecidos con la libertad. Pero aún hay millones que están siendo privados de esa bendición, no por su propia culpa, sino por el color de su piel.

10 Las razones están profundamente arraigadas en la historia, la tradición y la naturaleza del hombre. Nosotros podemos entender, sin rencor ni odio, cómo todo esto ha pasado.

11 Pero esto no puede continuar. Nuestra constitución, la fundación de nuestra República, lo prohíbe. Los principios de nuestra libertad lo prohíben. La moral lo prohíbe. Y la ley que voy a firmar esta noche lo prohíbe.

43. ¿Cuál de los siguientes enunciados NO es un ejemplo de un ideal americano?

a. "Nosotros creemos que todos los hombres son creados iguales".

b. "Los principios de nuestra libertad lo prohíben".

c. "No sólo por independencia política, sino por libertad personal".

d. "Aún a muchos se les niega un tratamiento igualitario".

44. ¿Cuál de las siguientes oraciones tiene la misma idea central que "Aún a muchos se les niega tratamiento igualitario"?

a. "Pero aún hay muchos americanos no disfrutan de esos derechos".

b. "Nosotros creemos que todos los hombres tienen el derecho de ser bendecidos con la libertad".

c. "Nosotros podemos entender, sin rencor ni odio, cómo todo esto ha pasado".

d. "Los americanos de cada raza y color han muerto en la batalla por proteger nuestra libertad".

45. Con base en los comentarios de Johnson, ¿cuál es el mejor ejemplo de "la búsqueda interminable de justicia de los Estados Unidos dentro de nuestras propias fronteras"?

a. la Guerra Civil

b. el Gran Cañón

c. el Acta de Los Derechos Civiles de 1964

d. la Guerra de Vietnam

46. ¿Cuál respuesta representa mejor la idea central expresada en el párrafo que comienza con "Hace ciento ochenta y ocho años"?

a. Los Estados Unidos se formaron hace mucho tiempo.

b. Los padres fundadores trabajaron duro para crear esta nación.

c. El país siempre ha tratado a todos de manera justa.

d. Los hombres de todas las razas lucharon por la libertad hace 188 años.

47. ¿Cuál oración expresa mejor el tema del texto?

a. Los ideales americanos incluyen un trato justo para todos.

b. Los Estados Unidos es un gran país.

c. Todos son tratados igual en los Estados Unidos.

d. Lyndon B. Johnson fue uno de los mejores presidentes.

48. ¿Cuál de los siguientes ejemplos NO apoya la posición de Lyndon B. Johnson de que el Acta de los Derechos Civiles está de acuerdo con los valores americanos?

a. "Ellos comprometieron sus vidas, sus fortunas y su sagrado honor no sólo para fundar una nación sino para forjar un ideal de libertad".

b. "Hoy en los últimos rincones de los lejanos continentes los ideales de esos patriotas americanos todavía forjan las luchas de los hombres que tienen hambre de libertad".

c. "Los americanos de cada raza y color han muerto en la batalla por proteger nuestra libertad".

d. "Las razones están profundamente arraigadas en la historia, la tradición y la naturaleza del hombre".

Parte 2

1 pregunta
45 minutos para completarla

Esta práctica te permite redactar tu respuesta para la tarea dada y luego compararla con ejemplos de respuestas que obtuvieron diferentes niveles de puntuación. También tendrás una guía de calificación que incluye una explicación detallada de cómo los calificadores oficiales del examen GED® calificarán tu respuesta. Puedes utilizar esta guía de calificación para calificar tus propias respuestas.

Es importante que observes que en el examen oficial esta tarea se debe completar en un máximo de 45 minutos. Antes de comenzar con la planificación y redacción, lee los dos textos:

Página 227: fragmento del primer discurso inaugural de George W. Bush

Página 228: fragmento del primer discurso inaugural de Barack Obama

A medida que leas los textos, piensa en los detalles de ambos pasajes que puedes usar en tu ensayo argumentativo. Luego de leer los textos, planifica tu ensayo. Piensa en las ideas, hechos, definiciones, detalles y otra información y ejemplos que desees usar. Piensa cómo presentarás tu tema y cuál será el tema principal de cada párrafo.

Mientras escribes el ensayo argumentativo, asegúrate de hacer lo siguiente:

- Presenta tu afirmación.

- Respalda tu afirmación con un razonamiento lógico y pruebas pertinentes extraídas de los textos.

- Reconoce y habla sobre un afirmación alternativa u opuesta.

- Organiza los motivos y las pruebas de forma lógica.

- Usa palabras, frases y enunciados para conectar tus ideas y clarificar las relaciones que existen entre las afirmaciones, afirmaciones en contra, motivos y pruebas.

- Establece y mantén un estilo formal.

- Proporciona una declaración o sección de conclusión que se derive del argumento presentado y lo respalde.

¡Buena suerte!

Usa el texto siguiente para responder la pregunta del ensayo.

Primer discurso inaugural de George W. Bush.
20 de enero de 2001.

1 Todos nosotros ocupamos un lugar en una larga historia, una historia que continuamos, pero cuyo final no veremos. Es la historia de un nuevo mundo que se convirtió en amigo y liberador del viejo mundo; una historia de una sociedad esclavista que se convirtió en servidora de la libertad; la historia de un poder que ingresó al mundo para proteger, pero no para poseer, para defender, pero no para conquistar.

2 Es la historia de los Estados Unidos, una historia de personas falibles y con defectos, unidas durante generaciones por grandes ideales perdurables.

3 El mayor de estos ideales es una promesa estadounidense de que todos pertenecen, que todos merecen una oportunidad, que no existen personas que sean insignificantes.

4 Los estadounidenses estamos convocados a sancionar esta promesa en nuestras vidas y en nuestras leyes. Y a pesar de que a veces nuestra nación se ha detenido, y a veces se ha retrasado, no debemos seguir ningún otro camino.

5 Durante la mayor parte del siglo pasado, la fe de Estados Unidos en la libertad y la democracia fue una roca en un mar embravecido. Ahora es una semilla que lleva el viendo, que echa raíces en muchas naciones.

6 Nuestra fe democrática es más que el credo de nuestro país, es la esperanza innata de nuestra humanidad, un ideal que llevamos, pero que no poseemos, una confianza que portamos y difundimos. E incluso luego de casi 225 años, aún tenemos un largo camino por recorrer.

7 Mientras muchos de nuestros ciudadanos prosperan, otros dudan de la promesa, incluso de la justicia de nuestro propio país. Las ambiciones de algunos estadounidenses están limitadas por

(continúa)

las escuelas con deficiencias, los prejuicios ocultos y las circunstancias que rodean su nacimiento. Y en ocasiones nuestras diferencias son tan profundas que parece que compartimos un continente en lugar de un país.

8 No aceptamos esto y no lo permitiremos. Nuestra unidad, nuestra unión es el trabajo arduo de líderes y ciudadanos de todas las generaciones. Y esto es a lo que me comprometo solemnemente: Me esforzaré por crear una sola nación de justicia y oportunidad.

9 Y confiamos en los principios que nos unen y nos guían hacia adelante.

10 Estados Unidos nunca ha estado unido por la sangre, el nacimiento o la tierra. Estamos unidos por ideales que nos llevan más allá de nuestros orígenes, nos elevan por encima de nuestros intereses y nos enseñan lo que significa ser ciudadanos. Todos los niños deben aprender estos principios. Todos los ciudadanos deben defenderlos. Y todos los inmigrantes, al acoger estos principios, hacen que nuestro país sea más (y no menos) estadounidense.

11 El día de hoy ratificamos un nuevo compromiso de cumplir con la promesa de nuestra nación a través de la amabilidad, el valor, la compasión y el carácter.

12 En su máximo nivel, Estados Unidos combina un compromiso con los principios y una preocupación por la amabilidad. Una sociedad civil requiere de cada uno de nosotros voluntad y respeto, trato justo y perdón.

Fragmento del primer discurso inaugural de Barack Obama.
20 de enero de 2009.

1 Al reafirmar la grandeza de nuestra nación comprendemos que la grandeza nunca se da por hecho. Se debe ganar. Nuestro trayecto nunca ha sido tomar atajos ni conformarnos con menos. No ha sido el camino de los cobardes, de los que prefieren el ocio antes que el trabajo o buscan solamente los placeres de la riqueza y la fama. Ha sido el de quienes toman riesgos, quienes crean y hacen cosas (algunos de ellos reconocidos, pero la mayor parte de las veces, hombres y mujeres desconocidos), que nos han llevado por el largo y difícil camino hacia la prosperidad y la libertad.

2 Por nosotros, empacaron las pocas posesiones que tenían en este mundo y atravesaron océanos en busca de una nueva vida. Por nosotros, trabajaron en fábricas clandestinas y poblaron el Oeste, resistieron el azote del látigo y labraron la dura tierra. Por nosotros, lucharon y murieron en lugares como Concord, Gettysburg, Normandía y Khe Sahn.

3 Una y otra vez estos hombres y mujeres lucharon, se sacrificaron y trabajaron hasta que sus manos sangraron para que pudiéramos tener una vida mejor. Concibieron a Estados Unidos como algo más grande que la suma de nuestras ambiciones individuales, mayor que todas las diferencias por nacimiento, riqueza o facciones. Este es el viaje que continuamos el día de hoy. Continuamos siendo la nación más próspera y poderosa del mundo. Nuestros trabajadores no son menos productivos que cuando comenzó la crisis. Nuestras mentes no tienen menos inventiva, nuestros bienes y servicios no se necesitan menos de lo que se necesitaban la semana pasada, el mes pasado o el año pasado. Nuestra capacidad permanece intacta. Pero nuestro tiempo de resistir-

(continúa)

nos al cambio, de proteger intereses particulares y de postergar las decisiones desagradables . . . ese tiempo de seguro ha pasado. A partir de hoy, debemos levantarnos, quitarnos el polvo y volver a comenzar el trabajo de rehacer Estados Unidos.

4 Miremos donde miremos, vemos que hay trabajo por hacer. El estado de nuestra economía requiere que tomemos acción, atrevida y veloz. Y tomaremos acción, no solamente para crear nuevos trabajos, sino también para sentar las bases para el crecimiento. Construiremos las rutas y puentes, las redes eléctricas y las líneas digitales que abastecen nuestro comercio y nos unen. Regresaremos la ciencia al lugar que le corresponde y haremos uso de las maravillas de la tecnología para elevar la calidad de la atención médica y reducir su costo. Emplearemos el sol, el viento y los suelos para dar energía a nuestros automóviles y hacer funcionar a nuestras fábricas. Y transformaremos nuestras escuelas y universidades para satisfacer las demandas de una nueva era. Podemos hacer todo esto. Y lo haremos.

5 Ahora bien, hay quienes cuestionan el alcance de nuestras ambiciones, quienes dicen que nuestro sistema no puede tolerar demasiados grandes planes. Su memoria es mala porque olvidan lo que ya ha hecho este país, lo que pueden lograr los hombres y mujeres libres cuando la imaginación se une con un propósito común y la necesidad con la valentía. Lo que los escépticos no entienden es que el terreno que pisan ha cambiado y que los argumentos políticos obsoletos que nos han consumido por tanto tiempo ya no son operantes.

6 La pregunta que nos hacemos hoy no es si nuestro gobierno es demasiado grande o demasiado pequeño, sino si funciona, si ayuda a las familias a encontrar empleos con un salario decente, una atención que puedan pagar, una jubilación que sea digna. Cuando la respuesta sea sí, trataremos de avanzar. Cuando la respuesta sea no, los programas terminarán. Y quienes manejamos el dinero público tendremos que rendir cuentas, gastar con sabiduría, reformar los malos hábitos y hacer nuestro trabajo con claridad porque solo así podremos restaurar la confianza vital entre las personas y su gobierno.

INSTRUCCIONES: En el terreno político, existe un debate continuo acerca de qué significa ser estadounidense y qué objetivos debería establecer la sociedad.

Considera las opiniones y la visión de dos presidentes de Estados Unidos y luego escribe un ensayo argumentativo que respalde cualquiera de las visiones. Asegúrate de usar en tu ensayo argumentativo pruebas pertinentes y específicas extraídas de ambos textos. Recuerda tardar solamente 45 minutos para planificar, escribir un borrador y editar tu respuesta.

Respuestas y explicaciones

Parte I

1. **La opción d es correcta.** Ésta es la única respuesta que abarca todas las cosas que la Sra. Obama menciona, desde agradecer a los trabajadores del USDA hasta explicarles cómo las iniciativas saludables no podrían tener éxito sin ellos.

   La opción **a** es incorrecta. Aunque la Sra. Obama habla de los diferentes programas que ella ha creado con esa meta, ella usa esos ejemplos para demostrar el tema más importante.

   La opción **b** es incorrecta. La Sra. Obama muestra su apreciación por los trabajadores del USDA, pero esta respuesta ignora muchas otras ideas e información presentadas a lo largo del pasaje.

   La opción **c** es incorrecta. El pasaje menciona la iniciativa *A moverse* (*Let's Move*), pero es claro por los comentarios de la Sra. Obama que la iniciativa ya está en marcha; por lo tanto, el propósito del pasaje no es presentar la iniciativa *A moverse* (*Let's Move*).

2. Respuesta: De acuerdo a la Sra. Obama, un hombre llamado **Tom** mencionó que el problema de la nutrición es algo importante y de mucha preocupación. En el segundo párrafo la Sra. Obama enuncia: ". . . el problema de la nutrición, como lo mencionó *Tom*, como todos ustedes saben, es algo importante y de mucha preocupación . . ."

3. **La opción b es correcta.** Al seleccionar esta respuesta el lector demuestra que comprende la importancia que la Sra. Obama pone en la familia y en adoptar hábitos saludables.

   La opción **a** es incorrecta. Esta respuesta ignora los temas principales del pasaje, los cuales incluyen un énfasis en participar de un estilo de vida activo, no solamente mirarlo.

   La opción **c** es incorrecta. Esta respuesta sólo identifica un tema e ignora el enfoque en la nutrición.

   La opción **d** es incorrecta. Aunque esta respuesta incorpora los dos temas que son la familia y tener hábitos saludables, ignora el énfasis de la Sra. Obama en enseñarles hábitos saludables a los niños.

4. **La opción a es correcta.** Aunque la Sra. Obama está enunciando otra de las contribuciones del USDA, esta respuesta no se enfoca en la salud ni en los alimentos, sino en las fuentes renovables. También, las otras tres respuestas claramente apoyan la conclusión de la pregunta.

   La opción **b** es incorrecta. Este enunciado de muestra la preocupación de la Sra. Obama por medio de su gratitud.

   La opción **c** es incorrecta. Este enunciado enuncia explícitamente el interés personal de la Sra. Obama en la salud en los Estados Unidos.

   La opción **d** es incorrecta. En este enunciado la Sra. Obama da un ejemplo específico de la manera en la cual ella, junto con el USDA, ha trabajado para enseñarles hábitos saludables a los ciudadanos.

5. **La opción a es correcta.** Si tú reemplazas la palabra "iniciativa" con la palabra "programa", la oración va a mantener su significado.

   La opción **b** es incorrecta. En este contexto, "entusiasmo" no representa la connotación de la palabra y "programa" es una mejor elección.

   La opción **c** es incorrecta. "Desinterés" es un antónimo de "iniciativa", o el significado opuesto.

   La opción **d** es incorrecta. Reemplazando "iniciativa" con "participación" se pierde todo el significado de la oración.

6. La opción b es correcta. Demuestra la necesidad de los programas agrícolas resaltando la ignorancia de algunos niños en cuanto a la forma en que se cultivan los alimentos o de dónde provienen éstos. La Sra. Obama proporciona más evidencia en cómo estos han mejorado el entendimiento de los niños en cuanto a la nutrición y los alimentos que consumen.

La opción **a** es incorrecta. Esta respuesta ignora el énfasis de la Sra. Obama en por qué los programas nutricionales son importantes.

La opción **c** es incorrecta. Esta respuesta demuestra que el lector no comprende el tema en general del pasaje, ya que los párrafos proporcionan evidencia de por qué son necesarios los programas y lo que hacen los trabajadores del USDA.

La opción **d** es incorrecta. La Sra. Obama enuncia de manera clara y explícita que los niños no solamente no saben de nutrición, sino que no saben de dónde provienen los alimentos. Esto vincula el tema general de la salud y demuestra que la Sra. Obama cree que estos programas son necesarios.

7. La opción a es correcta. Unas pocas oraciones antes de "compatriotas", el narrador dice "Pocos italianos tienen el verdadero espíritu virtuoso". Las siguientes oraciones, incluyendo la que usa "compatriotas", son descripciones de características que los italianos tienen o no tienen.

La opción **b** es incorrecta. Unas pocas oraciones antes de "compatriotas", el narrador dice "Pocos italianos tienen el verdadero espíritu virtuoso". Las siguientes oraciones hablan de cómo el entusiasmo de muchos italianos es con frecuencia falso para aprovecharse de los británicos y de los australianos.

La opción **c** es incorrecta. Unas pocas oraciones antes de "compatriotas", el narrador dice "Pocos italianos tienen el verdadero espíritu virtuoso". Las siguientes oraciones hablan de cómo el entusiasmo de muchos italianos es con frecuencia falso para aprovecharse de los británicos y de los australianos.

La opción **d** es incorrecta. No se menciona ni se indica en el pasaje que Fortunato es un español.

8. La opción c es correcta. El narrador enuncia que Fortunato es "sincero" en su conocimiento de "los vinos añejos", y que "En este sentido yo no difiero de él materialmente".

La opción **a** es incorrecta. En ningún momento el narrador dice nada acerca de la historia italiana.

La opción **b** es incorrecta. El narrador describe "la vestimenta a rayas de diferentes colores" de Fortunato pero no describe su propia ropa.

La opción **d** es incorrecta. El narrador enuncia los eventos ocurridos "una noche durante la locura suprema de la época de carnaval" pero no hace declaraciones acerca de sus sentimientos respecto a la época.

9. La opción b es correcta. Esto describe la reacción del narrador al encontrar a Fortunato, no los sentimientos de Fortunato con respecto al vino.

La opción **a** es incorrecta. El narrador está enunciando claramente el conocimiento de Fortunato con respecto al vino.

La opción **c** es incorrecta. Fortunato está intentando probar que él conoce de vinos y convencer al narrador de que lo lleve con él a donde está el barril de amontillado en lugar de a su amigo Luchresi.

La opción **d** es incorrecta. Después de que el narrador advierte a Fortunato de que su salud estaría en peligro si van a la bóveda por causa del resfriado, Fortunato ignora la preocupación a favor del vino.

10. La opción c es correcta. Fortunato es realmente muy desafortunado ya que él acaba de tropezarse con un hombre que quiere matarlo, y lo hace más tarde.

La opción **a** es incorrecta. El narrador está siendo sincero.

La opción **b** es incorrecta. Éste es un seguimiento del enunciado usado para explicar la afirmación del narrador de que "pocos italianos tienen el verdadero espíritu virtuoso".

La opción **d** es incorrecta. Aunque el narrador realmente no quiere impedir el viaje de Fortunato hacia la muerte, en el texto no hay razón para creer que las bóvedas no son frías y húmedas.

11. La opción d es correcta. Anteriormente en el texto, el narrador enuncia que Fortunato "tenía un punto débil, este Fortunato, aunque en otros aspectos era un hombre respetado y hasta temido. Él se enorgullecía de ser un conocedor de vinos".

La opción **a** es incorrecta. No hay nada en el texto que indique que Luchresi tuviera más experiencia en vinos que Fortunato. De hecho, el mismo narrador enuncia que "con respecto a los vinos añejos [Fortunato] era sincero".

La opción **b** es incorrecta. Por el contrario, si el narrador y Fortunato fueran enemigos conocidos, Fortunato no hubiera confiado en él y no hubiera ido con él a las bóvedas.

La opción **c** es incorrecta. Los dos hombres ya se conocen y confiaban el uno en el otro, lo cual es evidente en su interacción y en su diálogo.

12. La opción c es correcta. El autor sugiere que antes de 1867 muchos bebés eran pinchados con alfileres y luego se inventaron los alfileres de seguridad y ahí terminó el problema. Uno puede inferir que la razón por la cual anteriormente los bebés eran pinchados era porque sus pañales eran sujetados con alfileres rectos.

La opción **a** es incorrecta. La única conexión que hace el autor entre sí mismo y George Washington es que él, como Washington, vino al mundo siendo un mentiroso.

La opción **b** es incorrecta. Aunque el autor sugiere que antes de 1867 los infantes eran con frecuencia pinchados con alfileres, él no implica que una pinchada de alfiler era la forma de castigo de parte de los padres.

La opción **d** es incorrecta. Aunque el autor menciona que los alfileres de seguridad impiden que los niños "mientan" poniéndose a llorar como si hubieran sido pinchados por un alfiler, el autor también enuncia que esto "no afecta la disposición para mentir".

13. La opción b es correcta. El autor enuncia: "Durante la primera parte de mi vida, nunca conocí a un niño que pudiera resistirse a la tentación de decir esa mentira".

La opción **a** es incorrecta. El autor no ofrece ningún dato científico para apoyar esta afirmación.

La opción **c** es incorrecta. El autor no presenta ninguna evidencia física para apoyar su afirmación.

La opción **d** es incorrecta. Aunque el autor menciona que George Washington mintió siendo un infante, él no ofrece documentación histórica para apoyar este enunciado.

14. La opción d es correcta. El autor enuncia que "toda la gente es mentirosa desde la cuna" y también se pregunta: "¿Por qué una persona debe afligirse por una cosa que por las leyes eternas de la creación no puede cambiar?"

La opción **a** es incorrecta. El autor no sugiere que mentir debería ser prohibido y de hecho, argumenta que impedir que una persona mienta no le quita la disposición para hacerlo.

La opción **b** es incorrecta. El autor no sugiere que diferentes reglas deban ser aplicadas a los adultos y a los niños.

La opción **c** es incorrecta. El autor no sugiere que eliminar la mentira sea una meta que la gente se esfuerce por lograr.

15. La opción a es correcta. El autor argumenta que aquellos que no hablaron acerca de la esclavitud implicaron "que allá no estaba pasando nada en lo que la gente humana e inteligente estuviera interesada", lo que era una forma tranquila de enfrentar a los activistas anti-esclavos.

La opción **b** es incorrecta. El autor no menciona la economía como un problema relacionado con la esclavitud.

La opción **c** es incorrecta. El autor no sugiere que los dueños de los esclavos les mientan a otros; la idea central del párrafo es que la gente se miente a sí misma acerca de la esclavitud.

La opción **d** es incorrecta. El autor dice que los agitadores anti-esclavitud en el Norte discutían, alegaban y rezaban", pero ellos no consiguieron suficiente apoyo en respuesta.

16. La opción b es correcta. Aunque este detalle es mencionado en el pasaje, esto no refleja la idea central del pasaje, la cual es que mentir es parte de la naturaleza humana.

Las opciones **a, c** y **d** son incorrectas. Estos detalles respaldan la idea principal del pasaje, la cual es que mentir es parte de la naturaleza humana.

17. La opción a es correcta. Las tres palabras necesitan escribirse con mayúscula: La primera letra de una oración siempre debe escribirse con mayúscula como también los nombres de las personas y los títulos.

La opción **b** es incorrecta. Esta respuesta carece de todas las mayúsculas necesarias. Las tres palabras necesitan usar mayúscula; la primera letra de una oración siempre debe escribirse con mayúscula como también los nombres de las personas y los títulos.

La opción **c** es incorrecta. Las tres palabras necesitan usar mayúscula en la primera letra.

La opción **d** es incorrecta. Las tres palabras necesitan usar mayúscula en la primera letra.

18. La opción c es correcta. Ésta es la forma correcta para tiempo pasado y para un sujeto singular.

La opción **a** es incorrecta. "He trabajar con niños" no tiene sentido en este contexto. La autora está explicando lo que ella ha hecho en el pasado.

La opción **b** es incorrecta. Esta respuesta no tiene sentido en el contexto.

La opción **d** es incorrecta. Esta respuesta no tiene sentido en el contexto.

19. La opción a es correcta. Esta palabra tiene una correspondencia correcta con el verbo en tiempo pasado "cuidé".

La opción **b** es incorrecta. Esta palabra no tiene correspondencia con el verbo en tiempo pasado "cuidé".

La opción **c** es incorrecta. La palabra "aunque" indica contraste con un enunciado previo. Las ideas en la oración complementan las oraciones anteriores y no ofrecen un contraste.

La opción **d** es incorrecta. Esta respuesta no tiene sentido en el contexto. Para mantener la forma, "recientemente" es una mejor respuesta.

20. La opción c es correcta. "Mi" es el pronombre posesivo correcto.

La opción **a** es incorrecta. Éste no es el pronombre posesivo correcto. La persona está hablando de sus habilidades.

La opción **b** es incorrecta. "Ti" no es pronombre posesivo. Es claro que las habilidades le pertenecen a alguien.

La opción **d** es incorrecta. Aunque "mío" es posesivo, una persona lo usa para indicar objetos que le pertenecen y sería incorrecto decir "míohabilidades".

21. La opción a es correcta. Esta opción resume el pasaje en su totalidad, identificando el énfasis que hace Kennedy en el pasado y en el presente al aceptar la presidencia.

La opción **b** es incorrecta. Esta opción ignora el enfoque de Kennedy en el futuro de la nación y del mundo.

La opción **c** es incorrecta. Kennedy enfatiza que esperanza y cosas buenas están por venir en todo el texto; sin embargo, esto es sólo una pequeña parte de todo lo que él dice y no es el tema central.

La opción **d** es incorrecta. Aunque Kennedy habla acerca del rol de los Estados Unidos y el rol de sus aliados en el alcance de la paz y la democracia, esta opción ignora el peso que pone Kennedy en cómo el pasado ha moldeado al país.

22. La opción c es correcta. El uso de las palabras "sustituir" y "más" significa que el "control colonial" y la tiranía tienen un significado similar, ya que un control colonial es una forma menor de tiranía.

La opción **a** es incorrecta. La oración es claramente dirigida "a todos los nuevos estados"; estos son a quienes se les promete montar guardia en contra de la tiranía.

La opción **b** es incorrecta. Esta frase representa lo opuesto de la tiranía, el estado al cual las naciones han sido "bienvenidas". La segunda parte de la oración es una promesa de protegerlas y de montar guardia en contra de la tiranía.

La opción **d** es incorrecta. "Dura" es un adjetivo usado para describir la tiranía. Le pone énfasis a la tiranía, pero no la define.

23. **La opción a es correcta.** Kennedy compara estar unidos con estar divididos para enfatizar un punto de por qué las naciones deben cooperar (porque ellos pueden lograr cualquier cosa "estando unidos en emprendimientos de cooperación").

La opción **b** es incorrecta. Esto es lo opuesto a la intención de Kennedy.

La opción **c** es incorrecta. Kennedy se enfoca en todos trabajando juntos y no en la política exterior.

La opción **d** es incorrecta. Aunque Kennedy dice en el pasaje que él está comprometido con la paz y la cooperación, este discurso se enfoca en hablar de los riesgos de no trabajar juntos.

24. La opción **1** es incorrecta. Kennedy dice algo importante al expresar "pagaremos cualquier precio, sobrellevaremos cualquier carga, afrontaremos cualquier dificultad, apoyaremos a cualquier amigo y nos opondremos a cualquier enemigo para garantizar la supervivencia y el triunfo de la libertad". Esto no demuestra temor.

La opción 2 es correcta. Muchas veces Kennedy hace hincapié en hacer lo necesario para ayudar a quienes lo necesitan y que Estados Unidos pagará "cualquier precio".

La opción 3 es correcta. Kennedy enfatiza que está comprometido a mostrarle a las personas que luchan cómo "ayudarse a sí mismos" y quiere "ayudar a las personas y gobiernos libres a romper las cadenas de la pobreza".

La opción 4 es correcta. Kennedy dice que le pide a Estados Unidos que haga su mejor esfuerzo no por motivos políticos, sino "porque es lo correcto". También dice que quiere convertir sus "palabras en hechos".

La opción **5** es incorrecta. En el último párrafo, Kennedy pide explícitamente que "ambos bandos comencemos nuevamente la búsqueda de la paz". No amenaza a sus oponentes, sino que les advierte acerca de las consecuencias de no trabajar juntos.

25. **La opción a es correcta.** Roosevelt enfatiza que el ataque fue una completa sorpresa ya que entre ambas naciones no hubo advertencias, pero él enuncia que ha "decidido tomar todas las medidas para nuestra defensa". Aunque él no esperaba este evento, él sabe que "las hostilidades existen" y ha manejado la situación.

La opción **b** es incorrecta. Roosevelt dice que los Estados Unidos tienen "confianza en nuestras fuerzas armadas" y "la determinación de nuestro pueblo" y vamos a "lograr la victoria inevitable". Éstas no son palabras de una persona tímida y miedosa.

La opción **c** es incorrecta. Aunque él afirma muchas veces que el ataque vino por sorpresa, él no demuestra temor en sus palabras. En su lugar, él demuestra confianza en el país.

La opción **d** es incorrecta. Algo de lo que Roosevelt dice es agresivo, como cuando le pide al Congreso que declare la guerra, pero él parece confiado en las habilidades de la nación en vez de inseguro.

26. **La opción c es correcta.** Roosevelt está efectivamente enfatizando cómo "Estados Unidos estaba en paz con esa nación" cuando señala que el embajador japonés respondió al mensaje de los Estados Unidos.

La opción **a** es incorrecta. El tercer párrafo es un ejemplo de que "había negociaciones diplomáticas", un ejemplo de cómo Japón estaba "todavía en conversaciones", como se enunció en el párrafo anterior.

La opción **b** es incorrecta. El tercer párrafo apoya la hipótesis del segundo párrafo.

La opción **d** es incorrecta. El tercer párrafo apoya el tema de los párrafos anteriores.

27. **La opción b es correcta.** Roosevelt está implicando que las dos islas están lo suficientemente lejos para que el ataque fuera "deliberadamente planeado".

La opción **a** es incorrecta. El ataque no hubiera tenido que ser planeado "días o hasta semanas atrás" si la isla estuviera cerca y fuera fácil para los japoneses atacarla.

La opción **c** es incorrecta. No se mencionan los Estados Unidos en tierra firme y es irrelevante en este contexto.

La opción **d** es incorrecta. No hay evidencia en el discurso que apoye esta respuesta. Lo opuesto es verdadero.

28. **La opción d es correcta.** El ritmo de la repetición enfatiza el gran número de ataques en un país tras otro.

La opción **a** es incorrecta. No hay evidencia en el discurso de que Japón esté desorganizado. De hecho, la evidencia en el discurso apoya la conclusión de que lo opuesto es verdadero.

La opción **b** es incorrecta. No hay evidencia en el discurso que apoye esta conclusión.

La opción **c** es incorrecta. No se menciona cómo los otros países manejaron o iban a manejar el ataque.

29. **La opción b es correcta.** Roosevelt enuncia muchas veces que el ataque fue un movimiento intencional que puso "nuestros intereses… en grave peligro".

La opción **a** es incorrecta. Contrario a esta respuesta, la evidencia en el discurso apoya la conclusión de que Japón lanzó un ataque sorpresa en contra de los Estados Unidos.

La opción **c** es incorrecta. No hay evidencia en el discurso que apoye esta conclusión.

La opción **d** es incorrecta. Es claro que el ataque fue planeado.

30. **La opción d es correcta.** Esta oración viene después de describir cómo el ataque sorpresivo se llevó a cabo, admitiendo que el resultado era un peligro claro y presente.

La opción **a** es incorrecta. No se espera un ataque de parte de una nación en paz de acuerdo a los Estados Unidos.

La opción **b** es incorrecta. Esta oración muestra que las naciones estaban trabajando juntas para encontrar una solución antes del ataque.

La opción **c** es incorrecta. Este enunciado muestra que la nación de Japón se esforzó para asegurarse de que el ataque sería sorpresivo engañando a los Estados Unidos.

31. **La opción b es correcta.** El tono es apropiado para un correo electrónico de trabajo.

La opción **a** es incorrecta. Las frases "Estamos anunciando algo realmente grande" y "que realmente puede afectarnos" son informales e inapropiadas.

La opción **c** es incorrecta. El tono es demasiado informal para un correo electrónico de trabajo.

La opción **d** es incorrecta. Una postdata (PS) va al final de la carta, no al principio.

32. **La opción b es correcta.** Éste es el tiempo pasado del verbo. La decisión "ha" sido tomada ya.

La opción **a** es incorrecta. Éste es el tiempo futuro y la decisión ya ha sido tomada.

La opción **c** es incorrecta. Éste es el presente y la acción no está pasando ahora.

La opción **d** es incorrecta. Ésta es la forma presente del verbo.

33. **La opción d es correcta.** Ésta incluye el pronombre plural correcto con el verbo en la forma plural correcta.

La opción **a** es incorrecta. "Allá" es usado para denotar lugar, como "allá está".

La opción **b** es incorrecta. "Su" es un pronombre posesivo.

La opción **c** es incorrecta. Aunque esta respuesta tiene el pronombre plural correcto, "está" se usa para sujetos singulares.

34. **La opción c es correcta.** Esta respuesta completa correctamente el pensamiento de la primera parte de la oración introduciendo la segunda parte de la oración. Esta muestra una pausa natural.

La opción **a** es incorrecta. "Los viernes" modifica "tardes", por lo que no se pueden separar por una coma.

La opción **b** es incorrecta. "Empleado" sirve como un adjetivo para "actividad". Estos no pueden separarse.

La opción **d** es incorrecta. "Actividad" es el nombre y "baja" es el verbo; estos no deben separarse.

35. **La opción b es correcta.** Obama comenta que la grandeza no es un regalo y debe ganarse, implicando que Estados Unidos no es grande por azar, sino por su trabajo y determinación.

La opción **a** es incorrecta. El futuro de nuestra gran nación está asegurado.

La opción **c** es incorrecta. El futuro no es mencionado en el primer párrafo.

La opción **d** es incorrecta. Obama no habla de sus sentimientos personales acerca de ganar la presidencia en el discurso.

36. **La opción d es correcta.** La oración más adelante en el pasaje recuerda los hombres y las mujeres mencionados antes para enfatizar que los escépticos están equivocados al pensar que las cosas grandes no pueden ser alcanzadas.

La opción **a** es incorrecta. Aunque ésta reconoce el tema de la oración, que los Estados Unidos tiene una "capacidad" grande e histórica de grandeza, no se refiere explícitamente a una imagen de gente trabajando o modifica esta idea. Hay una mejor respuesta.

La opción **b** es incorrecta. Esta respuesta ignora la conexión que hace Obama entre la gente que trabaja duro y moldea América y los escépticos que están ignorando sus luchas al dudar de los cambios.

La opción **c** es incorrecta. Esta frase en la pregunta no tiene nada que ver con el costo del cuidado de salud ni de la tecnología.

37. **La opción 1 es correcta.** La idea principal del discurso es que Estados Unidos fue formado por un trabajo arduo y que la actitud debe ser y será continuada durante su presidencia. Esta frase respalda eso al decir firmemente que tomar el camino fácil no es de lo que se trata "nuestro viaje".

La opción 2 es correcta. Esta frase respalda el tema del futuro de Estados Unidos.

La opción 3 es correcta. Esta frase respalda la idea de que los ciudadanos y el gobierno deben trabajar arduamente y así lo harán.

La opción **4** es incorrecta. Esta frase se trata sobre la energía renovable, que se usa como detalle de aquello en lo que Obama quiere concentrarse, pero no es la idea principal.

La opción **5** es incorrecta. Esta frase hace hincapié en la negativa y la oposición al progreso. No respalda la idea de ambición.

38. La opción d es correcta. Obama se vale de la historia de Estados Unidos, como "el credo que una vez declararon nuestros padres" para hacer hincapié en que los ciudadanos tienen una "obligación" de ayudar a "toda la posteridad".

La opción **a** es incorrecta. A pesar de que Obama sí elogia cuidadosametne al país, el tema del pasaje es hablar sobre los desafíos futuros y cómo los éxitos del pasado nos habilitan a enfrentarlos.

La opción **b** es incorrecta. La elección de esta respuesta demuestra claramente que el lector no comprendió que la idea principal del texto es lo que Obama considera que debe cambiar.

La opción **c** es incorrecta. Esta es la herramienta que utiliza Obama, no el efecto de utilizarla.

39. La opción b es correcta. Obama usa las palabras, o la retórica, para mostrar que él piensa que ambos están conectados y que sus intereses importan.

La opción **a** es incorrecta. Esta respuesta ignora el cambio del tiempo del verbo de "construyó" a "construirá". Esto muestra que él está hablando acerca de la gente/acciones del pasado y la gente/acciones del futuro.

La opción **c** es incorrecta. Esta oración no hace un juicio válido en ningún grupo y no enuncia que una es mejor que la otra.

La opción **d** es incorrecta. Las acciones de una generación están en el pasado, ya que "construyó" es un verbo que está en pasado; su trabajo está hecho.

40. La opción d es correcta. Obama hace énfasis en la posibilidad y disposición de EE.UU. de usar su poder, no está hablando de obligaciones para generaciones fututras.

La opción **a** es incorrecta. En esta oración Obama busca en el pasado para encontrar soluciones a problemas actuales.

La opción **b** es incorrecta. Obama mira hacia el futuro y sostiene que si no se actúa para detener el cambio climático se "traicionaría a nuestros hijos y a las futuras generaciones".

La opción **c** es incorrecta. Aquí, Obama mencionó el pasado como una razón por la cual los ciudadanos estadounidenses deben luchar por el futuro.

41. La opción b es correcta. Específicamente, Obama dice: "Nosotros vamos a apoyar la democracia desde Asia hasta África; desde las Américas hasta el Medio Oriente…"

Las opciones **a, b** y **c** son incorrectas. Obama dice, "Nosotros vamos a apoyar la democracia desde Asia hasta África; desde las Américas hasta el Medio Oriente…".

42. La opción b es correcta. Esta oración apoya el tema del primer discurso inaugural de continuar con el trabajo duro del pasado para asegurar la prosperidad y la libertad del mañana.

La opción **a** es incorrecta. Esta oración se refiere al cuidado de salud y al cuidado de los ciudadanos del país; esto es mencionado en el primer discurso, pero no es el tema.

La opción **c** es incorrecta. El Primer Discurso Inaugural de Obama no se enfoca en la guerra.

La opción **d** es incorrecta. Estos detalles no son el tema del primer discurso.

43. La opción d es correcta. No es un ideal americano negar la libertad. Lo opuesto es verdadero. La libertad es el tema de los ideales americanos.

La opción **a** es incorrecta. Este ideal americano es citado en el párrafo 7.

La opción **b** es incorrecta. Este ideal americano es citado en el último párrafo.

La opción **c** es incorrecta. Este ideal americano es citado en el párrafo 3.

44. La opción a es correcta. La gente que no tiene los mismos derechos que otra significa a grosso modo lo mismo que negarle un tratamiento igualitario.

La opción **b** es incorrecta. Esto es lo opuesto de la idea, ya que enuncia que todos los hombres deben recibir un tratamiento igualitario.

La opción **c** es incorrecta. En esta oración, Johnson está explicando que había razones por lo que pasó en vez de reafirmar el problema de que la gente sea tratada diferente.

La opción **d** es incorrecta. Johnson está afirmando que americanos de todas las razas han contribuido con su país.

45. La opción c es correcta. Ésta es la mejor respuesta porque uno de los puntos principales del pasaje es explicar que el Acta de los Derechos Civiles llevará a los Estados Unidos más cerca de alcanzar sus metas y valores.

La opción **a** es incorrecta. Johnson no menciona la Guerra Civil en el pasaje.

La opción **b** es incorrecta. El Gran Cañón es una de las maravillas naturales de América, no se relaciona con la búsqueda incansable de justicia dentro de los Estados Unidos.

La opción **d** es incorrecta. Johnson hace alusión a la Guerra de Vietnam en el texto y la usa como ejemplo de cómo los valores americanos están expandiéndose en el mundo, pero esto es un pequeño detalle en el pasaje en vez de una idea central. Además, Vietnam está afuera de "nuestras fronteras".

46. La opción b es correcta. Esta respuesta es correcta porque resume el párrafo. En ésta Johnson habla de los valores en que los antepasados se enfocaron cuando formaron la nación.

La opción **a** es incorrecta. Éste es un detalle del pasaje pero no el tema central.

La opción **c** es incorrecta. Esta idea no se enuncia en el párrafo y va en contra del punto completo de este discurso.

La opción **d** es incorrecta. No hay evidencia que apoye esta conclusión en los comentarios.

47. La opción a es correcta. Johnson expresa muchas veces y de muchas maneras que la igualdad es uno de los fundamentos de los valores americanos.

La opción **b** es incorrecta. Johnson habla acerca de cómo él cree que América es un gran país, pero no es la idea central del texto.

La opción **c** es incorrecta. Esto es directamente lo opuesto a lo que se trata en el pasaje.

La opción **d** es incorrecta. Johnson no hace un juicio de valores acerca de sí mismo.

48. La opción d es correcta. Ésta es la corta explicación de Johnson de cómo la desigualdad ocurrió, en vez de una explicación de cómo la ley se ajusta a los valores americanos.

La opción **a** es incorrecta. Johnson usa la historia y la visión de los antepasados para ilustrar que la libertad es un valor fundamental americano y que la libertad incluye la igualdad.

La opción **b** es incorrecta. Johnson dice que porque los valores americanos están forjando las luchas de los hombres, los Estados Unidos deben continuar para asegurarse que mantienen sus propios valores. Éste es un ejemplo que Johnson usa.

La opción **c** es incorrecta. Johnson usa esta oración para decir que toda clase de gente, sin importar su raza, ha luchado por el país. Éste es un ejemplo del Acta de los Derechos Civiles. Refleja los ideales americanos, por lo que no es la respuesta correcta.

Parte II

Tu Respuesta Extendida se calificará con base en tres normas o elementos:

- **Criterio 1:** Creación de argumentos y uso de evidencia
- **Criterio 2:** Desarrollo de ideas y estructura organizativa
- **Criterio 3:** Claridad y dominio de las convenciones del español estándar

Tu ensayo se calificará con base en una escala de 6 puntos. Cada criterio vale 2 puntos. La calificación final se cuenta dos veces, de manera que la cantidad máxima de puntos que puede obtener es 12.

El Criterio 1 prueba tu habilidad para escribir un ensayo que asuma una posición con base en la información en los pasajes de lectura. Para obtener la mayor calificación posible, debes leer la información cuidadosamente y expresar una opinión clara sobre lo que has leído. Serás calificado dependiendo de cuán bien utilices la información de los pasajes para apoyar tu argumento.

Tus respuestas también serán calificadas dependiendo de cuán bien analices los argumentos del autor en los pasajes. Para obtener la mayor calificación posible, debes analizar si crees que el autor tiene un buen argumento y explicar por qué sí o no.

Como referencia, esta es una tabla que utilizarán los lectores cuando califiquen tu ensayo con un 2, 1 ó 0.

CRITERIO 1: CREACIÓN DE ARGUMENTOS Y USO DE EVIDENCIA	
2	• Elabora argumentos basados en el texto y tiene una intención relacionada con la consigna • Presenta evidencia específicos y afines del texto fuente para respaldar el argumento (puede incluir unos pocos evidencia no relacionados o afirmaciones no respaldadas) • Analiza el tema y la solidez del argumento dentro del texto fuente (por ej., distingue las declaraciones respaldadas de las no respaldadas, hace deducciones válidas sobre asunciones subyacentes, identifica el razonamiento falso, evalúa la credibilidad de los textos)
1	• Elabora un argumento que guarda cierta relación con la consigna • Presenta algunos evidencia del texto fuente para respaldar el argumento (puede incluir una mezcla de evidencia relacionados y no relacionados con o sin citas textuales) • Analiza de forma parcial el tema y la solidez del argumento dentro del texto fuente; puede ser limitado, excesivamente simplificado o impreciso
0	• Intenta elaborar un argumento O carece de intención o conexión con la consigna, O BIEN no intenta ninguna de las anteriores • Presenta pocos evidencia del texto fuente o no presenta ninguno (es posible que se copien fragmentos del texto original directamente) • Apenas analiza el tema y la solidez del argumento dentro del texto fuente; quizá no presente ningún análisis, o manifieste la comprensión escasa del argumento brindado o la falta de comprensión de él
No es calificable	• La respuesta consta únicamente de texto copiado de la consigna o del (los) texto(s) fuente • La respuesta muestra que el examinando no ha leído la consigna o está totalmente fuera del tema • La respuesta es incomprensible • La respuesta no está en español • No se ha brindado una respuesta (se dejó en blanco)

El **Criterio 2** prueba si respondes a la consigna de escritura con un ensayo bien estructurado. Debes apoyar tu tesis con evidencia provista en los pasajes, así como opiniones y experiencias personales que refuercen tu idea central. Debes explicar tus ideas por completo e incluir detalles específicos. Tu ensayo debe incluir palabras y frases que permitan que sus detalles e ideas fluyan de forma natural. Esta es una tabla que detalla lo que aplica para obtener una calificación de 2, 1 ó 0.

	CRITERIO 2: DESARROLLO DE IDEAS Y ESTRUCTURA ORGANIZATIVA
2	• Contiene ideas mayormente lógicas y bien desarrolladas; gran parte de las ideas están ampliadas • Contiene una secuencia lógica de ideas con conexiones claras entre los detalles particulares y las ideas principales • Desarrolla una estructura organizativa que transmite el mensaje y el objetivo de la respuesta; usa correctamente los conectores • Desarrolla y mantiene un estilo y tono adecuados que revelan el conocimiento de la audiencia y del propósito de la actividad • Utiliza palabras apropiadas para expresar ideas con claridad
1	• Contiene ideas parcialmente desarrolladas y puede demostrar una lógica poco clara o simplista; solo se amplían algunas ideas • Contiene algunos evidencia de una secuencia de ideas, pero es posible que los detalles específicos no guarden relación con las ideas principales • Desarrolla una estructura organizativa en la cual se agrupan ideas de forma parcial o que no es muy efectiva al transmitir el mensaje de la respuesta; usa conectores de manera irregular • Puede mantener de modo inconsistente un estilo y tono adecuados que revelan el conocimiento de la audiencia y del propósito de la actividad • Puede contener palabras mal empleadas y palabras que no expresan las ideas con claridad
0	• Contiene ideas que no están desarrolladas de forma efectiva ni lógica, con poca elaboración de las ideas principales o falta de elaboración de ellas • Contiene una secuencia de ideas confusa en el mejor de los casos; es posible que los detalles específicos no se incluyan o no estén relacionados con las ideas principales • Desarrolla una estructura organizativa ineficaz en el mejor de los casos; no usa adecuadamente los conectores o ni siquiera los usa • Emplea un estilo y tono inadecuados que revelan el conocimiento limitado de la audiencia y del propósito o el desconocimiento de ellos • Puede contener muchas palabras mal empleadas, uso excesivo de expresiones populares y expresar ideas de manera confusa o repetitiva
No es calificable	• La respuesta consta únicamente de texto copiado de la consigna o del (los) texto(s) fuente • La respuesta muestra que el examinando no ha leído la consigna o está totalmente fuera del tema • La respuesta es incomprensible • La respuesta no está en español • No se ha brindado una respuesta (se dejó en blanco)

El **Criterio 3** prueba cómo creas las oraciones que conforman tu ensayo. Para obtener una calificación alta, deberás escribir oraciones variadas: algunas cortas, algunas largas, algunas sencillas y otras complejas. También deberás probar que tienes un buen dominio del español estándar, incluidas una correcta selección de vocabulario, gramática y estructura de las oraciones.

Esta es una tabla que detalla lo que aplica para obtener una calificación de 2, 1 ó 0.

CRITERIO 3: CLARIDAD Y DOMINIO DE LAS CONVENCIONES DEL ESPAÑOL ESTÁNDAR	
2	• Demuestra una estructura oracional correcta, en su mayoría, y una fluidez general que mejora la claridad en cuanto a las siguientes habilidades: 1) Estructuras oracionales diversas dentro de un párrafo o más 2) Uso correcto de subordinación, coordinación y paralelismo 3) Omisión de estructuras oracionales extrañas y expresiones redundantes 4) Uso de conectores adverbios conjuntivos y otras palabras para mejorar la claridad y la lógica 5) Omisión de oraciones corridas, fragmentos de oraciones y oraciones fusionadas • Demuestra competencia en el uso de convenciones respecto a las siguientes habilidades: 1) Concordancia entre sujeto y verbo 2) Ubicación de modificadores y orden de palabras correcto 3) Uso de pronombres, incluida la concordancia entre pronombre y antecedente, referencias pronominales confusas y caso pronominal 4) Homónimos y palabras confusas 5) Uso de posesivos 6) Uso de la puntuación (por ej., comas en una enumeración, en construcciones apositivas y demás elementos secundarios, marcas de fin de párrafo y puntuación de la separación de cláusulas) 7) Uso de mayúsculas (por ej., al comienzo de la oración, en sustantivos propios y en títulos) • Puede contener algunos errores prácticos y asociados a las convenciones que no impiden la comprensión; el uso general es adecuado para la redacción de prueba requerida
1	• Demuestra una estructura oracional inconsistente; puede contener algunas oraciones cortas y muy simples, repetitivas, extrañas o corridas que limiten la claridad; manifiesta el uso incoherente de las habilidades 1-5 enumeradas en el Criterio 3, punto de puntaje 2 • Demuestra el uso inconsistente de las convenciones básicas en cuanto a las habilidades 1-7 enumeradas en el Criterio 3, punto de puntaje 2 • Puede contener muchos errores prácticos y asociados a las convenciones que, de vez en cuando, impiden la comprensión; el uso general es de aceptación mínima para la redacción de prueba requerida
0	• Demuestra una estructura oracional tan inadecuada que hasta el significado puede ser confuso; manifiesta el uso escaso de las habilidades 1-5 enumeradas en el Criterio 3, punto de puntaje 2 • Demuestra el uso escaso de las convenciones básicas en cuanto a las habilidades 1-7 enumeradas en el Criterio 3, punto de puntaje 2 • Contiene una enorme cantidad de errores prácticos y asociados a las convenciones que impiden la comprensión; el uso general es inaceptable para la redacción de prueba requerida O • La respuesta no alcanza para mostrar el nivel de competencia que comprende las convenciones y el uso
No es calificable	• La respuesta consta únicamente de texto copiado de la consigna o del (los) texto(s) fuente • La respuesta muestra que el examinando no ha leído la consigna o está totalmente fuera del tema • La respuesta es incomprensible • La respuesta no está en español • No se ha brindado una respuesta (se dejó en blanco)

Ensayo de muestra con puntuación 6

Los discursos inaugurales de los presidentes Bush y Obama tienen una diferencia clave que se vuelve evidente de inmediato: el discurso del presidente Bush se enfoca en el pasado, mientras que el del presidente Obama se enfoca en el futuro.

Ninguno de los oradoras da una descripción exacta del contexto de su discurso, pero hasta alguien que no esté familiarizado con la historia de los últimos 15 años puede captar algunas pistas. El presidente Bush dice: "Una sociedad civil requiere de cada uno de nosotros voluntad y respeto, trato justo y perdón". Perdón es algo que se ofrece por equivocaciones del pasado. También habla de "amabilidad" y "compasión". Parece claro que el presidente Bush asumió el cargo en un momento en que las personas estaban molestas y divididas en cuando a uno o varios asuntos y que sentía la necesidad de instar al perdón.

Por otra parte, el presidente Obama es un poco más explícito en este contexto al decir: "El estado de nuestra economía requiere que tomemos acción, atrevida y veloz". Obviamente, Obama asumió el cargo en medio de una crisis económica. Pero en su discurso habla de esa crisis como una oportunidad para concebir y crear un futuro mejor. En el mismo párrafo en el que menciona la economía, Obama se refiere reiteradamente a lo que se hará en el futuro: "actuaremos", "construiremos", "restauraremos", "emplearemos", "transformaremos".

Esto no quiere decir que Obama no mencione el pasado en absoluto. Ambos presidentes rinden homenaje a las generaciones anteriores. No obstante, Obama lo hace en términos más concretos e inclusivos, mencionando experiencias y eventos que resuenan en una amplia gama de estadounidenses: trabajar en fábricas clandestinas, resistir la esclavitud, luchar en la Guerra Civil, en la Segunda Guerra Mundial y en Vietnam. En cambio Bush habla de forma imprecisa, pero cariñosa, de nuestros "ideales democráticos".

Aunque en esencia ambos discursos nos tocan en muchos temas similares (que Estados Unidos es una tierra de promesas y que debemos asegurarnos de que los estadounidenses gocen de los frutos de esas promesas), el discurso de Obama es mucho más potente dado que parece tener una visión clara de cómo avanzar. El discurso de Bush parece haber sido diseñado para calmar a un electorado molesto, no para exponer una agenda clara. Su discurso estuvo bien porque estuvo bien organizado e incluía el vocabulario patriótico habitual. Pero en mi opinión, en todo discurso inaugural se debería reconocer el estado actual de los asuntos de la nación y exponer un plan para el futuro. El discurso de Obama lo hace, en tanto que el de Bush no.

Sobre este ensayo:

La respuesta obtuvo seis puntos porque está bien organizada, no presenta errores gramaticales ni problemas de sintaxis importantes, y en la misma se usan detalles extraídos de ambos pasajes para exponer un argumento coherente y equitativo que se basa más en los hechos que en las emociones personales.

Criterio 1: Creación de argumentos y uso de evidencia

En esta respuesta se evalúan los argumentos de los textos fuente, se desarrolla una postura eficaz respaldada por los textos y se cumple con el criterio para obtener dos puntos por el criterio 1.

En esta respuesta se establece la postura en la primera oración (*El discurso del presidente Bush se enfoca en el pasado, mientras que el del presidente Obama se enfoca en el futuro*) y se la desarrolla un poco más en la conclusión (*Pero en mi opinión, en todo discurso inaugural se debería reconocer el estado actual de los asuntos de la nación y exponer un plan para el futuro. El discurso de Obama lo hace, en tanto que el de Bush no*).

El escritor también brinda un resumen para respaldar dicha postura (*Parece claro que el presidente Bush asumió el cargo en un momento en que las personas estaban molestas y divididas en cuando a uno o varios asuntos y que sentía la necesidad de instar al perdón. Por otra parte, el presidente Obama es un poco más explícito en este contexto al decir: "El estado de nuestra economía requiere que tomemos acción, atrevida y veloz").*

Criterio 2: Desarrollo de ideas y estructura organizativa

La respuesta está bien desarrollada y cumple con los requisitos para obtener dos puntos por el criterio 2. Está bien organizada, comenzando por el punto de vista claro del autor, que se establece en el primer párrafo, hasta llegar a la comparación de las fortalezas de cada discurso.

El vocabulario y las estructuras oracionales del escritor son elaboradas y el tono demuestra la intensidad de su propósito.

Criterio 3: Claridad y dominio de las convenciones del español estándar

Esta respuesta cumple con los requisitos para la redacción y obtiene dos puntos por el criterio 3. Además de emplearse una estructura oracional elaborada (*No obstante, Obama lo hace en términos más concretos e inclusivos, mencionando experiencias y eventos que resuenan en una amplia gama de estadounidenses: trabajar en fábricas clandestinas, resistir la esclavitud, luchar en la Guerra Civil, en la Segunda Guerra Mundial y en Vietnam.*), en esta respuesta se usan transiciones claras en su estructura de comparación y contraste (*En cambio Bush habla de forma imprecisa, pero cariñosa, de nuestros "ideales democráticos".*)

Ensayo de muestra con puntuación 4

Las personas que se convierten en presidentes deben asegurarse de apelar a todos los estadounidenses, no solo a unos pocos. Es por eso que el discurso inaugural del presidente Bush fue más eficaz que el del presidente Obama. El presidente Bush le recordó reiteradamente a los oyentes su herencia en común. El discurso del presidente Obama pareció más centrado en sí mismo porque habló de todas las cosas que quería lograr, pero no tuvo en cuenta las preocupaciones de los estadounidenses promedio.

El presidente Bush habla sobre temas con los que todos los estadounidenses están relacionados. Por ejemplo, dice: "El mayor de estos ideales es una promesa estadounidense de que todos pertenecen, que todos merecen una oportunidad, que no existen personas que sean insignificantes". Aquí habla de la democracia y de que es algo con lo que todos los estadounidenses están de acuerdo. Pero parece que Obama busca una pelea con sus opositores políticos cuando dice cosas como: "Lo que los escépticos no entienden es que el terreno que pisan ha cambiado y que los argumentos políticos obsoletos que nos han consumido por tanto tiempo ya no son operantes". En mi opinión, Obama parece estar diciendo que las personas que no están de acuerdo con él son escépticos con argumentos "obsoletos". Para muchas personas, eso podría ser menospreciador.

Un presidente es presidente de todos los estadounidenses, no solo de unos pocos. Es por eso que creo que es tan importante el modo en que el presidente Bush habla de la necesidad que todos tenemos de practicar la "amabilidad". Nuestro país tiene muchos problemas que resolver y no podemos resolverlos sin amabilidad y sin estar dispuestos a perdonarnos unos a otros y a manejarnos con buena voluntad.

En conclusión, creo que el presidente Bush hizo un mejor trabajo al presentarse y presentar sus planes como presidente del país. Lo hizo apelando a todos, no solamente a quienes lo apoyaron.

Sobre este ensayo:

El ensayo está bien estructurado y el escritor usa varias citas de los pasajes para respaldar los puntos clave. Sin embargo, hay pequeños errores gramaticales o de sintaxis y el escritor usa opiniones y emociones tanto como pruebas de respaldo extraídas de los pasajes.

Criterio 1: Creación de argumentos y uso de evidencia

En esta respuesta se intenta evaluar los argumentos de los textos fuente, se desarrolla una postura respaldada por los textos y se cumple con los requisitos para obtener un punto por el criterio 1. El escritor establece su perspectiva en la primera oración (*Las personas que se convierten en presidentes deben asegurarse de apelar a todos los estadounidenses, no solo a unos pocos*). y usa citas para respaldar su opinión (*Pero parece que Obama busca una pelea con sus opositores políticos cuando dice cosas como: "Lo que los escépticos no entienden es que el terreno que pisan ha cambiado y que los argumentos políticos obsoletos que nos han consumido por tanto tiempo ya no son operantes"*), a pesar de que también hace afirmaciones sin pruebas textuales.

Criterio 2: Desarrollo de ideas y estructura organizativa

Esta respuesta cumple con los requisitos para obtener dos puntos por el criterio 2. El escritor comienza por establecer su opinión, analiza aspectos específicos de cada discurso y concluye comparando directamente los dos discursos (*En conclusión, creo que el presidente Bush hizo un mejor trabajo al presentarse y presentar sus planes como presidente del país. Lo hizo apelando a todos, no solamente a quienes lo apoyaron*).

Criterio 3: Claridad y dominio de las convenciones del español estándar

Esta respuesta cumple con los requisitos para la redacción y obtiene un punto por el criterio 3. Hay algunos otros errores que dificultan la comprensión de lo que quiere decir el escritor (*Para muchas personas, eso podría ser menospreciador*).

Ensayo de muestra con puntuación 3

Si observa el discurso del presidente Bush y lo compara y contrasta con el del presidente Obama, puede ver de inmediato que el de Obama es mejor.

Tanto Bush como Obama hablan del camino de Estados Unidos. Pero Obama hace que los estadounidenses se oigan con más fuerza. Habla sobre el azote del látigo y trabajar hasta que sangren las manos, y se puede sentir lo resistentes que son los estadounidenses. Pero Bush habla sobre cómo somos personas "con defectos" y de que a veces nos hemos "detenido". No creo que así sea como las personas aspiran. No somos así.

Casi al final de su discurso Obama habla sobre una serie de cosas exitosas con lo que dice sobre "haremos esto" y "haremos aquello", pero Bush solamente dice "sé bueno y perdona". ¿Qué hay que perdonar? En ese momento se empieza a levantar sozpechas.

Es por eso que el discurso de Obama es mejor. Él no tiene miedo de llamar a las cosas por su nombre y no dejará que nada se interponga en su camino. Parece que a Bush solo le importan los buenos modales.

Sobre este ensayo:

Es una respuesta de tres puntos: aunque tiene una estructura, le falta un argumento central claro y presenta escaso respaldo extraído de los pasajes. También tiene errores gramaticales que interfieren con el significado.

Criterio 1: Creación de argumentos y uso de pruebas

En esta respuesta se intenta evaluar los argumentos de los textos fuente, aunque existe dificultad para desarrollar una postura respaldada por los textos, por lo tanto, la respuesta obtiene un punto por la característica 1.

Criterio 2: Desarrollo de ideas y estructura organizativa

Esta respuesta tiene una estructura pero presenta poco o ningún desarrollo de las ideas y en lugar de ello se basa en un resumen bastante simple de los textos. Cumple con el criterio para obtener un punto por la característica 2.

Criterio 3: Claridad y dominio de las convenciones del español estándar

Esta respuesta intenta cumplir con el criterio para la redacción y obtiene un punto por la característica 3.

Los errores de ortografía y sintaxis reflejan que no se dedicó el tiempo suficiente a la revisión o que falta destreza con el español escrito (*"como las personas aspiran", "levantar sozpechas"*).

Ensayo de muestra con puntuación 0

El presidente Bush sabe lo que significa ser estadounidense. Habla sobre el patriotismo, la sociedad civil y cómo aquí los inmigrantes pueden encontrar oportunidades de ser estadounidenses. El discurso del presidente Obama solamente da miedo. Todo lo que dice es que se supone que a las personas les debe gustar el trabajo duro y lo duro que tenemos que trabajar. ¿Y qué hay del gobierno?

Es como si Obama se olvidara de que tiene que hablar como presidente al dar un discurso para los estadounidenses. No me va mucho. Hay que demostrar que conoces lo tuyo. Eso es lo que hace Bush. Conoce su historia estadounidense. Cita los hechos.

Obama habla sobre lo que él quiere hacer y sobre el trabajo que se supone que nosotros tenemos que hacer. No son hechos. Son solamente deseos. Son los hechos lo que hacen que los discursos sean importantes.

Sobre este ensayo:

Esta es una respuesta con cero puntos porque está mal estructurada, presenta varios errores ortográficos y gramaticales y se basa muy poco en pruebas extraídas de los pasajes. Por el contrario, se basa en las emociones del escritor, que no tienen respaldo.

10 ▶ EXAMEN DE PRÁCTICA 2 DE RLA DE GED®

Esta prueba de práctica se preparó siguiendo el formato, el contenido y el tiempo del examen oficial de Razonamiento a través de las artes del lenguaje de GED®.

Parte I

Al igual que en el examen oficial, esta sección presenta una serie de preguntas que evalúan tu capacidad de leer, escribir, editar y comprender el español escrito estándar. Las preguntas que deberás responder se basan en pasajes de lectura informativos y literarios. Relee los pasajes todas las veces que lo necesites cuando respondas las preguntas.

Trabaja cada pregunta en forma detallada, pero sin pasar demasiado tiempo en una misma pregunta. Debes responder todas las preguntas.

Coloca una alarma a los 95 minutos (1 hora y 35 minutos) e intenta completar este examen sin interrupciones, en silencio.

Parte II

El examen oficial de Razonamiento a través de las artes del lenguaje de GED® también incluye una pregunta de respuesta extendida, es decir, una pregunta que se responde con un ensayo. Coloca una alarma para que suene a los 45 minutos e intenta leer el pasaje dado y, luego, piensa, escribe y revisa tu ensayo sin interrupciones, en silencio.

Después del examen, verás completas explicaciones de cada pregunta de la prueba y también ensayos de ejemplo con diferentes niveles de puntuación. ¡Buena suerte!

Parte I

48 preguntas

95 minutos para completarla

Por favor utilizar el texto a continuación para responder las preguntas 1 a la 8.

Este es un pasaje de la Declaración de Independencia.

1 Cuando en el curso de los acontecimientos humanos se hace necesario para un pueblo disolver los vínculos políticos que lo han ligado a otro y tomar entre las naciones de la tierra el puesto separado e igual al que las leyes de la naturaleza y el Dios de esa naturaleza le dan derecho, un justo respeto al juicio de la humanidad exige que declare las causas que lo impulsan a la separación.

2 Sostenemos como evidentes estas verdades: que todos los hombres son creados iguales; que son dotados por su Creador de ciertos derechos inalienables; que entre estos están la vida, la libertad y la búsqueda de la felicidad; que para garantizar estos derechos se instituyen entre los hombres los gobiernos, que derivan sus poderes legítimos del consentimiento de los gobernados; que cuando quiera que una forma de gobierno se haga destructora de estos principios, el pueblo tiene el derecho a reformarla o abolirla e instituir un nuevo gobierno que se funde en tales principios, y a organizar sus poderes en la forma que a su juicio ofrecerá las mayores probabilidades de alcanzar su seguridad y felicidad. La prudencia, claro está, aconsejará que no se cambien por motivos leves y transitorios gobiernos de antiguo establecidos; y, en efecto, toda la experiencia ha demostrado que la humanidad está más dispuesta a padecer, mientras los males sean tolerables, que a hacerse justicia aboliendo las formas a las que está acostumbrada. Pero cuando una larga serie de abusos y usurpaciones, dirigida invariablemente al mismo objetivo, demuestra el designio de someter al pueblo a un despotismo absoluto, es su derecho, es su deber, derrocar ese gobierno y establecer nuevos resguardos para su futura seguridad. Tal ha sido el paciente sufrimiento de estas colonias; tal es ahora la necesidad que las obliga a reformar su anterior sistema de gobierno. La historia del actual rey de Gran Bretaña es una historia de repetidos agravios y usurpaciones, encaminados todos directamente hacia el establecimiento de una tiranía absoluta sobre estos estados. Para probar esto, sometemos los hechos al juicio de un mundo imparcial.

3 Ha rehusado asentir a las leyes más convenientes y necesarias al bien público de estas colonias. Ha prohibido a sus gobernadores sancionar aun aquellas leyes que eran de inmediata y urgente necesidad a menos que se suspendiese su ejecución hasta obtener su consentimiento, y estando así suspensas las ha desatendido enteramente. Ha reprobado las providencias dictadas para la repartición de distritos de los pueblos, exigiendo de forma violenta que estos renunciasen al derecho de representación en sus legislaturas, derecho inestimable para ellos, y formidable solo para los tiranos. Ha convocado cuerpos legislativos fuera de los lugares acostumbrados, y en sitios distantes del depósito de sus registros públicos con el único fin de molestarlos hasta obligarlos a convenir con sus medidas. Ha disuelto las salas de representantes una y otra vez por oponerse firme y valerosamente a las invocaciones proyectadas contra los derechos del pueblo.

1. Escribe tus respuestas en las casillas abajo.

Según el pasaje, "Ha disuelto las salas de representantes una y otra vez" es un ejemplo de injusticia cometida por el [   ] de [   ].

2. El párrafo 3 se puede resumir como
   a. una lista de leyes para regular la vida en las colonias, escrita por el rey de Gran Bretaña
   b. una lista de leyes creada para la nueva nación independiente de los Estados Unidos de América
   c. una lista donde se elogian las buenas acciones del rey de Gran Bretaña
   d. una lista de las injusticias cometidas por el rey de Gran Bretaña en contra de las colonias

3. ¿Cuál de las siguientes citas expresa la idea principal de la Declaración de que las colonias estadounidenses desean independizarse de Gran Bretaña?
   a. "Sostenemos como evidentes estas verdades: que todos los hombres son creados iguales"
   b. "se hace necesario para un pueblo disolver los vínculos políticos que lo han ligado a otro"
   c. "Ha reprobado las providencias dictadas para la repartición de distritos de los pueblos"
   d. "que son dotados por su Creador de ciertos derechos inalienables"

4. ¿Cuál de las siguientes frases se basa en el argumento de que los gobiernos deben derivar sus poderes del consentimiento de los gobernados?
   a. "Ha rehusado asentir a las leyes más convenientes y necesarias al bien público de estas colonias"
   b. "que cuando quiera que una forma de gobierno se haga destructora de estos principios, el pueblo tiene derecho a reformarla o abolirla"
   c. "Ha disuelto las salas de representantes una y otra vez"
   d. "Ha convocado cuerpos legislativos fuera de los lugares acostumbrados, y en sitios distantes del depósito de sus registros públicos"

5. ¿Qué prueba respalda el reclamo de que el rey de Gran Bretaña ha perjudicado a los colonos?
   a. Una lista de resoluciones de la corte en contra del rey y a favor de los colonos
   b. Una lista de todas las acciones indebidas del rey proporcionada por otros líderes mundiales
   c. Una lista de las acciones indebidas del rey
   d. Una lista con los nombres de los colonos que han sido personalmente perjudicados

6. ¿Las quejas detalladas que apoyan el reclamo de que el rey de Inglaterra perjudicó a los colonos son?
   a. relevantes y suficientes
   b. relevantes e insuficientes
   c. irrelevantes y suficientes
   d. irrelevantes e insuficientes

7. ¿Cuál de los siguientes reclamos está avalado por pruebas?
   a. Todos los hombres son iguales.
   b. El rey de Gran Bretaña es un líder tiránico.
   c. Todos los hombres tienen ciertos derechos inalienables.
   d. Los gobiernos deben estar controlados por los gobernados.

8. La cita "para garantizar estos derechos se instituyen entre los hombres los gobiernos, que derivan sus poderes legítimos del consentimiento de los gobernados" ¿es ejemplo de cuál de las siguientes opciones?

a. una explicación

b. pruebas fehacientes

c. razonamiento válido

d. razonamiento falso

Lee el siguiente fragmento y responde las siguientes cuatro preguntas.

¿De qué se trataba su vida?

(1) Estuvimos casados y vivimos juntos durante
setenta años,

(2) Disfrutando, trabajando, criando a doce hijos,

(3) A ocho de ellos los perdimos

(4) Para entonces ya tenía sesenta años.

(5) Yo hilaba, tejía, mantenía la casa, cuidaba a
los enfermos,

(6) Cultivaba el jardín, y en las fiestas

(7) Paseaba por los campos donde cantaban las
alondras,

(8) Y en el río recogía muchas caparazones,

(9) Y muchas flores y hierbas medicinales—

(10) Gritando a las colinas de bosques,
cantando a los verdes valles.

(11) A los noventa y seis años, ya había vivido
lo suficiente, eso es todo,

(12) Y pasé a un dulce reposo.

 —Edgar Lee Masters, *Antología de Spoon River*

9. Según el fragmento, ¿qué quiere decir la mujer cuando habla de pasar a "un dulce reposo" (línea 12)?

a. su muerte

b. su vejez

c. lo bien que dormía por la noche

d. la necesidad de descansar más a medida que envejecía

10. ¿Cuál de las siguientes palabras describe mejor el tono general del poema?

a. alegría

b. ira

c. aceptación

d. asombro

11. ¿Cuál de las siguientes opciones es la explicación más probable para la línea del poema que dice: "Gritando a las colinas de bosques, cantando a los verdes valles" (línea 10)?

a. La oradora tiene buena voz para cantar.

b. A la oradora le encantaba el campo.

c. La oradora prefería los sonidos en lugar del silencio.

d. La oradora pasó mucho tiempo trabajando en los campos.

12. ¿Cuál de las siguientes opciones se puede deducir acerca del matrimonio de la pareja?

a. Jamás fueron el uno para el otro.

b. No pudieron soportar la muerte de sus hijos.

c. Tuvieron un matrimonio sumamente feliz.

d. Tuvieron sus tristezas y sus alegrías.

Por favor utilizar el texto a continuación para responder las preguntas 13 a 14.

Este es un pasaje de un discurso que brindó George W. Bush el 19 de marzo de 2008.

1   La operación Libertad Iraquí fue una impresionante muestra de eficiencia militar. Las tropas del Reino Unido, Australia, Polonia y otros aliados se unieron a nuestras tropas al inicio de las operaciones. A medida que avanzaban, nuestras tropas se enfrentaron a tormentas de arena tan intensas que oscurecían el cielo diurno por completo. Nuestras tropas lucharon en combates desiguales con los fedayines de Saddam, escuadrones de la muerte a las órdenes de Saddam Hussein que no obedecían las reglas de la guerra ni los dictados de sus conciencias. Estos escuadrones de la muerte se escondían en escuelas, se escondían en hospitales, esperando atraer fuego hacia civiles iraquíes. Usaban mujeres y niños como escudos humanos. No los detenía nada en sus esfuerzos por impedir que tuviéramos éxito, pero no pudieron detener el avance de la coalición.

2   Las fuerzas de la coalición, ayudadas por la campaña aérea más eficaz y precisa de la historia, atravesaron velozmente 350 millas de territorio enemigo, destruyeron divisiones de la Guardia Republicana, llegaron al paso de Karbala, tomaron el Aeropuerto Internacional de Saddam y liberaron Bagdad en menos de un mes [...]

3   Porque actuamos, Saddam Hussein ya no llena los campos con los restos de hombres, mujeres y niños inocentes [...] Porque actuamos, el régimen de Saddam ya no invade a sus vecinos ni los ataca con armas químicas y misiles balísticos.

13. Con base en este fragmento de discurso acerca de la operación Libertad Iraquí, toma la siguiente lista de acontecimientos y, en los renglones que aparecen a continuación, escríbelos en el orden correcto en que sucedieron.

fuerzas de coalición cruzan 350 millas de territorio enemigo
se lanza la operación Libertad Iraquí
se libera Baghdad

1. _____

2. _____

3. _____

14. En el pasaje del discurso de Bush, ¿qué agrega el escenario de Medio Oriente, compuesto de "tormentas de arena tan intensas que oscurecían el cielo diurno por completo" al primer párrafo, donde se menciona que las tropas luchaban con los escuadrones de la muerte?
a. Realza la sensación de belleza
b. Realza la sensación de satisfacción
c. Realza la sensación de peligro
d. Disminuye la sensación de peligro

Por favor utilizar el texto a continuación para responder las preguntas 15 a la 20.

Discurso principal en la Convención Nacional del Partido Demócrata en 1976 de Bárbara Jordan

1 A lo largo, a lo largo de la historia, cuando el pueblo ha buscado nuevas formas de resolver sus problemas y de defender los principios de esta nación, en muchas ocasiones ha recurrido a los partidos políticos. A menudo, ha recurrido al Partido Demócrata. ¿Por qué? ¿Qué tiene el Partido Demócrata que lo convierte en el instrumento que las personas usan cuando buscan la manera de moldear su futuro? Bueno, creo que la respuesta a esta pregunta se encuentra en nuestro concepto de gobierno. Nuestro concepto de gobierno deriva de nuestra visión del pueblo. Es un concepto arraigado a un conjunto de creencias firmemente grabadas en la conciencia nacional de todos nosotros.

2 Ahora, ¿cuáles son estas creencias? Primero, creemos en la igualdad para todos y en los privilegios para ninguno. Esta es una creencia, esta es una creencia que cada ciudadano estadounidense, más allá de su origen, tiene la misma importancia en el foro público, todos nosotros. Debido, debido a que creemos en esta idea con mucha firmeza, somos inclusivos más que un partido exclusivo. Dejen que todos vengan.

3 Pienso que no es accidental que la mayoría de aquellos que inmigraron a América en el siglo XIX se identificaron con el Partido Demócrata. Somos un partido heterogéneo formado por estadounidenses de diversos orígenes. Creemos que el pueblo es la fuente de todo el poder gubernamental, que la autoridad del pueblo se debe extender, no restringir.

4 La, la única manera de lograrlo es brindarle a cada ciudadano todas las oportunidades para participar en la gestión del gobierno. Creemos que deben tenerlas. Creemos que el gobierno —el cual representa la autoridad de todas las personas, no solo de un grupo de interés, sino de todas ellas— tiene la obligación de tratar activamente, activamente, de eliminar aquellos obstáculos que puedan bloquear los logros individuales, obstáculos producto de condiciones raciales, de género y económicas. El gobierno debe eliminarlos, tratar de eliminarlos.

5 Somos un partido, somos un partido de innovación. No rechazamos nuestras tradiciones, pero estamos dispuestos a adaptarnos a circunstancias cambiantes, cuando el cambio debe ocurrir. Estamos dispuestos a sufrir la incomodidad del cambio con tal de lograr un futuro mejor. Tenemos una visión positiva del futuro basada en la creencia de que la brecha entre las promesas y la realidad de los Estados Unidos se pueda cerrar algún día. Creemos en eso.

6 Este, mis amigos, es el pilar de nuestro concepto de gobierno. Esta es una parte del motivo por el cual los estadounidenses han recurrido al Partido Demócrata. Estos son los cimientos sobre los cuales se puede construir una comunidad nacional. Entendamos todos que estos principios rectores no se pueden descartar para obtener beneficios políticos a corto plazo. Representan la esencia de este país. Son propios de la idea de los Estados Unidos. Y estos principios no se negocian.

15. ¿Cuál es la idea principal del segundo párrafo?
   a. El Partido Demócrata recibe a todos los ciudadanos.
   b. Los inmigrantes suelen apoyar al Partido Demócrata.
   c. Bárbara Jordan está de acuerdo con el Partido Demócrata.
   d. El Partido Demócrata solo acepta lo mejor de lo mejor.

16. ¿Cuál de las siguientes declaraciones respalda la creencia de Bárbara Jordan de que el gobierno debe representar a todas las personas?
   a. "Debido a que creemos en esta idea con mucha firmeza, somos inclusivos más que un partido exclusivo".
   b. "La única manera de lograrlo es brindarle a cada ciudadano todas las oportunidades para participar en la gestión del gobierno".
   c. "No rechazamos nuestras tradiciones, pero estamos dispuestos a adaptarnos a circunstancias cambiantes, cuando el cambio debe ocurrir".
   d. "Estos son los cimientos sobre los cuales se puede construir una comunidad nacional".

17. Según el texto, ¿cuál de los siguientes escenarios respaldaría Bárbara Jordan?
   a. un candidato presidencial del Partido Demócrata que organiza una cena privada para un grupo selecto de personas.
   b. miembros de un partido político centrados en atraer solo a personas que puedan donar grandes sumas de dinero.
   c. un candidato demócrata que se postula como senador nacional.
   d. un grupo local de demócratas que organizan un foro abierto para los integrantes de la comunidad.

18. ¿Cuál de las siguientes oraciones mejor resume la idea principal del discurso?
   a. Muchas personas han decidido apoyar al Partido Demócrata a través de los años.
   b. Los valores del Partido Demócrata representan los ideales estadounidenses.
   c. El Partido Demócrata evolucionó cuando fue necesario.
   d. todas las anteriores

19. ¿En cuál de las siguientes frases Bárbara Jordan critica al Partido Demócrata?
   a. Cuando lo llama "el instrumento que las personas usan cuando buscan la manera de moldear su futuro".
   b. Cuando dice que los miembros del partido creen en "la igualdad para todos y en los privilegios para ninguno".
   c. Cuando dice que es un "partido de innovación".
   d. ninguna de las anteriores

20. ¿A partir de qué declaración se puede inferir que Bárbara Jordan sostiene que el gobierno debe promulgar leyes en contra de la discriminación racial y de género?
   a. "¿Qué tiene el Partido Demócrata que lo convierte en el instrumento que las personas usan cuando buscan la manera de moldear su futuro?"
   b. "Creemos que el pueblo es la fuente de todo el poder gubernamental, que la autoridad del pueblo se debe extender, no restringir".
   c. "Tenemos una visión positiva del futuro basada en la creencia de que la brecha entre las promesas y la realidad de los Estados Unidos se pueda cerrar algún día".
   d. "Creemos que el gobierno —el cual representa la autoridad de todas las personas— tiene la obligación de tratar activamente, activamente, de eliminar aquellos obstáculos que puedan bloquear los logros individuales".

Por favor utilizar el texto a continuación para responder las preguntas 21 a la 25.

Para: Todo el personal
De: Allison Lewis, directora
Fecha: 15 de julio, 2016
Asunto: Pilas de libros

Nos han informado que se dejan pilas de libros (1) en el piso, en las secciones de ficción, cocina y juvenil de la librería al final de cada día. La situación ha empeorado tanto que algunos clientes se quejan de que obstruyen el acceso a una gran cantidad de libros colocados en estantes. (2), hemos introducido una nueva política mediante la cual se le exige a los empleados que, una vez por hora, revisen si hay pilas de libros en las secciones que tienen asignadas y, si encuentran alguna, lleven los libros a los estantes correspondientes.

(3) asegúrense de respetar este procedimiento de forma habitual. Incluso unos pocos libros apilados pueden ser obstáculos innecesarios para los clientes.

¡Gracias por (4) colaboración!

(5)

Allison Lewis

---

21. Elige la conjugación correcta de **acumular** para el espacio (1).
a. acumuladas
b. acumulada
c. acumulado
d. acumulados

22. ¿Qué palabra se puede usar correctamente en el espacio (2)?
a. Por lo tanto
b. No obstante
c. Al mismo tiempo
d. Por el contrario

23. ¿Qué palabra se puede usar correctamente en el espacio (3)?
a. por favor
b. de favor
c. Por favor
d. De favor

24. ¿Qué palabra se puede usar correctamente en el espacio (4)?
a. mi
b. su
c. tu
d. la

25. ¿Qué palabra se puede usar correctamente en el espacio (5)?
a. Saludos,
b. ¡Saludos!
c. Saludos'
d. Saludos:

Por favor utilizar el texto a continuación para responder las preguntas 26 a la 29.

Este es un pasaje de *La Caída de la Casa Usher* de Edgar Allan Poe.

Durante todo un día de otoño, triste, oscuro, silencioso, cuando las nubes se cernían bajas y pesadas en el cielo, crucé solo, a caballo, una región singularmente lúgubre del país; y, al fin, al acercarse las sombras de la noche, me encontré a la vista de la melancólica casa Usher. No sé cómo fue, pero a la primera mirada que eché al edificio invadió mi espíritu un sentimiento de insoportable tristeza. Digo insoportable porque no lo atemperaba ninguno de esos sentimientos semiagradables, por ser poéticos, con los cuales recibe el espíritu aun las más austeras imágenes naturales de lo desolado o lo terrible. Miré el escenario que tenía adelante —la casa y el sencillo paisaje del dominio, las paredes desnudas, las ventanas como ojos vacíos, los ralos y siniestros juncos, y los escasos troncos de árboles agostados— con una fuerte depresión de ánimo únicamente comparable, como sensación terrenal, al despertar del fumador de opio, la amarga caída en la existencia cotidiana, el horrible descorrerse del velo. Era una frialdad, un abatimiento, un malestar del corazón, una irremediable tristeza mental que ningún acicate de la imaginación podía desviar hacia la forma alguna de lo sublime. ¿Qué era —me detuve a pensar—, qué era lo que así me desalentaba en la contemplación de la casa Usher? Misterio insoluble; y yo no podía luchar con los sombríos pensamientos que se congregaban a mi alrededor mientras reflexionaba. Me vi obligado a incurrir en la insatisfactoria conclusión de que mientras hay, fuera de toda duda, combinaciones de simplísimos objetos naturales que tienen el poder de afectarnos así, el análisis de este poder se encuentra aún entre las consideraciones que están más allá de nuestro alcance. Era posible, reflexioné, que una simple disposición diferente de los elementos de la escena, de los detalles del cuadro, fuera suficiente para modificar o quizá anular su poder de impresión dolorosa; y, procediendo de acuerdo con esta idea, empujé mi caballo a la escarpada orilla de un estanque negro y fantástico que extendía su brillo tranquilo junto a la mansión; pero con un estremecimiento aún más sobrecogedor que antes contemplé la imagen reflejada e invertida de los juncos grises, y los espectrales troncos, y las ventanas como ojos vacíos.

26. Las palabras **triste**, **lúgubre**, **melancólica** y **sombrío** sirven para dar al fragmento
   a. un tono alegre.
   b. un tono premonitorio.
   c. un tono de valor.
   d. un tono absurdo.

27. Con base en este fragmento, toma la siguiente lista de acontecimientos y, en los renglones que aparecen a continuación, escríbelos en el orden correcto en el que sucedieron.
   cabalga por el campo
   siente pesadumbre
   detiene su caballo cerca de la casa
   ingresa a la casa Usher
   1. _____
   2. _____
   3. _____
   4. _____

28. La frase "ventanas como ojos vacíos" es un ejemplo de
   a. aliteración.
   b. hipérbole.
   c. onomatopeya.
   d. personificación.

29. ¿Con cuál de las siguientes palabras se puede reemplazar "insoportable tristeza" para cambiar el tono de la frase "invadió mi espíritu un sentimiento de insoportable tristeza"?
   a. melancolía
   b. júbilo
   c. tristeza
   d. desesperación

Por favor utilizar el texto a continuación para responder las preguntas 30 a la 35.

Autobiografía Ulysses S. Grant LXX

1 Las cosas comenzaron a calmarse y, como era seguro de que no continuaría la resistencia armada, se les ordenó a las tropas en Carolina del Norte y Virginia que marcharan de inmediato a la capital y acamparan allí hasta ser dadas de baja. Se dejaron las guarniciones adecuadas en los lugares prominentes de todo el sur para garantizar la obediencia a las leyes que promulgue el gobierno de los distintos estados y para garantizar la seguridad de las vidas y las propiedades de todas las clases. Desconozco en qué medida esto era necesario, pero consideré necesario en ese momento seguir ese accionar. Ahora pienso que estas guarniciones prevalecieron después de que ya no se requerían en absoluto, pero no era de esperar que la rebelión que se libró entre las secciones de 1861 a 1865 terminara sin dejar unas cuantas percepciones significativas en el imaginario del pueblo sobre lo que se debería haber hecho.

2 Sherman dirigió sus tropas desde Goldsboro hasta Manchester, en el extremo sur del río James, frente a Richmond, y las hizo acampar en el lugar, mientras que él regresó a Savannah para ver qué ocurría allí.

3 Durante este viaje, se llevó a cabo el último atropello contra él. Halleck había sido enviado a Richmond para comandar Virginia y había dado órdenes que prohibían que hasta las propias tropas de Sherman lo obedecieran. A su regreso, Sherman vio los papeles con la orden de Halleck y, muy justamente, se sintió indignado por el atropello. Cuando Sherman volvió de Savannah y llegó a Fortress Monroe, recibió una invitación de Halleck para ir a Richmond como su invitado. Indignado, rechazó la propuesta y, además, le informó a Halleck que había visto la orden que impartió. También manifestó que se iba a acercar para tomar el mando de sus tropas y que, mientras avanzaba, sería conveniente que Halleck no se cruzara en su camino, ya que no se responsabilizaría por el accionar de una persona impulsiva incitada por la indignación debido al trato que recibió. Poco tiempo después, le ordené a Sherman que avanzara hacia la ciudad de Washington y que acampara en el extremo sur hasta que las tropas fueran dadas de baja.

(continúa)

4   El avance del ejército de Sherman desde Atlanta hacia el mar y al norte hasta Goldsboro, aunque no se presentaron los peligros previstos, obtuvo resultados magníficos y se condujo con la misma magnificencia. Fue muy importante, en diversas formas, para el estupendo objetivo que teníamos en mente, el de terminar la guerra. Todos los estados al este del río Mississippi hasta el estado de Georgia sintieron las penurias de la guerra. Georgia y Carolina del Sur, y casi todo Carolina del Norte, hasta el momento, no habían sido invadidos por los ejércitos del norte, salvo las costas próximas. En los diarios locales se publicó una versión tal del éxito de los confederados que las personas que no salieron a combatir estaban convencidas de que los Yankees habían sido vencidos de principio a fin, y expulsados de aquí para allá, y que ahora ya no se resistirían por ningún otro propósito que no fuera salir honrosos de la guerra.

5   Aun durante el avance de Sherman, los diarios de su frente proclamaban todos los días que su ejército no era más que un grupo de hombres muertos de miedo que se apresuraban, aterrorizados, para tratar de recibir la protección de nuestra marina en contra de los sureños. Sin embargo, mientras veían al ejército avanzar triunfalmente, las personas salieron del error y conocieron la verdad de la situación. A su vez, se desanimaron y con mucho gusto se hubieran rendido sin ningún compromiso.

30. ¿Por qué se dejaron guarniciones en el sur?
   a. La violencia aún prevalecía.
   b. Se avecinaba la Guerra Civil.
   c. Grant pensó que era necesario en ese momento.
   d. Sherman así lo ordenó.

31. ¿Qué acontecimiento histórico crees que estaba culminando cuando se escribió esto?

   [   ]

32. ¿Cómo cambiaría el tono del pasaje si se hubiera reemplazado la palabra **atropello** por **injusticia** en la oración: "Durante este viaje, se cometió el último atropello contra él"?
   a. Apoyaría la desaprobación de Grant en cuanto al avance de Sherman.
   b. Reforzaría el respaldo de Grant en cuanto al avance de Sherman, según fuera necesario.
   c. Aumentaría la lista de críticas a Sherman por parte de Grant.
   d. Confirmaría la afirmación de Grant de que los confederados creían que habían ganado.

33. ¿Cuál de las siguientes citas muestra el desacuerdo de Grant con la opinión de los confederados luego de la Guerra Civil?
   a. "… pero no era de esperar que la rebelión que se libró entre las secciones de 1861 a 1865 terminaría sin dejar unas cuantas percepciones significativas en el imaginario del pueblo sobre lo que se debería haber hecho".
   b. "Durante este viaje, se llevó a cabo el último atropello contra él".
   c. "En los diarios locales se publicó una versión tal del éxito de los confederados que las personas que no salieron a combatir estaban convencidas de que los Yankees habían sido vencidos de principio a fin, y expulsados de aquí para allá…".
   d. "A su vez, se desanimaron y con mucho gusto se hubieran rendido sin ningún compromiso".

EXAMEN DE PRÁCTICA 2 DE RLA DE GED®

34. Ubica los acontecimientos en orden cronológico.

    A—los soldados de Sherman recibieron la orden de ignorarlo

    B—los confederados "conocieron la verdad de la situación"

    C—la Guerra Civil

    D—el avance de Sherman

  a. C, A, D, B

  b. C, A, B, D

  c. A, C, D, B

  d. A, C, B, D

35. ¿Qué significa la palabra "**triunfalmente**" en la frase "Sin embargo, mientras veían al ejército avanzar triunfalmente, las personas salieron del error y conocieron la verdad de la situación"?

  a. tímidamente

  b. victoriosamente

  c. furiosamente

  d. con abatimiento

Por favor utilizar el texto a continuación para responder las preguntas 36 a la 39.

"Observación de volcanes" por Millie Ceron

1 Los científicos que observan volcanes tienen una enorme responsabilidad. Ellos deben alertar al público cuando creen que un volcán está a punto de erupcionar. Pero no siempre es fácil determinar cuándo una erupción es inminente. Lo sé porque me pasé toda mi carrera como científica estudiando volcanes. He aprendido que predecir erupciones es una ciencia muy inexacta. Suele haber algunas señales de advertencia, pero pueden ser muy difíciles de interpretar. ¿Qué debe hacer si observa esas señales? Desde luego, no querrá causar pánico o decirles a las personas que huyan a menos que sea absolutamente necesario, aunque tampoco querrá subestimar el peligro. En general, los científicos como yo tratamos de buscar un punto intermedio entre estos dos extremos. Sin embargo, también tratamos de pecar de cautelosos: ¡más vale prevenir que lamentar!

2 ¿Cuáles son las señales que anuncian una pronta erupción? Las principales son terremotos debajo de la montaña, protuberancias en las laderas de la montaña y la emanación de gases volcánicos.

3 **Supervisión de terremotos.** Los terremotos suelen ocurrir un tiempo antes de la erupción de magma (roca fundida) y los gases volcánicos suben con fuerza a través de canales subterráneos. En ocasiones, esta fuerza provoca una agitación continua denominada *temblor*. Para registrar terremotos, se emplea un dispositivo llamado *sismógrafo*. Por lo general, se instalan de cuatro a ocho sismógrafos cerca de la montaña o sobre ella. Los sismógrafos deben estar muy cerca del volcán para capturar los pequeños terremotos que pueden ser el primer indicio de erupción volcánica.

4 Cuando una erupción está próxima, los terremotos suelen ocurrir en "cadenas". Los científicos cronometran estas cadenas. El motivo es que las variaciones en el tipo y la potencia de los terremotos son el mejor indicio de que se avecina una erupción.

(continúa)

5 **Supervisión de protuberancias en las laderas de la montaña.** Durante los meses o las semanas anteriores a una erupción, el magma se eleva dentro del volcán. La presión que genera este magma a veces provoca que las laderas de la montaña se inclinen. A menudo, hasta ocasiona protuberancias visibles en la ladera. Para supervisar estas protuberancias, los científicos utilizan un instrumento sensible llamado *medidor de inclinación*. En la actualidad, también recurren a la tecnología satelital para tomar mediciones precisas. Por medio de estos métodos, los científicos descubrieron que unos meses antes de la erupción del monte Santa Helena en 1982, una ladera de la montaña aumentó su tamaño en más de 100 metros.

6 **Supervisión de gases volcánicos.** Los gases disueltos en el magma son la principal fuerza en una erupción volcánica. En consecuencia, es importante saber si hay gases y, si es así, qué tipo de gases son. No obstante, recolectar estos gases no es tarea sencilla. Es común hallarlos en fugas de chimeneas en lo alto de la montaña o en el cráter. Los científicos pueden dirigirse a las chimeneas y recolectar los gases en botellas para analizarlos en laboratorio. Pero estas visitas son peligrosas: el ascenso puede ser difícil, los gases pueden ser peligrosos al respirarlos y siempre hay peligro de erupción. Asimismo, los científicos pueden colocar monitores de gas automáticos cerca de las chimeneas, aunque los gases acídicos suelen destruirlos. Otro modo de recolectar los gases es subir hasta las nubes de gas por encima del volcán en aeronaves especialmente equipadas. Aun así, no es fácil obtener buenas muestras mediante este método y es posible que las malas condiciones climáticas eviten el ascenso de los aviones cuando la supervisión sea más urgente. Sin embargo, cuando los científicos logran recolectar gases volcánicos, pueden obtener mucha información acerca de cómo funciona un volcán y cómo repercute en el clima y el medioambiente del planeta.

"Las erupciones de 1992 en el monte Spurr, Alaska" por Ling Chen

1 El monte Spurr es un volcán de tamaño reducido situado 80 millas al oeste de Anchorage, Alaska. En agosto de 1991, ocho sismógrafos ubicados en la montaña comenzaron a registrar una cantidad importante de terremotos pequeños. Se emplearon muestras de gas en el aire para determinar la presencia de gases volcánicos.

2 A principios de junio de 1992, la actividad sísmica aumentó. Luego, el 27 de junio, una "cadena" de terremotos reveló el movimiento de magma a poca profundidad. A medida que los terremotos eran más potentes, los científicos difundieron la advertencia de una posible erupción. Más tarde ese día, los pilotos informaron la existencia de columnas de ceniza que emanaban de la montaña.

3 Después de la erupción del 27 de junio, la actividad sísmica disminuyó abruptamente hasta alcanzar el nivel inferior en unos meses. Los científicos concluyeron que el peligro de erupciones futuras era escaso. En julio, el mal clima mantuvo a los pilotos en tierra, por lo cual no pudieron observar al volcán desde el aire ni recolectar muestras de gas volcánico. Pasaron unas semanas con poca actividad en la montaña.

(continúa)

4 No obstante, el 18 de agosto, un piloto de repente informó haber visto una gran columna de ceniza por encima del cráter. En forma inmediata, los científicos difundieron la advertencia de una posible erupción.

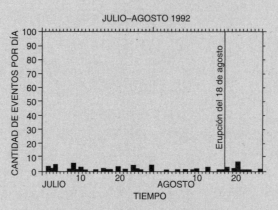

En este gráfico se muestra la actividad sísmica registrada en el monte Spurr antes de la erupción del 18 de agosto. La erupción duró unas pocas horas y la actividad sísmica se mantuvo escasa, por lo cual la probabilidad de erupciones adicionales volvió a reducirse.

5 Sin embargo, la actividad sísmica en ese otoño aumentó una vez más debajo del monte Spurr. A comienzos de octubre y noviembre, se registraron "cadenas" de fuertes terremotos. En cada una de esas ocasiones, los científicos advirtieron que "se prevé una gran erupción dentro de las próximas 24 a 48 horas". Sin embargo, no hubo ninguna erupción. Cuando apareció otra "cadena" de terremotos en diciembre, los científicos decidieron no emitir ninguna advertencia de erupción.

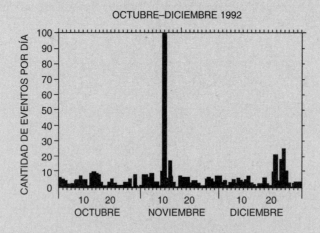

En este gráfico se muestra la actividad sísmica registrada en el monte Spurr desde octubre hasta diciembre de 1992.

36. ¿Cuál es el objetivo principal del párrafo 3 en "Observación de volcanes"?

a. describir cómo los científicos supervisan terremotos para prever erupciones volcánicas

b. definir términos científicos, como magma, temblor y cadenas

c. explicar cómo los científicos usan sismógrafos para registrar terremotos

d. mostrar el modo en que los terremotos provocan la emanación de gases volcánicos

37. ¿Cuál de las siguientes oraciones mejor resume el texto "Observación de volcanes"?

a. Los científicos supervisan las protuberancias en las laderas de las montañas con medidores de inclinación, ya que pueden ser indicios de una pronta erupción volcánica.

b. Los científicos no deben visitar las chimeneas en las cimas de las montañas para recolectar y analizar los gases porque es extremadamente peligroso.

c. Los científicos estaban lo suficientemente preocupados por un pequeño volcán cerca de Anchorage, Alaska, para emitir la advertencia de que podía erupcionar en junio de 1992.

d. Los científicos que observan volcanes supervisan las señales de erupción a través de numerosos medios para asegurarse de que el público conozca los peligros posibles.

38. ¿Cuál es la diferencia entre "Observación de volcanes" y "Las erupciones de 1992 en el monte Spurr, Alaska"?

a. "Observación de volcanes" se centra en una erupción en particular y "Las erupciones de 1992 en el monte Spurr, Alaska" aborda los volcanes en general.

b. "Observación de volcanes" es una interpretación personal y "Las erupciones de 1992 en el monte Spurr, Alaska" es un informe objetivo.

c. En "Observación de volcanes" se analizan los sismógrafos, mientras que en "Las erupciones de 1992 en el monte Spurr, Alaska", no.

d. "Observación de volcanes" es una anotación de un diario personal y "Las erupciones de 1992 en el monte Spurr, Alaska" es un artículo periodístico.

39. Teniendo en cuenta que nunca hubo más de diez eventos en un mismo día de julio a agosto de 1992, ¿por qué en el primer gráfico se asigna espacio para 100 eventos?

a. para ilustrar que el monte Spurr no iba a erupcionar

b. para prever un aumento significativo de eventos en septiembre

c. para reflejar la comparación con la cantidad dramática de eventos en noviembre, en el segundo gráfico

d. porque este es el gráfico estándar que usan todos los científicos que supervisan volcanes

Por favor utilizar el texto a continuación para responder las preguntas 40 a la 43.

Este es un pasaje de *Orgullo y Prejuicio* de Jane Austen.

1 Es una verdad mundialmente reconocida que un hombre soltero, poseedor de una gran fortuna, necesita una esposa.

2 Sin embargo, poco se sabe de los sentimientos o las opiniones de un hombre de tales condiciones cuando entra a formar parte de un vecindario. Esta verdad está tan arraigada en las mentes de algunas familias que lo rodean que algunas lo consideran de su legítima propiedad y otras, de la de sus hijas.

3 —Mi querido señor Bennet —le dijo un día su esposa—, ¿sabías que, por fin, se ha alquilado Netherfield Park?

4 El señor Bennet respondió que no.

5 —Pues así es —insistió ella—; la señora Long estuvo aquí hace un momento y me lo contó todo.

6 El señor Bennet no contestó.

7 —¿No quieres saber quién lo ha alquilado? —se impacientó su esposa.

8 —Eres tú la que quieres contármelo y yo no tengo inconveniente en oírlo.

9 Esta sugerencia le fue suficiente.

10 —Pues sabrás, querido, que la señora Long dice que Netherfield ha sido alquilado por un joven muy rico del norte de Inglaterra, que vino el lunes en un landó de cuatro caballos para ver el lugar y que se quedó tan encantado con él que inmediatamente llegó a un acuerdo con el señor Morris, que antes de San Miguel vendrá a ocuparlo y que algunos de sus criados estarán en la casa a finales de la semana que viene.

11 —¿Cómo se llama?

12 —Bingley.

13 —¿Está casado o es soltero?

14 —Oh, soltero, querido, ¡por supuesto! Un hombre soltero y de gran fortuna; cuatro o cinco mil al año. ¡Qué buen partido para nuestras hijas!

15 —¿Y qué? ¿En qué puede afectarlas?

16 —Mi querido señor Bennet —contestó su esposa—, ¿cómo puedes ser tan ingenuo? Debes saber que estoy pensando en casarlo con una de ellas.

17 —¿Ese es el motivo que lo ha traído aquí?

18 —¿Motivo? Tonterías, ¡cómo puedes decir eso! Es muy posible que se enamore de una de ellas y, por eso, debes ir a visitarlo tan pronto como llegue.

19 —No veo la razón para ello. Puedes ir tú con las muchachas o mandarlas a ellas solas, que tal vez sea mejor; tú eres tan apuesta como cualquiera de ellas que, quizá, el señor Bingley te prefiera a ti.

20 —Querido, me alagas. Es verdad que tuve mis encantos, pero ahora no puedo pretender ser nada extraordinario. Cuando una mujer tiene cinco hijas mayores, debe dejar de pensar en su propia belleza.

21 —En ese caso, a la mayoría de las mujeres no les queda mucha belleza en qué pensar.

(continúa)

22 —Bueno, querido, de verdad, tienes que ir a visitar al señor Bingley en cuanto se instale en el vecindario.

23 —No te lo garantizo.

24 —Pero piensa en tus hijas. Considera el partido que sería para una de ellas. Sir William y la señora Lucas están decididos a ir, y solo con ese propósito. Ya sabes que normalmente no visitan a nuevos vecinos. De veras, debes ir, porque para nosotras será imposible visitarlo si tú no lo haces.

25 —Eres demasiado cometida. Estoy seguro de que el señor Bingley se alegrará mucho de verlas; y tú le llevarás unas líneas de mi parte para asegurarle de que cuenta con mi más sincero consentimiento para contraer matrimonio con una de ellas, aunque pondré alguna palabra a favor de mi pequeña Lizzy.

26 —Me niego a que hagas tal cosa. Lizzy no es en nada mejor que las otras: no es ni la mitad de apuesta que Jane, ni la mitad de alegre que Lydia. Pero tú siempre la prefieres a ella.

27 —Ninguna de las tres es muy recomendable —le respondió—. Son tan tontas e ignorantes como las demás muchachas, pero Lizzy tiene algo más de agudeza que sus hermanas.

28 —Señor Bennet, ¿cómo puedes hablar así de tus hijas? Te encanta disgustarme. No tienes compasión de mi nerviosismo.

29 —Te equivocas, querida. Respeto mucho tu nerviosismo. Es mi viejo amigo. Hace por lo menos veinte años que te oigo mencionarlo con mucha consideración.

30 —Ah, no sabes cuánto sufro.

31 —Pero espero que te pongas bien y vivas para ver venir al vecindario a muchos jóvenes de cuatro mil al año.

32 —No serviría de nada que viniesen esos veinte jóvenes, ya que tú no los visitarás.

33 —Confía, querida, en que apenas estén aquí los veinte, los visitaré a todos.

34 El señor Bennet era una mezcla tan rara entre ocurrente, sarcástico, reservado y caprichoso que la experiencia de veintitrés años no había alcanzado para que su esposa entendiera su carácter. Sin embargo, el de ella era menos difícil. Era una mujer de poca inteligencia, más bien inculta y de temperamento desigual. Cuando estaba descontenta, se creía nerviosa. Su meta en la vida era casar a sus hijas; su consuelo, las visitas y los chismes.

40. ¿En qué párrafo se respalda la idea de que un hombre adinerado siempre busca una esposa?

Párrafo _____

41. ¿Cuál es el tema del pasaje?

   a. viaje

   b. divorcio

   c. vacaciones

   d. matrimonio

42. En el párrafo 14, ¿a qué se refiere "cuatro o cinco mil al año"?

a. la cantidad de viajes por año que realiza el señor Bingley al pueblo de los Bennet

b. el ingreso anual del señor Bingley

c. el ingreso anual del señor Bennet

d. el ingreso anual de la señora Long

43. ¿Qué conclusión puedes sacar acerca de los deseos de la señora Bennet?

a. Quiere casarse con el señor Bingley por su dinero.

b. Quiere que una de sus hijas se case con el señor Bingley.

c. No quiere que ninguna de sus hijas se case con el señor Bingley.

d. Se arrepiente de no haberse casado con alguien más adinerado.

Por favor utilizar el texto a continuación para responder las preguntas 44 a la 48.

Para: Todo el personal

De: Allison Lewis, directora

Fecha: 5 de junio, 2016

Asunto: Procedimientos de la librería

Les escribo para aclarar algunos temas relacionados con los procedimientos de librería. He recibido muchas preguntas sobre cuáles son los procedimientos que los miembros del personal de la librería deben seguir en cada turno. Hace poco, me encargué de redactar una lista de procedimientos como referencia.

1. al comienzo de cada turno, todo el personal debe registrar su entrada en nuestro sistema informático.

2. Los miembros del personal asignados a el turno de piso deben revisar regularmente si hay libros fuera de lugar y volverlos a colocar en los estantes.

3. Los miembros del personal asignados al turno de reposición deben mantener el depósito limpio y organizado.

4. Ningún miembro del personal puede hacer descuentos a los clientes sin la aprobación de la directora.

5. Los miembros del personal no deben aceptar bebidas gratuitas ni de regalo en la cafetería interna.

6. Está prohibido que los clientes pidan por anticipado libros que aún no figuran en nuestra lista de pedidos anticipados.

7. Antes de terminar el turno, todos los miembros del personal deben hacer una última revisión para asegurarse de dejar la tienda limpia y organizada, y deben registrar su salida en nuestro sistema informático.

8. Si algún miembro del personal se olvidan de registrar su entrada o salida, debe consultar a la directora antes de estimar su horario de registro de entrada y salida.

¡Gracias por su colaboración!

Saludos,

Allison Lewis

44. En la primera oración del memorándum de la empresa, ¿qué se debe agregar para que sea correcta?

a. el pronombre *nuestros* antes de librería

b. el pronombre *nuestro* antes de librería

c. el pronombre *nuestros* antes de librería

d. nada

45. Vuelve a leer el primer punto de la lista:

1. al comienzo de cada turno, todo el personal debe registrar su entrada en nuestro sistema informático.

Ahora, redacta la oración sin errores en la casilla a continuación:

1. [   ]

46. En el segundo punto de la lista del memorándum de la empresa, ¿qué se debe cambiar para que la oración sea correcta?

a. cambiar a *el* por *al*

b. cambiar *hay* por *hubiera*

c. cambiar *y* por *o*

d. nada

47. En el quinto punto de la lista, ¿cuál de los siguientes cambios mejoraría la oración?

a. eliminar *ni de regalo*

b. eliminar *la cafetería interna*

c. agregar *a cuenta de la tienda después* de *aceptar*

d. nada

48. En el octavo punto de la lista del memorándum de la empresa, ¿qué se debe cambiar para que la oración sea correcta?

a. cambiar *olvidan* por *olvida*

b. agregar *él* delante de *debe*

c. cambiar *debe* por *deben*

d. nada

Parte II

1 pregunta
45 minutos para completarla

Esta práctica te permite elaborar tu respuesta a la tarea dada y luego compararla con ejemplos de respuestas con distintos niveles de calificación. También obtendrás una guía de calificación que incluye una explicación detallada de cómo los calificadores del examen GED® oficial calificarán tu respuesta. Puedes usar la guía de calificación para calificar tu propia respuesta.

Antes de comenzar, es importante que tengas presente que en el examen oficial esta actividad se debe completar en 45 minutos, como máximo. Pero no te apresures a responder; tómate tiempo para leer detenidamente los pasajes y la consigna. Después, piensa cómo te gustaría responder la consigna.

Mientras redactas tu ensayo, asegúrate de:

- decidir cuál de las posturas presentadas en los pasajes está mejor respaldada por indicios.
- explicar por qué la postura que elegiste está mejor respaldada.
- reconocer que la postura mejor respaldada quizá no es la postura que apruebas.
- presentar muchos indicios del pasaje para defender tus afirmaciones.
- elaborar con detenimiento las ideas principales y organizarlas de manera lógica, con detalles de respaldo sólidos.
- unir las oraciones, los párrafos y las ideas con conectores.
- expresar las ideas con claridad y elegir palabras cuidadosamente.
- usar estructuras oracionales variadas para aumentar la claridad de la respuesta.
- volver a leer y repasar la respuesta.

¡Buena suerte!

Por favor utilizar el texto a continuación para responder la pregunta de ensayo.

Análisis de la investigación de células madre

1 La investigación de células madre consiste en usar células madre embrionarias y "somáticas" o "adultas" para realizar avances en la medicina. Esta investigación comenzó a principios del siglo XX y, a través de los años, ha permitido obtener grandes adelantos. En 1998, los científicos descubrieron métodos para derivar células madre de embriones humanos. En 2006, los investigadores lograron otro gran adelanto que consistía en reprogramar algunas células madre en determinadas condiciones para adoptar un estado similar al de las células madre por naturaleza. Las células madre son útiles para la investigación médica porque se encuentran en la etapa temprana de reproducción, en la cual la célula puede conservar su estado original o convertirse en una célula que participará en la formación de huesos, células cerebrales, piel, el sistema nervioso, órganos, músculos y cada una de las demás partes del cuerpo.

Beneficios de la investigación de células madre

2 Desde el punto de vista teórico, la investigación de células madre se considera muy valiosa para los avances médicos. En este momento, aún no se sabe cuánto se puede lograr con este tipo de investigación, y los posibles beneficios son incalculables. Podría conducir a la cura de la diabetes o los ataques cardíacos. También se considera un recurso potencial para ayudar a curar el cáncer, la enfermedad de Parkinson o incluso para regenerar la médula espinal dañada y permitir que una persona confinada a una silla de ruedas pueda caminar. Aunque esto parece un milagro, no sucederá sin trabajo exhaustivo y tiempo.

3 En la actualidad, las terapias con células madre adultas se utilizan en trasplantes de médula ósea para tratar la leucemia. En 2006, los investigadores crearon células hepáticas artificiales a partir de las células madre de la sangre de un cordón umbilical. Y en 2008, se publicó un estudio sobre la primera regeneración exitosa de cartílagos en una rodilla humana con células madre adultas. La variedad de formas en las que esta investigación puede ayudar a curar muchas enfermedades recién ha comenzado a expandirse.

4 Aunque se cuestiona el uso de células madre embrionarias humanas para la investigación, existen muchas maneras de conseguir células madre. Como se observó en una publicación de Stanford en 2008, con relación a la investigación de células madre embrionarias humanas específicamente, la mayoría de los investigadores en realidad no trabajan con células madre recién derivadas, sino que recurren al linaje y los datos de células madre que otros científicos ya estudiaron. Estas líneas celulares se pusieron a disposición de otros para trabajar y aprender a partir de ellas. Junto con los avances en la investigación de células madre adultas, este podría ser un rumbo fructífero para la investigación médica del futuro.

(continúa)

EXAMEN DE PRÁCTICA 2 DE RLA DE GED®

Argumentos en contra de la investigación de células madre

5   La investigación de células madre es una tarea riesgosa que no posee beneficios bien definidos y hay muchas cuestiones morales involucradas. Aunque parece claro que algunas enfermedades se tratan mediante terapias con células madre, existen demasiadas incógnitas en cuanto al estudio y su futuro uso.

6   Con respecto a la células madre embrionarias humanas, la mayor inquietud es su origen. Una sugerencia es que esas células madre se pueden obtener de embriones que han sido creados para la reproducción mediante la fertilización in vitro. Estos embriones podrían donarse para investigación científica después de confirmar que no se los va a emplear para fines reproductivos. Aunque esto parece una solución sencilla, también se cuestiona la utilidad real de esas células madre. Con todas las terapias con células madre, en 2010, *Consumer Reports* reveló la preocupación en torno a que las células trasplantadas pueden formar tumores y volverse cancerígenas si la división celular continúa de manera descontrolada. Asimismo, hay inquietudes en cuanto al rechazo inmune por parte del paciente que recibe el tratamiento. Pese a que usan medicamentos inmunosupresores en las cirugías de trasplante de órganos, ¿esto funcionaría en un cuerpo donde se inyectan nuevas células? Otra inquietud adicional es si se pueden inducir los tipos correctos de células en las células madre, ya que es imposible distinguirlas unas de otras y pueden convertirse en muchos tipos de células diferentes.

7   Aunque se han desarrollado con éxito ciertas terapias, esta investigación todavía no está muy probada. Se necesitan más diálogo y la educación clara del público en cuanto a esta forma controversial de terapia médica y la investigación subyacente.

PREGUNTA:
En el primer pasaje se resumen los beneficios de la investigación de células madre y se identifican sus argumentos, mientras que en el segundo pasaje se identifican los argumentos en contra de este tipo de investigación.

En tu respuesta, analiza los dos pasajes para determinar cuál es la postura mejor respaldada. Usa indicios relevantes y específicos de ambas fuentes para sustentar tu respuesta.

Respuestas y explicaciones

Parte I

1. **La respuesta correcta es el rey de Gran Bretaña.** Desde la segunda hasta la última oración del segundo párrafo se establece "La historia del actual rey de Gran Bretaña es una historia de repetidos agravios y usurpaciones, encaminados todos directamente hacia el establecimiento de una tiranía absoluta sobre estos estados". Los colonos estadounidenses se rebelaron contra el rey de Gran Bretaña porque él quería controlar las colonias.

2. **La opción d es correcta.** En este párrafo se incluye una lista de injusticias cometidas por el rey de Gran Bretaña en contra de las colonias. En los párrafos anteriores se describe el sufrimiento que el rey causó a las colonias, y el párrafo 3 comprende ejemplos de esos agravios.

   La opción **a** es incorrecta. En este párrafo se incluye una lista de injusticias cometidas por el rey de Gran Bretaña en contra de las colonias. No es una lista de leyes escritas por el rey, sino una lista de las acciones que realizó.

   La opción **b** es incorrecta. En este párrafo se incluye una lista de injusticias cometidas por el rey de Gran Bretaña en contra de las colonias. No es una lista de leyes para los Estados Unidos de América porque las colonias aún no eran independientes cuando se redactó la Declaración.

   La opción **c** es incorrecta. En este párrafo se incluye una lista de injusticias cometidas por el rey de Gran Bretaña en contra de las colonias. No es una lista de sus buenas acciones debido a que son todas cosas negativas y porque en los párrafos anteriores consta que el rey cometió repetidos agravios en contra de las colonias.

3. **La opción b es correcta.** En esta cita consta explícitamente que un pueblo desea disolver los lazos políticos con otro, haciendo referencia a la disolución de los vínculos políticos de las colonias con Gran Bretaña.

   La opción **a** es incorrecta. Esta cita respalda la idea de igualdad para todas las personas, pero no expresa el deseo de independizarse de Gran Bretaña.

   La opción **c** es incorrecta. En esta cita se expresa una de las quejas que los colonos tienen en contra del rey de Gran Bretaña. Es una de las razones por las cuales las colonias quieren separarse de Gran Bretaña, pero no se expresa el deseo en sí.

   La opción **d** es incorrecta. Esta cita respalda la idea de determinados derechos para todas las personas, pero no expresa el deseo de independizarse de Gran Bretaña.

4. **La opción b es correcta.** Esta frase profundiza el significado de tener un gobierno que obtenga el poder a partir del consentimiento de los gobernados y que esté controlado principalmente por ellos. Ayuda a crear el argumento de soberanía popular que se expresa en este pasaje.

   La opción **a** es incorrecta. En esta frase se expresa una queja que los colonos tienen en contra del rey de Gran Bretaña. No contribuye, de forma específica, a crear un argumento de soberanía popular.

   La opción **c** es incorrecta. En esta frase se expresa una queja que los colonos tienen en contra del rey de Gran Bretaña. No contribuye, de forma específica, a crear un argumento de soberanía popular.

   La opción **d** es incorrecta. En esta frase se expresa una queja que los colonos tienen en contra del rey de Gran Bretaña. No contribuye, de forma específica, a crear un argumento de soberanía popular.

5. La opción c es correcta. El último párrafo del pasaje es una lista de las acciones indebidas del rey en contra de las colonias.

La opción **a** es incorrecta. En el pasaje no se detallan casos de la corte en contra del rey.

La opción **b** es incorrecta. La lista de acciones indebidas del pasaje está elaborada por los colonos estadounidenses, no por otros líderes mundiales.

La opción **d** es incorrecta. En este pasaje no se menciona el nombre de ninguna persona en particular, sino que se intenta hablar en nombre de los colonos en general.

6. La opción a es correcta. La información proporcionada en la lista de agravios está compuesta por ejemplos de ofensas que el Rey hizo contra los colonizadores. Sin dudas, esto es relevante para la afirmación de que el Rey ha cometido ofensas contra los colonizadores. Además, la lista se extiende en un largo párrafo, lo cual hace que sea más que suficiente para respaldar el reclamo.

La opción **b** es incorrecta. Si bien la elección de relevancia es correcta, la lista se extiende en un largo párrafo, lo cual hace que sea más que suficiente para respaldar el reclamo. Por lo tanto, la elección de insuficiencia es incorrecta.

La opción **c** es incorrecta. Si bien la elección de suficiencia es correcta, la información proporcionada en la lista de agravios está compuesta por ejemplos de ofensas que son relevantes para el reclamo. Por lo tanto, la elección de irrelevancia es incorrecta.

La opción **d** es incorrecta. La información proporcionada en la lista de agravios está compuesta por ejemplos de ofensas que el rey cometió contra los colonizadores. Sin dudas, esto es relevante para la afirmación de que el rey ha cometido ofensas contra los colonizadores. Además, la lista se extiende en un largo párrafo, lo cual hace que sea más que suficiente para respaldar el reclamo.

7. La opción b es correcta. Todo el último párrafo del pasaje constituye una lista de acciones tiránicas que el rey de Gran Bretaña llevó a cabo en contra de los colonos.

La opción **a** es incorrecta. En el pasaje consta que "todos los hombres son creados iguales", pero no se incluyen indicios que justifiquen esta verdad. No se brindan indicios que respalden esta afirmación.

La opción **c** es incorrecta. En el pasaje consta que todos los hombres "son dotados por su Creador de ciertos derechos inalienables", pero no se proporcionan indicios que respalden esta declaración.

La opción **d** es incorrecta. En el pasaje se debate la idea de soberanía popular, pero no se brindan indicios que respalden esta declaración.

8. La opción d es correcta. Objetivamente, no es válida la afirmación de que el único modo de garantizar ciertos derechos es a través de un gobierno controlado por los gobernados. Lógicamente, en realidad no existe motivo por el cual este sería el único modo de garantizar esos derechos. Por lo tanto, este es un ejemplo de razonamiento falso.

La opción **a** es incorrecta. Esta afirmación en realidad no es una explicación de nada, sino una opinión de que para garantizar ciertos derechos, los gobiernos deben derivar su poder de los gobernados.

La opción **b** es incorrecta. Esta afirmación no aporta ninguna prueba que se base en hechos reales. Por el contrario, expresa la opinión de que para garantizar ciertos derechos, los gobiernos deben derivar su poder de los gobernados.

La opción **c** es incorrecta. Objetivamente, no es válida la afirmación de que el único modo de garantizar ciertos derechos es a través de un gobierno controlado por los gobernados. Lógicamente, en realidad no existe motivo por el cual este sería el único modo de garantizar esos derechos. Por lo tanto, este es un ejemplo de razonamiento falso, no de razonamiento válido.

9. a. Con base en el fragmento, el lector puede determinar que la mujer habla sobre su muerte. Las otras opciones no encajan en el contexto del poema.

10. c. Esta es la mejor respuesta. La oradora habla sobre su vida de modo frontal. No parece estar en estado de *asombro*. Ciertamente no parece tener *ira* ni estar particularmente *alegre*.

11. b. La línea sugiere que la oradora amaba la naturaleza. No sugiere que trabajara en los campos ni que tuviera buena voz para cantar. Ninguna otra opción tiene fundamento en el poema.

12. d. El poema narra lo que ocurrió en su matrimonio, lo bueno y lo malo, de modo que esta es la mejor respuesta. Las otras opciones no tienen fundamento en el poema.

13. **El orden correcto es:**

1. se lanza la operación Libertad Iraquí

2. las fuerzas de coalición cruzan 350 millas de territorio enemigo

3. se libera Baghdad

Este orden es correcto debido al orden implícito de acontecimientos que menciona Bush en el fragmento. La operación Libertad Iraquí tiene que haberse lanzado antes de que las fuerzas de coalición pudieran cruzar 350 millas de territorio enemigo. El resultado final de la operación fue la liberación de Baghdad, por lo tanto, este fue el último acontecimiento en la secuencia.

14. **La opción c es correcta.** El escenario se describe como severo e implacable. Esta técnica se emplea para resaltar la sensación de peligro de las tropas que combatían contra los escuadrones de la muerte, a fin de persuadir a la audiencia de su verdad.

La opción **a** es incorrecta. En este párrafo, la intención de describir un clima extremo con tormentas de arena intensas no es expresar belleza. El escenario se describe como severo e implacable, no bello. Esta técnica se emplea para resaltar la sensación de peligro de las tropas que combatían contra los escuadrones de la muerte, a fin de persuadir a la audiencia de su verdad.

La opción **b** es incorrecta. En este párrafo, la intención de describir un clima extremo con tormentas de arena intensas no es expresar satisfacción. El escenario se describe como severo e implacable, no como un lugar para sentir satisfacción. Esta técnica se emplea para resaltar la sensación de peligro de las tropas que combatían contra los escuadrones de la muerte, a fin de persuadir a la audiencia de su verdad.

La opción **d** es incorrecta. El escenario se describe como severo e implacable. Esta técnica se emplea para resaltar la sensación de peligro de las tropas que combatían contra los escuadrones de la muerte, a fin de persuadir a la audiencia de su verdad.

15. **La opción a es correcta.** En este párrafo, Jordan establece que los demócratas son "inclusivos más que un partido exclusivo" y que "todos" deben acudir al Partido Demócrata.

La opción **b** es incorrecta. De esto se trata el tercer párrafo, no el segundo.

La opción **c** es incorrecta. Aunque se puede inferir que Jordan está de acuerdo con el partido, no es esta la idea principal del segundo párrafo.

La opción **d** es incorrecta. Esta es la idea contraria al significado del segundo párrafo.

16. La opción b es correcta. Aquí, Jordan establece que todas las personas deben poder participar en el gobierno. Esto responde la pregunta con precisión.

La opción **a** es incorrecta. En esta oración, Jordan establece que el Partido Demócrata acepta a todas las personas. Esta opción responde parcialmente la pregunta, pero hay una respuesta más adecuada.

La opción **c** es incorrecta. Jordan habla acerca de la evolución del partido, no sobre cómo el gobierno representa a todo el pueblo.

La opción **d** es incorrecta. Este es el resumen de todos los valores que Jordan menciona y es muy amplio para tratarse solo de la representación de todo el pueblo.

17. La opción d es correcta. Jordan dice que el partido es para todo el pueblo y que todos deben estar representados en el gobierno. Un foro abierto es un evento inclusivo mediante el cual el pueblo puede dar su opinión.

La opción **a** es incorrecta. Jordan establece explícitamente que el Partido Demócrata es inclusivo. Este sería un evento exclusivo, contrario a lo que ella manifiesta.

La opción **b** es incorrecta. Este es un ejemplo de exclusividad, por lo tanto no coincide con los valores que ella expresa.

La opción **c** es incorrecta. Pese a que esta sería la opción lógica, es una respuesta más abarcativa y hay una mejor opción. Jordan no habla sobre las razas en el pasaje.

18. La opción b es correcta. En todo el discurso, Jordan compara los valores estadounidenses con los valores del partido y afirma que se corresponden unos con otros. Este es el mejor resumen.

La opción **a** es incorrecta. Este es un detalle que incluye Jordan, pero no representa la idea principal del discurso.

La opción **c** es incorrecta. Este es otro detalle, más que un resumen.

La opción **d** es incorrecta. Esta respuesta no puede ser correcta porque las opciones **a** y **c** son incorrectas.

19. La opción d es correcta. Jordan alaba al Partido Demócrata en todo el discurso.

La opción **a** es incorrecta. Mediante esta frase elogia al partido.

La opción **b** es incorrecta. Aquí, Jordan hace honor al partido.

La opción **c** es incorrecta. Jordan le atribuye una cualidad positiva, innovación, al carácter de su partido.

20. La opción d es correcta. Jordan no aparece y dice de forma directa que el gobierno debe aprobar leyes para combatir el racismo y la discriminación de género, lo cual bloquearía los logros individuales, sino que enfatiza la palabra "activamente" con relación a la "obligación" del gobierno de "eliminar aquellos obstáculos". La aprobación de leyes es "activa" por parte del gobierno, y es lógico deducir que Jordan respaldaría las leyes que frenen la discriminación.

La opción **a** es incorrecta. Jordan se pregunta por qué su partido atrae a las personas, no invita al gobierno a promulgar leyes en contra de la discriminación.

La opción **b** es incorrecta. Jordan habla sobre el poder político en una democracia, no sobre una ley antidiscriminatoria.

La opción **c** es incorrecta. Jordan se refiere a las creencias del Partido Democrático, no al gobierno de los Estados Unidos.

21. La opción a es correcta. Para que el verbo concuerde con el sujeto femenino en plural, *pilas de libros*, es necesario que termine en *–as*.

La opción **b** es incorrecta. Para que el verbo concuerde con el sujeto femenino en plural, *pilas de libros*, es necesario que termine en *–as*. Acumulada no concuerda con el género femenino del sujeto.

La opción **c** es incorrecta. Para que el verbo concuerde con el sujeto femenino en plural, *pilas de libros*, es necesario que termine en *–as*. En este caso, el verbo no coincide ni en número ni en género con el sujeto.

La opción **d** es incorrecta. Para que el verbo concuerde con el sujeto femenino en plural, *pilas de libros*, es necesario que termine en *-as*. En este caso, el verbo no coincide en género con el sujeto.

22. La opción a es correcta. *Por lo tanto* es el conector correcto que se usa para describir una relación de causa y efecto. Y como es la primera palabra de la oración, debe comenzar con mayúscula.

La opción **b** es incorrecta. *No obstante* es un conector empleado para mostrar contraste. Debido a que las pilas de libros acumuladas provocan de efecto de instituir una nueva política, *por lo tanto* es el conector correcto que se debe usar para describir una relación de causa y efecto. Y como es la primera palabra de la oración, debe comenzar con mayúscula.

La opción **c** es incorrecta. *Al mismo tiempo* denota tiempo. Debido a que las pilas de libros acumuladas provocan de efecto de instituir una nueva política, *por lo tanto* es el conector correcto que se debe usar para describir una relación de causa y efecto. Y como es la primera palabra de la oración, debe comenzar con mayúscula.

La opción **d** es incorrecta. *Por el contrario* es un conector empleado para mostrar contraste. Debido a que las pilas de libros acumuladas provocan de efecto de instituir una nueva política, *por lo tanto* es el conector correcto que se debe usar para describir una relación de causa y efecto. Y como es la primera palabra de la oración, debe comenzar con mayúscula.

23. La opción c es correcta. Debido a que esta palabra inicia la oración, la primera letra debe ser mayúscula.

La opción **a** es incorrecta. Debido a que esta palabra inicia la oración, la primera letra debe ser mayúscula.

La opción **b** es incorrecta. Debido a que esta palabra inicia la oración, la primera letra debe ser mayúscula. Además, *por favor* se usa para expresar una orden, mientras que *de favor* carece de sentido en este contexto.

La opción **d** es incorrecta. *Por favor* se usa para expresar una orden, mientras que *De favor* carece de sentido en este contexto.

24. **La opción b es correcta.** De todos las opciones enumeradas, *su* es la forma correcta de dirigirse al lector.

25. **La opción d es correcta.** El cierre de una carta o memorándum finaliza con una coma precedida por el nombre del escritor en el renglón siguiente.

La opción **a** es incorrecta. El cierre de una carta o memorándum finaliza con una coma precedida por el nombre del escritor en el renglón siguiente.

La opción **b** es incorrecta. El cierre de una carta o memorándum finaliza con una coma precedida por el nombre del escritor en el renglón siguiente.

La opción **c** es incorrecta. El cierre de una carta o memorándum finaliza con una coma precedida por el nombre del escritor en el renglón siguiente.

26. **La opción b es correcta.** El autor eligió estas palabras para crear un tono oscuro y premonitorio.

27. **El orden correcto es:**
1. **cabalga por el campo**
2. **ingresa a la casa Usher**
3. **siente pesadumbre**
4. **detiene su caballo cerca de la casa**

Esto se basa en el orden de los acontecimientos relatados por el narrador en el fragmento.

28. **La opción d es correcta.** La personificación consiste en atribuirle características humanas a objetos inanimados. En la frase "ventanas como ojos vacíos" se le asigna la cualidad humana de ojos vacíos a las ventanas.

La opción **a** es incorrecta. La aliteración es la repetición de sonidos consonánticos al comienzo de varias palabras seguidas. Un ejemplo sería "a las aladas almas de las rosas".

La opción **b** es incorrecta. La hipérbola consiste en una exageración extrema, por ejemplo: "al caminar, hace más ruido que un elefante".

La opción **c** es incorrecta. La onomatopeya se refiere a palabras que imitan los sonidos que describen, por ejemplo: "el fuego chispeó y chisporroteó".

29. **La opción b es correcta.** La palabra *júbilo* cambia el tono y el significado de la frase de una expresión de infelicidad y melancolía a una expresión positiva y feliz.

La opción **a** es incorrecta. *Melancolía* conserva el tono descontento y negativo de la frase original.

La opción **c** es incorrecta. *Tristeza* conserva el tono descontento y negativo de la frase original.

La opción **d** es incorrecta. *Desesperación* conserva el tono descontento y negativo de la frase original.

30. **La opción c es correcta.** Grant admite que él desconocía "en qué medida esto era necesario", pero lo consideró "necesario en ese momento". Más tarde, siente que su decisión estaba justificada.

La opción **a** es incorrecta. El pasaje empieza con la oración "las cosas comenzaron a calmarse", lo cual es opuesto a la violencia generalizada.

La opción **b** es incorrecta. Las primeras palabras de la primera oración anuncian que la guerra se estaba terminando.

La opción **d** es incorrecta. Grant consideró que las guarniciones eran necesarias y más tarde se justificó diciendo que eran absolutamente necesarias.

31. La respuesta correcta es la Guerra Civil. A partir del pasaje, se puede deducir que la Guerra Civil recién había concluido. En el pasaje se describe claramente la "rebelión que se libró entre las secciones de 1861 a 1865". Hay muchas otras pistas contextuales. Además, el pasaje pertenece a la autobiografía de Grant luego de 1865 y al avance de Sherman por el sur.

32. La opción b es correcta. Grant se refiere a que el avance de Sherman obtuvo resultados "magníficos" que condujeron a "terminar la guerra".
La opción **a** es incorrecta. No hay dudas de que Grant está a favor del avance.
La opción **c** es incorrecta. Grant está a favor de Sherman, no lo critica.
La opción **d** es incorrecta. El cambio de palabras no guarda ninguna relación con los sentimientos de Grant acerca de que "En los diarios locales se publicó una versión tal del éxito de los confederados".

33. La opción c es correcta. Grant describe que el punto de vista de los confederados es falso.
La opción **a** es incorrecta. Grant se solidariza con el consenso general del sentimiento posterior a la guerra.
La opción **b** es incorrecta. En esta oración se comenta sobre el avance de Sherman, no sobre el desacuerdo de Grant con la opinión de los confederados.
La opción **d** es incorrecta. En esta oración se describe cómo Grant supuso que se sintieron los confederados al ver a Sherman, no el desacuerdo de Grant con el punto de vista de los confederados.

34. La opción a es correcta. El orden correcto es C—la Guerra Civil, A—los soldados de Sherman recibieron la orden de ignorarlo, D—el avance de Sherman, y luego B—los confederados "conocieron la verdad de la situación".

35. La opción b es correcta. Grant describe que al ver avanzar a los soldados victoriosos, los sureños recordaron lo que había sucedido en realidad.
La opción **a** es incorrecta. La respuesta correcta en cuanto al ejército victorioso es la idea opuesta. Por ejemplo, Grant enfatiza lo positivo que fue el avance debido a que les aclaró a los confederados quiénes habían ganado.
La opción **c** es incorrecta. Ningún indicio del pasaje respalda esta conclusión.
La opción **d** es incorrecta. La respuesta correcta en cuanto al ejército victorioso es la idea opuesta.

36. La opción a es correcta. El tema principal del párrafo 3 es la supervisión de los terremotos por parte de los científicos para predecir erupciones volcánicas.
La opción **b** es incorrecta. Aunque se definen estos términos en el párrafo, son detalles secundarios.
La opción **c** es incorrecta. En el párrafo no se explica el funcionamiento de los sismógrafos.
La opción **d** es incorrecta. Aunque en el párrafo se menciona que los gases volcánicos suben con fuerza a través de canales subterráneos, este es un detalle menor y no constituye la idea principal del párrafo.

37. La opción d es correcta. Esta opción es la que mejor resume las ideas principales de "Observación de volcanes" al referirse a los científicos que observan volcanes, las maneras en las que supervisan volcanes y la razón por la cual su trabajo es importante.

La opción **a** es incorrecta. Esta oración es un buen resumen de la sección titulada "Supervisión de protuberancias en las laderas de la montaña", pero no sintetiza el pasaje completo.

La opción **b** es incorrecta. En el artículo se menciona que las chimeneas son peligrosas, no que los científicos no deben visitarlas con el propósito de estudio. Este es un detalle menor y no sintetiza el artículo completo.

La opción **c** es incorrecta. En el artículo se menciona que las chimeneas son peligrosas, no que los científicos no deben visitarlas con el propósito de estudio. Este es un detalle menor y no sintetiza el artículo completo.

38. La opción b es correcta. "Observación de volcanes" es una narración en primera persona sobre la observación de volcanes desde la perspectiva de un científico que estudia volcanes. "Las erupciones de 1992 en el monte Spurr, Alaska" es un informe objetivo sin indicios de que el periodista está relacionado con la vulcanología.

La opción **a** es incorrecta. La idea opuesta es la correcta. En "Observación de volcanes" se analizan los volcanes en general, mientras que "Las erupciones de 1992 en el monte Spurr, Alaska" se centra en el volcán del monte Spurr, en Alaska.

La opción **c** es incorrecta. En los dos pasajes se analizan los sismógrafos, que son los instrumentos que usan los científicos para medir la magnitud de los terremotos.

La opción **d** es incorrecta. Aunque "Observación de volcanes" está redactado en primera persona como si fuera un diario personal, no describe las actividades diarias del escritor como sucede en un diario personal. A pesar de que es posible que "Las erupciones de 1992 en el monte Spurr, Alaska" se haya publicado en un periódico, no hay manera de saberlo a base del pasaje.

39. **La opción c es correcta.** Representar 100 incidentes en los ejes verticales de ambos gráficos dramatiza la explosión de 90 incidentes más que en ningún otro día del primer gráfico durante el mes de noviembre de 1992 en el segundo gráfico.

La opción **a** es incorrecta. Sobre la base del incremento dramático de eventos en noviembre de 1992 mencionado en el segundo gráfico, el volcán estuvo a punto de erupcionar y la amenaza era lo suficientemente grave para que los científicos advirtieran que "se prevé una gran erupción dentro de las próximas 24 a 48 horas".

La opción **b** es incorrecta. No se representa el mes de septiembre en ninguno de los dos gráficos.

La opción **d** es incorrecta. No hay indicios que respalden esta afirmación.

40. **La respuesta correcta es el párrafo 1.**

En el párrafo 1, consta explícitamente que "un hombre soltero, poseedor de una gran fortuna, necesita una esposa".

41. **La opción d es correcta.** El tema del matrimonio es el centro de los párrafos introductorios, así como también de la mayoría del diálogo.

La opción **a** es incorrecta. El viaje no es el tema principal del pasaje.

La opción **b** es incorrecta. El divorcio no es un tema abordado en el pasaje.

La opción **c** es incorrecta. El feriado de San Miguel es un tema secundario del pasaje, no el tema principal.

42. **La opción b es correcta.** La señora Bennet habla sobre la fortuna de Bingley, es decir, su ingreso.

La opción **a** es incorrecta. La señora Bennet habla sobre la fortuna de Bingley, es decir, su ingreso.

La opción **c** es incorrecta. La señora Bennet está hablando con el señor Bennet en este diálogo, y no sería necesario que le contara a su esposo acerca de su propio dinero en tercera persona. Además, recién empiezan a hablar del señor Bingley cuando se menciona esta suma.

La opción **d** es incorrecta. La señora Bennet habla sobre la fortuna de Bingley, es decir, su ingreso.

43. **La opción b es correcta.** Todo este pasaje trata de la suposición de que los hombres adinerados necesitan esposa y del matrimonio en general. La señora Bennet se pasa gran parte del diálogo hablando acerca de los méritos del señor Bingley y el buen partido que él sería para una de sus hijas.

La opción **a** es incorrecta. La señora Bennet es una mujer casada y cada vez que menciona el matrimonio lo hace refiriéndose a sus hijas. Asimismo, ella habla del dinero del señor Bingley solo para enfatizar el buen partido que sería para una de sus hijas.

La opción **c** es incorrecta. Todo este pasaje trata de la suposición de que los hombres adinerados necesitan esposa y del matrimonio en general. La señora Bennet se pasa gran parte del diálogo hablando acerca de los méritos del señor Bingley y el buen partido que él sería para una de sus hijas.

La opción **d** es incorrecta. La única vez que la señora Bennet menciona el dinero es con referencia a la riqueza del señor Bingley, la cual lo hace un buen partido para una de sus hijas. Nunca insinúa que le hubiera gustado casarse con alguien más adinerado.

44. La opción c es correcta. El sustantivo *librería* es singular y femenino.

La opción **a** es incorrecta. *Nuestros* hace referencia a un sustantivo plural y de género masculino. Por lo tanto, no coincide con "librería".

La opción **b** es incorrecta. "Nuestro" hace referencia a un sustantivo singular y masculino.

La opción **d** es incorrecta. La frase *procedimientos de librería* no hace referencia a qué librería en particular. Por lo tanto, debería agregarse un pronombre posesivo para definir de qué librería en particular se está hablando.

45. La respuesta correcta es: Al comienzo de cada turno, todo el personal debe registrar su entrada en nuestro sistema informático. La primera palabra de una oración siempre debe comenzar con mayúscula.

46. La opción a es correcta. Este es un error común. La preposición *a* seguida del artículo *el* se contrae en la forma *al*. La contracción no sería válida si *el* formara parte de un nombre propio.

La opción **b** es incorrecta. Aquí, la conjugación del verbo es incorrecta en este contexto. El verbo *haber* debe estar conjugado en el presente para que la oración tenga sentido. *Hubiera* se puede usar en otros casos, como en oraciones condicionales o de subjuntivo.

La opción **c** es incorrecta. El procedimiento mencionado aquí consta de dos partes. Los miembros del personal deben buscar los libros que estén fuera de su lugar habitual y volver a colocarlos en los estantes. El procedimiento no supone que los miembros del personal pueden elegir entre hacer una cosa o la otra.

La opción **d** es incorrecta. La preposición *a* seguida del artículo *el* se contrae en la forma *al*. La contracción no sería válida si *el* formara parte de un nombre propio.

47. La opción a es correcta. *Gratuitas* y *de regalo* tienen básicamente el mismo significado. *Ni de regalo* es una expresión redundante innecesaria en la oración y se debe eliminar.

La opción **b** es incorrecta. *La cafetería interna* es el término de la preposición *en* y se necesita para completar la frase preposicional.

La opción **c** es incorrecta. *Gratuitas*, *de regalo* y *a cuenta de la tienda* comparten el mismo significado. Por lo tanto, usar las tres alternativas juntas genera redundancia innecesaria de palabras.

La opción **d** es incorrecta. *Gratuitas* y *de regalo* tienen básicamente el mismo significado. *Ni de regalo* es una expresión redundante innecesaria en la oración y se debe eliminar.

48. La opción a es correcta. Para que el sujeto *algún miembro del personal* concuerde con el verbo, se debe suprimir la *n* en *olvidan*. Esta es una regla común de concordancia entre sujeto y verbo.

La opción **b** es incorrecta. Debido a que en la primera parte de la oración se menciona al sujeto, no es necesario repetirlo aquí. Además, en ninguna parte del texto se aclara si el personal está conformado por hombres solamente o si hay mujeres también. Por consiguiente, agregar *él* sería restringir el grupo de empleados al género masculino.

La opción **c** es incorrecta. Para que el sujeto *algún miembro del personal* concuerde con el verbo, no es necesario agregarle *n* a *debe*. Esta es una regla común de concordancia entre sujeto y verbo.

La opción **d** es incorrecta. Para que el sujeto *algún miembro del personal* concuerde con el verbo, se debe suprimir la *n* en *olvidan*. Esta es una regla común de concordancia entre sujeto y verbo.

Parte II

Tu respuesta extendida se calificará con base en tres normas o elementos:

- **Criterio 1:** Creación de argumentos y uso de evidencia
- **Criterio 2:** Desarrollo de ideas y estructura organizativa
- **Criterio 3:** Claridad y dominio de las convenciones del español estándar

Tu ensayo se calificará con base en una escala de 6 puntos. Cada criterio vale 2 puntos. La calificación final se cuenta dos veces, de manera que la cantidad máxima de puntos que puede obtener es 12.

El **Criterio 1** prueba tu habilidad para escribir un ensayo que asuma una posición con base en la información en los pasajes de lectura. Para obtener la mayor calificación posible, debes leer la información cuidadosamente y expresar una opinión clara sobre lo que has leído. Serás calificado dependiendo de cuán bien utilices la información de los pasajes para apoyar tu argumento.

Tus respuestas también serán calificadas dependiendo de cuán bien analices los argumentos del autor en los pasajes. Para obtener la mayor calificación posible, debes analizar si crees que el autor tiene un buen argumento y explicar por qué sí o no.

Como referencia, esta es una tabla que utilizarán los lectores cuando califiquen tu ensayo con un 2, 1 ó 0.

CRITERIO 1: CREACIÓN DE ARGUMENTOS Y USO DE EVIDENCIA

2	• Elabora argumentos basados en el texto y tiene una intención relacionada con la consigna • Presenta indicios específicos y afines del texto fuente para respaldar el argumento (puede incluir unos pocos indicios no relacionados o afirmaciones no respaldadas) • Analiza el tema y la solidez del argumento dentro del texto fuente (por ej., distingue las declaraciones respaldadas de las no respaldadas, hace deducciones válidas sobre asunciones subyacentes, identifica el razonamiento falso, evalúa la credibilidad de los textos)
1	• Elabora un argumento que guarda cierta relación con la consigna • Presenta algunos indicios del texto fuente para respaldar el argumento (puede incluir una mezcla de indicios relacionados y no relacionados con o sin citas textuales) • Analiza de forma parcial el tema y la solidez del argumento dentro del texto fuente; puede ser limitado, excesivamente simplificado o impreciso
0	• Intenta elaborar un argumento O carece de intención o conexión con la consigna, O BIEN no intenta ninguna de las anteriores • Presenta pocos indicios del texto fuente o no presenta ninguno (es posible que se copien fragmentos del texto original directamente) • Apenas analiza el tema y la solidez del argumento dentro del texto fuente; quizá no presente ningún análisis, o manifieste la comprensión escasa del argumento brindado o la falta de comprensión de él
No es calificable	• La respuesta consta únicamente de texto copiado de la consigna o del (los) texto(s) fuente • La respuesta muestra que el examinando no ha leído la consigna o está totalmente fuera del tema • La respuesta es incomprensible • La respuesta no está en español • No se ha brindado una respuesta (se dejó en blanco)

El **Criterio 2** prueba si respondes a la consigna de escritura con un ensayo bien estructurado. Debes apoyar tu tesis con evidencia provista en los pasajes, así como opiniones y experiencias personales que refuercen tu idea central. Debes explicar tus ideas por completo e incluir detalles específicos. Tu ensayo debe incluir palabras y frases que permitan que sus detalles e ideas fluyan de forma natural. Esta es una tabla que detalla lo que aplica para obtener una calificación de 2, 1 ó 0.

CRITERIO 2: DESARROLLO DE IDEAS Y ESTRUCTURA ORGANIZATIVA	
2	• Contiene ideas mayormente lógicas y bien desarrolladas; gran parte de las ideas están ampliadas • Contiene una secuencia lógica de ideas con conexiones claras entre los detalles particulares y las ideas principales • Desarrolla una estructura organizativa que transmite el mensaje y el objetivo de la respuesta; usa correctamente los conectores • Desarrolla y mantiene un estilo y tono adecuados que revelan el conocimiento de la audiencia y del propósito de la actividad • Utiliza palabras apropiadas para expresar ideas con claridad
1	• Contiene ideas parcialmente desarrolladas y puede demostrar una lógica poco clara o simplista; solo se amplían algunas ideas • Contiene algunos indicios de una secuencia de ideas, pero es posible que los detalles específicos no guarden relación con las ideas principales • Desarrolla una estructura organizativa en la cual se agrupan ideas de forma parcial o que no es muy efectiva al transmitir el mensaje de la respuesta; usa conectores de manera irregular • Puede mantener de modo inconsistente un estilo y tono adecuados que revelan el conocimiento de la audiencia y del propósito de la actividad • Puede contener palabras mal empleadas y palabras que no expresan las ideas con claridad
0	• Contiene ideas que no están desarrolladas de forma efectiva ni lógica, con poca elaboración de las ideas principales o falta de elaboración de ellas • Contiene una secuencia de ideas confusa en el mejor de los casos; es posible que los detalles específicos no se incluyan o no estén relacionados con las ideas principales • Desarrolla una estructura organizativa ineficaz en el mejor de los casos; no usa adecuadamente los conectores o ni siquiera los usa • Emplea un estilo y tono inadecuados que revelan el conocimiento limitado de la audiencia y del propósito o el desconocimiento de ellos • Puede contener muchas palabras mal empleadas, uso excesivo de expresiones populares y expresar ideas de manera confusa o repetitiva
No es calificable	• La respuesta consta únicamente de texto copiado de la consigna o del (los) texto(s) fuente • La respuesta muestra que el examinando no ha leído la consigna o está totalmente fuera del tema • La respuesta es incomprensible • La respuesta no está en español • No se ha brindado una respuesta (se dejó en blanco)

El **Criterio 3** prueba cómo creas las oraciones que conforman tu ensayo. Para obtener una calificación alta, deberás escribir oraciones variadas: algunas cortas, algunas largas, algunas sencillas y otras complejas. También deberás probar que tienes un buen dominio del español estándar, incluidas una correcta selección de vocabulario, gramática y estructura de las oraciones.

Esta es una tabla que detalla lo que aplica para obtener una calificación de 2, 1 ó 0.

CRITERIO 3: CLARIDAD Y DOMINIO DE LAS CONVENCIONES DEL ESPAÑOL ESTÁNDAR	
2	• Demuestra una estructura oracional correcta, en su mayoría, y una fluidez general que mejora la claridad en cuanto a las siguientes habilidades: 1) Estructuras oracionales diversas dentro de un párrafo o más 2) Uso correcto de subordinación, coordinación y paralelismo 3) Omisión de estructuras oracionales extrañas y expresiones redundantes 4) Uso de conectores adverbios conjuntivos y otras palabras para mejorar la claridad y la lógica 5) Omisión de oraciones corridas, fragmentos de oraciones y oraciones fusionadas • Demuestra competencia en el uso de convenciones respecto a las siguientes habilidades: 1) Concordancia entre sujeto y verbo 2) Ubicación de modificadores y orden de palabras correcto 3) Uso de pronombres, incluida la concordancia entre pronombre y antecedente, referencias pronominales confusas y caso pronominal 4) Homónimos y palabras confusas 5) Uso de posesivos 6) Uso de la puntuación (por ej., comas en una enumeración, en construcciones apositivas y demás elementos secundarios, marcas de fin de párrafo y puntuación de la separación de cláusulas) 7) Uso de mayúsculas (por ej., al comienzo de la oración, en sustantivos propios y en títulos) • Puede contener algunos errores prácticos y asociados a las convenciones que no impiden la comprensión; el uso general es adecuado para la redacción de prueba requerida
1	• Demuestra una estructura oracional inconsistente; puede contener algunas oraciones cortas y muy simples, repetitivas, extrañas o corridas que limiten la claridad; manifiesta el uso incoherente de las habilidades 1-5 enumeradas en el Criterio 3, punto de puntaje 2 • Demuestra el uso inconsistente de las convenciones básicas en cuanto a las habilidades 1-7 enumeradas en el Criterio 3, punto de puntaje 2 • Puede contener muchos errores prácticos y asociados a las convenciones que, de vez en cuando, impiden la comprensión; el uso general es de aceptación mínima para la redacción de prueba requerida
0	• Demuestra una estructura oracional tan inadecuada que hasta el significado puede ser confuso; manifiesta el uso escaso de las habilidades 1-5 enumeradas en el Criterio 3, punto de puntaje 2 • Demuestra el uso escaso de las convenciones básicas en cuanto a las habilidades 1-7 enumeradas en el Criterio 3, punto de puntaje 2 • Contiene una enorme cantidad de errores prácticos y asociados a las convenciones que impiden la comprensión; el uso general es inaceptable para la redacción de prueba requerida O • La respuesta no alcanza para mostrar el nivel de competencia que comprende las convenciones y el uso
No es calificable	• La respuesta consta únicamente de texto copiado de la consigna o del (los) texto(s) fuente • La respuesta muestra que el examinando no ha leído la consigna o está totalmente fuera del tema • La respuesta es incomprensible • La respuesta no está en español • No se ha brindado una respuesta (se dejó en blanco)

Ensayo de Muestra con Calificación 6

La investigación de células madre es un tema complicado para evaluar. Aunque consta que tiene mucho potencial para los avances médicos, posee muchos elementos que pueden causar dilemas morales, como el uso de embriones humanos en la investigación. Al mismo tiempo, proporciona terapias valiosas para enfermedades como la leucemia y permite tratar otras como la diabetes y los ataques cardíacos. Al considerar esto y revisar los dos pasajes, decido inclinarme a favor de la investigación de células madre.

Debido a que en el pasaje en contra de la investigación de células madre se exponen varios puntos válidos, en especial al poner en duda el origen de las células madres empleadas en la investigación, seguramente inspirará a muchos lectores a preguntarse acerca de los aspectos morales del argumento de respaldo. En realidad, esta inquietud no tiene ningún indicio subyacente, ya que se establece que solo se usan células madre embrionarias humanas; por lo tanto, es difícil conocer de dónde proviene. Asimismo, el indicio particular de que la investigación de células madre es por naturaleza potencialmente peligrosa carece de fundamentos científicos y se basó solo en las inquietudes de la población, como se determinó en Consumer Reports, más que en la investigación real. Al final del tercer párrafo, en este pasaje hasta se cuestiona si los científicos podrían diferenciar las células correctamente para convertirlas en lo necesario para una terapia con células madre específicas. ¿Las células madre se transformarán en una célula cerebral real o solo se transformarán en un montón de células de órganos y originarán el desarrollo de tumores? Esto se plantea sin ninguna clase de indicio para respaldar la inquietud. Aunque está claro que el motivo por el cual la investigación de células madre es interesante de algún modo es que se pueden transformar en cualquier otra célula necesaria, esta inquietud acerca de la diferenciación parece ser una mera especulación y no algo que legítimamente imposibilitaría la investigación.

Por el contrario, el pasaje donde se respalda la investigación de células madre está colmado de fechas y ejemplos específicos. Mientras que en el pasaje opositor solo se menciona un artículo del Consumer Reports, en este pasaje se incluye la investigación realizada en la década de 1900 hasta 2008. Señala algunos de los beneficios médicos y de estudio actuales de la investigación de células madre que se lleva a cabo en la actualidad, incluidas las transfusiones de médula ósea para tratar la leucemia y la generación de células hepáticas artificiales en 2006. Además, se destaca que la mayor preocupación acerca del origen de las células madre debería minimizarse debido a un informe de Stanford, un instituto de investigación reconocido, sobre cómo los investigadores obtienen los datos de las células madre embrionarias humanas. Aparentemente, cada investigador individual no trabaja con un nuevo conjunto de células madre embrionarias, sino que todos ellos comparten la información de un mismo conjunto. Asimismo, en el pasaje se mencionó un artículo de 2008 sobre los avances médicos para los cuales se usan células madre adultas. Si se pretende argumentar en contra de la investigación de células madre, es necesario que se proporcionen indicios más completos y precisos para respaldar ese argumento.

Es evidente que los argumentos opuestos a la investigación de células madre son anticuados y ya han sido abordados por la comunidad médica. Tal vez, se esté investigando por qué se debería interrumpir la investigación de células madre, pero eso no se especifica en estos pasajes. En términos generales, aunque en el pasaje de respaldo se tratan muchas de las mismas inquietudes incluidas en el pasaje "opositor", está mejor organizado y fundamentado con investigación de referencia real.

Acerca de este ensayo:

Este ensayo obtuvo la cantidad máxima de puntos posibles en cada criterio, lo cual suma un total de 6 puntos.

Criterio 1: Elaboración de argumentos y uso de evidencia

En esta respuesta se evalúan los argumentos del texto fuente, se desarrolla la postura efectiva respaldada en el texto y se cumplen las pautas para obtener 2 puntos en el Criterio 1.

En esta respuesta se establece la postura en la conclusión del primer párrafo (... *decido inclinarme a favor de la investigación de células madre*) y se brinda un resumen para respaldar esta postura en el segundo y tercer párrafo.

En el segundo párrafo, el autor también considera la validez de los indicios en el argumento "opositor", por ejemplo: ... *el indicio particular de que la investigación de células madre es por naturaleza potencialmente peligrosa carece de fundamentos científicos y se basó solo en las inquietudes de la población, como se determinó en Consumer Reports, más que en la investigación real.*

Criterio 2: Desarrollo de ideas y estructura organizativa

Esta respuesta está bien desarrollada y cumple las pautas para obtener los 2 puntos del Criterio 2. Está bien organizada, comienza con una postura definitiva, presenta el análisis de las ventajas y desventajas de la investigación de células madre y los indicios brindados y, luego, proporciona un resumen para sustentar la postura adoptada. El autor incluye muchos ejemplos específicos y después los amplía, y usa un tono formal adecuado en todo el ensayo.

Criterio 3: Claridad y dominio de las convenciones del español estándar

Esta respuesta también cumple las pautas de la redacción de prueba y obtiene los 2 puntos del Criterio 3. Además de emplear una estructura oracional sofisticada (*Debido a que en el pasaje en contra de la investigación de células madre se exponen varios puntos válidos, en especial al poner en duda el origen de las células madre empleadas en la investigación, seguramente inspirará a muchos lectores a preguntarse acerca de los aspectos morales del argumento de respaldo. En realidad, esta inquietud no tiene ningún indicio subyacente, ya que se establece que solo se usan células madre embrionarias humanas; por lo tanto, es difícil conocer de dónde provi-*

ene), esta respuesta comprende conectores claros en la elaboración de estructuras de "comparación y contraste". (Por el contrario, el pasaje donde se respalda la investigación de células madre está colmado de fechas y ejemplos específicos).

Asimismo, el autor respeta las normas gramaticales y de uso adecuadas.

Ensayo de Muestra con Calificación 4

Parece claro que no debemos permitir la investigación de células madre. Debe existir aproximadamente desde principios de la década de 1900, pero eso no compensa las cuestiones morales que provoca.

Me opongo a la investigación de células madre por las mismas razones que figuran en el pasaje. Desde que surgió la investigación de células madre, no se conoce con certeza el origen de las células madre embrionarias humanas. Esto no se respondió en el pasaje de respaldo.

Además, también pienso que la posibilidad de que las células puedan formar tumores y volverse cancerígenas, como se observa en el pasaje opositor, es bastante preocupante. En el mejor de los casos, se necesita más educación e investigación sobre los riesgos de las células madre.

Por último, aunque puede ser cierto que los argumentos que favorecen la investigación de células madre comprenden beneficios ventajosos, y esos aspectos de la investigación parecen intrigantes, los argumentos opositores son mucho mejores. En el mejor de los casos, se necesita más educación acerca de los peligros.

Acerca de este ensayo:

Este ensayo obtuvo 1 punto para el Criterio 1 y 2, y 2 puntos para el Criterio 3.

Criterio 1: Creación de argumentos y uso de evidencia

Esta respuesta constituye un argumento simple, lo respalda con algunos indicios del texto fuente y ofrece un análisis parcial del argumento opositor, por lo cual se le asigna 1 punto para el Criterio 1.

El autor crea un argumento en contra de la investigación de células madre y elabora una afirmación clara sobre su postura en el primer párrafo (*Parece claro que no debemos permitir la investigación de células madre*), en el segundo párrafo (*Me opongo a la investigación de células madre por las mismas razones...*) y en el último párrafo (*... los argumentos opositores son mucho mejores*).

En verdad, el autor cita algunos indicios del texto fuente para sustentar su postura (*Desde que surgió la investigación de células madre, no se conoce con certeza el origen de las células madre embrionarias humanas*). Brinda un análisis parcial del tema (*En el mejor de los casos, se necesita más educación e investigación sobre los riesgos de las células madre y Puede ser cierto que los argumentos que favorecen la investigación de células madre comprenden beneficios ventajosos*); no obstante, este análisis es simplista y limitado.

Asimismo, en el segundo párrafo el autor evalúa parcialmente la validez de los argumentos "a favor" (*... no se conoce con certeza el origen de las células madre embrionarias humanas. Esto no se respondió en el pasaje de respaldo*).

Criterio 2: Desarrollo de ideas y estructura organizativa

A pesar de que esta respuesta posee un enfoque y una organización general, las ideas de respaldo se desarrollan de forma desigual; por lo tanto, solo se le asigna un punto a este criterio.

En esta respuesta se establece una estructura organizativa perceptible al introducir una postura y la comparación de las dos posturas del texto fuente (*Parece claro que no debemos permitir la investigación de células madre. Debe existir aproximadamente desde principios de la década de 1900, pero eso no compensa las cuestiones morales que provoca*).

El segundo y tercer párrafo se centran en los aspectos problemáticos de la investigación de células madre y el autor hace una clara progresión de ideas. Sus puntos principales son claros, pero no están explicados lo suficiente. Su argumento se basa exclusivamente en lo que el pasaje brinda (*Me opongo a la*

investigación de células madre por las mismas razones que figuran en el pasaje*).

El párrafo de conclusión abarca una comparación muy básica de los argumentos "a favor" y "en contra", pero no hay mucho desarrollo (*Aunque los buenos aspectos de la investigación de células madre parecen intrigantes, los argumentos en contra de ella son mejores*).

Criterio 3: Claridad y dominio de las convenciones del español estándar

Esta respuesta obtiene los dos puntos del Criterio 3. Se emplea una estructura oracional sofisticada (*Por último, aunque puede ser cierto que los argumentos que favorecen la investigación de células madre comprenden beneficios ventajosos, y esos aspectos de la investigación parecen intrigantes, los argumentos opositores son mucho mejores*) y conectores claros (*Además, Por último*).

Asimismo, el autor respeta las normas gramaticales y de uso adecuadas.

Ensayo de Muestra Calificación 0

La investigación de células madre es por demás de confusa y perturbadora para muchas personas. Aunque estos científicos piensan que enumerar todos los logros significará que la investigación de células madre debe continuar, no está del todo claro si eso es verdad. Si, tal vez, tuviste luecemia, estarás de acuerdo con que continúe.

Además, no sabemos de dónde vienen las células madre embrionarias humanas además algunas de ellas podrían ser cancerígenas y eso no es una buena idea pensé que la luecemia era un tipo de cáncer, eso lo hace aún más confuso. Además la distinción de células. Si no obtienes el tipo correcto de células para tu terapia, esas células serán inútiles y se desperdiciarán.

Creo que es mejor no tener investigación de células madre hasta que sepamos más acerca de lo que provocan. Hay demasiados factores que parecen nocivos y peligrosos de alguna forma.

Acerca de este ensayo:

Este ensayo obtuvo 0 puntos para el Criterio 1, 2 y 3.

Criterio 1: Creación de argumentos y uso de evidencia

En general, esta respuesta proporciona un resumen mínimo del texto fuente y carece de comprensión y análisis del tema, por lo cual obtiene 0 puntos para el Criterio 1.

El autor no resume los textos fuente en una estructura coherente y organizada. Aunque en esta respuesta se aborda el material de origen, el autor no cita indicios para sustentar los argumentos y no adopta una postura firme hasta el último párrafo (*Creo que es mejor no tener investigación de células madre hasta que sepamos más acerca de lo que provocan*). Además, parece revertir su postura (*Aunque estos científicos piensan que enumerar todos los logros significará que la investigación de células madre debe continuar, no está del todo claro si eso es verdad. Si, tal vez, tuviste luecemia, estarás de acuerdo con que continúe*).

Criterio 2: Desarrollo de ideas y estructura organizativa

En general, la respuesta tiene un desarrollo deficiente, está desorganizada y carece de una progresión clara de ideas, por lo cual se le asignan 0 puntos para el Criterio 2.

El autor emplea un lenguaje informal y coloquial (*La investigación de células madre es por demás de confusa y perturbadora para muchas personas*) y no demuestra conocimiento de la audiencia ni el propósito. La respuesta no tiene una estructura organizativa ni una progresión clara de ideas.

Criterio 3: Claridad y dominio de las convenciones del español estándar

Muchas oraciones carecen de sentido y fluidez, y son incorrectas y extrañas. El autor utiliza mal y confunde las palabras, la puntuación y el uso, así como también las convenciones del español en general, lo cual hace que la pregunta sea casi incomprensible y reciba 0 puntos para el Criterio 3.

En esta respuesta corta se muestra una estructura oracional deficiente, incluidas oraciones corridas (*Además, no sabemos de dónde vienen las células madre embrionarias humanas además algunas de ellas podrían ser cancerígenas y eso no es una buena idea pensé que la luecemia era un tipo de cáncer, eso lo hace aún más confuso*) y fragmentos (*Además la distinción de células*).

Con el código que aparece a continuación, usted podrá iniciar sesión y acceder a más materiales de práctica en línea.

Sus códigos de acceso a práctica en línea gratuita son:
FVEQ1L73T11V3LD0R770
FVEOT2TSC0JT2376K7S8

Siga estos simples pasos para canjear el código:

- Vaya a **www.learningexpresshub.com/affiliate** y tenga el código de acceso a mano.

Si es un usuario nuevo:

- Haga clic en el botón **New user? Register here** (¿Nuevo usuario? Regístrese aquí) y complete el formulario de registro para crear su cuenta y acceder a sus productos.
- Asegúrese de ingresar su código de acceso único una sola vez. Si tiene varios códigos de acceso, puede ingresarlos todos. Solo tiene que usar una coma para separarlos.
- La próxima vez que realice una visita, simplemente haga clic en el botón **Returning user? Sign in (¿Usuario registrado? Inicie sesión) e ingrese su nombre de usuario y contraseña.**
- No vuelva a ingresar un código de acceso canjeado anteriormente. Cualquier producto al que haya accedido anteriormente se guardará en la sección **My Account** (Mi cuenta) en el sitio. Si ingresa un código de acceso que ya haya canjeado, recibirá un mensaje de error.

Si es un usuario que ya está registrado:

- Haga clic en el botón **Returning user? Sign in** (¿Usuario registrado? Inicie sesión), ingrese su nombre de usuario y contraseña y haga clic en **Sign In** (Iniciar sesión).
- Automáticamente volverá a la página **My Account** (Mi cuenta) para acceder a sus productos.
- No vuelva a ingresar un código de acceso canjeado anteriormente. Cualquier producto al que haya accedido anteriormente se guardará en la sección **My Account** (Mi cuenta) en el sitio. Si ingresa un código de acceso que ya haya canjeado, recibirá un mensaje de error.

Si es un usuario registrado con un nuevo código de acceso:

- Haga clic en el botón **Returning user? Sign in** (¿Usuario registrado? Inicie sesión), ingrese su nombre de usuario, contraseña y el nuevo código de acceso, y haga clic en **Sign In** (Iniciar sesión).
- Si tiene varios códigos de acceso, puede ingresarlos todos. Solo use una coma para separarlos.
- No vuelva a ingresar un código de acceso canjeado anteriormente. Cualquier producto al que haya accedido anteriormente se guardará en la sección **My Account** (Mi cuenta) en el sitio. Si ingresa un código de acceso que ya haya canjeado, recibirá un mensaje de error.

Si tiene preguntas, comuníquese con Atención al cliente Support@ebsco.com. Todas las consultas se responderán dentro de las 24 horas durante nuestros horarios de atención: de 9:00 a. m. a 5:00 p. m. horario del este. ¡Gracias!